国家出版基金项目
NATIONAL PUBLICATION FOUNDATION

中国少数民族设计全集

The Design Collection of Chinese Ethnic Minorities

羌族

中国少数民族设计全集编纂委员会 编

山西人民出版社 人民美术出版社

图书在版编目（CIP）数据

中国少数民族设计全集．羌族／中国少数民族设计全集编纂委员会编；罗力，沈鸿雁著．—太原：山西人民出版社，2019.9
ISBN 978-7-203-11042-2

Ⅰ.①中… Ⅱ.①中… ②罗… ③沈… Ⅲ.①羌族-民族文化-研究-中国 Ⅳ.①K28

中国版本图书馆CIP数据核字（2019）第201214号

中国少数民族设计全集．羌族

编　者：	中国少数民族设计全集编纂委员会
著　者：	罗　力　　沈鸿雁
责任编辑：	郭向南
复　审：	武　静
终　审：	阎卫斌
装帧设计：	谢　成

出 版 者：	山西人民出版社　人民美术出版社
地　　址：	太原市建设南路21号
邮　　编：	030012
发行营销：	0351-4922220　4955996　4956039　4922127（传真）
天猫官网：	https://sxrmcbs.tmall.com　电话：0351-4922159
E — mail：	sxskcb@163.com　发行部 sxskcb@126.com　总编室
网　　址：	www.sxskcb.com
经 销 者：	山西出版传媒集团·山西人民出版社
承 印 者：	山西出版传媒集团·山西新华印业有限公司
开　　本：	889mm×1194mm　1/16
印　　张：	30.5
字　　数：	380千字
印　　数：	1—1 000册
版　　次：	2019年9月　第1版
印　　次：	2019年9月　第1次印刷
书　　号：	ISBN 978-7-203-11042-2
定　　价：	380.00元

如有印装质量问题请与本社联系调换

中国少数民族设计全集编纂委员会

总 主 编（按年龄排序）
张夫也　王立端　戴晋明　廖　军　王　琥　李豫闽　过伟敏　顾　平
王　强　李　岗

执行主编　王　琥

编务统筹　张明山

中国少数民族设计全集编辑工作委员会

主　　任　刘伟冬

编　　委（排名不分先后）
王　琥　王　峰　王　强　王立端　王浩滢　白　波　过伟敏　许　星
许边疆　李　岗　李　丽　李豫闽　成光虎　肖　飞　余　强　汪传跃
罗　力　杨明朗　陈　述　陈见东　邱　珂　胡万明　顾　平　郑　静
郭立忠　姬　莹　张夫也　张泽国　张明山　张秋平　张耀引　梁盛平
樊　进　谢　玮　熊　伟　熊　微　熊建新　蔡克中　葛　芳　鞠　斐
魏　洁　廖　军　戴晋明

中国少数民族设计全集出版工作委员会

主　　任　胡彦威　周　伟

执行主任　姚　军　欧京海

编务统筹　阎卫斌　周小龙

编　　辑（排名不分先后）
王新斐　史美珍　冯　昭　冯灵芝　吉　昊　吕绘元　刘小玲　任秀芳
孙　琳　孙宇欣　李广洁　李建业　李　靖　员荣亮　张小芳　张志杰
张书剑　何赵云　陈俞江　吴春华　武　静　周小龙　柳承旭　郝文霞
赵　玉　赵晓丽　席　青　秦继华　高　雷　郭向南　阎卫斌　崔人杰
傅晓红　蔡咏卉　翟丽娟　樊　中　薛正存　魏　红　魏美荣

整体设计　谢　成

中国少数民族设计全集·羌族

本册著者　　罗　力　沈鸿雁
参与撰写　　王嘉俊（羌族）　张千中（羌族）
　　　　　　　　纪　明（羌族）　周秋航　张剑涛　孟　梦
　　　　　　　　苏佳琪　李昕彤　冯　灿　颜　瑗　米　静
　　　　　　　　柳冰蕊　陶俊杉　任　辉

求同存异　和合共荣

刘伟冬

中华民族，是一个由56个民族组成的大家庭。在漫长的文明发展史中，汉族和各少数民族都为中华文明的繁荣发展贡献了自己的聪明才智。纵观中华文明史，其实就是一部各族群之间"求同存异，和合共荣"的文化演进史。

从根子上讲，4000年前的"中国"，仅指北方中原地区，居住在这里的相传是上古时期黄帝部落和炎帝部落的后裔，故而自称"炎黄子孙"。其时的"中国"，不过是黄河中下游（西起陇山，东至泰山）区域。在千年发展与民族融合之后，尤其是晋末"衣冠南渡"，南迁的中原汉族与南方百越民族彻底融合，来自北方的鲜卑等民族融入汉族，使汉族前所未有地壮大发展，逐渐形成后来疆域辽阔、人口众多、物产繁盛、文化昌明的中华民族的主体族群。特别值得强调的是，自从作为一个民族整体之后，中华民族就从未中断过自己的民族发展史——这在世界历史上是硕果仅存、独一无二的。

中华民族具备兼容并蓄、虚心好学的民族天性。仅以设计学范畴的事例讲：在数千年文明发展历史中，中华民族在不断向外输出优秀的文明成果（如烧造之陶瓷砖瓦、营造之榫卯斗拱、织造之丝绸刺绣、锻造之"失蜡"分模等），影响全人类的日

常生活与生产方式的同时，也不断地吸纳域外各民族的优秀文明成果，如汉魏之印度佛教和西域音乐、隋唐之西亚服饰和家具、宋元之东洋印染和漆艺、明清之西洋机器与建筑……在中华民族内部，这样的文化交流更是从未停止过，而且是风生水起、枝繁叶茂，愈发流畅、深入，中华民族各族群之间"求同存异，和合共荣"的文化大演进，共同创造了中华民族极为灿烂辉煌的造物文明历史。仍以设计学范畴为例：原本是匈奴人发明的单足绳圈，被晋代的汉族人设计成铁质双镫；最早是鲜卑人原创的毡毯卷边，被晋代的汉族人改造成"高桥马鞍"，这宗中国式马具设计案例，被誉为"13世纪中国传入欧洲的最重要文化成果"（李约瑟语）。再如，西域（今新疆地区）是全世界最早的皮靴生产地，哈尼族为主的红河地区出现了全世界最早的梯田。再如，全世界最早的"干栏式建筑"和全世界最早的稻米人工育种、栽培，均起源于长江中下游的百越地区；全世界最早的竹藤编结器物起源于闽越地区……由中华民族共同创造、发明，后来又影响了全人类文明进程的优秀造物设计案例很多，不胜枚举。几千年中华民族的文明史，就是各种文化多元融合、共同发展的最好例证。不了解中华民族内部各族群的文明交流史，就无法真正理解中国文化史，也不能理解为什么中华民族总是能在逆境中成长强大。甚至可以说，能否完整地理解中华民族的文化史，是检验每一个当代中国知识分子（特别是文史哲专业的学者）文化立场的"试金石"。

随着改革开放的逐渐深入，各民族地区的经济与社会状态已发生了天翻地覆的变化。令人遗憾和担心的是，由于各地区政策执行力度不平衡，保护措施不得力，少数民族的文化特性正在逐步衰退，有些地区的少数民族文化特征甚至已经消失殆尽，仅仅

存在于徒具形式，充满口号、标语的民族文化村旅游景点中。有学者预言，再不加快整理抢救工作，中国的少数民族可能在物质形态和文化内涵的特征上，若干年后将不复存在。

从少数民族地区反映古代中国社会某些面貌的文化遗存看，这些少数民族之所以一直与汉族地区差距巨大，存在多方面的原因，其中历代汉族统治者对少数民族的歧视政策是主要原因。此外这些地区本身就处于偏僻荒地，不是沙漠就是山区，自然条件远不及汉族聚集地区，社会发展水平滞后。20世纪50年代，有相当比例的少数民族在当时仍处于原始农耕社会或奴隶制社会，不要说通电、通水、通汽车，不少人一辈子连铁器长什么样都没见过。部分少数民族聚集地的各种自然条件也较差，缺肥少水，基本生活来源，一靠老天爷恩赐的"望天收"农作物；二靠家庭手工作坊制作些竹藤编结物和土织、土陶等土特产来换取粮食；三靠养猪、兔、羊和鸡、鸭、鹅等家禽来换取日用品，如灯油、农具、衣物和油盐酱醋等；四靠为土司、头人和大户们出卖劳力（社会底层奴隶身份），年老即被抛弃。中华人民共和国成立后，党和政府在这些地区实行社会主义改造，打倒以土司、巫师和头人为首的剥削阶级，将土地和生产资料一律收归集体所有，解放了全体少数民族民众，使他们历史上第一次有了自由劳作和生活的权利。

中华人民共和国成立之初，党和政府就高度关注民族事务问题，为如何保护、关心各少数民族制定了一系列方针、政策，也为当代中国社会处理民族问题、保护民族文化树立了光辉典范。中央人民政府政务院于20世纪50年代初发布了《关于民族事务的几项决定》，为新中国民族政策奠定了最初的思想基础，其主要内容是：一、各大行政区军政委员会（人民政府）须指导各有关

省、市、行署人民政府认真推行民族区域自治及民族民主联合政府的政策和制度，并随时向政务院报告推行经验，请示者须事前向政务院请示。二、各大行政区军政委员会（人民政府）须指导各有关省、市、行署人民政府认真并有计划地实行政务院在1950年颁发的《培养少数民族干部试行方案》，并将该项工作进行情况定期加以检查，每半年向政务院报告一次。中央民族学院及西北、西南、中南各军政委员会和新疆省人民政府的民族学院，必须依计划实行，并向政务院报告。三、政务院于1951年下半年适当时间将同时召开有关少数民族的卫生、教育及贸易三个专业会议，责成政务院文教委员会、中财委指导中央卫生部、教育部、贸易部开始筹备，并责成中央民族事务委员会协助进行。有关部门如农业部、文化部也须派人参加。四、责成中央人民政府各委、部、会、院、署、行注意建立有关民族事务的业务。五、在政务院文教委员会内设民族语言文字研究指导委员会，指导和组织少数民族语言文字的研究工作，帮助尚无文字的民族创立文字，帮助文字不完备的民族逐渐充实其文字。六、扩大中央民族事务委员会委员名额，责成中央民族事务委员会提出补充名单的建议，并于1951年下半年召开中央民族事务委员会扩大会议，检查与总结关于推行民族区域自治及民族民主联合政府的经验。

20世纪50年代，中央人民政府和政务院，曾多次组织"中央慰问团""土改工作队"和"普查工作队"等，花费大量人力和物力，深入各少数民族地区，进行了大量较为翔实的社会历史调查。50年代这轮由政府统筹、由中央民委组织行政领导和人类学、社会学专家学者以及民族同志组成工作队与考察队的少数民族大考察活动，1953年正式启动，1956年结束（个别地区延期至1958年才结束）。直接成果之一，就是为1956年国务院公布的55

个少数民族的正式定名和划分，提供了可靠的依据。

从当时考察的资料看，各少数民族的社会发展水平参差不齐，不少民族呈现类似汉族曾经历过的各种历史发展状况，为我们今天考察、了解并研究过去的历史以及各学术分支问题，提供了绝好的活体范本。比如以"设计发生学"研究为例，以山寨（村落）为主的初级社会组织形态，原始手工业在农耕环境中的地位，原始造物的手工技艺与设备、工具等，都是我们极感兴趣的研究对象。

在西北、西南和东北各少数民族聚集地区，有些古时流传下来的本民族手工造物技术，迄今仍保存良好。其吸收了汉族和其他兄弟民族的技术长处之后演变出来的各时段手工造物技术，则印证了各民族互相融合、取长补短的史实。更有些原始手工艺，特别具有艺术和历史研究价值。以维吾尔族人为例，本世纪初，笔者在新疆喀什城艾格孜艾日克老街看到几样手工艺绝活：其一是整条街的维吾尔族乐器店，除了热瓦普、曼陀林和冬不拉等少数维吾尔族知名乐器外，全是些笔者叫不上名来却似曾相识的弹拨乐器和拉弦乐器，于是从心里认可了"西域古乐成就了中国传统民乐"这句话所言不谬。其二是亲眼所见一个拖着鼻涕的不到10岁的维吾尔族小男孩，拿着电砂轮在铜壶上信手飞快地刻着精美细腻的图案，一不要底稿，二没有图纸，真是佩服得五体投地，也相信了"汉族人长于热铸，西域人长于冷锻"这个说法。其三是在喀什近郊著名的大巴扎"金器一条街"上看见近百家金店生意红火，家家门前毡毯上都围坐着一群金店伙计和顾客，正在热烈讨论、共同设计着花样繁多的未来金饰嫁妆，感受到了"中国传统样式的金银首饰工艺，最富有创意的设计和最先进的工艺制作，原来在维吾尔族人手里"这句大实话。还有，笔者

求同存异 和合共荣

005

在云南景洪县城集市上，曾亲眼见过景颇族老乡用古老的"焖烧法"烧出的红彤彤的土陶——跟笔者一知半解的仰韶彩陶的烧制工艺几乎一模一样。还有，笔者在大西北甘陕宁各省亲眼所见的回族、保安族、裕固族和东乡族老乡巧手做出的那些花样繁多、样式复杂的面塑造型，真是个个精妙绝伦。这方面的事例实在太多了。

50年代的少数民族地区社会大普查，以及半个多世纪以来社会各界对其丰富而珍贵的考察、研究，意义深远，价值极为重大。这些地区客观上保存的较为完整的、与数千年前中国原始社会最初形态近似的许多社会特征，为我们研究社会的最初形态形成和当时的经济、文化、政治的基本状况以及"设计发生学"的相关课题，提供了珍贵的类型学"活化石"范本，价值非凡。改革开放以来，这些少数民族地区也获得了前所未有的巨大发展，人民生活日新月异；但与此同时，少数民族地区的民族性在不可避免地愈发衰减、退化，甚至消失。如果我们再不采取保护措施，若干年后，各少数民族的许多宝贵民族文化遗产将无法挽救地彻底消亡，这部分同属于全人类精神财富和中华民族集体智慧的宝藏，我们将再也看不到了。

在"设计发生学"问题上，我们一向秉持文化多元论的观点，认为人类文明是全世界人民共同创造的，各国家、地区、民族均做出过大小不一、形态各异的贡献；同理，中华民族的灿烂文明是中国的各族人民共同创造的，每个民族都对中华传统文化做出过贡献，也都应当得到尊敬和肯定。中国的各少数民族在中华文明漫长的演化过程中，都曾经以自己独特而充满智慧的文明成果，补充、完善甚至改良着中华文明。比如，古代西域的龟兹古国各民族创造或引自西亚的弹拨乐器和拉弦乐器以及音律、曲

式，彻底改造了中国古代音乐，新创作出代表中国古乐精髓的江南丝竹；南疆的维吾尔族和北疆的哈萨克、塔塔尔、塔吉克等族首创了制革术，并引进古波斯革皮书籍装帧术和制靴术、制毡术、毛衣编结术；海南岛的黎族率先种植棉花并纺织棉布，传入内地后棉织业逐渐形成中国古代手工行业的"天下第一营生"……保护少数民族的民族文化特性，就是保护我们的历史遗产，就是传承我们的文明。我们应进一步发扬文化兼容的优良传统，把振兴中华的百年民族复兴梦，逐步落实为将大中华建设成为中国各民族共同拥有的美好家园。

由上千名来自全国各高等艺术院校的教授、研究生组成的55支团队参与编撰的《中国少数民族设计全集》（55卷），正是有识之士基于对各少数民族的民族文化特性正在快速衰减、消亡的严重现实问题的深切忧虑而进行的抢救、发掘、整理中国少数民族文化遗产的重要文化工程。经过两年精心筹划，六年努力写作，在国家出版基金管理部门的支持下，在山西人民出版社和人民美术出版社的策划和组织下，目前《中国少数民族设计全集》的书稿编撰工作已基本完成，即将付梓。在长达八年的漫长过程中，全国兄弟院校各团队涌现出的各种可歌可泣的事迹经常感动着笔者，并不时鞭策着全体作者克服千难万险，一路向前。有的分卷作者身患绝症仍不眠不休地忘我工作，有的分卷作者遭遇各种意外仍坚持工作。特别是，很多民族同志公而忘私、不计较个人得失，有人不惜将自己赚钱的企业关张歇业，全身心地投入各自所负责分卷的繁重编撰工作中；有人义无反顾地将自己珍藏多年的本民族实物、资料和研究成果无偿提供给相关分卷作者。大家万众一心，克服各种复杂得难以想象的困难，以确保这部凝聚了众人八年心血的巨著，能按计划如期完成。借此机会，笔者谨代表本丛书编委会全体成员，向领导、编辑和作者们表示衷心的感谢！

作为一项文化创举，笔者深信《中国少数民族设计全集》必将在未来岁月的长期检验中，愈发显现其非凡的、独特的文化价值。

2017年夏季于南京

前言

一、羌族传统造物历史概述

（一）羌族人口构成与族群构成

1.羌族的人类学分析

羌族是中国西南地区少数民族之一，属汉藏语系藏缅语族羌语支，自称"尔玛"或"尔咩"，意为"本地人"，主要分布在四川阿坝藏族羌族自治州的茂县、汶川县、理县、松潘县、黑水县和绵阳市的北川羌族自治县、平武县，以及四川甘孜藏族自治州的丹巴县，贵州铜仁地区的江口县、石阡县等。

古代羌人曾经聚居的中心区甘肃、青海一带，考古发现了众多的古文化遗址，如新石器时代的仰韶文化、马家窑文化、半山文化、马厂文化遗址，青铜器时代的齐家文化、四坝文化遗址，以及卡约、寺洼、上孙家寨、辛店、诺木洪等文化类型，学术界普遍认为其与古羌人的形成有密切的关系。

而关于现代羌族，羌族史学家认为其主体来源于不同历史时期从我国西北地区南下、东迁进入岷江上游的古代河湟羌人后裔，融合了当地部分氐、胡以及历史上迁入此地的汉人和吐蕃部落。学术界虽然对羌族历史众说纷纭，但普遍认为历史上的古羌人与现代的羌族有着密切的关系。古羌人不断向东西两个方向扩展。东方的姜姓羌人与黄帝部落和东夷诸族在争战中同化，成为华夏最重要的部分之一。另一部分羌人，在与其他部落争夺生存空间的斗争中失败，被迫西徙，基本路线是沿渭河上溯到洮河流域，然后由南北两路进入黄河和湟水流域，到商周时普遍活跃在陕甘交界至青海东部

的广大地区。后由于西汉初年匈奴与河湟诸羌联合阻断河西走廊，汉武帝派兵驱逐，大批羌人西迁，其中一部分南下进入岷山地区，成为今天岷江流域羌族先民主要来源之一。这些羌族先民与原岷江上游地区的冉、陇、氐人在争斗中融合，又在之后的历史长河中不断接纳内迁的汉人和部分藏人，最后形成生活在岷江上游一带的现代羌族。

横断山脉是历史上的"民族走廊"，是多民族文化交融的地带。如今岷江上游也呈现出羌、汉、藏文化立体分布的格局。羌族聚居区东南部与汉族文化交流较多，西北部与藏族文化相互影响较大，不断丰富和发展了羌族文化。羌族聚居区多高山峡谷，由于地域的阻隔，高山峡谷中的各个"沟"形成了一个个较为独立的生产和生活单元，各个沟域的村寨不同程度地延续本民族的传统文化和吸纳其他民族的文化，使得各区域单元的羌族文化具有差异。古老的族源和多元的文化，使羌族文化承载了几千年民族文化交流、传播和演变的深厚历史文化信息，成为中华文化的活化石。

2.历史迁徙与定居

据顾颉刚先生研究，殷商时期西羌仍然是西方大国，时称"羌方"，分为两大部落"北羌"和"马羌"，自称商一方国，但商王朝并未实质地统治西羌之域。为了掠夺奴隶等资源，商王朝不断向羌方大举用兵，羌与商之间的战争一直延续到商末，直至羌愤而参加周武王讨伐商纣王大军。春秋战国时期，羌不断东进融入华夏，这时还可以称为西羌的羌人，除了靠近秦陇一带且相对发达的义渠国之外，仅限于仍然处于畜牧和狩猎阶段的甘青地区羌人了。

战国之后，中国进入秦汉帝国时代，政治统一带来疆域与族群认同。战国时期，秦灭义渠置陇西郡，甘青一带的河湟羌人除了爱剑曾孙忍、舞二兄弟的部落以外，其余羌人迫于秦人的压力和驱

逐，继续向四处迁移，向西南缘喜马拉雅北侧草原转东的成为洛塘（南羌塘）、雅龙（河谷地区）、娘波（在西）、达波（在东）等分支，其中雅龙分支在喇嘛教传入后蜕变为吐蕃。逾喜马拉雅向南者，为孟巴、别巴、哲巴、门巴、洛巴等分支。洛巴东徙穿过横断山脉入云贵高原者为乌浒、乌蒙和彝族。沿途留下的成为密什米、傈人、怒子等。进入云南高原后与昆明族杂居，被汉人合称为"嶲昆明"，"嶲昆明"不接受汉族官吏管理的一部分沿红河与澜沧江之间的山地向东南转移，途中留下孟族、拉祜族等。这些族群被称作"藏缅语族群体"。

《后汉书·西羌传》记载当时向长江上游迁徙的羌人分为三支：武都地区的参狼羌、广汉地区的白马羌和越嶲地区的牦牛羌。在汉代司马迁所著《史记·西南夷列传》中，称岷江上游汶川到松潘一带（今羌族聚居地）为冉駹，冉駹之地的土著有"六夷、七羌、九氐"。《华阳国志》中也记载，汶山郡有"六夷、羌胡、羌虏、白兰峒九种之戎"，由此我们可知在汉晋时期岷江上游一带已居住着许多氐、羌人部落，其成分多元而庞杂，因为混居而加强了民族的融合。自唐宋以来，陕西渭水流域羌人逐渐融入汉族，而甘青河湟地区与川西北的羌人，也分别融入汉族、蒙古族与藏族。

元、明、清是中国历史上封建中央集权高度发展的时期。元、明中央王朝在羌族地区推行土司制度。自雍正开始，中央王朝对少数民族地区实行改土归流政策，大部分羌人融入汉族，但仍有部分偏远地区的羌人保留着传统文化习俗，成为后来四川茂县、汶川、理县、松潘、北川等地的羌族。

3.家庭基本构成

羌族家庭是一夫一妻制的父系家长制家庭，每个家庭就是一个生产和生活的单位，由祖孙三代或父母子女两代组成，平均每家三

至五口人。儿子成婚后，要另立门户，独子或幼子随父母生活。父亲安排和支配家中的经济生活，决定子女的婚姻大事和财产继承问题，组织或参与宗教祭祀与对外社交等活动；母亲参加生产和操持家务。舅权在婚姻及家庭中占有较重要的地位：如遇男女婚事，必须事先得到母舅应允；母死必经母舅同意方可入葬；分家由母舅主持；母舅有对小辈进行管教和抚养的责任等。

羌族家庭既是生活单位又是生产单位，物质资料的生产和再生产、消费都在家庭内进行。家庭也是最小的社会单位，几乎所有的社会活动都是以家庭为起点：大到政治选举、商议寨中大事，小到建房、搬迁、互相帮工、婚丧等都以家庭为基本社会管理单位。在家庭的社会管理功能中，值得一提的是母舅制衡机制，羌族用父系血缘建立自己的社会规范，同时用母系中的母舅来实现对社会结构的监控，使其平衡协调地运转。

4.家族构成

由于羌族各聚落多居于高山深沟中，交通相对困难，加上生存资源有限以及历史上战乱频繁，造成历史上羌族聚落互相不信任，血缘关系成为最稳定的社会关系。羌族家族是依据父系血缘关系建立的，"祖先的弟兄"关系有重要的凝聚功能，同一家族的人可共用属于本家族的草场、林场，也共同保护此资源。有时候为了壮大势力，共享和保护资源，两个或三个人丁稀少的家族可以结为家门。有时候为了凝聚"外人"，羌人通过认"老庚"，认"家门、老乡""干爹、干妈""干亲家""干兄弟、姐妹"来使"外人"成为"自家人"。家族的凝聚功能通常通过共同延续家庭的历史和奉祀共同的家神来实现。在有限的生产力发展水平和有限的资源空间内，某一地域的羌族家庭在两三代以内尚能在同一地域生存，到五六代就必须进行地域上的扩张，形成相隔几公里的临近村寨。这种扩张除了通过地域资源的直接开发占有来实现，也可通过联姻（娶媳、入赘）来完成。在地缘的认同上常以村寨为中心，几个家族集中居住的聚落称为寨子，几个寨子又组成村，同寨与同村的人构成在家族之上更大范围的认同群体，同时形成边界意识基础上的凝聚机制，来共享、保护和争取资源。

（二）羌族村寨分布与自然条件

1.村寨分布状况

岷江及其支流切过青藏高原边缘，造成高山深谷地形，这种高山间的深谷，被羌族人称为沟。羌族村寨便分布在各个沟中。大部分羌族住在沟的半山腰或接近山顶的缓坡上。另外，岷江及其主要支流两岸的宽广的河谷地带也是许多羌族村寨的分布地。除此之外，在公路沿线的各城镇也有部分羌族与藏族、汉族、回族等杂居在一起。从行政区来讲，羌族主要聚居于岷江上游及其支流两岸的汶川、理县、茂县和松潘等地。

像横断山脉"民族走廊"中的其他民族一样，岷江流域羌族在地域分布上形成"沟域文化单元空间"，由地理环境切割成一个个小区域。沟中垂直分布的丰富资源为人们提供生活所需的资源，使得沟成为一个个自给自足的生态区，每个家庭成为独立且能相当程度自足的经济体。他们在家中养猪，在山坡上种植多种作物，在上方的森林打猎、采药材及菌菇，在更高的高山草原上放羊、牦牛和马。沟与沟因高山隔阻而交通困难，使得沟中的住民相对独立。

2.地理与土壤、植被条件

羌族所生活的岷江上游地处青藏高原东缘的高山峡谷地带，是四川盆地向青藏高原的过渡区域，多高山峡谷，总的特征：西高东低，河谷深切，岭谷相对高差大，地貌类型复杂，平原、低山、中山、高山、极高山均有。区内最高海拔为6253米（汶川县内四姑娘

山），最低海拔为870米（汶川县岷江出境处河床），最大相对高差为5383米，处于我国自然地理垂直地带中两大阶梯过渡的地带，自然条件复杂，垂直差异显著，自然资源丰富，生物多样。

岷江上游地区地貌以中、高山为主，整个地势由西北向东南降低，在高半山的向阳坡地上有天然草场，夏秋季节水草丰茂、温暖如春，是放牧的好地方。龙门山—岷山构造带的不断隆升造成岷江河谷的下切和阶地的形成，而阶地的土壤适宜种植农作物，因此这些阶地是羌族主要的农业产区。

3.农时与气候条件

羌族所生活的岷江流域，受地形影响及西风环流与季风暖流交错控制，气候在水平方向上从亚热带向暖温带，再向寒温带过渡；在垂直方向上从河谷干旱向中山半湿润，再向亚高山、高山的湿润气候过渡。高山峡谷区受气候垂直梯度影响，从河谷到山顶可分为河谷暖温带半干旱气候（沿岷江和黑水河谷，海拔2000米以下）、温带半干旱河谷气候（2000~2500米）、山地寒温带气候（2500~3000米）、山地亚寒带气候（3000~4000米）及高山高原高寒气候带（4000米以上）。区域内年均温5.7℃~13.5℃，1月均温7.4℃~3.1℃，7月均温14.5℃~22.7℃，年降水量490.7毫米~835.8毫米，年相对湿度为62%~72%。在南北走向的特殊地貌和西南季风共同作用下，焚风效应显著，干湿季明显。降水年际变化大且雨量分配不均匀，年降水量80%集中在5~10月。全年蒸发量1100~1600毫米，是降雨量的2~3倍。在地域分布上也不平均，汶川与茂县地区，由于河谷切割深，相对高差大，暖湿气流越山而下，不利于降水的形成，所以该地区降水稀少，年降水量仅400~600毫米，且小于当年蒸发量，气候干燥。暖湿气流越过干旱河谷后，深入西北，因地势升高而降雨，故松潘、黑水和理县的降水量又明显增多，年降水量达730~850毫米。

春耕、夏作、秋收、冬藏，不违农时，按节令耕种，是羌族传统农耕的基本方式。另外，羌族的农业生产受立体气候的影响，分三种类型，即：一年一熟、一年两熟、一年三熟。

4.水源条件

岷江、湔江及其支流是羌族的母亲河。岷江源于阿坝松潘县与九寨沟县交界的弓杠岭南，在都江堰市以上为岷江上游，从北向南纵贯羌族聚居区。岷江支流有黑水河、杂谷脑河、渔子溪和寿溪等。湔江，又称石泉河、北川水，发源于岷山山脉，因"水势如湔沸之状"而得名，经北川、江油注入涪江。羌族生活在岷江与湔江流域，所以羌寨选址大多遵循"大水避、小水亲"的原则，避开大江、大河、大沟以防自然灾害，而选择水源、水质较好且流量稳定的中小溪流，以保证用水的充足。

5.物产条件

羌族的传统农作物是小麦、荞麦、青稞、大麦和燕麦，现在的农作物以玉米和土豆为主，辅种青稞、小麦、荞麦、各种豆类和蔬菜。经济林木有花椒、核桃、苹果、鸡血李、樱桃、杏、茶叶、漆树、油茶等。饲养黄牛、牦牛、犏牛、马、羊、猪等牲畜及各种家禽，养羊业较发达。羌族聚居地区药材资源丰富，药材种类达200种以上，其中名贵药材有虫草、贝母、鹿茸、天麻、麝香，大宗药材有羌活、党参、当归、大黄、黄芪等。在高山深处，有蕨苔、木耳等山珍，还有丰富的菌类资源。此外，还有铁、云母、石膏、磷、水晶石和大理石等数十种矿藏。

（三）羌族造物文化溯源

1.明清以来羌族生产方式

为适应当地垂直差异较大与资源总体匮乏的自然环境，高山狩

猎、草场畜牧、半高山台地农耕以及沟口的商业共同构成羌族多元的生产、生活方式。

明清以前，岷江流域羌族传统生产方式是农牧混合，他们以季节性放牧为主，以游耕为辅，这样的生产方式与他们所处的环境有很大的关系。从明清开始，大量汉人因屯戍、经商、开荒、避乱等进入岷山地区，尤其"湖广填四川"的人数众多，汉族的农业生产技术大量传入羌族聚居地区。于是，羌族农业生产技术迅速提高，除了传统的农作物小麦、荞麦、青稞、大麦和燕麦的栽培技术得到提高外，还引入了玉米和洋芋，其很快成为羌族的重要农作物。铁器替代了一部分木器和石器，深耕的鸡嘴铧和双面铧、扁锄、刨锄等各种用途的铁器，进一步推进了羌族的农业生产技术。除了茂县以南使用黄牛外，山区一般用犏牛。羌族一般一年只犁两次地，耕地时一般用两头牛并行，牛肩上横抬一杠，拉犁前进，一人扶犁，并以手脚压住铧头，叫作"二牛抬杠"，至今仍有许多羌族村寨使用。到了近代，农业生产工具和生产技术有了进一步改进。在播种技术方面，羌族掌握了条播技术，水磨碾坊也在近代以后逐渐出现在羌族地区。苹果、桃、李、核桃和黄烟栽培技术，养蜂、割漆、熬土硝、制土碱等生产技术，都是近代羌族掌握的生产技术。农业逐渐成为大多数羌族的主业。

羌是个古老的畜牧民族，如今的羌族仍把畜牧放在重要位置。羌族主要养羊、牛和猪，他们习惯把羊成群地在山上放牧，晚上赶回家，关在楼下圈中。也有的在水草丰美的山上建有圈栏，牧羊人在羊圈旁搭一窝棚，吃住都在羊圈旁。羌族大都饲养黄牛、牦牛，也有饲养犏牛的。大多数采用家中饲养与牧放相结合的方法，农忙时在家饲养，农闲时则赶到山上牧放。有些地区，农闲时即将全寨的牛集中起来，由一两人赶到山上去放牧，各家各户即根据自家托牧的牛的数量给放牧人报酬，称为"认工"。猪大多关在圈内饲养，只有少数地区把猪赶到山上牧放。猪圈大多数建在厕所的粪坑上，铺些木板，四周用木棍围栏，俗称"高圈"，还在"高圈"旁修一无粪坑的"地圈"。夏季将猪关在"高圈"内喂养，春、秋、冬三季则将猪关在"地圈"里喂养。

狩猎过去是羌族重要的副业，传统的狩猎方法有撵山、围猎、放狗，猎物一般有香獐、熊、豹、野猪、野牛等。

以挖药材为主的采集，也一直是羌族重要的家庭副业，羌族挖掘和识别药材的水平很高，药材主要有羌活、贝母、大黄、木香、虫草等。随着农业技术的发展，现在药材采挖已经与药材栽植结合在一起。

当脚夫（背茶包）也是羌族人农闲时候的重要谋生手段和经济来源，过去高山阻隔，运输基本靠脚力，羌族人受商人雇用背茶、盐、米、酒、布等百货进山，或背药材、毛皮出山，赚取辛苦钱。

传统的羌族副业还有养蜂、伐木、熬土硝、烧碱、制火药和家庭纺织、刺绣等。

2.明清以来羌族生活方式

羌族传统服饰带有农耕文化的特点，也留着畜牧文化的痕迹，过去羌族多着皮、毛。明代以后羌族纺织业发达，其多以麻布衣服取代皮、毛装，刺绣同期传入，羌族妇女利用农闲时节学习刺绣技巧并加以创造，逐渐形成富有羌族特色的羌绣。1949年至今，羌族服饰的面料更加多样化，样式也不断推陈出新。

羌族民间大都一日两餐，清晨五六点起床后先到地里劳动，九点左右回家吃早饭，一般吃馍馍等简单抗饿的食物，或起床吃了早饭后出去劳动，劳动时带上炒面、馍馍等，中午就在地里吃，称为打尖，下午收工回家吃晚餐，晚餐一般吃面条、搅团、米饭

前言

等，比较正式。主食大都离不开面蒸蒸（将玉米粉放在甑子内蒸成颗粒状），或将大米拌到玉米粉里，根据大米与玉米粉的比例，称为"金裹银"或"银裹金"。另外，用小麦粉和玉米粉混合做成的馍，用玉米粉做的搅团和洋芋糍粑也是羌族日常主食。羌族多食用白菜、萝卜叶子泡的酸菜，以及用青菜做成的腌菜。肉食以猪、牛、羊、鸡肉为主，兼食鱼和狩猎兽肉。散居在山区的羌族一般不食新鲜猪肉，都是将猪宰杀后吊在房梁上熏烤成"猪膘"。

羌族生活在高山峡谷的险要地带，他们延续至今的生活方式体现了他们和恶劣的生存环境斗争的高超智慧。羌族一般在向阳、背风、有耕地和水源的半山或河谷地带筑屋造房，由几户或几十户形成自然村寨。传统的羌族建筑大致分为两类：碉楼与碉房。碉楼属古代建筑遗存，汉代称"邛笼"，多矗立于关口要隘或村寨附近及中心，以石砌筑，外观雄伟，坚固实用，楼体呈四边、六边或八边形，上细下粗，棱角突出，结构严密，内有六七层，最高的达十三四层。碉房也叫"庄房"，为居住用房，呈方形，一般分三层（也有两层或四层），上层堆放粮食，中层住人，下层圈养牲畜，楼层之间用独木做的锯齿状楼梯连接。

羌族聚居地区交通险阻，羌族人在悬崖峭壁上开凿人行通道，虽然是崎岖难行的栈道，但彼此相通。栈道凿岩成道，有的在陡壁上凿孔、架木、铺板而成悬空通道，有的在道路中断之处用片石砌成堡坎，将木梁置于堡坎上，以便通行。今天在羌族聚居地区仍然可以看到大量的栈道遗存。由于生活区域内江河纵横，水流湍急，羌族人发明了"悬筒渡索"的溜索和竹索桥、挑桥、偏桥、木桥、石桥。如今羌族聚居区的交通情况发生了巨大改变，两条国道、四条省道通过羌族聚居区，大多数乡镇都通公路，过去到成都要走数十天，如今半天即可到达。交通的发展促进了羌族经济文化的发展。

3.手工艺主要传承方式

羌族只有本民族的语言而没有本民族的文字，因此，羌族的手工艺都没有文字记载，全凭口传心授，一代一代地不断传承，主要为亲族传承，其次是师徒相授。羌族的传统手工艺主要有羌族挑花刺绣工艺、碉楼营造工艺、麻布衣制作工艺、水磨漆艺、织毯工艺、羌笛制作工艺等，其中以挑花刺绣与碉楼营造最有特色。

羌族是一个依山傍水、据险、集群而居的民族，有着独特而精湛的建筑技艺。修碉、砌墙、掘井、筑堰、砌堤，均为羌族所擅长，而其中又以砌石建屋最为著称，部分使用黄泥为建筑材料的地区传承着精湛的泥砌技艺。羌族修碉楼时，充分考虑地形，一般在沿河谷的高山上或半山腰有耕地和水源的地方依山而建，数十家聚为一寨，然后分台筑室。羌族碉楼营造工艺主要通过亲族传承，一般是父传子，也有师徒传承的，都为口传心授。

挑花刺绣工艺也是羌族的特色工艺之一。明清时期，刺绣已在羌族地区盛行。挑绣工艺是羌族妇女所擅长的，是她们必备的本领，也是判断她们是否勤劳聪慧和心灵手巧的主要标准。她们往往从小就要在长辈的言传身教下勤学苦练绣花。女孩在八九岁时，就由母亲教授基础的缝绣技巧，农闲时也常常向同村同族的其他长辈或同辈学习和模仿，待出嫁时，大都已是飞针走线、刺龙绣凤的高手。

4.材料

受地理环境的影响，羌族善于就地取材，如利用河床里的鹅卵石、山上的页岩片石、毛石、黄泥、木料、树枝、毛皮来砌碉筑房。在羌族史诗《羌戈大战》中，就有关于就地取材的生动描述，"如乌山上采青石，青石块块作墙面；木西岭上砍铁杉，铁杉做

柱又锯板","九沟里头砍木头,九匹山上背石片;九沟清水调泥巴,羌人重把碉楼建"。另外,羌族还善于利用麻和毛进行纺织,用羊皮制作服饰,用竹子制作羌笛、编背篼等生产工具。

5.羌族传统语言、文字、图形记事的特点

羌语属于汉藏语系藏缅语族羌语支,分北部和南部方言。北部方言通行于茂县北部的赤不苏、较场,中部的沙坝,松潘县的小姓乡、镇坪乡、白羊乡以及黑水县的大部分地区,下分芦花、麻窝、茨木林、维古、曲谷、镇坪、三龙、黑虎、沟口渭门九种土语。南部方言通行于理县、汶川县和茂县南部,下分雁门、龙溪、绵虒、蒲溪、木卡和桃坪六种土语。由于与汉族交往频繁,很多羌族能讲汉语、用汉字。羌语北部方言受藏语影响较大,无声调,形态较多,内部差别较大,有不少藏语借词和反映牧区生活的词语。与普通话相比,羌语的语音系统颇为复杂,声母和韵母分别多达95个和253个,声韵配合也很复杂,有复辅音和大量的辅音韵尾。羌语南部方言接近汉语,受汉语影响较大,有声调,少形态,内部差别较小,有不少汉语借词和反映农区生活的词语。

历史上羌族有语言而无文字,文化传承基本靠言传身教,虽然1990年由政府组织设计了羌文字,但推行效果并不好。近代以来羌族接受了汉字,依靠汉字记事。

羌族有较为丰富的图形图案,主要集中应用在服饰上。图案以描摹动植物为主,植物如牡丹、菊花、杉树枝、羊角花（杜鹃）、梅花、金瓜、石榴等,动物如蝴蝶（蛾）、猫、猴子、鸟、鱼、鹿等。

（四）羌族传统手工艺产业现状

1.传统手工艺流失状况

羌族文化主要是以口传心授的方式进行传承的,因而人在传统手工艺的传承中尤为重要。但人才匮乏、艺师无继、技艺濒临消亡是羌族传统手工艺的现状：手工艺传承人年岁较大，而目前精通传统手工艺的人又十分稀少；青壮年忙于外出打工而不愿意学习传统技艺；家庭传承式教育正在萎缩和瓦解，青少年以接受学校教育为主，对羌族传统技艺和羌语的熟悉程度渐弱，导致羌族文化的传承出现了较为明显的断代现象；现代工业成品的冲击使羌族人不再需要手工艺制品，手工艺制品失去了社会需求环境。以羌绣为例，现代羌族女性在服饰加工上更加注重低廉的机器绣片，手工刺绣逐年减少。

2.刺绣产业得到扶持和推广

"5·12"汶川地震后，政府和社会各界大力扶持羌族聚居地区的经济和文化建设。羌绣因其深厚的文化底蕴和特殊的审美价值而被列入国家级非物质文化遗产名录，2008年7月政府开始实施"羌绣帮扶计划"，成立了阿坝州妇女羌绣就业帮扶中心，阿坝州建立羌绣基地一个、羌绣就业帮扶站三个，推动羌绣向产业化、市场化、规模化发展。羌绣产业目前通过"公司+农户"的经营模式进行生产（即公司与农户签订协议，公司提供原料，农户在家制作，公司回收产品付给报酬），采取绣娘自主研发、成立研发机构、聘请设计师等方式进行设计，产品已从过去的鞋、帽、腰带、围裙拓展到时装、办公用品、提包、汽车装饰、壁画等，在利用旅游销售平台的基础上，扩大了销售范围。

二、羌族生活方式与造物设计

（一）羌族传统居住方式与民居设计

1.村落

在垂直分布上，羌族村寨散落在高山、高半山和半山以及河谷地带，平均海拔在两千米以上，就连河谷地带海拔也在1500米左

右，因此羌族是一个典型的山地民族，被称为"云朵上的民族"。土地是最基本最重要的资源。羌人刚刚迁入岷江上游各支流所在的山地中时，他们只对牧业有较多的经验，所以，聚落的选址首先要靠近牧场，在海拔3700～4500米的地方，因此传统的聚落大都建在高半山上。另外，由于地处各民族势力交错的地带，战事较频繁，因而羌族多在高山峻岭修建高碉，户户相连以防御敌人的进攻，因而出现"依山居止"的村寨。虽然后来的农耕发展和战事减少使许多聚落已经搬到山腰或者河谷，但是如今还有许多羌人习惯生活在交通不便的高半山。

在水平分布上，羌族村落多在山体朝阳的一面，在河谷滩地与山坡交接的坡脚或山间台地与坡地交接的边缘。羌寨选址大多遵循"大水避、小水亲"的原则，避开大江、大河、大沟以防自然灾害，选择水质较好、流量稳定的中小溪流，以保证用水。另外，气候条件也成为聚落选址考虑的重要因素。选择朝阳的土地，日照时间长、光照强，农作物产量高，同样面积的土地就能供养更多人口，因此，羌族村落多在山体朝阳农作物容易生长的地方。为了节约相对平坦的耕地，羌族建筑基本集中在荒地、高山缓坡和悬崖上，这使羌族村落呈现出高低起伏、错落有致的布局形式。

大体上，每个羌族村落都有一个中心，其他建筑围绕中心层层展开，但没有形式上的规范，例如不讲究对称等，一般以自由式、敞开式展开。羌族村落有几种典型空间形式：以碉楼为中心的空间形式，以水渠为中心的空间形式，以道路和过街楼为中心的空间形式和以官寨为中心的空间形式。因共用空间的广泛运用，呈现出一体化布局。依山傍水，建筑与自然景观融合在一起，形成非常壮观的空间气势和空间层次。

2.院场

羌族民居分为石砌碉房、夯土建筑和板屋（干栏式）等，其中石砌碉房是最为人所熟知的典型羌族民居，绝大多数羌族住宅均为此类。夯土民居的建筑形式和特征与石砌碉房大致相同，多采用山上的黄泥土夯筑而成（如汶川县萝卜寨、布瓦寨等）。板屋则是受汉文化影响较深的坡顶民居，采用干栏式木结构，以石墙体作为围护（如汶川县绵虒乡）。

传统羌族民居（石砌、夯土）一般3~5层，其院落空间在垂直方向上表现。底层以储物、饲养牲畜为主，并设厕所（现在河谷地区也有在菜地中建牲畜圈的，但半山和高半山地区依然保持原始风貌）。第二层是主要功能空间，以火塘为中心，堂屋、灶房及主要卧室都设在第二层。三、四层是生活的辅助空间，一般作储藏室、晒台和罩楼，如猪膘肉、油饼、香肠等食品都悬挂于第三层，可利用第二层火塘的烟熏防腐，人口多的家庭也常将这一空间设置为卧室。顶层是罩楼或晒台，三面封闭，向南敞开，常用来晾晒粮食和休息。四个角落堆放着白石，用来供奉天神。除此之外，屋顶也成为一个"空中的道路系统"，使家家相连。这是基于战时互相支援的考虑，另外各户共用部分建筑墙体也是节约造价的有效手段。"通过相邻建筑物的相互作用，形成公共院落空间，同时院落也使各个建筑成为一个有机的整体。"（罗丹青、李路：《四川羌族民居中的院落空间》，《华中建筑》2009年第11期。）

3.居所

羌族民居以第二层为主要的活动区域，其平面布局形式是基于火塘在室内空间中的主体地位而决定的，这个放置火塘的房间称为火笼或堂屋，是主屋，羌族人的饮食、宗教活动、议事、休闲、待客都在这里进行。在羌族主屋中，神龛（角角神位）、火塘和中心

柱必不可少，羌族几千年来一直遵循火塘与神龛、中心柱在中轴线上的设计原则。以火塘脚对神龛正中，约占主室空间四分之一。这种历史沉积下来的空间设计原则，经过长期的积淀和改良，已成为羌族民居空间分配的主要依据。

堂屋南面的房间一般由长辈居住，东面所对的房间是妻儿的卧室，北面有面积略小但空间规整的卧室，其余房间就是家庭的辅助用房。东北面是入口和门厅，东南面是连接上下层的木楼梯，一般为独木梯。

4.畜圈

羌族从事农耕之后，养猪成为重要的副业，猪肉是他们主要的肉类。猪圈一般修建在房屋的最下层或旁边，常与厕所修建在一起，这样可同时收集人畜粪尿供施肥，还有的猪圈修建在自家的菜地里，取肥更加方便。羌族的猪圈比较宽敞，圈内分两部分，中间用一道石墙隔开，外部用来放置农具和猪草等，里面为猪圈。猪常年不出圈，一直圈养，非常肥壮。

养羊也是羌族的一项重要畜牧业，羊粪亦是重要的底肥。羊圈相对简单，只是一间较大的空房。河坝地带的牲畜圈往往修建在菜地中，用石块、黄泥垒砌，每间牲畜圈都有房门，结构与人住的房子几乎一样，也比较卫生。

5.寺庙

在传统羌寨旁边通常有一个平缓的公共坡坝，不能用来放牧或耕种，有些与寨子后的神树林相连，这个坡坝羌语称为"燚塔"。"燚塔"的原型是"火塘坪"，从"火塘坪"发展到"神树坪"、"勒色坪"（汉语称为"塔子坪"）、"神庙坪"、"芊初坝"、"议话坪"等。其功能主要有宗教性质的，如驱鬼、解祟、赶邪等；有仪式性质的，涉及大型的祭天仪式"刮巴尔"、"国若"、释比的出师仪式、家庭的还愿仪式等；有文化性质的，如锅庄等；有政治性质的，如议话坪议话、议话坪盟誓等。这个坪坝上没有建筑，其标志是火、火塘、大石头（一般是白石）、神树等。

临近汉族地区的汶川等地以及岷江河谷大道周围受到汉文化的影响，也出现了庙、学堂、祠堂等公共场所，一般建在寨子之外。

（二）羌族传统衣着方式与服饰设计

羌族服饰的历史可以追溯到遥远的史前时期。在北方游牧民族的岩画和羌族传统古籍《刷勒日》（图经）中可以看到对远古时期羌人服饰的描画。

据《后汉书·西羌传》记载，"女耻其状，被发覆面，羌族因以为俗……"；《北史·宕昌传》记载（羌人）"皆衣裘褐，牧养牦牛、羊、豕以供其食"；《新唐书·党项传》记载（羌人）"男女衣裘褐、被毡"。从这些为数不多的史料中可以看出羌人的服饰基本以羊皮裘、毛麻织品为主要材料，然后在毡的基础上逐渐产生了袍。

近代羌族服饰承袭了袍服之制，道光《茂州志》载"其服饰，男毡帽，女编发，以布缠头，冬夏皆衣毡"，服饰面料仍以皮裘、毛和麻织品为主，装饰较少。清末至民国时期，羌族服饰在继承传统的基础上，更趋丰富，其制作技艺水平也有所提高，出现了染色的麻布、棉布、毛制品。

20世纪五六十年代，布衣逐渐增多，当时盛行的军帽和解放胶鞋也在羌族中流行。20世纪七八十年代，棉布、化纤布、灯芯绒、平绒等已成为主要选材，麻布逐渐减少。如今，随着经济的发展和旅游的开发，出现了承接羌族传统服饰制作的民间私营作坊，并涌现了一批羌族服饰设计名家。

现代羌族服饰内容丰富，男子一般包青色头帕，冬季喜戴狐

皮帽，穿麻、棉、绸、毛面料的长衫。外套为无袖的羊皮或毛、棉制褂子，脚裹毛制或麻、棉制的绑腿，脚穿皮鞋、云云鞋、绣花编耳子鞋和胶、布、草等鞋，束毛、麻、棉腰带，系吊刀、火镰，用以装钱、烟等物。妇女包头帕，着绣花长衫，系黑色羊毛腰带或红棉腰带、绣花围腰，后腰系绣花飘带，喜戴银牌、领花、耳环、耳坠、手镯、戒指等金、银首饰和被称为"色吴"的椭圆形项链。在头帕、围裙、腰带等方面各地域羌族服饰有差异，当地人可根据一些细微的差异辨别。

（三）羌族传统饮食与餐具

1. 主食

羌族长期以来都采用自给自足的生产生活方式，食物基本上都是自产。羌族地区不产水稻，主产粮食作物为玉米、小麦、豆类、洋芋（土豆）、青稞和荞麦等。传统的主食是青稞等耐寒的麦类作物，因为玉米和洋芋产量高、营养价值高，所以在引入羌族聚居区后很快成为主食，青稞逐渐减少。羌族人粗粮细作，虽然食材有限，但开发了多种加工方式，创造了富有创意的多种主食，有玉米蒸蒸、玉米馍馍、玉米粥、玉米面汤、荞面条、玉米搅团、荞面搅团、小麦、青稞蒸馍、炒面或面皮。大米、小麦等细粮多在节庆之日食用。

2. 特色饮食

羌族生活的高山峡谷有多样的植物，可供羌族人采集食用。野生菜中有薇菜、青蕨、水蕨、香椿、山核桃花、九眼独活苔、鹿耳韭、黄芹菜、山药、蕨根粉、刺龙苞、百合等多个品种，取食部分主要有根、茎、叶、花、果实。这些野生蔬菜可根据其特点烹制出多种美味佳肴，其中以蕨菜炒腊肉、炝炒鹿耳韭、凉拌山核桃花为著名特色菜。

肉食以猪、羊、鸡肉为主，兼食鱼和狩猎兽肉，散居在山区的羌族一般不食新鲜猪肉，都是将猪宰杀后去毛，剖成两半或切成几大块，吊在房梁上熏烤制成"猪膘"。另外羌族也善采集和种植各种名贵药材，因此讲究药膳，较为典型的药膳菜有羊肉附片汤、羊肉当归汤、猪肉炖杜仲、虫草炖鸭、黄芪炖鸡等。

羌族酒以咂酒最负盛名，饮时先向坛中注入清水，再用细竹管轮流吸，吸完再添水，直到味淡后，再食酒渣，俗称"连渣带水，一醉二饱"。

3.厨具、食具和饮具

羌族炊煮饮食一般都在火塘上完成，火塘最早是一个石砌的凹坑，坑边放三块大小差不多的白石头作为三足支架，在三足上架锅。后来用铁三足代替白石头，做饭时将铁锅放在上面加热，或用于烤制食品，完整的火塘包括火塘架、挂火炕、台基和木围栏。火塘除了是羌族重要的生活设施外，还具有强大的精神功能，羌族人吃饭、待客、跳锅庄甚至红白事都要围绕火塘进行，火塘被羌族视为与祖先和神灵沟通的桥梁，具有神圣的地位。火塘在房屋内的中心地位被看作古羌游牧幕帐文化的遗存。羌族的厨具主要有石水缸、铁鼎锅、铜火锅、锅铲、切面刀、揉面槽、石碓窝、糍粑槌、米酥盒等，食具和饮具有酒壶、碗、筷、酒杯、筷子篓等。早期的羌人主要使用木制、皮制、石制的容器，陶器被引入后才慢慢替代了木石制的器皿。另外过去由于当地金属制造技术较为落后，金属主要用于制作生产工具，只有少数富裕家庭才能享用金属制的生活用具，而瓷器由于罕见所以一般用来敬神。

（四）羌族传统出行方式

1.步行

羌族生活的高山峡谷中，河流众多，交通不便，过去羌族地区

的交通基本靠步行。由于坡大，不便担挑，一般只能背运，羌族人用木桶背水，用竹背筮背粮食和干粪，用背架和拐笓子等工具背运茶包和盐包等。过去当脚夫背运茶包和盐包是羌族的重要副业。

2.马力

松茂茶马古道是中国古代一条商贸要道。河谷地带的羌人聚居区，在很多墙体上可看到一个方形的凹槽，内部固定一根木棍，称为拴马桩，是早期贸易活动的遗存。桃坪羌寨有多处拴马桩，可见当地贸易活动曾很兴盛。羌族牧养的马主要是耐粗饲、善于攀登的川马，马的用具以满足驮载等实用功能为主，主要有马鞍、辔头、马鞭等。

3.桥

为了战胜山川的阻隔，羌族人创造了一种横跨急流深谷的溜索，即绳渡。人要过时就将身体用皮带或麻绳捆在溜索的竹筒之上，用力一蹬而顺溜索滑行过去。这种溜索不但可过人，还可以用来运送物资。在溜索的基础上，羌族人进一步创造了一种竹索桥，在古代称"笮"，横跨水面，上辅木板，左右以绳为栏，每丈贯以细木棒固栏，人畜均可通行。

4.栈道

羌族还善于在高山峻岭中修建栈道，栈道是古代西南地区的重要交通设施。《四川通志》记载：（茂州）"石鼓偏桥，即古秦汉制也。缘崖凿孔，插木作桥，铺以木板，覆以土，傍置栏护之。"这种栈道大多建在绝险之处的悬崖峭壁之上，凿孔架梁连成，有木栈和石栈之分。

（五）羌族传统日常杂具

1.灯具

羌族灯具有陶制和铁制的，造型简单，实用特点明显。最简单的灯具称为"油当当",用一个废弃的铁筒加上铁丝,在筒身上插上管子即可使用,还有一种较为简单的油灯,如同勺子,可挂在墙上或柜子上。多数灯具带把、尖或钩,便于插或挂在墙上。

2.烟具

羌族抽自种的兰花烟,烟具分为旱烟和水烟两种,均由汉族地区传入,年代较近。旱烟长短不一,长旱烟一般为寨中年纪较大、地位较高的老人使用,由一个烟杆和一个烟袋(烟盒)组成。水烟为富贵人家使用,一套水烟烟具包括烟壶、烟盒、烟灯、烟刀等,大部分为铜制,也有银制的。

3.乐器

羌族是一个能歌善舞的民族,乐器种类也较多,具有羌族特色的乐器有羊皮鼓、羌笛、口弦、盘铃、响板等,除此之外还有唢呐、钹、锣、响铃、指铃、肩铃、脚盆鼓等。

三、羌族生产方式与造物设计

（一）羌族传统农耕与农具设计

在铁器传入之前,羌族使用木器或石器进行农业生产,农具的设计和使用受到很大的限制,明末清初随着汉族内迁带来铁器之后,农具逐渐丰富起来,羌族人根据地理条件选择和设计农具,高山地带和河坝地带的农具形制有别,分工明确,体现了羌族人的智慧。

1.耕垦

羌族聚居区传统的耕地方式主要是二牛抬杠,至今仍在使用,是一种适合羌族聚居区地形特点的耕地方式。除了茂县以南使用黄牛外,山区一般用犏牛。犁地时两头牛并行,牛肩上横抬一杠,拉犁前进;一人扶犁,并压住铧头。铧头分为鸡嘴铧和鸭嘴铧两种,鸡嘴铧头尖而窄,多用于犁石多土硬的地;鸭嘴铧头圆而宽,多用

于犁石头较少的地。二牛抬杠只能用在稍微平缓的土地上，如果坡度较大则使用单牛或人力，人力使用的工具为尖锄或平底锄。

2.播种

在羌族聚居区，如果种玉米、土豆，则先用刨锄挖窝，然后点种；如果种小麦、荞麦，则由人跟在犁后撒播；如果种黄豆、杂豆则用点锄下种。

3.植管（除草、灭虫、灌溉、排涝、嫁接等）

种下农作物之后，一般需要除两次草，施一至两次肥，肥以干肥为主，也叫厩肥（将树叶放在牛羊圈内与牛羊粪便沤制而成）。羌族人用二爪锄来挖干肥，然后用背篼背到田中施肥。对田间杂草的处理则用薅草钩或草耙。

4.收割与加工

羌族聚居区盛产玉米，收获时用手掰，然后放在背篼中背回家，玉米秆用砍刀或弯刀砍倒扎成捆，晒干，铡短用作柴薪等。小麦用镰刀收割，洋芋、红苕用尖嘴锄刨出。小麦、荞麦晒干后，用连枷或棍棒捶打脱粒，然后用木扬锨扬场，再用筛子清理，最后用风谷机剔除杂质。

5.储存

羌族主要农作物是玉米，产量大，收割后他们将玉米的苞壳剥开编成一串，悬挂在屋檐下晒干或放置于细树枝（或竹竿）编成的"柴笼子"中风干，然后用玉米刮脱粒装入袋存放在仓房的大木箱中，大木箱还用来保存小麦、荞麦等粮食。洋芋、红苕、土豆多直接放置在仓房或地窖中，随地堆放。

（二）羌族传统副业与工具设计

1.狩猎

狩猎曾经是羌族重要的生产手段，羌族男子在农闲时节到林子里打猎，夏季一般到松林狩猎松鸡，秋季放索子套取野猪、香獐等，冬季羌人会到更远的森林猎取野山羊、野牛等兽类。肉可以自己吃，皮毛制成皮衣或睡垫、坐垫。现在政府发布了保护野生动物的法令，羌族地区的狩猎活动逐渐减少。传统的狩猎的方法有下绊索、压板、熏洞、关圈、投毒饵等，工具有手弩、猎枪、火镰、刀挎子、匕首、子弹袋、火药袋等。

2.挖药

羌族生活的高山药材资源丰富，采药后到城镇中去卖是羌人额外的经济来源。因为珍稀药材往往生长在海拔4000米以上的高寒地带，所以过去采药非常艰辛和危险。根据药材的生长区域和药材本身的特点，羌族人设计出符合实际需要的挖药工具：短短的贝母锄用来挖细小而珍贵的贝母或虫草；弯刀用来刨羌活、当归等生长较浅的药材。近几十年来，人工种植业逐渐发展起来，成为羌人除农业以外的一项主要收入来源。

3.养蜂

养蜂也是羌族的家庭副业。羌族聚居的山地，野花遍野，各种果树和农作物花团锦簇，为养蜂提供了良好的条件。羌族喜爱吃蜂蜜，用蜂蜜佐餐，并酿制蜂蜜酒。养蜂工具简单，一般是将一段树枝挖空作为蜂箱，体现羌族朴素实用的造物观念。

（三）羌族传统纺织、刺绣、编织

1.纺织

早在三千年前，居住在青海诺木洪地区的古羌人就已经能将牦牛、羊毛织成毛布、毛带、毛线等产品，开始了早期的毛纺织业。明清时期，羌族地区的"织毪子"还十分普遍，不仅是一项重要的家庭手工业，在城镇也有专门的作坊。纺织主要由妇女完成，分麻纺织和毛纺织两种。传统的纺织方法是先将羊毛或麻吊成线，然后

用踞织机织成毡子或麻布。纺的工具有纺锤、麻砣、羊毛兜兜、绾线车等。织的工具主要是踞织机（腰机），包括木梭、织布梳、布夹、达镖、腰带等部件，这个原始的纺织工具因为方便好用，至今仍在使用。

2.刺绣

早在明清时期，刺绣在羌族地区就十分盛行，在四川民族工艺中素有"南彝北羌"之说。羌族妇女擅长刺绣和挑花，多以五彩丝线或有色棉线为料，挑绣时，按所需，或将剪纸贴于布上，或按布的经纬，或信手而做，用挑、纤、扎、绣、勾、纳、提、拼、扣等九种针法，单用或并用，绣出花卉瓜果、飞禽走兽、松梅竹菊、团花簇锦、鱼水和谐、波浪花、九针花等各种图案。其技艺娴熟，既有写实，也有变形，寓情于景，秀丽精巧，栩栩如生，常饰于头帕、衣、裤、裙、鞋、袜、帷帘、枕被等易磨损处，美观耐用。

3.竹、草编

据羌人说，羌族过去用皮、木具较多，竹编和草编器具是赶集时与都江堰、郫县的汉人以物易物交换得来的。但心灵手巧的羌族人后来学会了编织技能，就地取材，用当地盛产的箭竹来编背篼、晒筐、羊毛抓抓等，用玉米壳、黄麻编麻草鞋等物。值得一提的是，羌族人在背篼等物的编织过程中，充分考虑地理条件和用途，从而进行创新。北川羌族的编织技艺最为突出，除了玉米壳与竹，还善于用蒲草等编织各种生活用品，渐负盛名。

(四) 羌族传统石砌民居营造工艺与工具设计

1.石砌民居营造工艺

羌族砌石为室的木石构筑技术，经过上千年的发展与完善，形成独特的营建技艺体系：首先是充分利用地形。为了充分利用山坡上有限的平坦土地，设计时均注意结合山坡地形，分台筑室，以节省土石，形成丰富的空间形态。其次是就地取材，施工精巧。其建筑材料就是当地取之不尽的石块和黄泥，建筑与山体一色，像从土石中生长出来的。再次是适应当地的气候。羌族居住在高寒山区，为了保暖防风，房屋多向阳、背风、封闭，墙体厚实，层高较矮。除了木石外，棕、细树枝、鸡粪土、糯米等也常常作为建筑材料，被填入石板的空隙，使房屋冬暖夏凉，坚固耐用，经久不毁。另外羌族匠人利用住宅之间的空间修筑过街楼，一方面充分利用了建筑空间，另一方面使家家相通、户户相连，提高了羌寨的防御能力。

2.石砌民居营造工艺所使用的工具

羌族的建筑非常有民族特色，结构坚固，室内空间分配巧妙，但其建筑工具却非常简单。羌族主要的建筑工具只有几件，即铁锤、木铲和背板。羌人用这几种简单的工具建造了雄伟的碉楼和住宅，体现了卓越的建筑才能。

（五）羌族传统木作与工具设计

1.大木作

羌族民居多为木石结构，外墙用石块堆砌，内部以木料支撑，分割室内的空间。羌族擅长伐木和用木料做建筑构件。《羌戈大战》中记载了木材的用途："九座岭上砍木头，木料做枋片"，"尼罗甲格万年椿，香椿神木做栋梁"。可见，很早以前，羌族就掌握了柱、梁、枋等建筑内部构件的大木作工艺。基本每个自然村落都有几个木匠，他们平时是务农者，农闲时做木工，有时还会出远门做工。羌族木匠对大木作的木料选择十分考究，需要亲自到山林中选材，梁、柱及梯多是根据需要选取笔直粗壮的整木，一般挑选红松、铁杉、白桦等硬木料。在砌房前就备好料，当墙达丈余时，便架上横梁，梁不过墙，横梁上铺以厚木板，修至最上层时，所铺木板伸出墙，构成房檐，一方面可以保护下面的墙壁，一方面

可以加大顶层平台的面积。另外，羌族人还将圆木砌在墙中形成木经，以增加墙体的刚度。而房屋中心位置的中心柱的设立，被看作羌人幕帐文化的遗存。

2.小木作

因为羌族聚居地区风大，所以传统的羌族门窗都不宽大，用粗壮的树木制成，装饰并不丰富，体现坚固、保暖、防御的实用原则。在临近汉族地区的羌寨，如理县、汶川县及河谷一带，羌族民居的小木作学习汉族的样式，出现了垂花门、花窗、架子床、八仙桌、太师椅等。其上的装饰图案也充分借鉴汉族民居，有菱形纹、方格纹、"回"纹、"福"纹、"寿"纹、卷草、龙凤、人物、戏文等，但又大胆创新，改变尺寸或加入羊头纹等其他纹饰。而在临近藏区的羌寨，当地木匠又充分吸收藏式装饰风格，如窗户的装饰采用在窗楣横梁上做成三椽三盖压叠并逐一挑出窗外的样式。

羌族既善于学习又善于创造，在羌族的木作中值得一提的是千年木锁。整个木锁是在一整块密度较大的木料上雕琢而成，结构合理巧妙。根据羌族本地人的说法，门锁的设计其实是对羊羔吃奶过程的模仿，符合现代仿生学原理，体现了羌族匠人的高超智慧。

羌族木匠一般大小木作都做，从房、桥、门窗、神龛、粮仓、货柜、桌椅到水桶、水缸、面槽等。他们使用的传统工具主要有斧头、锯子、手刨、弯尺、墨斗、錾子等，不少木匠有精湛的木刻技艺，雕刻手法有浮雕、透雕、浮雕与透雕相结合及圆雕等。

（六）羌族传统烧造工艺与工具设计

1.土陶

岷江上游地区从20世纪20年代开始陆续在考古中发现大量的陶制器皿，时间段为新石器晚期至汉代。这些与藏彝走廊其他地区（川西高原、川西南、滇西北等）的石棺葬一起被称为石棺葬文化。石棺葬文化的族源和文化性质一直是学者们争论的焦点，其中冯汉骥、李复华、李绍明等学者的"南下学说"被普遍接受。他们认为岷江上游的石棺葬文化源于西北羌人早期文化，其中陶双耳罐、单耳罐可能源于青海的卡约文化、辛店文化和上孙家寨类型。双耳罐造型端庄优美，制作工艺精良，说明岷江上游地区曾经有过精湛的制陶技艺及成熟的文化。弯曲的双耳与罐上的旋涡纹形似羊头，被认为是古羌人羊崇拜的体现，双耳罐被当地羌族人称为"羊头尊"。

现代的岷江流域的羌族人也能用当地的黄土烧制陶器，制品多为生活用具，如酒罐、水罐、油灯、碗、酒杯等，造型以实用性为主，鲜有装饰。过去一些寨子中还有制陶匠人及土窑，但随着对外贸易的加强，从外面购入陶器比自制更便利，如今羌族聚居地区已经没有陶窑，陶瓷用品大多都是由外地购入。

2.金属锻造

羌族早期的金、银、铁都是通过贸易从外地买入，因此早期羌族并没有大型的金属器具，铁主要用作制作犁铧、锄头、镰刀等生产工具或武器，而金银常做成首饰戴在身上，是财富的象征，只有极少数富裕人家才能用金银器具。羌族称铁匠为"锡拉"，和木匠一样具有较高的地位，在释比经典中有专门为铁匠唱的经。过去铁匠铺较常见，主要打制或修理铁农具，现在由于进城买农具很方便，没人请铁匠了，多数铁匠铺已经废弃。铁匠使用的工具有大铁锤、小铁锤、铁夹（用来夹烧热了的铁胚）、砧子（打铁的平台）、火炉、风箱。

羌族的制银工艺精湛。因为嫁女儿需要置办整套首饰，民国以前基本每个寨子都有本地银匠。银匠铺有祖传的首饰模样，传统的银饰有藤条手镯、簪子、戒指、耳环、胸挂、腰挂、针线包、

领饰、火镰、刀鞘等。银匠们可以凭一把铁锤就打造出形式各样的饰品，会用鼓花、平刻花、镂雕花等工艺制作卷草纹、云纹、如意纹、植物纹、动物纹等。

（七）羌族传统石作、皮作工艺与工具设计

1.石作

羌族石匠历来以建碉楼、索桥、栈道闻名，从选料、开方、裁片到垒砌都有高超的技艺。羌族生活的岷江流域曾经经历了强烈的地质构造运动，使该地沉积岩体经历了剧烈的变质作用，山体以页岩片石为主，整石较少。石匠们擅长根据片石纹理来垒砌房屋。据理县木卡寨老石匠马维金描述："片石不能竖用，斜的石头必须用手锤成片石才能用……大石头要靠小石头垫，每层砌完保持水平……"用传统工艺砌筑的碉楼和碉房稳固结实，即使经历地震也不会垮塌，如今羌族地区还有历经近2000年不倒的碉楼。

除此之外，羌族石匠还擅长制作石器，如石磨、石碓窝、石水缸等生活用具以及石敢当、石门坊、石狮、石狗、石马和碑刻等。因为缺乏整石，大件器物如石水缸是用较大的片石仿木制工艺拼搭而成，再用黄土和糯米接缝。石匠的工具简单，包括錾子、铁尖、曲尺、墨斗等。

2.皮作

羌族牧羊和狩猎，因此兽皮是羌族人重要的服饰材料和贸易品。羌族如今还保留着比较原始的羊皮加工工艺，俗称硝羊皮。兽皮的加工工序有发皮、削皮、上油、扯皮、揉皮、下料、缝制等，制成皮褂褂、皮肚兜、皮背包等，或缝在服饰易磨损的部位。加工皮革的工具有皮铲、裁皮尺、剪子、锥子、锡片、划刀、针筒、针和皮顶针等。

（八）羌族传统酿造工艺与工具设计

羌族很少饮用烧酒，一般饮自制的咂酒、蜂蜜酒或蒸蒸酒。咂酒是羌族人家常年必备的酒水，不仅用于自家平常饮用，也用来款待宾客。逢年过节，举办婚丧等重大活动时，饮用咂酒是重要的仪式，伴有饮酒歌和莎朗舞。制作咂酒的主料为青稞、大麦、小麦或玉米。高山村寨产青稞和大麦，因此一般酿的是青稞咂酒或大麦咂酒，河谷和山腰寨子则酿小麦或玉米咂酒，口感略有差异，小麦酿出的咂酒略甜。咂酒制作方法古老，程序简单，先将粮食煮熟倒在大竹席上，冷却后放入酒曲，然后装在大锅里发酵，最后分装入大小不等的陶坛子中，用草木灰泥密封坛口保存。饮时先冲温开水搅拌，然后插麦秆数支，喝时先由在场最年长者说吉利话，作为祝酒词，并由长者先饮，然后按年龄依次轮咂。平辈的、年龄相近者可同时咂，并不断地注入凉开水，直至味淡。

蜂蜜酒一般是养蜂的羌族人家酿造，取蜜滤干后把剩下的蜂渣装入布袋，放入水中熬煮，然后将煮沸的蜂蜜水过滤澄清后倒入酒坛，封闭一个半月即可。有的蜂蜜酒则是直接在酒中加蜂蜜，温热后即可饮用。

羌族还制作玉米蒸蒸酒。将玉米面在甑子内蒸熟后，掺和酒曲倒入坛中密封，其后放入荞麦糠中保温发酵，一周左右即可食用。

四、羌族传统礼俗、宗教造物设计

（一）羌族传统诸神造像设计

羌族是多神信仰的，他们的原始宗教还处在巫术和灵气崇拜阶段，没有宗教机关和组织机构。羌族崇敬的神共有三十多种，大致分为四类：一是自然神，如天、地、山、树、火等自然神，羌族的主神是天神"阿爸木比塔"；二是家神，有男神、女神、管孩子神、平安神、门神、灶神、仓神等；三是职业之神，对生产和生活

有重要贡献的祖先等也会成为羌族人的崇拜对象；四是动物图腾。

1. 自然神造像

羌族人信仰的诸神，除火神以锅庄为代表外，其余均以一种乳白色的石英石作象征，供奉在山里、地里、屋顶、庙里。这种白石，羌语叫"阿渥尔"，放白石的地方叫"白枯且"。所有天神、地神、山神、寨神等，都没有固定的造像，而是融合在白石崇拜的祭祀习俗中。羌人把一块白石供在山上石塔顶上，白石便代表天神或寨神；把白石供在田边，它就是田神、土地神。

2. 家神造像

角角神是羌族家神的泛称，因其神位供在屋角的神龛上而得名，主要为祖先神、女神（保佑妇女劳作之神）、男神（保佑男子劳作之神）、牲畜神（保佑六畜兴旺的神）等，有的还供汉族的"天地君亲师"位、财神、文武星君等，每年的农历十月初一至初十为角角神会。角角神的神龛是一个木三角柜，讲究的神龛有浮雕、镂空的花草、龙凤、聚宝堂等图案，神龛里还分上中下三层供奉着所有的内神、外神，摆放有香炉、牌位，还有蜡烛、瓷器、石狮等工艺品。经济条件差的人家一般用彩纸剪成各种花形作为装饰。

此外，木匠、篾匠会在神龛上供奉鲁班，释比在神龛上供奉自己的保护神，铁匠供奉太上老君等。随着汉族文化影响的深入，羌族聚居区很多地方也供奉汉族神灵，如观音菩萨、送子娘娘和其他汉族神灵；有的羌寨受藏族宗教思想影响，供奉一些藏族的神灵，举行一些藏族的宗教仪式。这些家神一般都没有具体的造像，以贴纸符或指定一个插香的位置来代表。

3. 外神造像

如前所述，除了原始宗教，羌族人的宗教信仰还受到佛教、道教、喇嘛教和基督教的影响。汶川、茂县等地由于邻近汉族聚居区域受到佛教、道教的影响，寨子内修建有川主大帝庙、龙王庙、东岳庙、观音庙、玉皇庙、武庙和小的土地堂等，一般建于清乾隆以后，而茂县土门一带，明以前已有这样的庙。汉人的神如川主、玉皇、关公、观音、土地等都被羌人视为自己的神，造像模仿汉族样式，较为粗糙，甚至没有具体的造像。

黑水地区、小姓一带则受到藏族喇嘛教的影响。过去土司利用喇嘛教配合其政治统治，寨内修建有较大的喇嘛寺，许多人家在第三层楼上设有经堂。而赤不苏喇嘛教和"端公"并存，他们的房顶有白石小塔，但是也插有经幡。

另外，个别地区如汶川萝卜寨和理县佳山寨等，曾经有西方基督教设立的福音堂，部分羌人信仰了基督教。

4.羊图腾

羊对羌族是有重要意义的。以羊祭山是古羌人的重大典礼。羌族释比念经作法时要敲羊皮鼓。羌族少年举行成年礼时，羌族释比会用白羊毛线拴在被祝福者的颈项上，以求羊神保佑。羌人死后，要杀一头羊为死者引路，俗称引路羊子，羌族人将羊血洒在死者手掌上，意为死者骑羊归西。他们还认为，死者的病都可以在羊身上反映出来，可以杀死羊后寻找死者病根。在一些羌族地区，还有用羊骨和羊毛线占卜的风俗。

羌族的羊图腾装饰主要在民居装饰、服饰纹样方面体现。在羌族民居中，常有在门楣、墙壁、走廊和碉楼等处装饰羊头的现象，他们把盘羊头做防腐处理后挂起来，并且把银片包在羊角上。逢年过节，还要用彩条布或红布拴在羊角上，这一传统至今还保留在大部分民居中，代表对祖先的纪念和恭敬之情。在云云鞋、围裙和衣服的装饰图案中，羊角纹代表吉祥如意，常与其他图案组合成"四

羊护宝""四羊护菊""四羊护瓜"组合图案，表示羌族神灵保佑子民生活美满、连年丰收。

（二）羌族传统祭祀用具设计

羌族按祭祀方式将所崇拜的神分为公祭神（全寨子人共同供奉）和私祭家神（各家各户单独供奉）。把神尊为"上坛"，把神之外的鬼、邪、精灵归为"下坛"。宗教上沟通人神的人是释比（"许""阿爸许"），安神、祈愿、驱鬼、婚丧都离不开释比。释比所念的经就分为"上坛经""中坛经"和"下坛经"，分别完成与神交流、与人交流和与鬼交流。

1.日常法器

释比法器一般由释比本人独立制作。其从材料选择到制作工艺都体现出一种原始与神秘的色彩，同时又追求精到和完美。释比法器的雕刻、装饰不完全是为了满足审美的客观需求，而主要服务于宗教活动。常见的法器有猴头帽、神杖、羊皮鼓、铜锣、师刀、响盘、令牌、法冠、法印、符板、兽骨卦、兽骨封、鹰爪、羊角、牛角等，在造型和装饰上都带有一种原始、天然的质朴感，同时追求一种神秘、怪异的威仪感，以体现法器的法力无边。

2.专用服饰

释比头戴猴皮帽或发冠，内穿纯白色麻布织成的立领右衽的长衫（羌语称"兹月卜"），外套立领对襟羊皮坎肩，也有的穿豹皮坎肩或将一块豹皮披在肩上。坎肩上缀三排盘扣，为黑、白、黄三色，象征高贵、庄重。下穿齐脚白布裙，裹白绑腿，白裙白绑腿是神的代言人所独有的色彩符号。

不过因地域不同，释比的服饰也有所差异：理县增头寨释比的服装颜色单一，外套为黑色土布，配羊皮坎肩，基本无装饰；萝卜寨释比服饰也较简单，深蓝斜襟长褂，配羊皮坎肩，坎肩上装饰有黑色如意纹（变形云纹）；蒲溪乡释比的服饰颜色鲜艳，上身穿纯黄色对襟长衫，四组红黄相间盘扣，外罩齐脚绿绸裙，腿裹黑色羊毛绑腿，再交叉绑红色布条。

（三）羌族传统婚礼与器物设计

1.婚礼行序

按照羌族传统婚俗，从相亲到结婚的程序有：开口酒、吃小酒（订婚）、吃大酒（定婚期）、送彩礼、报婚期、做酒。做酒指正式成亲，一般都在每年农历十月以后到春节以前的农闲时期进行。做酒又包括开笼、花夜、正席、谢客谢厨、回门等，从办喜事之日起到拜完长辈、亲戚，前后需要两个多月时间。羌族各地婚俗略有差异，上述主要是理县桃坪寨婚俗。

2.婚礼服饰

新娘服装由娘家置办，过门当天穿大红绸长衫，斜襟蓝绸裙，绲彩色丝线花边，系绿绸腰带，绑红色绑腿，穿"上轿鞋"。新娘到男方家之前脚不能沾地，到男方家后换成"下轿鞋"，以后每天换不同的衣服，系粉红绸腰带，有的系红绸绲黑边的素面围裙。回门穿天青蓝布衫，用红色绑腿，穿最鲜艳的新绣花鞋，在结婚那几天要戴上自己全部的首饰，头上用银簪挽成髻，包黑绸头帕，髻上插绢花和银簪花。新郎的衣服由自己的母亲和姐姐制作，从第一天起戴新的黑毡帽或缠黑绸头帕，穿黑绸或蓝绸长衫，系大红绸腰带，右腰系英雄结，佩刀，绑黑绸布绑腿，穿云云鞋。在羌族婚礼中要给新郎挂红，多挂红绸，这是羌族的重要礼仪，由于给新郎挂红的人很多，往往一场婚礼下来，新郎就会被红布红绸裹得全身红，显得格外喜庆。

3.婚礼用器

生活在山区的羌族较贫困，结婚用具以实用性为主，男方送女

方的礼物及女方的陪嫁以生活资料为主，准备礼物尚双，认为"双则和，和则满"。

说亲和吃小酒（订婚）男方都要请"红爷"带"手情"，一般是敬神用的点心、馍馍、挂面等。

接亲时男方要准备"手情"（馍馍、肉、酒、蜡、布等），由一个父母双全的男孩子背着，与接亲队伍一起送到女方家去，另外男方要给女方送一个太阳馍馍，馍上挂一条白布、一条红布、一根羊毛线，镶一颗珊瑚珠。女方家中办"女花夜"，摆顺酒和12盘"干盘子"（花生、核桃、红枣、柿子、苹果、橘子、糖果等）招待女方姐妹们。男方也办"男花夜"，由新郎的母舅来升冠、挂红。挂红是羌族的重要礼仪，用红绸子或红布将新郎裹满。

出嫁时女方做一对太阳、月亮馍馍，馍上刻日月、松柏图案，象征一对新人与日月同寿，似松柏常青，装在一个新竹篓里，选一个父母双全的男童随新娘背到男方家去，陪嫁品主要是铺盖、毯子、女方缝制的衣服和鞋、鸡蛋、香肠等，数量都是双数。男方家里清扫房屋，装饰神龛，用红布挂红，摆九大碗、九干盘、九碟炒菜。

（四）羌族传统丧事与器物设计

1.葬式

羌族的葬式有火葬、土葬、岩葬三种。火葬是其传统葬法，他们有按姓氏而设立的火化场，只供本姓死者使用。一般是人死后三天即行火化，焚前由舅家人检验尸身，然后由释比诵经，再抬至本族的火化场。火化场设有一座可以移动的小木屋，供奉着本族历代祖先的神位。葬时将小木屋移至他处，而置死者于其地，四周堆放柴火，在日落时火化。这时死者亲属和送葬众人则围坐号哭，并唱丧歌、跳丧舞、喝丧酒以志永别。火化毕，回家用柏香薰手，洗净，然后举行"坨子会"（丧宴）。一般在日落时焚化，次日拂晓收拾骨灰，埋好或封在崖穴之中，白骨不能见太阳。

近百年来，因受汉族影响，土葬已逐渐代替了火葬而成为羌族的主要葬法。火葬仅仅成为凶死、传染病死和其他非正常死亡者的葬法。土葬葬仪大体与汉族相同，第一天设灵，第二天守灵，第三天升灵。人死鸣鞭炮，孝子披麻戴孝，众亲吊丧，请释比念经跳神；设灵堂，昼夜点清油灯；由释比看风水择墓基，同寨人帮助料理丧事；棺木由释比或老者指导停放入土，用泥石垒坟。

婴儿死后葬入岩洞，称为岩葬。

2. 丧殓打扮

死者落气后，由儿子、女儿或其他直系亲属给死者洗澡、剃头、穿单数件的长衫寿衣。最里面的寿衣是白绸的，然后从内到外的六件必须是麻布的。如果死者还有父母在世，就必须把白绸穿在最外面，意为提前为父母戴孝。衣服没有衣领，也不能扣纽子，缝衣服的线也不能绾疙瘩和倒钩针，否则对后代不好。头戴黑色头帕或绸布八角帽，男的穿云云鞋，鞋背不包完，女的穿尖尖鞋。给死者戴猪油珠子做的手链，以便让死者顺利过恶鬼谷，不被恶鬼缠身。最后把死者放入棺材，撒灶灰，铺纸钱，意为家人与死者割断了一切联系，家里的所有不顺利就让死者带走了。死者的枕头是用红布做的，形状为三角形，代表三个石头，里面用盘香填充，盘香贵重，可以让死者在阎王殿里用于贿赂。如果死者是60岁以上的老人，则要给他盖有"福"或"寿"字的镶黑边的红色双层铺盖。死者的直系亲属穿白色棉布或麻布缝制的孝衣，头包白孝帕，耳戴白棉线制成的小白花，腰系麻绳，脚穿白色麻布制成的孝鞋，称为"全孝"，其他亲属穿"半孝"，即仅戴孝帕。

3. 丧仪用器

死者病危时，母舅家代表先到场，牵一只活羊来，称为引路

羊。待人去世就将羊杀死，由释比观察羊来解释死者的死因，诵开路经，设灵堂和灵位牌。棺材旁（紧挨死者头部）置死者灵牌，牌上写死者性别、姓名、享年等。在堂屋神龛前置"祖师牌位"和"代存牌位"，分别供奉直系各祖先和旁系各祖先，表示新故亡灵一起祭奠。棺材上插白纸剪的引魂（路）幡和钱树各一个。另外还要准备纸糊，就是纸糊的绣球、旗、罗、幡、伞、钱柜和各色剪纸等。吊丧之日要请释比及盔甲神（一般由释比助手或徒弟装扮）主持祭祀和跳神。释比头戴法冠，身穿豹皮衣，敲打羊皮鼓，摇巴郎鼓和响盘。扮盔甲神者手中拿三叉纸花，纸花中的三叉，一叉代表山顶神，一叉代表山腰树林神，一叉代表山脚平神，过去还需头戴皮帽，身穿牛皮制的铠甲。吊丧和祭祀仪式中用来敬神和献祭的用品有：玉米两升，装在一小斗内，上插香蜡；酒十六杯；"刀头"一个（猪膘三斤）。仪式结束时死者家属拿出两个大馍馍分成小块给在场的人吃，如死者是男性则为山形馍馍，死者是女性则为圆馍馍。

（五）羌族传统节庆与器物设计

1.农时祈福祭祀

羌族的农时祈福主要有祭天、祭山、祈雨、驱农害等，一般为全寨或相邻寨子共同参与，其中以转山会（祭山会）和羌历年最为隆重和盛大，分别于春秋两季举行，春季祈祷风调雨顺，秋后则答谢天神、牛神赐予的五谷丰登。举行的时间各地并不统一，一般羌历年在农历十月初一举行，转山会在农历三月至六月间举行。羌历年和转山会都有祭山仪式：祭山由释比主持，在神树林的白石塔（羌语"勒色"）下举行，祭山程序极为复杂，大致有烧柏枝解秽、跳羊皮鼓舞请神、唱史诗颂神、杀羊子祭神、冠礼、赠吉祥、念经送神、封山祭路等。祈福祭祀所用的物件有：用青稞面做的太

阳馍馍、月亮馍馍、山形馍馍、牛、羊、神鸟等，用纸裁剪成的各种三角旗，用草扎的飞龙、飞虎、神鸟等，多数装饰在神树上。每家房屋顶上插杉枝，室内神龛上挂剪纸花、点松光、烧柏枝。羌历年时家人团聚，各户都用面粉做成各种形状的鸡、羊、牛等祭品，用以祭祖。再邀请亲友邻里到家，饮自酿的咂酒，跳锅庄舞、皮鼓舞和举行推杆比赛。在茂县，羌历年中有一天是牛王会，这一天要让耕牛休息，做日月形馍馍，挂在牛角上，然后放其出圈，任其自由活动；主人到牛王庙焚香烧纸，并宰羊一只、鸡一只，祈求牛王爷保佑耕牛平安不遭瘟疫。

除了大型的祭山会外，还有吊狗祭山和宰鸡祭山。吊狗祭山流行于土门一带，仪式在春夏举行。释比将白狗装进一个大背篼内，羌人依次给狗食物后封背篼口，用绳子将背篼高吊树枝上，七天后派人上山取狗，如白狗安然无恙，便是一年吉祥的预兆，如白狗已死，则意味着灾害严重。有些羌寨则宰鸡来祭山，祭祀时将鸡血洒在白石顶端或供有牛、羊头的地方周围，再燃起柏树枝。每逢天旱，各户派人到高山杀鸡、鸣枪求雨，或进行搜山，禁止上山砍柴、狩猎、挖药材，以顺应天意。若仍不降雨，则进行大规模的求雨仪式，参加者均为已婚妇女，在白石塔前哭诉，唱祈雨歌曲，以感应雨水降临。

2.家事祈福祭祀

羌族家事祈福也是由释比主持，主要有还愿、冠名、冠礼、招财、驱邪等。还愿一般在农历十月羌历年间进行，以答谢神灵、禳灾求吉为目的。过去羌族人生小孩或小孩成年，家中有牛、羊、猪、狗生产，或出现非正常的瘟疫或死亡，也要请释比做祈福祭祀仪式，仪式依据祈福的目的，略有差异。由释比占卜决定举行仪式的时间。释比带上神树枝、白石、青稞籽到主人家，制作太阳、月

亮、山形馍馍，做纸旗（类鸟形分雌雄），制作安神的草扎物件。仪式在神龛前进行，一般分为烧柏枝解秽、安神插旗（分雌雄）、杀羊祭祀、念唱送邪气或秽气的经典等，祭祀结束后释比往主人家的成员脖子上拴羊毛绳以示祝福。

3.其他传统节庆祈福祭祀

瓦尔俄足节，用来祭祀天上的歌舞女神莎朗姐，汉语俗称歌仙节或领歌节，因是羌族女性的节日，当地人又称之为妇女节，在每年农历五月初五举行。节日前一天寨中妇女准备好祭祀女神的太阳馍馍、月亮馍馍和山形馍馍，然后上神龛供奉，次日由舅舅带领妇女们前往女神梁子祭拜，仪式有敬献馍馍、祭杀山羊、舅舅唱经、酬神等，野餐后回到寨中传授从女神处领回的歌舞，然后由有威望的老妈妈讲述歌舞女神莎朗姐的故事和爱情、生育、家务等方面的传统美德，一般持续四天。

基俄苴节，羌语的"俄苴"意为农历正月初五，是茂县曲谷乡河坝村及周围村寨的狩猎节，又叫男子节，与农历五月初五的瓦尔俄足节对应。基俄苴节是为了纪念传说中一个叫洪木基的羌族英雄。人们在他死去的地方建了一座塔，羌语叫"洪木基那格思"。每年正月初五村民都要在释比的带领下，唱着古老的"俄苴节"祭祀歌曲到塔前进行祭祀。一为感谢万能的天神阿巴思赐予羌人赖以生存的百兽，二是敬奉狩猎英雄洪木基，三是祈求来年狩猎顺利，四是提醒人们尊重自然、保持人与自然的和谐关系。祭祀仪式结束后，男子们用弓箭射兽形馍馍，开展放生、点火种等仪式，然后开展射击、推杆、抱蛋、举重等羌族传统体育比赛及跳"莎朗"等。

白石祭，羌语叫"俄比且迪"。每年农历正月初八、四月初八、八月初八，羌族人都要穿上节日盛装前往海拔3550米的理县通化乡西山村的白空寺举行"白石祭"，祭拜白石神灵。白空寺是羌族地区唯一专门供奉自然白石的寺庙，供奉有三尊白石，即"白西西""白郎郎""白哈哈"。祭祀仪式由释比主持，以表达羌族对白石的无比崇拜和敬畏，祈祷白石神保佑羌族村寨人寿年丰、平安吉祥，来年风调雨顺、五谷丰登、六畜兴旺。

此外，受汉族影响，羌族也过端午节、春节、三月三、七月七、川主会等。

目录

第一章　羌族传统建筑

　　克枯栈道　002
　　桃坪羌寨　005
　　桃坪羌寨陈家碉楼　009
　　桃坪羌寨余宅　017
　　羌族石砌结构　022
　　羌族屋面结构　028
　　羌族屋顶晒场　033
　　羌族垂花门　037
　　羌族过街楼　041
　　羌族柴笼子与柴房　044
　　羌族畜牧房　047
　　羌族火塘　050
　　羌族独木梯　053
　　羌族石敢当　056

第二章　羌族传统服饰

　　羌族长衫　062
　　清代羌族万字纹棉织长衫　066
　　当代羌族女长衫　071
　　羌族毪袍　075
　　羌族棉织袍服　079
　　羌族麻织袍服　083
　　羌族毪褂子　087
　　羌族皮褂褂　090
　　羌族绣花坎肩　094
　　羌族云肩　097

羌族麻草鞋　100
羌族云云鞋　103
羌族尖尖鞋　107
羌族布鞋　110
羌族绣花鞋垫　113
羌族绑腿　116
清代羌族皮裹肚　121
羌族绣花裹肚　124
羌族绣花围腰　128
羌族绣花飘带　132
羌族织花腰带　136
羌族缠头　139
羌族搭帕子　145
羌族绣花童帽　149
羌族银牌　154
羌族银首饰　156
羌族针线盒　163
清代羌族鹰柄剑　166
羌族火镰　168

第三章　羌族传统餐饮

羌族铁三足　174
羌族柴灶　177
羌族鼎锅　180
羌族和面桶　183
羌族揉面槽　185
羌族擀面板　187

羌族木瓢　190
羌族连体调料罐　194
羌族"金裹银"　197
羌族腊肉　200
羌族核桃花　205
羌族洋芋糍粑　209
羌族酸菜搅团　214
羌族太阳馍馍　218
羌族咂酒　223

第四章　藏族传统生活用具

羌族石水缸　230
羌族木粮桶　234
羌族钱斗　238
羌族粮斗　243
羌族戥子　245
羌族春凳　248
羌族太师椅　251
羌族供桌　255
羌族挂巾脸盆架　259
羌族婴儿床　263
羌族灯具　267
羌族烟具　270
羌笛　273
羌族口弦　277
羌族木锁　281

第五章　羌族传统生产工具

羌族传统耕犁·二牛抬杠　288
羌族传统农具·锄、耙　292
羌族传统农具·刀具　297
羌族粮食晒储工具　302
羌族石臼　306
羌族石磨　310
羌族纺织工具　314
羌族皮作工具　320
羌族锻造工具　324
羌族白石墨斗　330
羌族整木用具制作工具　334
羌族背架　337
羌族猎枪　343
羌族绣花绷架　346

第六章　羌族传统手工艺

羌族刺绣工艺　350
羌族刺绣图案　355
羌族竹编工艺　360
羌族木雕工艺　364
羌族石刻工艺　368
羌族银饰制作工艺　374
羌族制陶工艺　378

第七章　羌族传统民俗和宗教造像

羌历年　384

羌族传统婚俗　392
羌族祭山会　399
羌族羊皮鼓　404
羌族白石崇拜　408
羌族释比　413
羌族释比图经　418
羌族神龛　422

第一章 羌族传统建筑

克枯栈道

图一　克枯栈道主图

汶川县克枯栈道是羌族地区为数不多保留至今的古栈道遗址，位于克枯村以南800米的杂谷脑河北岸，在陡峭的岩壁上修凿而成。现存的古栈道长158米，宽0.4米～2米，与杂谷脑河面垂直距离为10米～20米，在栈道东端设有关口，传说为蜀汉大将姜维始建，清代多次维修扩建，关口旁边天然洞穴前有乾隆二十四年（1759）及嘉庆九年（1804）修理栈道碑记。克枯栈道为古代岷江上游通往西部各地的交通要道，唐代称西山南路，清代称威保大路。

羌族聚居地区为高山深谷地带，旧时交通极为不便，山路艰险，高落差和巨石成堆的河道也使水路交通无法实现，唯有沿江小路成为对外交往的捷径。修筑沿江小路时常遇高山峭壁深壑阻隔，连通沿江小路必修凿栈道，克枯栈道就是一段穿越陡峭崖壁、深壑连接临江小路的通道。克枯古栈道的修筑包括凿岩成道和填壑铺道两步。从克枯栈道总平面图可以看出，栈道为东西向，东向前段设有关口，关口前后均处于最险峻的地势，关口处为凿石开道，关口东西两侧为填壑铺道，其中最有研究价值的就是关口两侧的填壑铺道。关口西段填壑铺道的方法是在深壑峭壁上凿石立桩架设偏桥，但这种偏桥并非用于直接过人而是用来荷载垒石的，斜架的偏桥将荷载的重力传递给可垒石的坡地，偏桥之上再架设多层承重木梁，将垒石的重力从偏桥中心向两端路基分散，以保证最下层偏桥的安全，填壑垒石达到两端路基高度时再铺设路面。关口东段的壑口底部较深但并不太宽，因此，只在壑底的坡地与山崖台地之间架木梁后即垒石，垒到一定厚度再错落分层架设木梁，将重力向稳固的路基两端分散，最上层再铺路连接沿江小道。

这种修筑栈道的方法在杂谷脑河沿岸还残存多处。古道已不复存在，过去的偏桥栈道早已坍塌，但这种以偏桥方式承载垒石的栈道基础结构依然存在。从现存的克枯栈道修筑结构可以看出古代羌族人修凿栈道的艰险与智慧。

图片来源
图一、图三、图五　罗力　摄影
图二、图四、图六、图七　孟梦　制图、摄影

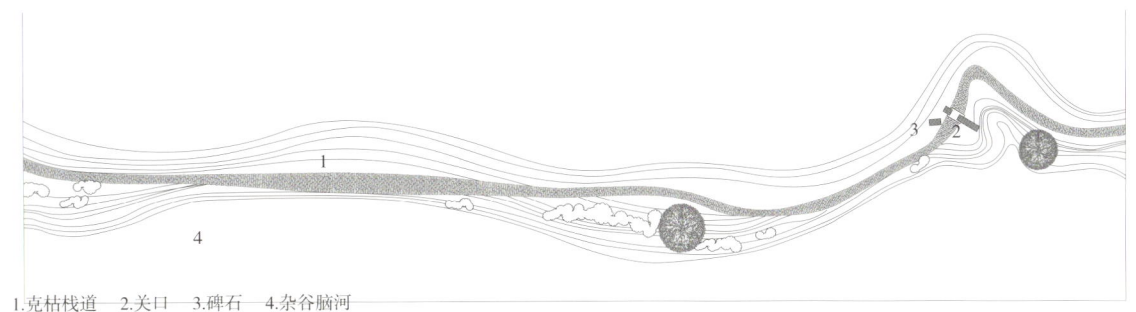

1.克枯栈道　2.关口　3.碑石　4.杂谷脑河

图二　羌族克枯栈道总平面图

图三　克枯栈道关口西段

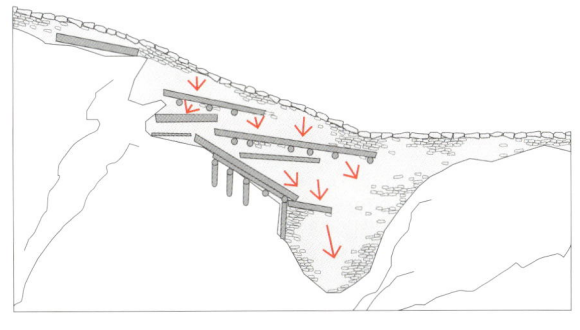

图四　克枯栈道关口西段结构示意图

图五 克枯栈道关口东段

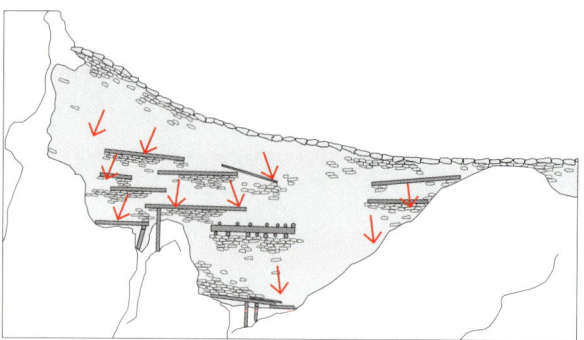

图六 克枯栈道关口东段结构示意图

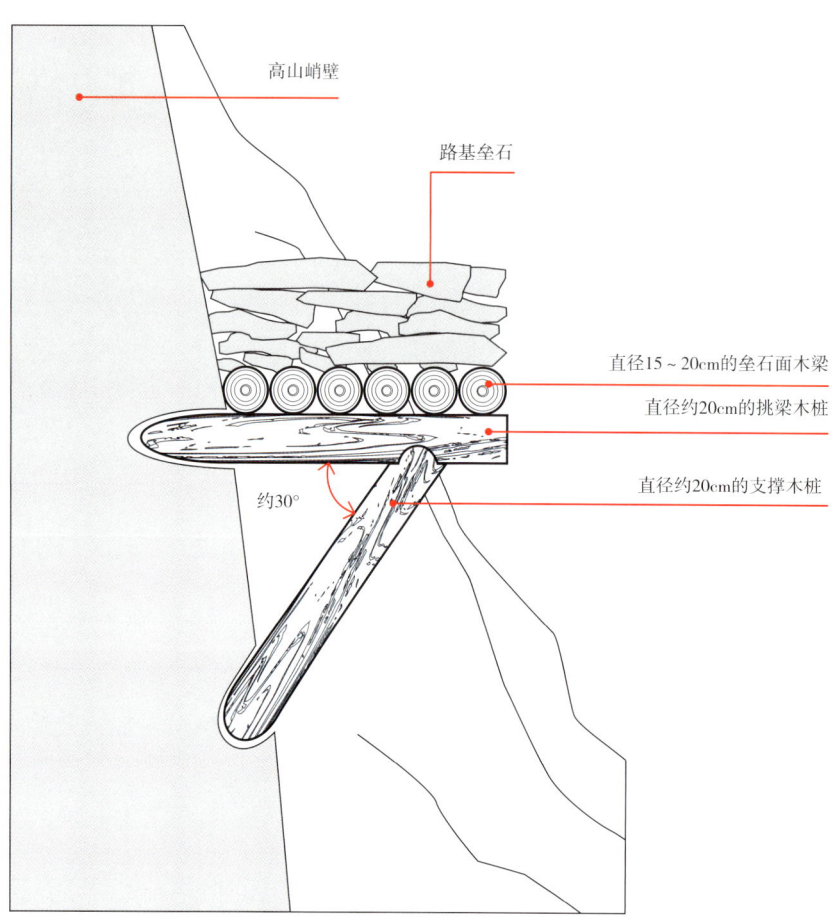

图七 克枯栈道偏桥结构示意图

桃坪羌寨

图一 桃坪羌寨主图

桃坪羌寨地处理县杂谷脑河中下游河谷地带的坡地，随山依势逐坡上垒，是羌族石砌建筑村落的典型代表，有"东方古堡"的美誉。

桃坪羌寨始建于公元前111年，已有两千多年的历史。自古羌族聚居地区就因对生存资源的激烈竞争而多战乱，为加强防御外敌的能力，羌族以亲朋结伴建寨，逐渐形成十几户或几十户人家聚居的村落。相对而言，杂谷脑河谷地带的生产和生活资源相对丰富，在面临河谷的山脊尾端的坡地选址建寨，既有利于耕牧，又具有易守难攻的优势。桃坪羌寨于是应运而生，现有九十多户村民。

桃坪羌寨的特点，第一是全寨几十座民居全是就地取材的石砌建筑，而且建筑之间紧密相连，形成石砌的整体"城堡"，非常稳固，经过多次地震仍岿然屹立。第二是村寨有前、中、后从低到高三座碉楼，形成以碉楼为中心的8个出入口和13个甬道，并以宽窄不一的建筑两墙之间的明道和建筑底层的暗道编织成四通八达而又似迷宫的村寨路网，其在战乱时具有很好的防御性。第三是建寨初期就利用了河谷地带丰富的水利资源，从村寨后面两个方向的高山沟谷引入了两条水渠，建成了贯穿村寨的地下水网系统，并设有四座水磨房和多个村民取水用水点和部分明渠，有的民居中就可取水，既方便了村民用水，又保证了用水的安全。第四是村寨的建筑随山就势、错落有致，民居建筑多为三到四层，并设有屋顶平台和罩楼，村寨暗道的端头建有多处过街楼，结合石砌建筑的肌理与色彩等，形成极富特色的村寨景观。

桃坪羌寨的村寨规划、路网、水系、建筑形式等，既实现了防御功能，满足了村民的生活需求，又体现了羌族文化。无疑，它是逻辑严谨、科学合理并富有创意的经典之作，充分反映出羌族人的设计智慧。

图片来源
图一、图五至图七　罗力　摄影
图二至图四　罗力　制图

图二　桃坪羌寨总平面图

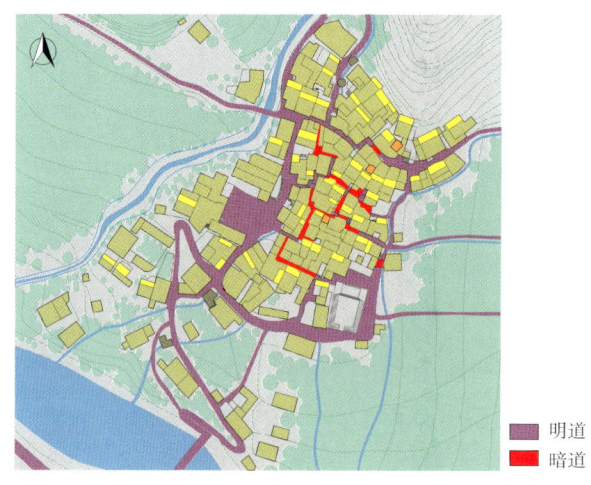

图三　桃坪羌寨道路系统图

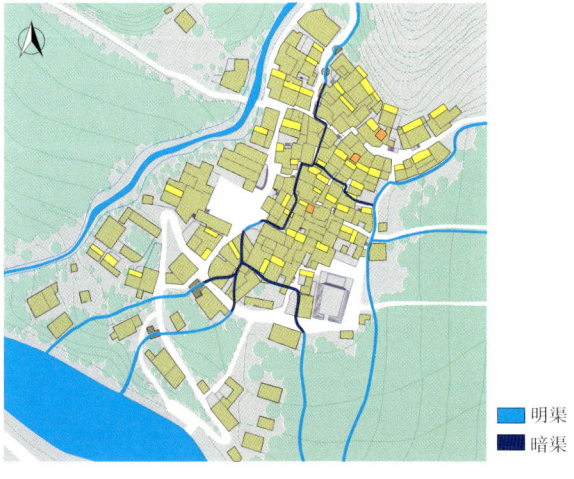

图四　桃坪羌寨水渠系统图

桃坪羌寨祭祀广场（2007年）

桃坪羌寨石梯与民居（2011年）

桃坪羌寨建筑与道路（2011年）

图五　桃坪羌寨局部图1

路边的取水处（2011年）　　　　　磨坊（2011年）　　　　　暗渠与明渠汇合处（2011年）

图六　桃坪羌寨局部图2

河谷地带的桃坪羌寨（2007年）

地处半山的理县木卡羌寨（2004年）　　　　　高山夯土建筑的汶川萝卜寨（2007年）

图七　不同的羌寨

桃坪羌寨陈家碉楼

图一　桃坪羌寨陈家碉楼主图

　　两千年以前,《后汉书·西南夷传》描述的冉駹人"依山居止,垒石为室,高者至十余丈"的"邛笼",即今羌族碉楼。历史上碉楼是羌族的标志性建筑,直到今天,在汶川、理县、茂县、北川等地许多村寨仍保留了旧时的碉楼。最初,建碉楼是出于战乱时期的防御需要,碉楼均建在险关咽喉之地,由重兵把守,以控制要塞和保护村寨,某种意义上是一种公共性的战争设施。这种碉楼一般建在民居密集区的周边,与民居保持一定的距离,成为相对独立的防御性建筑。太平时期,这种具有防御功能的碉楼衰失了它的作用并失于维修，现存残壁断垣为多，完好的不多。另一种碉楼是战乱时期远离集聚区的人在自家修建的用于保家护院的防御性碉楼，或集聚区中的大户人家在院落中自建的防御性碉楼，这种碉楼被称为碉房。所谓碉房是碉楼与民居结合在一起，在空间形态和功能上与前者有所不同。碉楼的体量较小，空间与民居相通，战乱时具有防御功能，太平时成为民居的一部分。碉房多为祖辈传下来，在羌族人看来也是望族的象征。这种碉楼（房）得到羌族人家较好的保护与维修，现当地政府也加大了支持力度。

理县桃坪羌寨的陈家碉楼就是一座与民居建在一起的、完好的羌族传统碉楼。陈家碉楼建在楼房的后方，面南靠北，为石砌墙体木梁结构，后墙为鱼脊背。碉楼共有八层，通高20.35米，各楼层搭木梁依赖墙体承重，有的楼层在木梁上搭桴再搭楼板，多数楼层仅在木梁上搁板，多数楼层设有瞭望孔或窗户。碉楼的一层宽5.06米，纵深5.25米，高2.85米，一层为密室，无门窗，只能搭楼梯从二层上下；二、三层为房间，上下相通，二层宽4.6米，纵深4.7米，高2.65米，三层宽4.08米，纵深4.2米，高2米，三层只有半间搭有楼板，在三层的梁下左右墙均设有采光窗孔；四层为粮仓，宽3.95米，纵深3.87米，高3.15米，开有门道，与民居四层相通；五层及以上用于防御，均设有梯道以互通，五层宽3.42米，纵深3.12米，高2.4米，开有门道，与民居的罩楼及屋顶晒场相通，左墙上开有窗，六层宽3米，纵深2.84米，高2.35米，七层宽2.58米，纵深2.02米，高2.7米，六、七层正面墙开有窗，左右墙各开有一个瞭望孔，后墙开有两个瞭望孔，七层前方外墙的上半部分架有挑梁，原来为墙外的瞭望台，八层宽2.18米，纵深2.12米，至顶高2.25米，八层为半露台，前方女儿墙高0.64米，碉楼顶上后墙中央供奉有白石。陈家碉楼的特点是碉楼与居民楼形成空间的共享与互补，碉楼的多层不互通，需从居民楼进入，这使碉楼空间具有私密性特点，这些也是碉房的共同特征。

在羌族地区仍保留着许多非常有特色的碉楼，从形制上区分有四方碉楼、六角碉楼、八棱碉楼及十二棱碉楼等，如桃坪村的哨碉及余家大碉楼，茂县三龙乡合心坝村的八棱碉楼及太平乡牛尾村修复的八棱哨碉，茂县黑虎乡黑虎寨不同形式的石砌碉楼群，汶川县多处的四方碉楼以及布瓦寨的夯土碉楼等，都是独具匠心、风格独特、具有历史研究和艺术价值的羌族特色建筑。这些碉楼见证了羌族发展的历史，代表羌族传统建筑文化的成就，展现了羌族能工巧匠的精湛技艺与聪明才智。

图片来源
图一　周秋航　摄影
图二、图七、图八　罗力　制图、摄影
图三、图五、图六　孟梦　制图
图四　周秋航、孟梦　制图
图九　沈鸿雁　摄影
图十　沈鸿雁、罗力　摄影

参考文献
冉光荣，李绍明，周锡银.羌族史.成都：四川民族出版社，1984.
季富政.中国羌族建筑.成都：西南交通大学出版社，2000.

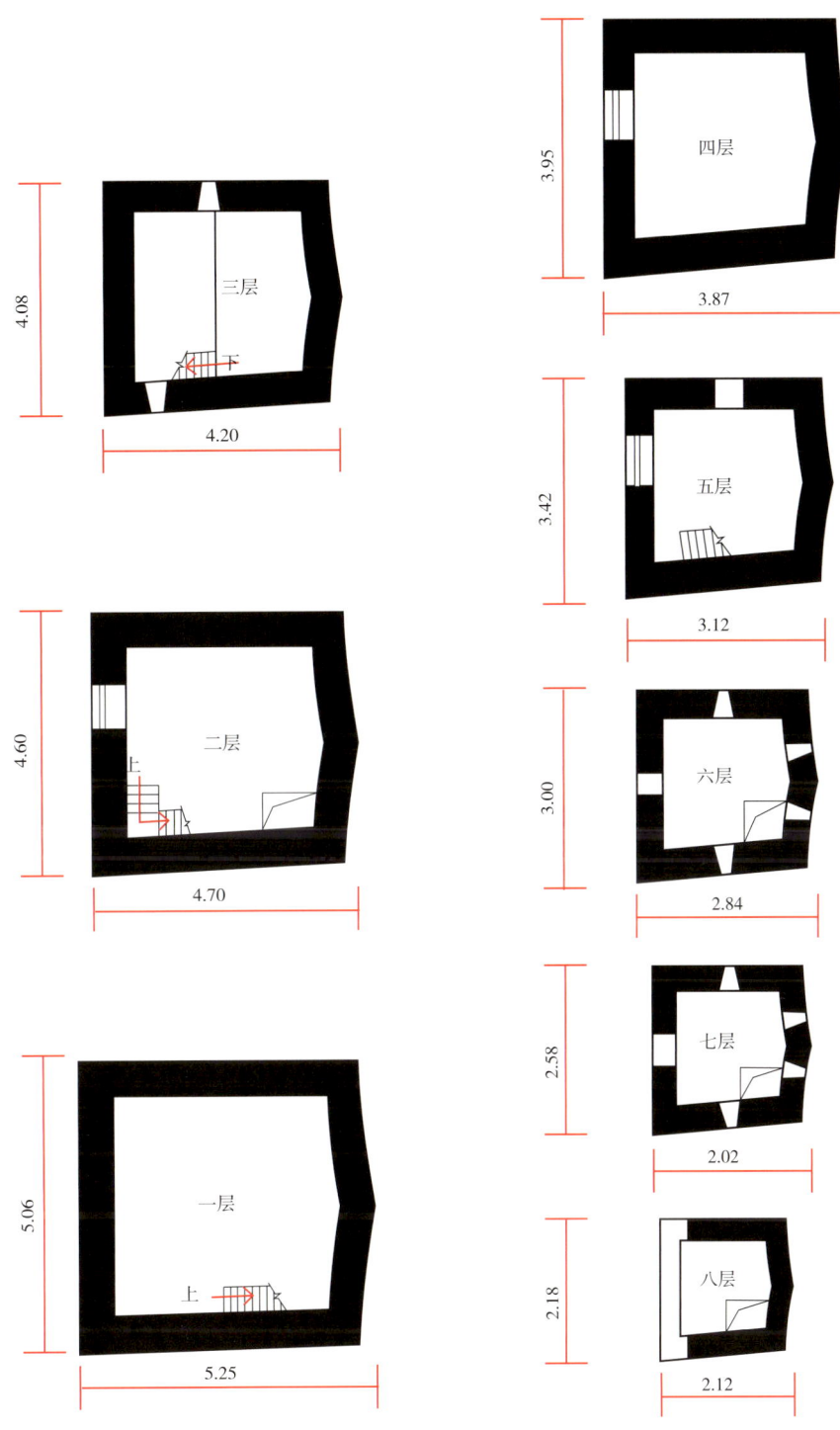

图二 桃坪羌寨陈家碉楼各层平面图 （单位：m）

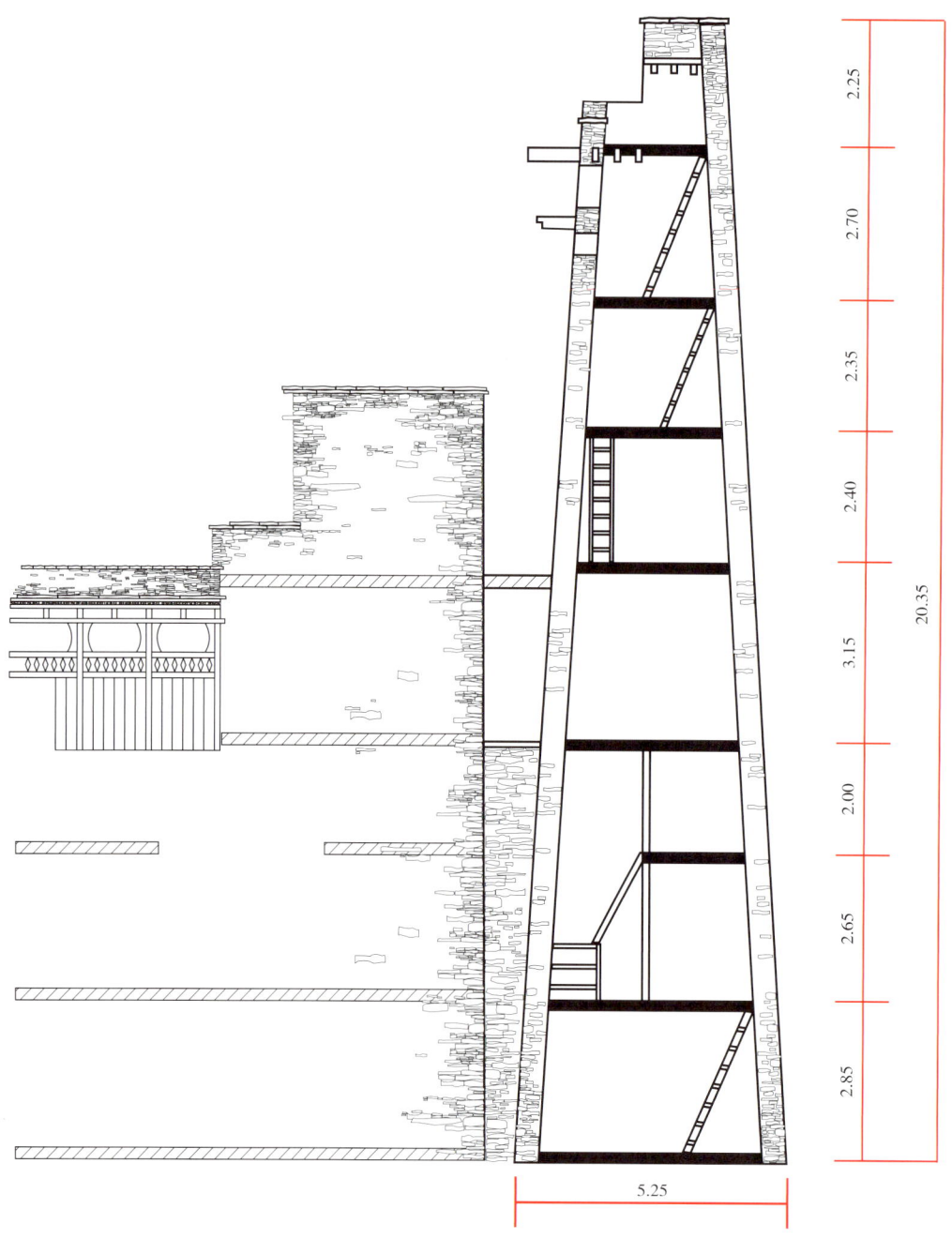

图三　桃坪羌寨陈家碉楼剖面图（单位：m）

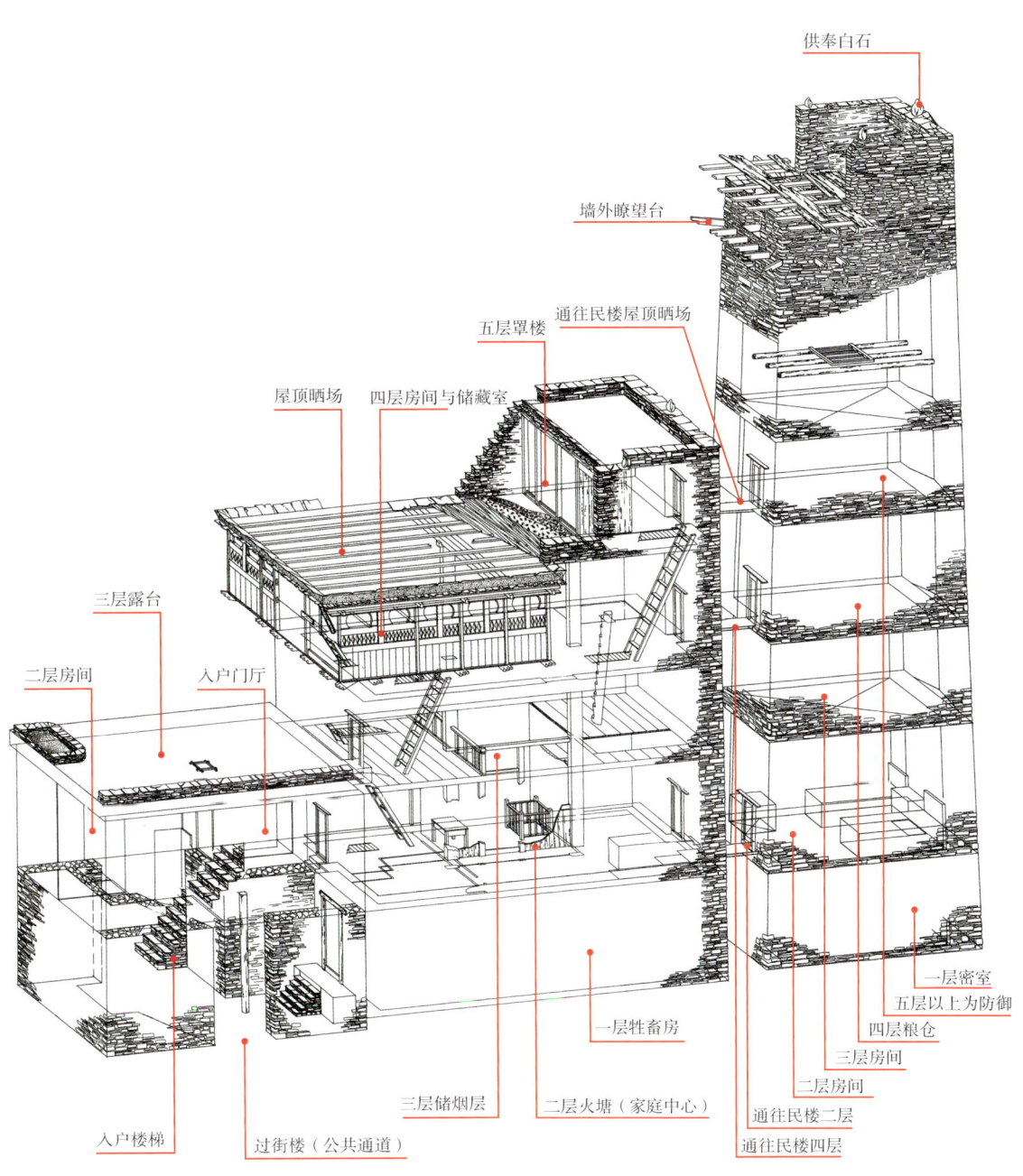

图四 桃坪羌寨陈家碉楼结构示意图

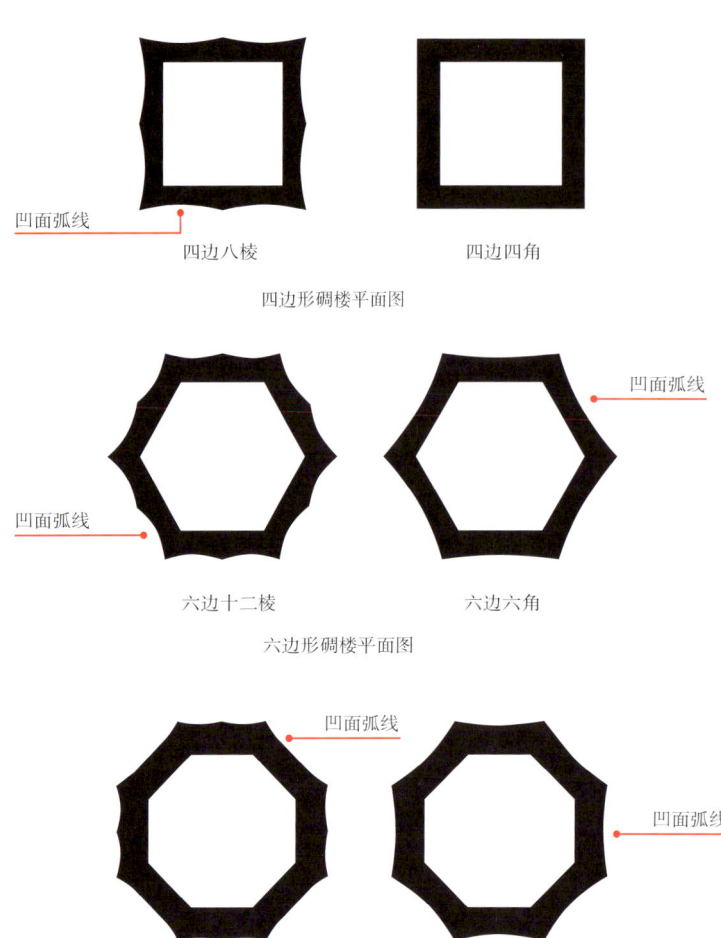

图五　不同的羌族碉楼平面示意图

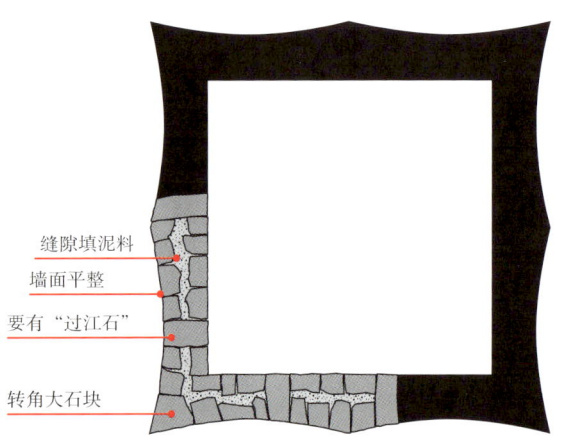

图六　羌族石砌碉楼墙体砌块示意图

桃坪寨余家大碉楼及三座碉楼

桃坪寨经修复的哨碉

图七　桃坪羌寨石砌碉楼

三龙乡合心坝八角碉楼

太平乡牛尾村八角碉楼

图八　羌族茂县石砌多棱碉楼

黑虎寨碉楼群

黑虎寨八角碉楼

图九　羌族茂县黑虎寨碉楼群

桃坪羌寨余宅

图一 桃坪羌寨余宅主图

　　理县桃坪乡桃坪羌寨最高的碉楼被称为余家大碉楼，是桃坪村余宅的标志。余宅坐落在寨子最高处，紧靠山崖，占地约185平方米，由四层民楼和一个九层碉楼组成，民楼高11.45米，碉楼高25.5米。余宅是在简约中求变化的羌族石砌建筑的典型案例之一。

　　桃坪村余家宅院有一个可出入的小院，进入小院后正对碉楼，左边通往民楼一层的羊圈和杂物间，右侧为农具间。民楼一层空间与二层不互通，仅有碉楼墙外的露天石梯可通达民楼的二层，形成牲畜、杂物间与居住空间的分隔。民楼的二层的主通道为户外石梯，可直通二层的入户门厅。二层是羌族人家的主要活动空间，二层门厅是过渡空间，门厅后面是羌族人家聚集的空间，设有火塘、神龛、灶台等生活用具，左侧是主人房间和通往三层的木梯。民楼三层主要为粮食、肉食等的储存空间，除前方为两个供子女或客人使用的房间外，其余宽敞的空间均用于储物，靠墙放有粮柜，横梁下挂满腊肉，靠后侧墙有一个二层灶台的烟道出烟口，火塘的烟也从开口较大的楼梯井进入三层，这使三层成为有利于保存食物的储烟层，左后方有通往四层的木梯。从三层楼梯进入四层首先看到的是罩楼，罩楼进深约两米，三面为墙，前方敞开。罩楼主要用来存放翻晒粮食的工具和暂存未晒干的粮食。罩楼前面的整个屋顶都是平整的晒场，除了用于晾晒粮食外，也是人们室外活动的平台。屋顶平台设有一个升窗，即天窗，供室内采光和排烟。四层屋顶晒场与碉楼之间设有互通的连接平台，使民楼与碉楼既相对独立又相互连接。

羌族民居大致可以分为石砌建筑、夯土建筑和干阑式木构建筑三种类型。无论哪种建筑形式，在空间结构上都基本相同，其建筑空间结构的特点：第一，民居多为四层，底层均为饲养牲畜及存放杂物的空间，饲养牲畜是羌族人家的重要经济来源，可封闭的空间既保证了安全也有利于牲畜越冬和上膘。第二，饲养牲畜的空间与居住空间不互通，有利于保障居住环境的卫生。第三，二层是以火塘为中心的主屋，既有原始帐幕空间的特色，又有农业文明建筑的特色，是家人聚集共享食物和开展精神生活的重要空间，主屋中以火塘为轴线，决定了神位香火的位置和座次的排定，而其他空间的安排较为随意，主次关系明显。第四，三层为储烟层，是粮食及肉食的储藏空间，设置储烟层既利于长久存放食物，也可防止建筑中木结构遭受虫害。第五，羌族地区多旱少雨，民居多为平屋顶，羌族人充分利用屋顶作为粮食的晒场和家人的室外活动空间，四层屋顶上半封闭的罩楼不仅是室内与室外的过渡空间，也使得建筑外部空间造型在整体上有了变化，促成空间组合的完整性和自然递进。

羌族民居就势而建，建筑内部空间功能划分明确，其空间分割单纯决定了其外形的整体性，空间的局部变化和细节处理赋予了建筑灵魂，形成鲜明个性和特色，也体现了羌族工匠的建筑美学。

图片来源
图一至图三　罗力　摄影、制图
图四　周秋航、李海波、孟梦　制图

参考文献
季富政.中国羌族建筑.成都：西南交通大学出版社，2000.

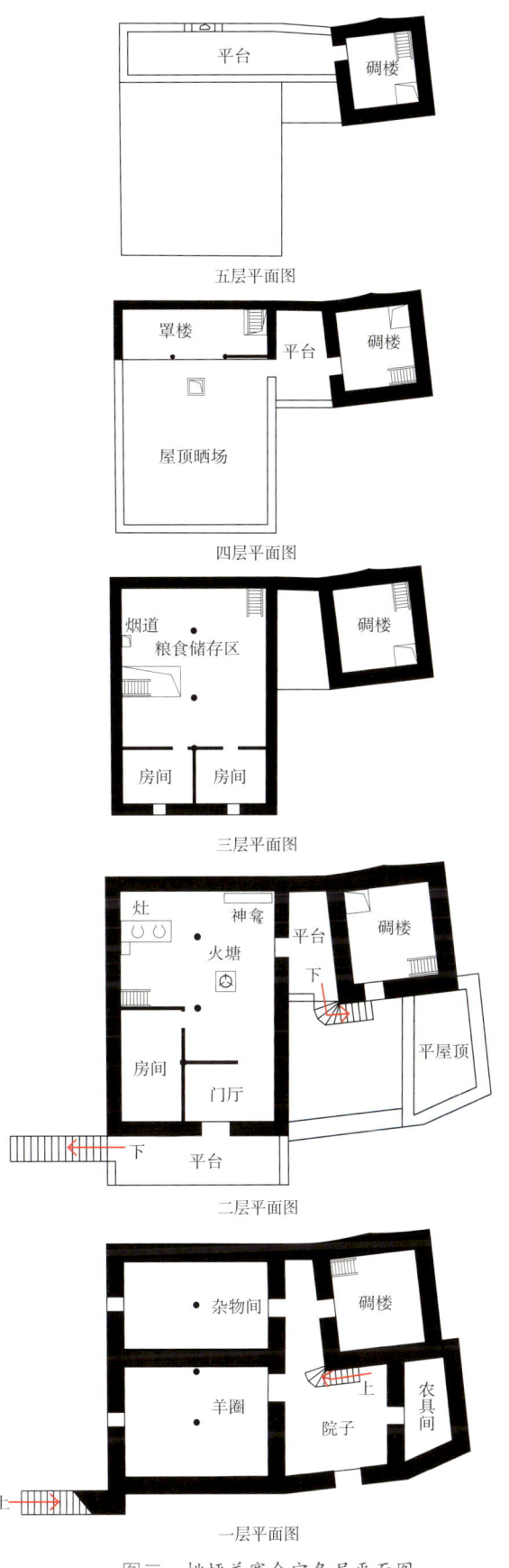

图二 桃坪羌寨余宅各层平面图

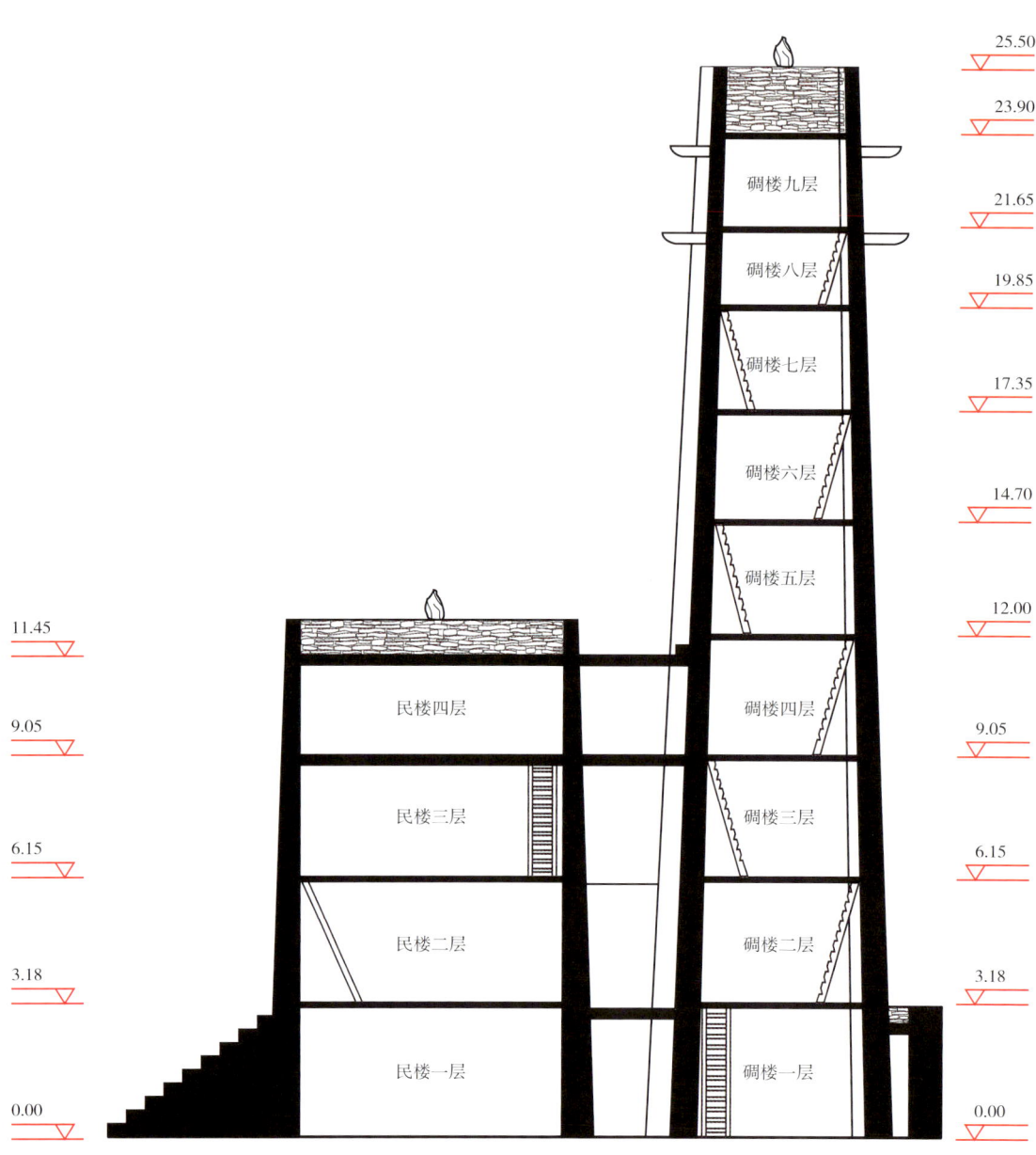

图三 桃坪羌寨余宅建筑剖面图（单位：m）

图四　桃坪羌寨余宅结构示意图

羌族石砌结构

图一 羌族石砌结构主图

石砌建筑是羌族传统建筑中最具典型性的建筑形式。理县桃坪乡桃坪羌寨的石砌建筑无所不在，民居、碉楼、院墙、牲口房、柴房等都是用石头砌成，历经数百年的石砌建筑仍存留至今，在2008年"5·12"大地震中石砌建筑受损也并不严重。

在羌族聚居地区的高山峡谷中，自然的力量使土壤都集中在山沟谷地和高山平台，山体表面暴露出大量的岩石，石材自然成为依山河谷地带和半山羌族村寨的主要建筑材料，而高山村寨则多为夯土建筑。桃坪羌寨的后山有取之不尽的石材，由于是就地取材，所以当地工匠对石料的性能十分了解。

石砌建筑的关键是地基和墙体。打造碉楼及民居的地基首先要挖出宽90厘米～100厘米的坑道，地基坑道必须挖到硬土层或稳固岩层。桃坪羌寨石砌建筑的基坑深度一般为50多厘米，最深的有1米。地基的石头选硬度高、开采成形的大石块，下地基的石块要铺设平整严实、层层落实，不能用小石块去塞垫，更不能使用泥料去填充，否则，承重数十吨甚至上百吨石砌墙体的地基会因泥料遇水后滑动移位或因小石块被压碎而变形。

下好地基后是砌墙体，墙体的墙脚要比地基略窄。桃坪羌寨的民居一般为四层，墙脚需要宽70厘米～90厘米。石砌墙用黄泥加水搅拌作填充泥料，当地的黄泥黏性并不强，但充满石块缝隙的泥料在石墙的重压下硬化后，使墙体非常稳固。石砌建筑砌墙方法十分讲究，桃坪羌寨有经验的老人总结了"三要点""八注意"的基本要领。"三要点"：一是"线为师"，要有严格的吊线拉线，不能凭感觉，特别是羌族建筑的墙体下宽上窄，垂直有3度左右的收分；二是"平为要"，即以平整为要点，不仅建筑的四墙要平整，墙体的砌面也必须层层平整；三是"同步行"，石砌墙体要螺旋式上升，砌石要层层有序叠压、犬牙交错，多工匠施工不准砌"英雄墙"，要关照左右，同步进行，不然墙体砌块无法有机衔接。"八注意"包括"四忌""四要"。"四忌"为忌"斜、立、厚、圆"。羌族建筑石材称为羌片石，是一种页岩石，页岩平行方向的承重力最强，因此砌墙的石头不能斜着或歪着放而要平放，塞填用的小石块也要放平，使其受力均匀；切忌把砌块垂直于砌面立着放，避免砌块受力后断裂或风化脱层；墙体片石要厚薄适当，厚的石块以20厘米左右为宜，砌墙过程中要厚薄、大小间搭匀称，避免使墙面像"千家衣"；羌族建筑的片石结构稳固、抗震性强，墙体中切忌使用圆石块或卵石。"四要"为要"满、桥、清、品"，石砌建筑墙体很宽，但必须做满做实，砌块要做满，层层填充的泥料要做满，不能有空心墙；先砌两边再填中间，也称"马槽墙"，这种墙必须每隔50厘米左右有贯穿墙体的"过江石"，也叫"搭桥"，至少要跨过墙体的三分之二，增强石墙内外的拉力；墙体的表面要"眉清目秀"，石缝的填充料不能乱流；墙体砌块不仅上下要形成"品"字结构的叠压，每层砌面的石块也要形成头尾相交、错落有致的"木梳榫"结构。

石砌建筑的楼层过梁直接搭在墙体上，过梁不出墙，而且梁端进墙讲究"5"数，5寸或4.5寸，层高一般也为8.5尺（2.8米），铺设楼层后再继续砌墙，直到屋顶。墙体上所开窗主要有斗窗和平窗两种。斗窗是传统

图二　羌族石砌结构材料

桃坪羌寨后山的岩石

开窗方式,在墙体的较高处开窗,以利于采光和出烟,窗形上窄下宽,窗洞外小内大,形状如斗,墙外宽20厘米左右,室内宽70厘米左右,斗窗上方较窄,无需加木枋,施工时用小木棍支撑跨窗片石,砌墙后小木棍并不起支撑作用,但被压得很牢固,不必取出。平窗是在墙体上开出两对应边平行的窗洞,一般距楼面1米左右开窗,窗宽60厘米~100厘米,窗高80厘米~120厘米,须加跨窗木枋以支撑顶上砌石,木枋上用较薄的片石作窗楣以保护木窗,窗叶多为木花窗或格子窗。平窗的通风采光都比斗窗好,是现在普遍的开窗方式。石砌墙体的顶端为墙脊,墙脊用宽于石墙的石板(较大的薄片石)层层交叠而成,其上再做屋顶的女儿墙以及屋面防水等技术层。

羌族建筑石砌结构严密、稳固的特点也体现于其他建筑形式,如汶川萝卜寨夯土建筑的地基、墙脚以及墙脊等也都采用石砌结构。羌族工匠精湛的建造技艺从留传百年的神奇石砌建筑中得以展现。

图片来源
图一、图二、图七　罗力　摄影
图三至图六　孟梦　制图
参考文献
季富政.中国羌族建筑.成都:西南交通大学出版社,2000.

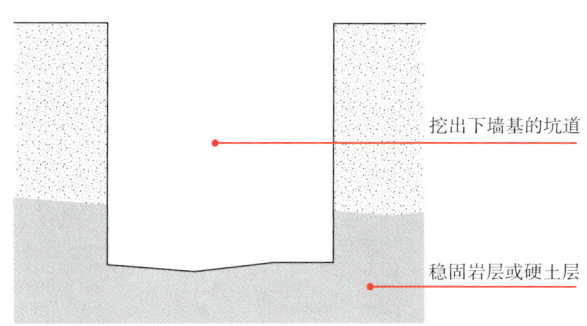

石砌建筑的墙基一般宽90~100厘米,下墙基坑道需挖到稳固岩层或硬土层

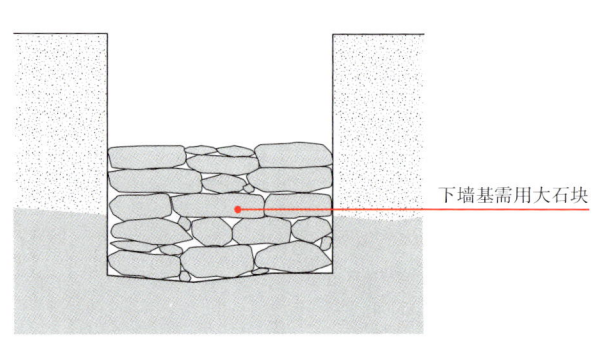

石砌建筑的墙基使用平整的大石块层层铺成,不能填充泥料,以免承重变形

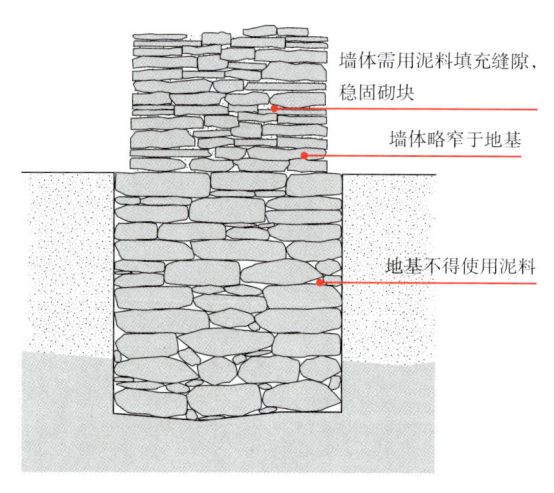

图三　羌族石砌结构——墙基

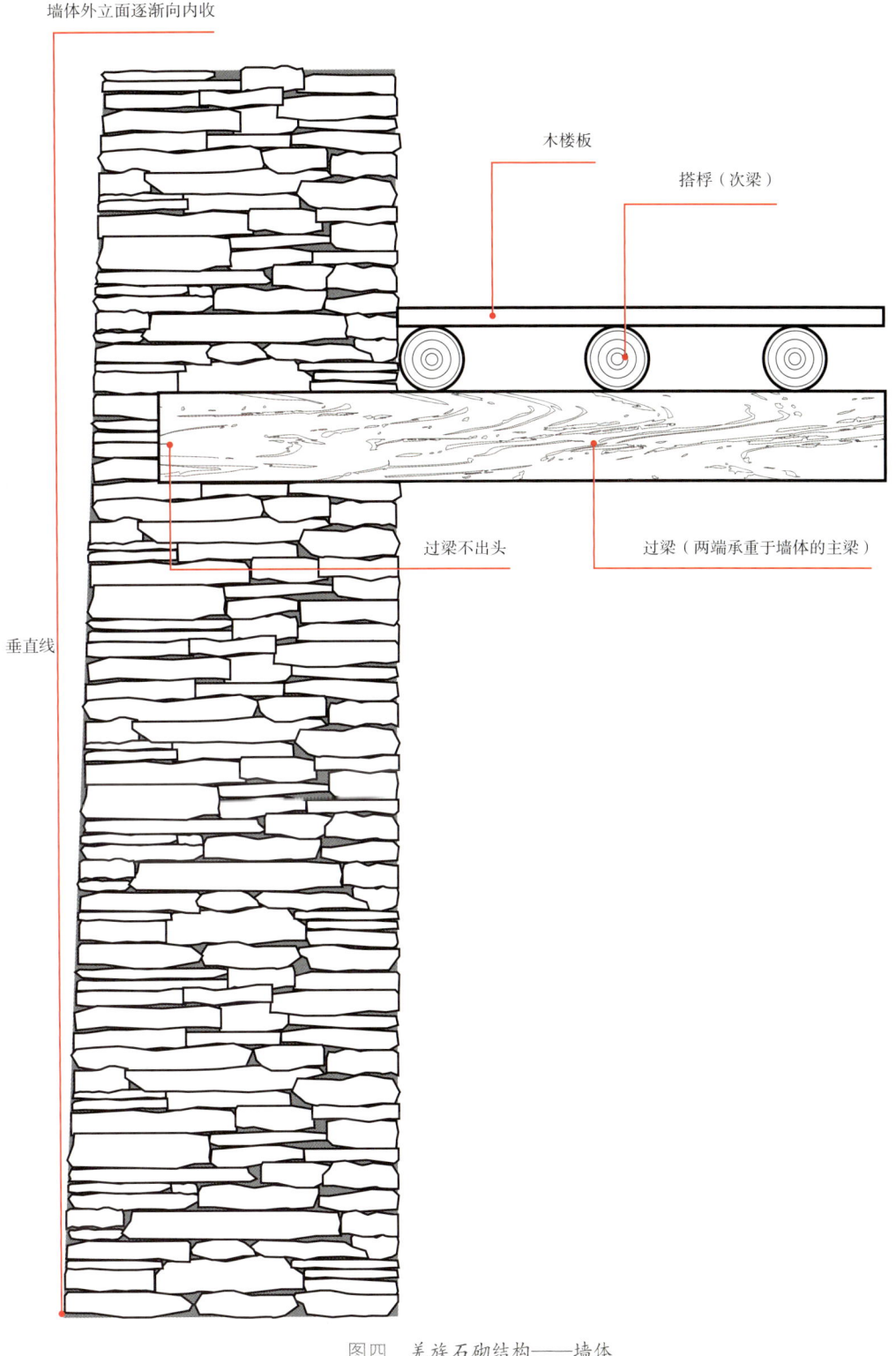

图四 羌族石砌结构——墙体

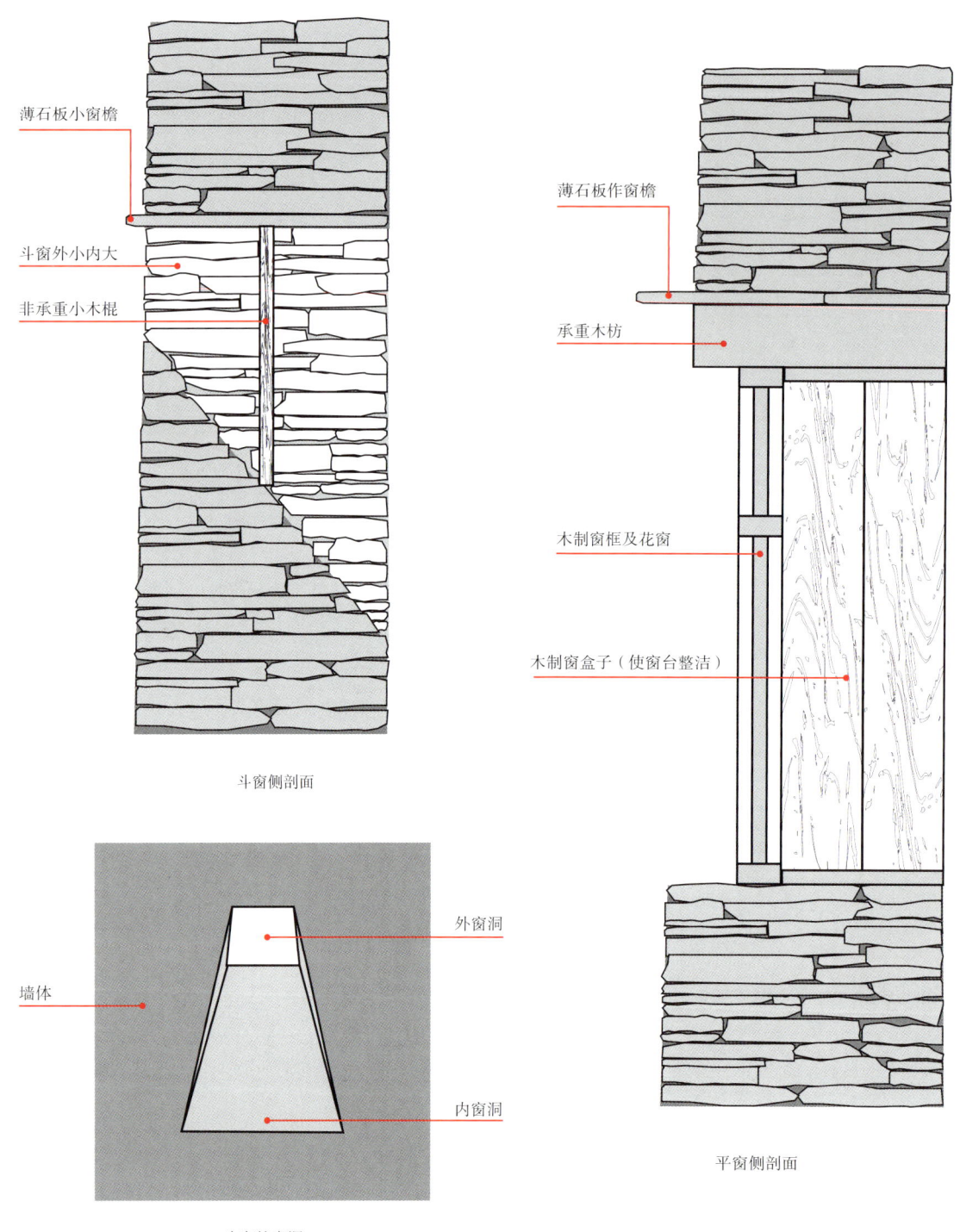

图五 羌族石砌结构——开窗

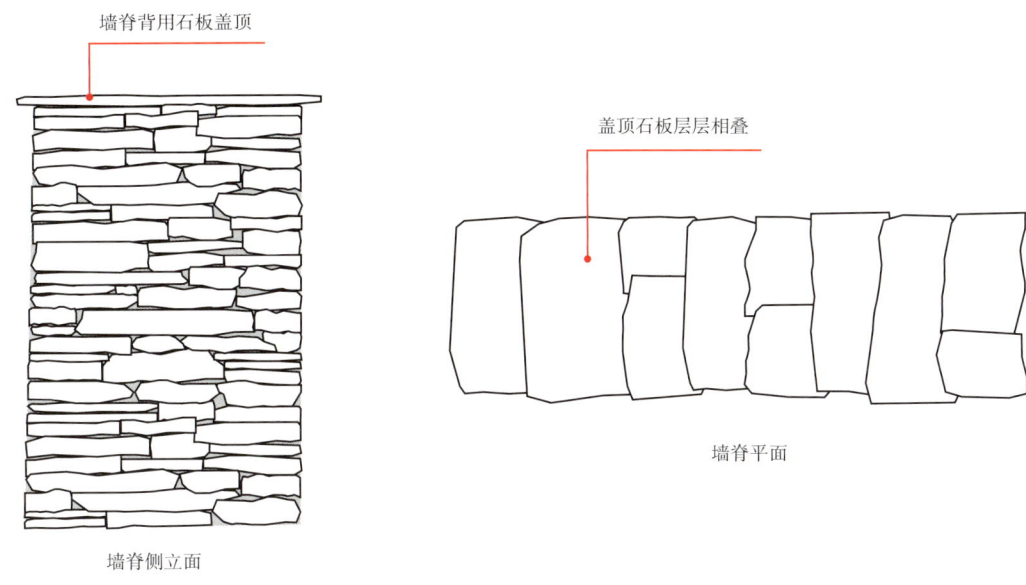

墙脊背用石板盖顶

盖顶石板层层相叠

墙脊侧立面

墙脊平面

图六　羌族石砌结构——墙脊

萝卜寨夯土建筑的基础采用石砌结构

萝卜寨夯土建筑搭过梁处、墙脊采用石砌结构

图七　羌族夯土建筑中的石砌结构

羌族屋面结构

图一　羌族屋面结构主图1

图二　羌族屋面结构主图2

羌族石砌建筑以平屋顶见多，以多种材料分层建造而成。羌族建造屋面，首先是在石砌墙的顶端架设承重木梁，木梁选用粗壮结实的木材，每根木梁直径约20厘米，间距为1米~1.5米；木梁上铺设直径约10厘米的圆木或方木作椽子，椽子间距约为40厘米。然后在椽子上密实铺满细竹竿或木板作为屋顶的底层；在底层上铺满干透了的荆棘之类带尖刺的枝条，以防止老鼠打洞对屋面结构层造成损害；在荆棘层上面再铺满高寒山区坚硬的野枯草或茅草，干的还魂草可阻止泥沙下渗，阻水性也较好。而后在屋面边缘用石板压边并出檐，石板上用片石砌约25厘米高的挡土墙，墙端斜搭石板作泛水；枯草层上需抹上1厘米~2厘米厚的稀泥，等隔夜稀泥基本干后，再在上面填充厚15厘米~20厘米的干泥粗土并用木板刮平整。最后在粗土层上均匀铺上约2厘米厚的黏土和细砂的混合土，并用木"掌子"将土逐一拍实，即告完成。另外，在屋面靠外侧两角做散水坡的最低点，并设排水槽，排水槽用直径6厘米~8厘米圆木对剖挖成凹形，从散水坡最低处穿过粗土层和石砌挡土，向下斜着伸出墙外约50厘米以利于排水，排水槽穿入粗土层部分用木板盖上以保证排水畅通。建造平屋顶的地区雨水少，这种排水方式完全没有问题。

羌族建筑的平顶屋面有的建有女儿墙，女儿墙高20厘米~39厘米，但屋面内也需石砌泛水，屋面的各层结构与上相同，只是需在女儿墙顶端盖上石板并形成很短的出檐以护墙，平整而较宽的女儿墙上也是羌族人家堆放、晾晒玉米或柴火的好地方。

在以平屋顶建筑为主的羌族地区，也能见到少量坡屋顶石砌建筑，这种建筑多为屋面不用上人的磨房、独立的牲畜房等。坡屋顶建筑的屋面结构较为简单，建筑的两面侧墙为中间高前后低，承重横梁架在侧墙上，横梁上的椽子形成坡度，椽子上由下而上直接叠压盖上薄石板即可。

图片来源
图一、图二　罗力　摄影
图三至图四、图七　孟梦　制图
图六　沈鸿雁　摄影

参考文献
季富政.中国羌族建筑.成都:西南交通大学出版社,2000.

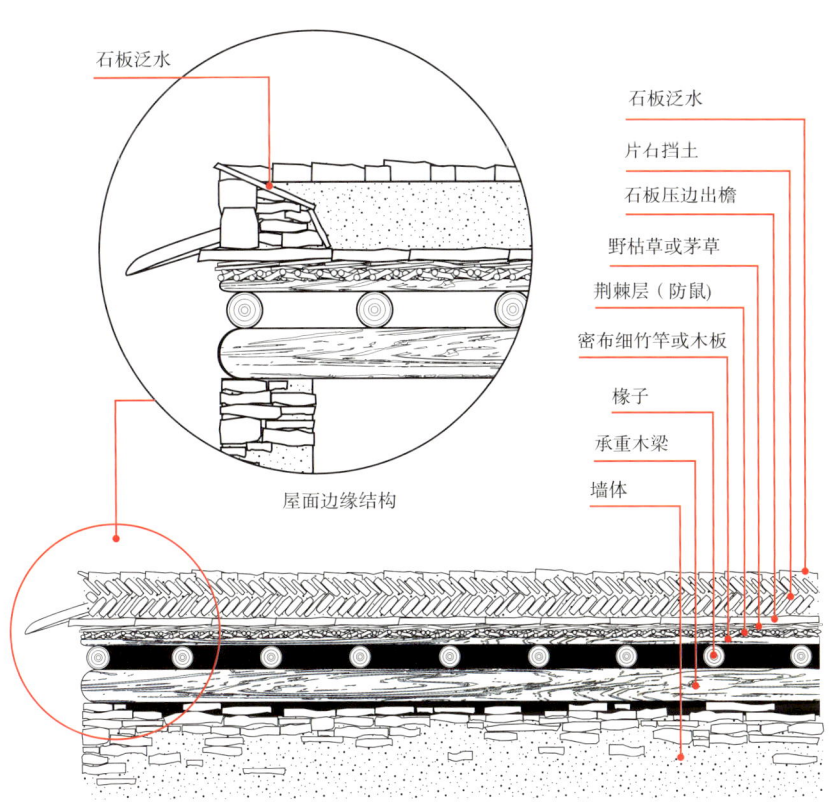

图四　羌族平顶屋面结构示意图

图四　羌族屋面的建造材料

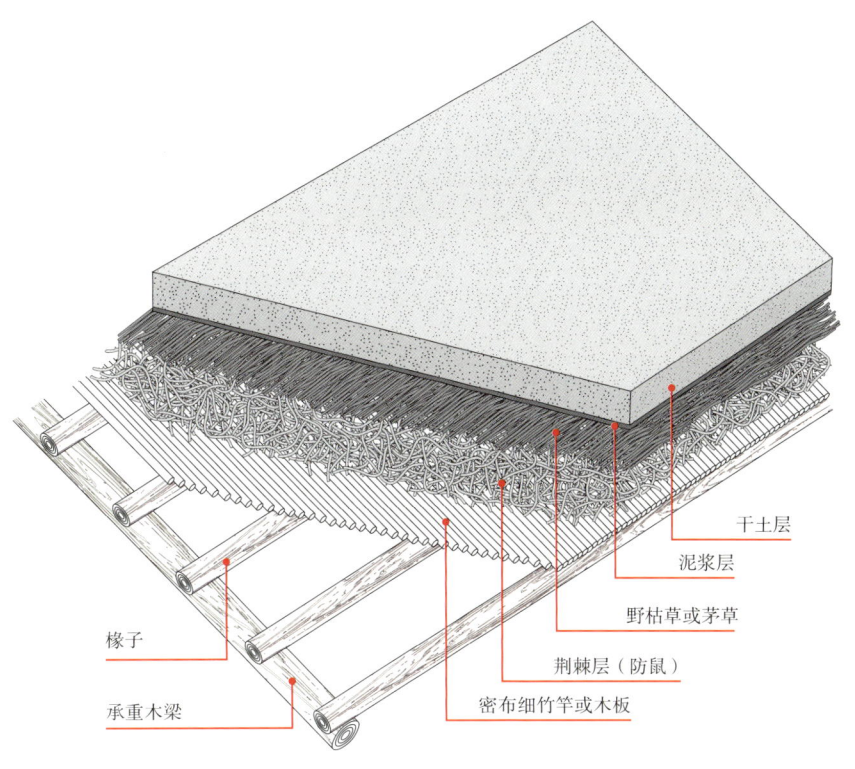

图五　羌族平顶屋面分层结构图

图六　羌族平顶屋面室内效果图

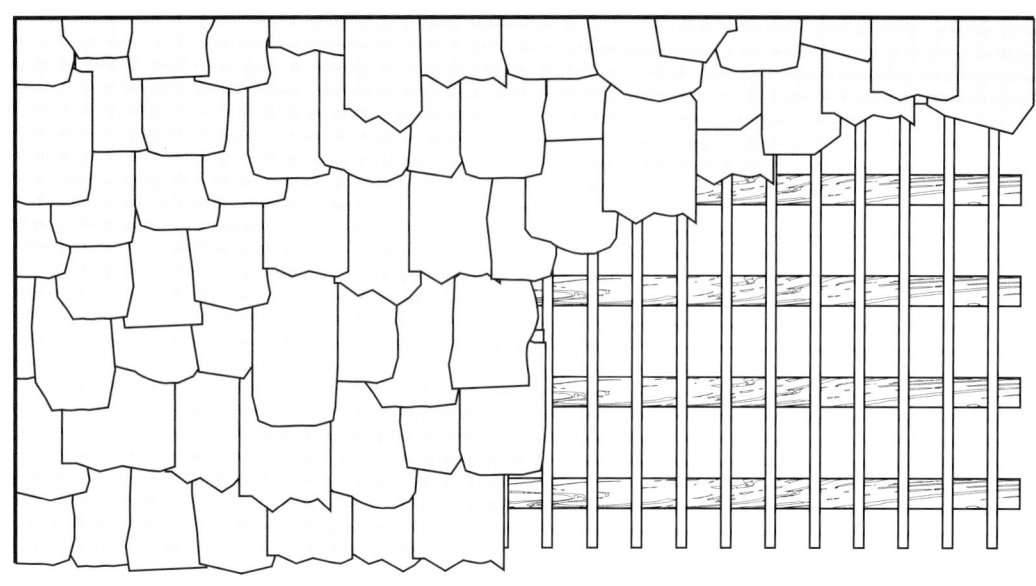

坡顶屋面俯视图

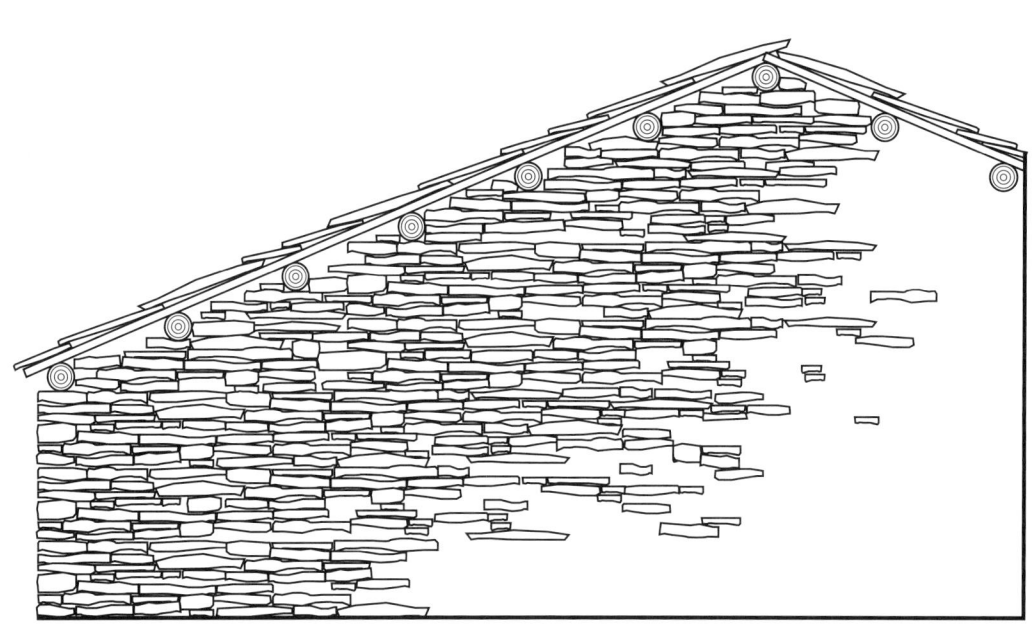

坡顶屋面侧视图

图七　羌族坡顶屋面示意图

羌族屋顶晒场

图一　羌族屋顶晒场主图

屋顶晒场是羌族民居的特色之一。羌族村寨多建于高山河谷的坡地，将依山而建的民居平屋顶作为晾晒农作物的晒场，既解决了修建晒坝的难题，也满足了各家晾晒粮食的需求，在收获的季节屋顶晒场还是羌族村寨的一道亮丽风景线。

理县桃坪羌寨陈家的屋顶晒场在民居四层的屋面，晒场宽8.5米，纵深8.7米，主要用于晾晒玉米、青稞、小麦、大麦、荞麦、花椒、南瓜等农作物，也是羌族中老年人休闲、妇女做针线活、儿童游戏等的场所。屋顶晒场的后方梯道处设有宽7米、纵深3.75米、墙高3.3米的罩楼，防晒避雨的罩楼是存放晒场工具和暂存粮食之处，罩楼的屋顶也可作为晒场。在过去战乱时期，羌族村寨的屋顶晒场还是连接各户人家的重要通道，有利于调遣兵力、搭建防御工事。

图片来源

图一　孟梦　摄影
图二、图三　孟梦　制图
图四　罗力　制图
图五　罗力　摄影

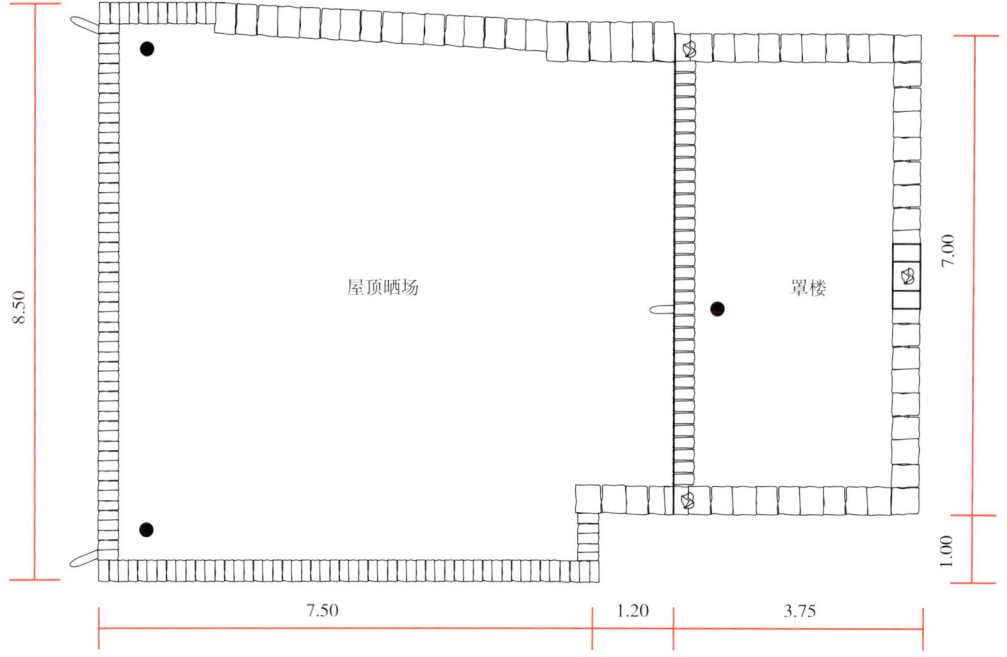

屋顶晒场平面

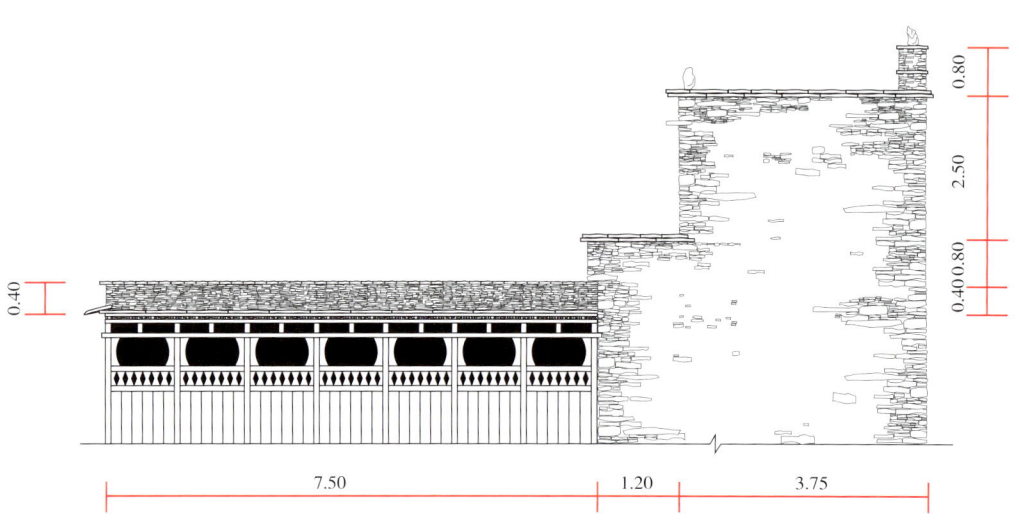

屋顶晒场侧立面

图二 羌族屋顶晒场尺寸图（单位：m）

图三　羌族单楼立面图

图四　羌族屋顶晒场使用情境图

茂县黑虎乡的屋顶晒场

理县桃坪羌寨的屋顶晒场

图五 不同的羌族屋顶晒场

羌族垂花门

图一 羌族垂花门主图

羌族传统民居中，建造垂花门的主要集中在理县、汶川的杂谷脑河、岷江一带。这些地区是历史上川西汉族与羌、藏商贸的主要通道，汉、藏文化的影响也较明显，专家认为垂花门显然是受汉民居影响所致。但是，这一地区的石砌建筑居多，建筑的尺寸、材料及形制与汉族民居完全不同。垂花门能与石砌建筑完美融合，这也是羌族建筑的一个特点。

垂花门最为集中的羌族村寨是理县桃坪、木卡等。本案例为桃坪羌寨的垂花门，门宽2米，高3.6米，其中垂花门头高1.5米，悬挑1.36米，垂花门有两层悬挑，有四个方形木雕垂花柱。此垂花门的构造与汉族民居垂花门无大区别，垂花木雕为如意纹和万字纹。作为院落大门的垂花门并没有采用"人"字棚的门顶结构，而是从门柱向外单面悬挑，门顶挡雨的倾斜度非常小，上面用木板交错而盖，整个造型非常简洁，除垂花柱、门楣外并无其他装饰。这种做法在羌族垂花门中非常普遍，而在川西汉族民居中却少见。在羌族民居垂花门上还常常挂有羊头或一些辟邪之物，门的两边挂有玉米、辣椒，摆放南瓜等，从而增添了羌族垂花门的个性与特色。

图片来源
图一、图三2、图四　罗力　摄影

图二　陶俊杉　制图
图三1、图三3　沈鸿雁　摄影
图三　沈鸿雁、罗力　制图

参考文献
季富政.中国羌族建筑.成都：西南交通大学出版社，2000.

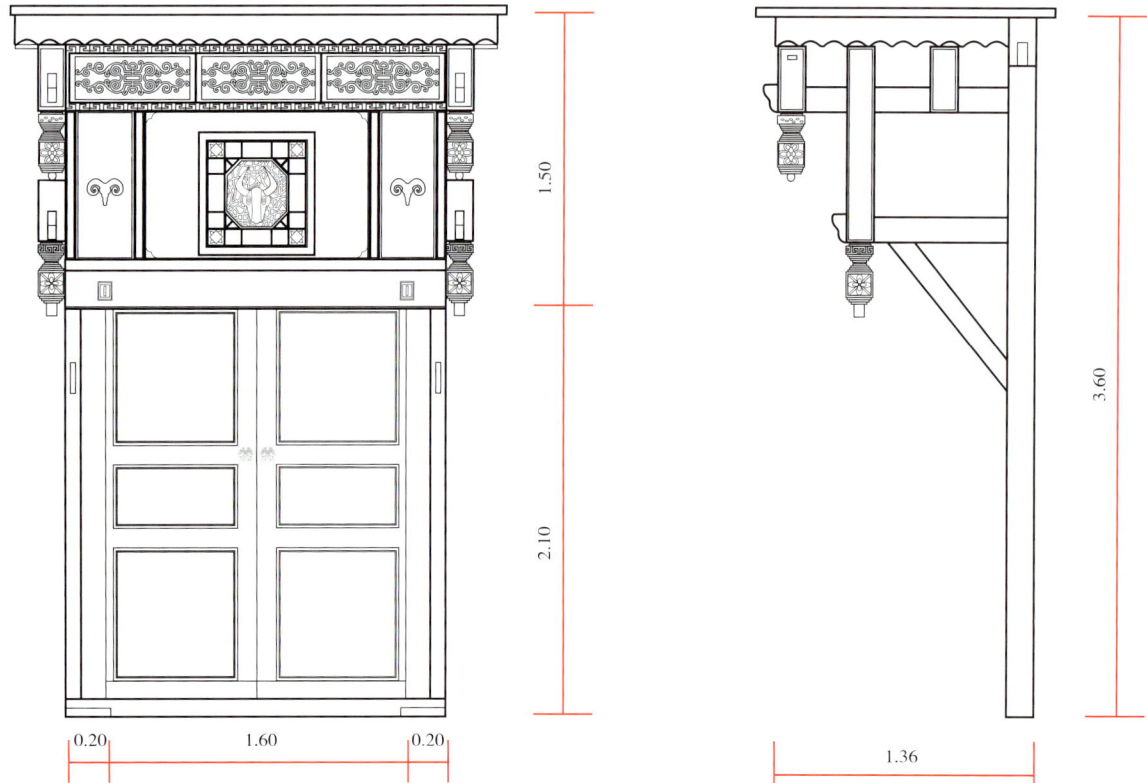

图二　羌族垂花门尺寸图（单位：m）

1.金瓜、水纹垂花

2.龙头悬挑及方形垂花

3.牛角悬挑及多棱球垂花

图三 羌族垂花门悬挑及垂花

石梯上的垂花门

石墙中的垂花门

图四　不同的羌族垂花门

羌族过街楼

图一 羌族过街楼主图

羌族过街楼是村寨中民居与民居之间搭建的民楼,以木结构为主,楼下为村寨中的公共通道,因跨越村寨道路而被叫作过街楼。若村寨内部空间以道路为纽带,则其为纽扣,紧紧地联系着整体的空间。

理县桃坪羌寨是过街楼最集中的村寨。该案例为一个较宽的两层过街楼,楼下通道宽1.45米,高2.2米,虽然村寨中过街楼的楼层及宽度无一相同,但最宽也不过2米左右。建设过街楼的初衷可能在于防御功能和加强石砌建筑的稳固性。存在过街楼的村寨一是多处于河谷地带,二是由数十户人家聚居而成,三是以石砌建筑为主。历史上地处河谷地带最易受到外来势力的侵扰,为防御外来侵扰,羌族极少散户独居,而是集聚建寨,并通过村寨小道及过街楼实现各户互联互通。桃坪羌寨过街楼及楼下的通道有的宽不足一米，有的高不足两米，有的长数十米；通道之上有的是晒台，有的与主体建筑连成大空间，有的是狭小空间，而建成过街楼形式的地方往往是村寨道路的重要节点，非常有利于战时瞭望、射击等，而过街楼下的通道成为村寨道路中易于防守、堵截、疏散的暗道，使村寨成为一个完整的防御工事。另外，过街楼是以粗大的横木架设在两墙之间，使村寨道路两侧的石砌高墙被连为整体。由于村寨建筑相互连接、互为支撑，所以，在历史上多次地震中桃坪羌寨都岿然不动。如今羌寨的过街楼已不需要发挥防御的功能，而被用为绣花楼、储物间、走家串户的空中捷径等，楼下冬暖夏凉的通道成为路人歇息纳凉之处。

图片来源

图一　罗力　摄影
图二、图三　陶俊杉　制图

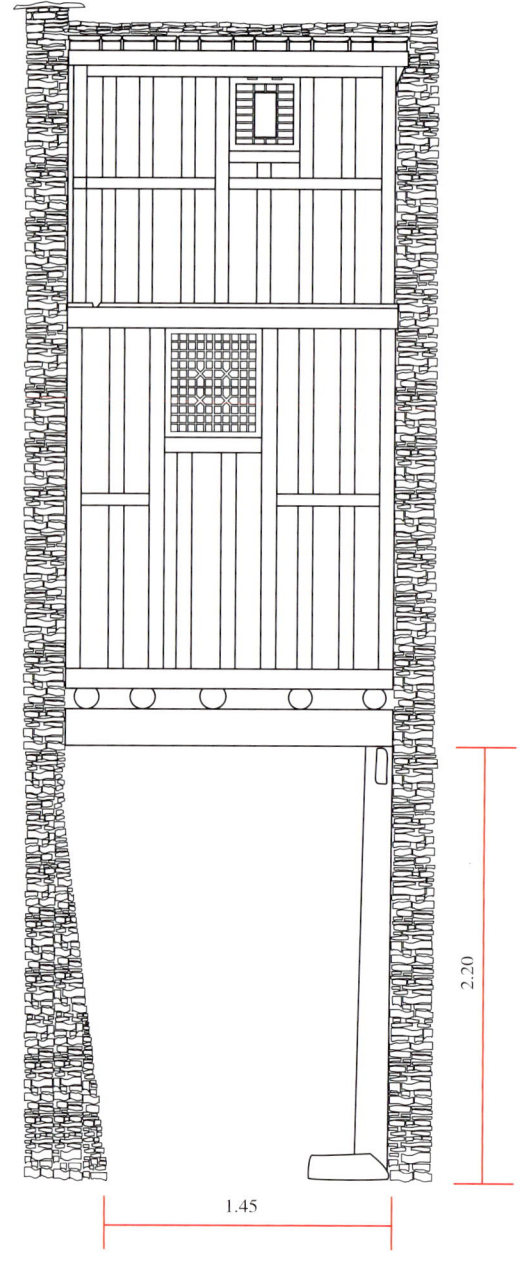

图二　羌族过街楼尺寸图（单位：m）

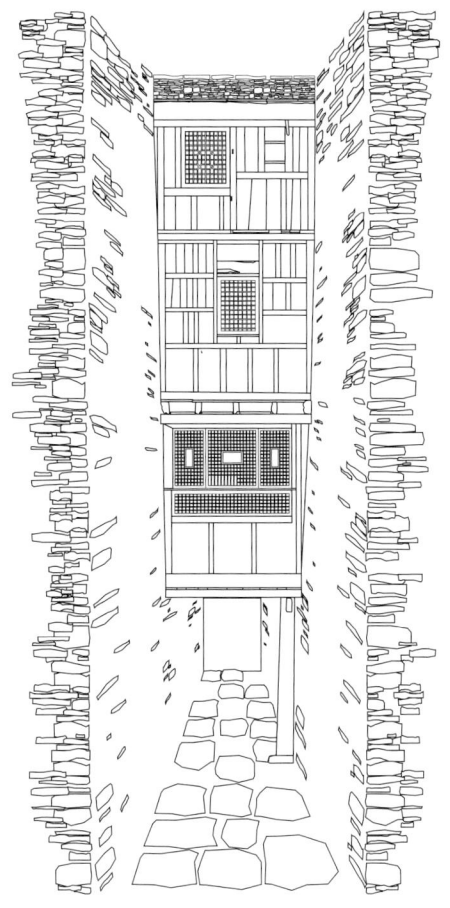

过街楼建在两墙之间

过街楼下为村寨通道

图三　羌族过街楼结构示意图

羌族柴笼子与柴房

图一　羌族柴笼子与柴房主图

羌族村寨中有一种房子，以竹做成，用木棒做梁柱框架，用细竹子编成四周的围墙，四面均可通风。这种房子小的叫柴笼子，可随处搬移；大的叫柴房，一般建在民居的屋旁、屋后或屋顶上。这种房子在汶川地区较多见，是羌族石砌建筑、夯土建筑以及木构建筑以外的另一重要建筑形式。

汶川绵虒镇的柴笼子长2.28米，宽1.3米，高2米，以直径5厘米~6厘米的木棒做框架，三面用竹子满围，前方留门，一般放在民居院子里或屋顶平台上。每年将收获的玉米剥去皮后，便倒在四面通风的柴笼子里晾晒，直到来年春天才将其剥成玉米粒，而后晒干进仓。

柴房即堆放柴火的房间。但羌族的柴房，除放一些柴火外，还用于晾粮食等。羌族柴笼子从名字上沿用了柴房的概念，在形态上与柴房完全一样，甚至连房檐的装饰都相同，功能也安全一样，只是尺寸上更像一个笼子。以前，汶川每户羌族人家都有独立的柴房，地震后援建的多为几家人合用的两层柴房。在理县、茂县等地，建有屋顶平台和罩楼的民居几乎没有柴房，只有少数会在屋顶上放一个柴笼子。

羌族柴笼子与柴房是羌族为了堆放柴火、晾晒粮食等而就地取材搭建而成的特殊的建筑，丰富了羌族传统建筑的类型，也体现了羌族工匠的智慧。

图片来源

图一、图三　沈鸿雁　摄影
图二　陶俊杉　制图
图四1　颜瑗　摄影
图四2　米静　摄影
图五　罗力　摄影

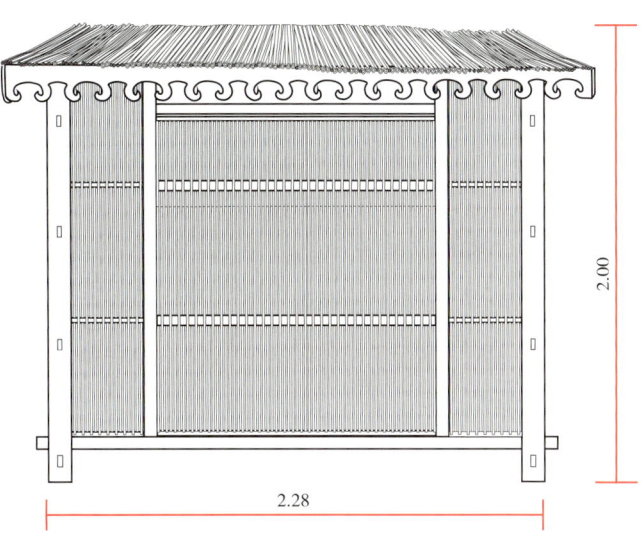

柴笼子正面图　　　　　　　　　　柴笼子侧面图

图二　羌族柴笼子尺寸图（单位：m）

图三　羌族柴笼子使用情境图

第一章　羌族传统建筑

1.建在石砌建筑之上的柴房

2.建在屋旁的柴房

图四　不同的羌族柴房1

1.每户人家独立的柴房

2.三户人家共有的柴房

图五　不同的羌族柴房2

羌族畜牧房

图一 羌族畜牧房主图

畜牧房是羌族民居中用于圈养牲畜的专门空间。传统的畜牧房一般建在民居的底层，主要饲养山羊、猪或耕牛。饲养牲畜是羌族人家重要的经济来源，也是其食用的肉源。

理县木卡寨村民的畜牧房建在民居主体建筑底层的侧面，分露天与室内两个部分，露天部分约5平方米，与主体建筑相连；室内部分约8平方米，建在露天部分的一侧，与民居主楼有一定距离。畜牧房的露天部分设有两个出入的门，侧门为直接通往建筑外的坡地的门，也是供牲畜出入的门；正面的门外为草料房，供人喂牲畜时出入。畜牧房的上方是进入主体建筑大门的通道，在畜牧房一侧的墙体上铺石板，可通往草料房屋顶的平台和主体建筑二层的后门。木卡寨的畜牧房虽然也是建在民居的底层，但与民居主体建筑不是垂直的上下关系，而是紧靠主体建筑底层的平行关系。在木卡寨，这种布局的畜牧房为多数。

羌族畜牧房与民居建在一起，并在民居底层形成相对独立的空间。桃坪寨的畜牧房的室内部分一般与民居主体建筑形成垂直的上下关系，露天部分紧靠建筑。萝卜寨有的民居将畜牧房室内部分建在入户的二层平台之下，露天部分就在入户门旁的下方。木卡寨的畜牧房与民居主楼之间用敞开的露天空间作为隔离与过渡，更加合理。

图片来源
图一、图四　沈鸿雁　摄影
图二、图三　柳冰蕊　制图

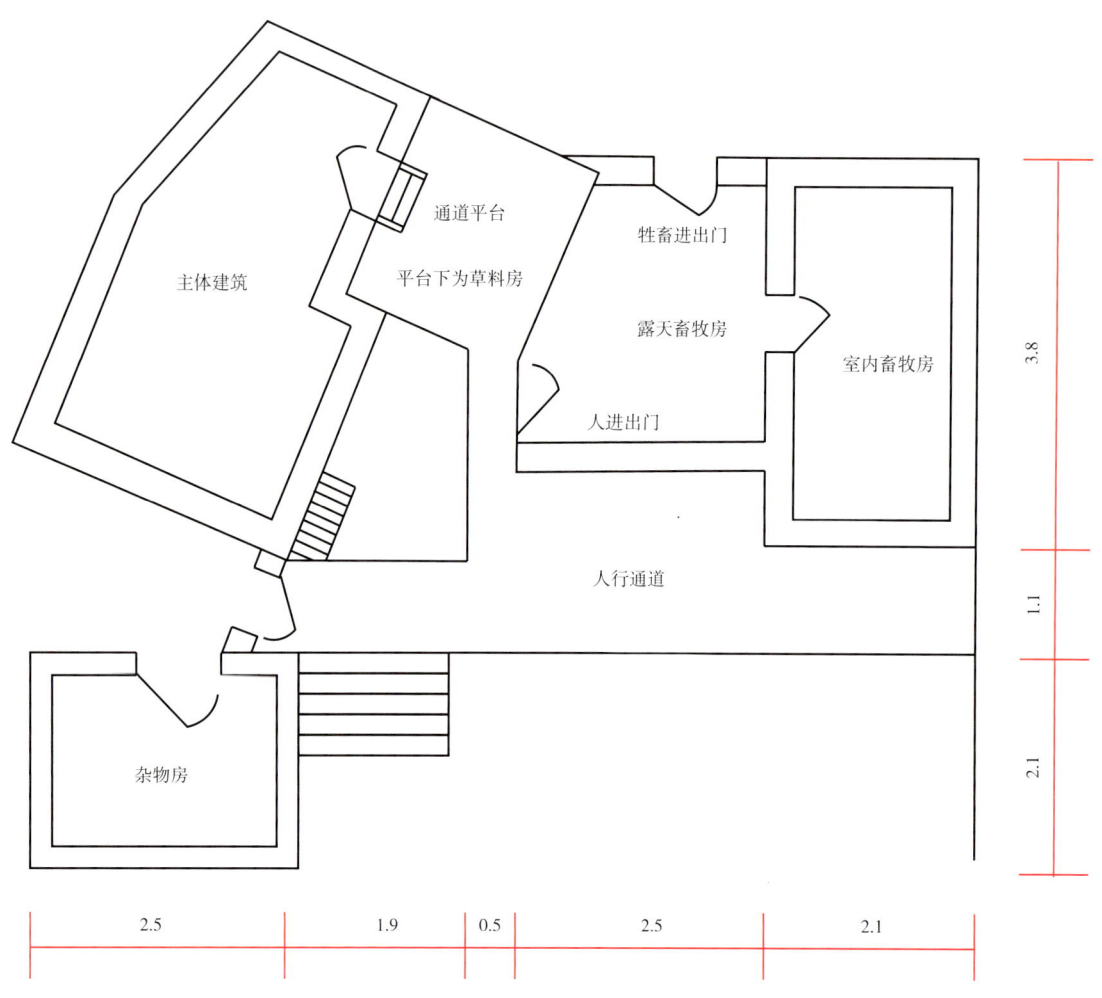

图二　木卡羌寨畜牧房平面图（单位：m）

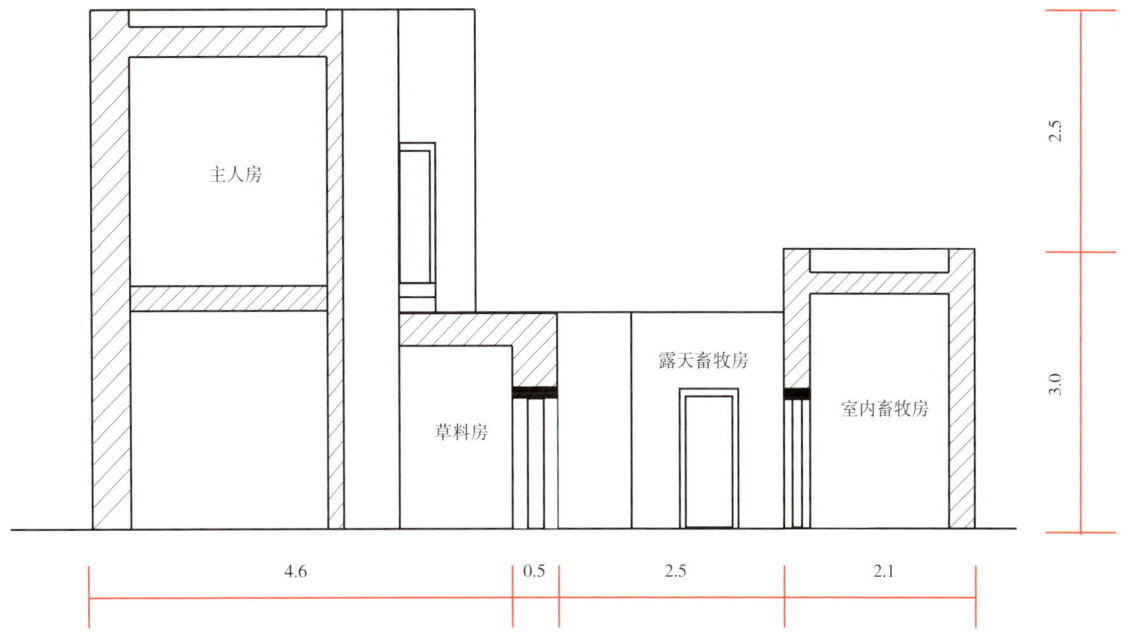

图三　木卡羌寨畜牧房剖面图（单位：m）

图五　木卡羌寨畜牧房使用情境图

羌族火塘

图一　羌族火塘主图

　　羌族火塘，又称火笼、锅庄，一般设在民居的二层主室（堂屋），是羌族家庭取暖、做饭、议事等日常生活的中心。节日里唱歌跳舞、接待客人以及祭祀祖先都是围绕火塘举行的。火塘里的火种，长久不熄，有"万年火"之称，因此火塘也是火神的象征。火塘与室内的中心柱和神龛（角角神）位于整个建筑的中轴线上，是羌族建筑中最神圣的区域。火塘的位置一般由释比确定，含有严肃庄重的神崇拜的内涵。火塘是羌族人室内空间的核心区域，其他空间均围绕火塘进行分配。

　　羌族火塘有两个要件，一是架设在地上生火、取暖的铁三足，二是悬挂在建筑横梁上的挂火炕。架设铁三足的方式一般有三种，如果火塘所占空间为楼板，架设铁三足时须用木头围合成一个高约15厘米、长宽100厘米的地台，中间填上泥土再盖上石板，四周安条凳；如果火塘所占空间为地面，一般会挖出一个深约30厘米、长宽约150厘米的凹坑，将铁三足架在中间，四周铺上羊皮垫供人围坐；还有一种架设方式是只在地面上的铁三足中心挖出一个灰坑，将铁三足的三足都架在平地上，也以条凳围起。挂火炕是与铁三足上下对应、悬架在梁柱之间的木制的构架，约长120厘米、宽110厘米、高100厘米，采用榫卯结构。若要架设挂火炕，修房时需预留悬架的横梁，上层楼面还要留出约2平方米的烟道。

火塘的各要件中，铁三足是架锅烧水、煮饭的锅架，挂火炕是遮挡和分散火塘的烟火及挂熏烤的东西的构架。但由于铁三足的来历与白石崇拜有关，火塘的设置与神龛有关，火塘便成为羌族民居的神圣空间。

图片来源
图一、图二　罗力　制图、摄影
图三1　沈鸿雁　摄影
图三2　颜瑗　制图
图四　周秋航　制图

参考文献
张犇.羌族造物艺术研究.北京：清华大学出版社，2013.

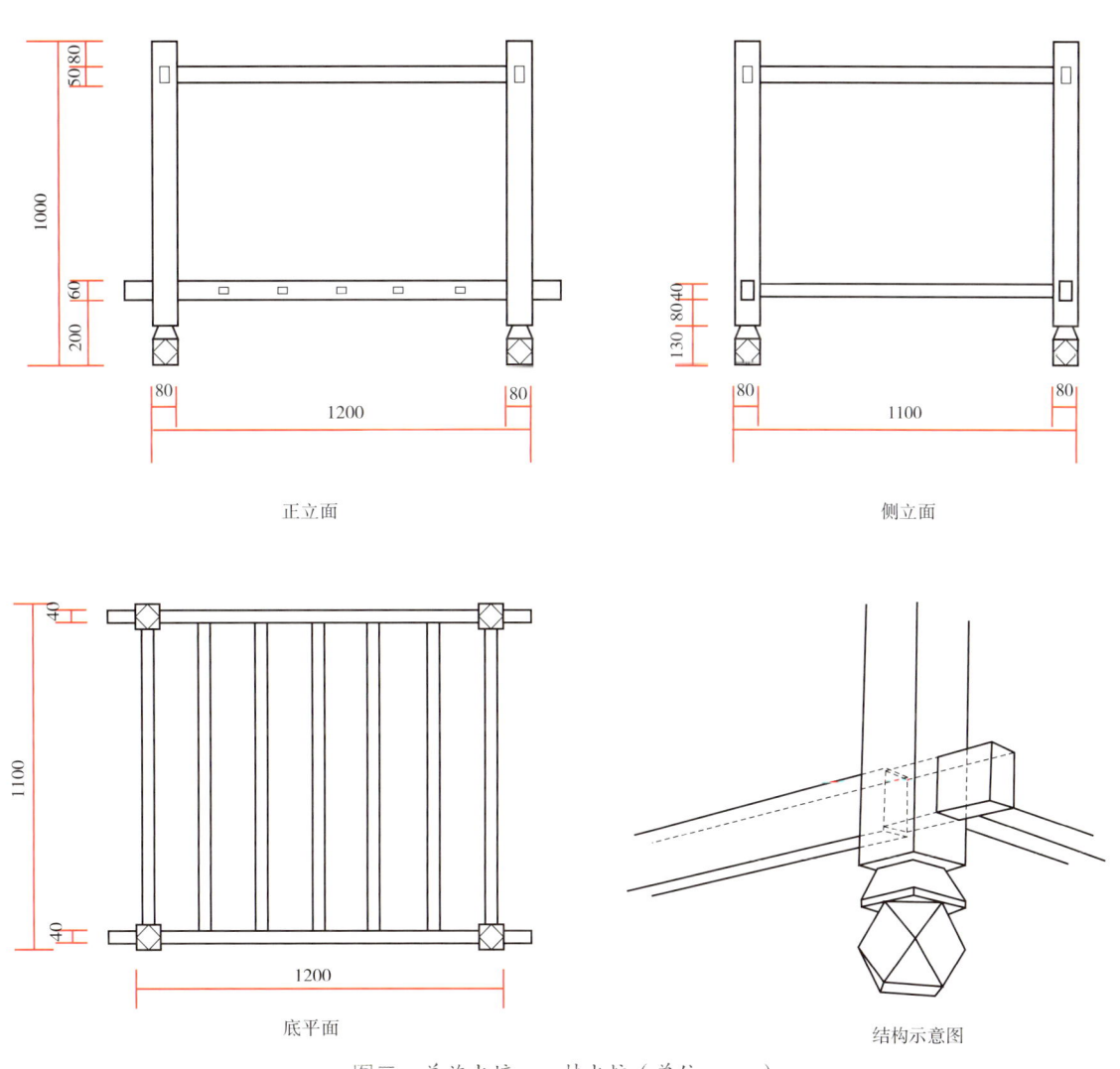

图二　羌族火塘——挂火炕（单位：mm）

1.凹于地平面的铁三足

2.在地平面上架设的铁三足

图三　羌族火塘——铁三足

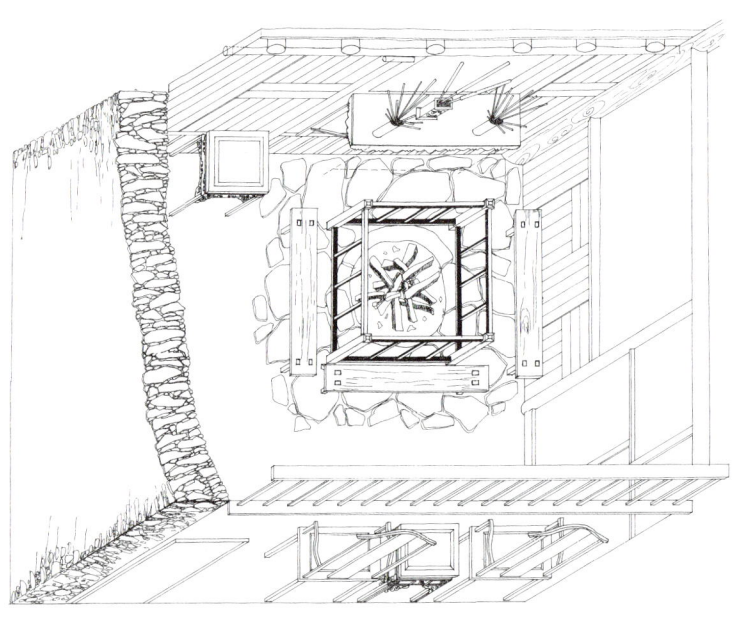

图四　羌族火塘空间轴测图

羌族独木梯

图一 羌族独木梯主图

独木梯是羌族传统建筑中连接上下楼层的设施，由于独木梯具有可就地取材、制作简单、经久耐用、移动方便等特点，在羌族地区被广泛使用，成为羌族民居中独特的风景线。汶川萝卜寨村民家的榆木独木梯经日晒雨淋数十年，至今仍在使用。独木梯高380厘米，圆木直径约22厘米，共有11阶梯步，梯步间距约25厘米，配有长50厘米、宽约25厘米、高20厘米的防滑木枕，使用时在独木梯下端放入防滑木枕，使木梯的内角倾斜65度左右，上端靠墙，非常稳定，可放心攀梯。

独木梯看似制作简单，其实也有讲究，第一，要选结实、韧性好且不太重的木料，当地的椴木、榆木为首选；第二，要量好并画出梯步间距，特别要注意倾斜65度左右靠墙时的梯步面应是水平的；第三，先用锯子在梯步面的位置锯出口子，但锯口不能超过圆木的一半；第四，用斧头砍出梯步的形状；最后须按斜放的角度将独木梯的底端着地面修平，再将圆木底端的背面和靠墙部位的背面修砍出适度的平面，以便放入防滑木枕并使靠墙的着力面更宽。

独木梯在许多林木资源丰富的少数民族地区都能见到，但各地独木梯的圆木粗细、长短以及梯步的高矮等各不相同。而羌族聚居地区中的汶川、茂县、理县等地的独木梯基本上是选用直径20~25厘米的圆木，梯高一般为3~4米，梯步间距为25~30厘米。之所以如此，是为了适应羌族民居约3米高的楼间距。

图片来源
图一、图四　罗力　摄影
图二、图三　米静　制图

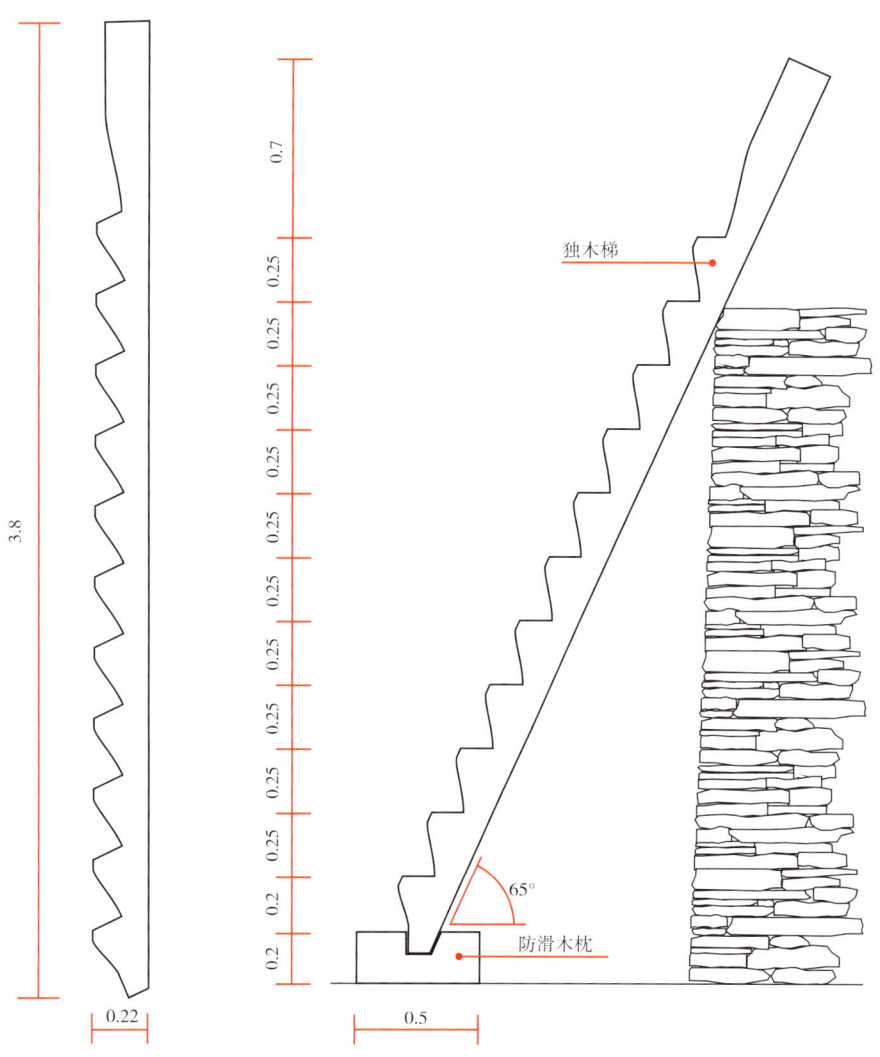

图二　羌族独木梯尺寸图（单位：m）

图三　羌族独木梯使用情境图

汶川萝卜寨的独木梯　　　　　　　茂县合心坝的独木梯　　　　　　　汶川布瓦寨的独木梯

图四　不同的羌族独木梯

第一章　羌族传统建筑

055

羌族石敢当

图一 羌族石敢当主图

本案例为桃坪寨贾宅的石敢当。石敢当作为山神的物化象征，与羌族崇尚自然、崇拜山石诸神的传统文化相吻合，因此，在羌族地区将石敢当作为民居中镇宅辟邪之物的传统一直延续至今。

石敢当也叫泰山石敢当，有借助泰山威力之意。羌族的泰山石敢当，羌语称"迪约泽瑟"，又称解救石、吞口。理县桃坪羌寨贾家门前石梯旁青石雕成的泰山石敢当具有一定代表性，石敢当高100厘米，石雕造像高40厘米、宽33厘米、厚20厘米，石敢当造像的形象夸张，造型生动，刻画细腻。与石雕造像为一体的石柱部分高60厘米、宽20厘米、厚10厘米，石柱上刻有均匀、工整的"泰山石敢当"。羌族的传统是将石敢当设在面对宅院大门的左侧，但桃坪寨贾宅的石敢当设在入户主楼梯的左侧，并未紧靠大门，究其原因是贾家的宅院较大，从入户石梯到入户门前的平台分为左厅右堂，因此将石敢当设在入户石梯的左侧既符合传统又切合现实。

羌族地区民居中的石敢当除了须设置在宅院大门左侧外，其大小、造像样式和安装方式并无标准，矗立在宅门旁的石敢当有的设有石头底座，有的将下半截埋在地下，还有的嵌入侧墙中。石敢当更是形态各异，工匠可根据自己对镇宅辟邪之神的想象和理解去造像，有简有繁，似人似兽，凶煞或憨态皆有。在羌族人看来，石敢当是心中之神的外化符号，而随心造像的神才更灵验。

图片来源
图一　孟梦　摄影
图二、图三　李昕彤　制图
图四、图五　罗力　摄影

参考文献
陶思炎.石敢当与山神信仰.民族艺术，2006（1）.
张犇.羌族造物艺术研究.北京：清华大学出版社，2013.

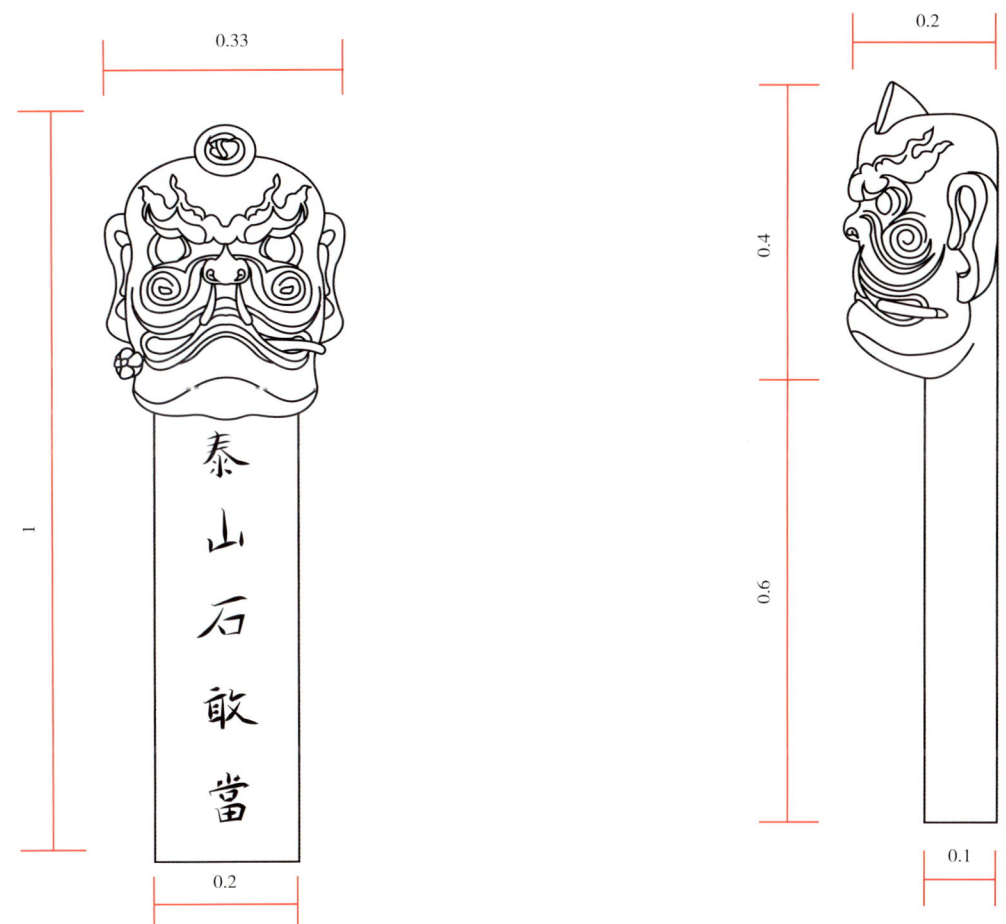

图二　羌族石敢当尺寸图（单位：m）

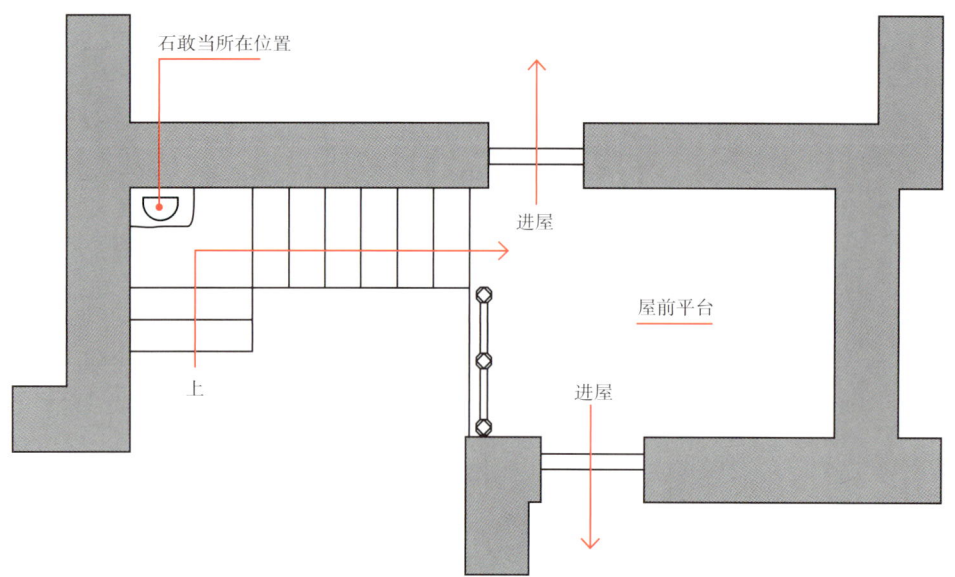

图三　羌族石敢当位置示意图

汶川萝卜寨羌族宅院的石敢当

茂县合心坝羌族宅院的石敢当

图四　羌族宅院门前的石敢当

茂县黑虎乡羌族宅院门墙中的石敢当　　　　羌族宅院门墙中的石敢当局部

图五　羌族宅院门墙中的石敢当

第二章 羌族传统服饰

羌族长衫

毛织长衫　　　　　　　　　　　　麻织长衫

图一　羌族长衫主图

羌族毛织或麻织长衫，羌语称为"普"，是羌族传统的服饰。羌族男女普遍都穿长衫。传统的毛织、麻织长衫以素色居多，右衽，立领，开襟缝有布盘扣，一般为五对盘扣，衣长过膝盖，有的长及脚踝。本案例中的传统毛织长衫为男子长衫，衣长136厘米，下摆宽90厘米，腋下宽60厘米，袖长56厘米，袖口宽20厘米，袖管宽28厘米，袖根宽35厘米，两袖总长172厘米。

羌族传统毛织、麻织长衫的面料为自产自织。羌族传统织布方式比较简单，过去家家都有妇女会织布。传统的织布工具称为腰机，织布时将羊毛线或麻线的经线一端固定在腰间的布夹上，另一端经线分上下两层绕在木棍上，并将木棍固定在地上打牢的木桩上或门框上等，将上下经线分开，用木梭穿织纬线，用织布梳扎紧纬线。由于织布时的主要工作面为两手和腰之间，布的幅宽受到局限，因此腰机织的布幅宽一般在1尺左右，即33厘米左右。采用传统腰机织的面料制作毛织、麻织长衫均需拼接，长衫的大襟和后片的腋下一般需两幅面料，衣摆为一幅面料四分对裁，袖管中段为一幅面料，另接袖口和袖根部分，这种拼接方法更省面料。

毛织长衫一般为冬装，裁剪时需宽松一些，麻织长衫一般为夏装，裁剪的尺寸略有收缩，但裁剪方法是一样的。毛织、麻织长衫均采用手工缝制，缝口的布一般一边略长一边短，用长的一边将缝头包起来，使穿着时更舒适也更结实。传统长衫袖、身都比较宽大，因此，即便没有做袖裆，手臂也能较好地活动。羌族穿传统毛织、麻织长衫时一般都要系上布腰带，素色的长衫配上羌族人喜爱的红色腰带也是羌族传统长衫的一个显著特点。

从自纺面料到制作成衣的羌族传统毛织、麻织长衫工艺一直保留至今。

图片来源
图一　沈鸿雁　摄影
图二、图三、图五　罗力　制图
图四　罗力　制图

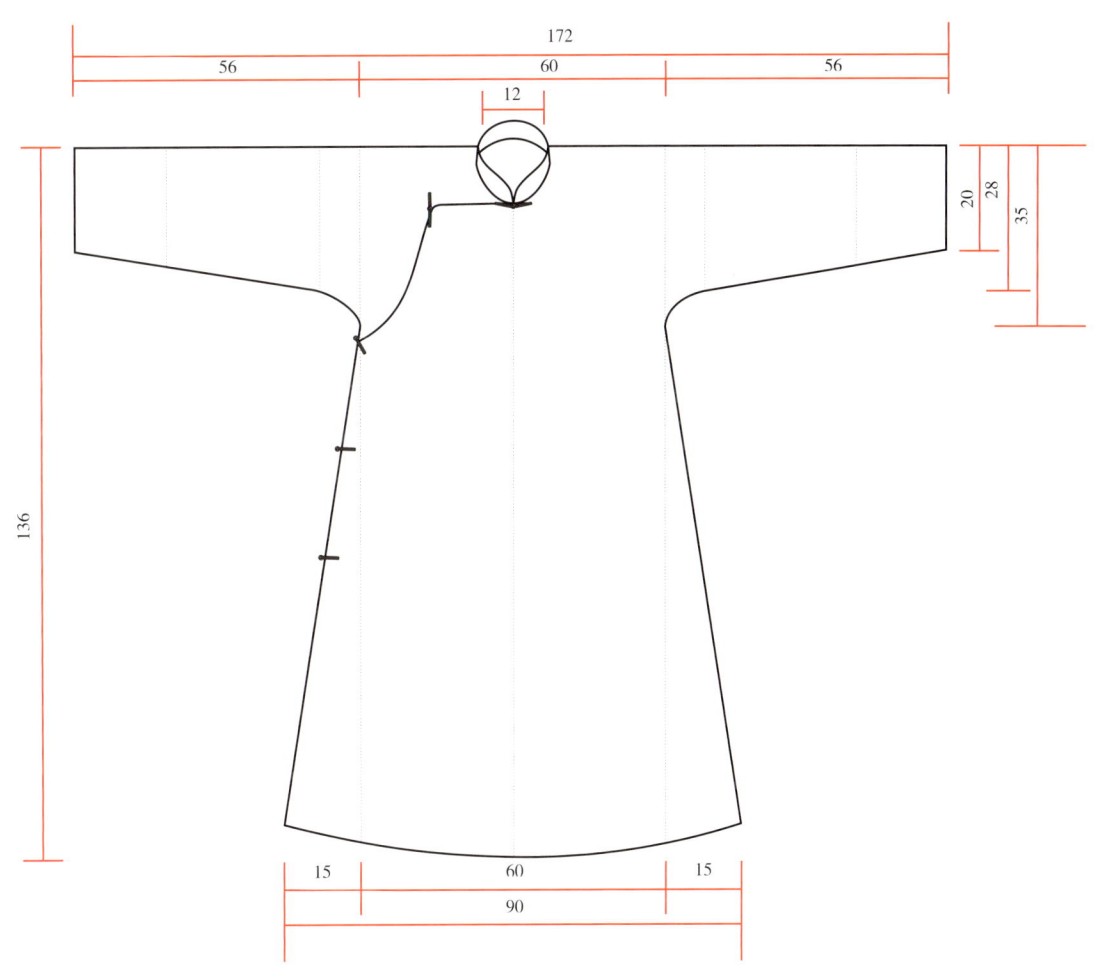

图二　羌族毛织长衫尺寸图（单位：cm）

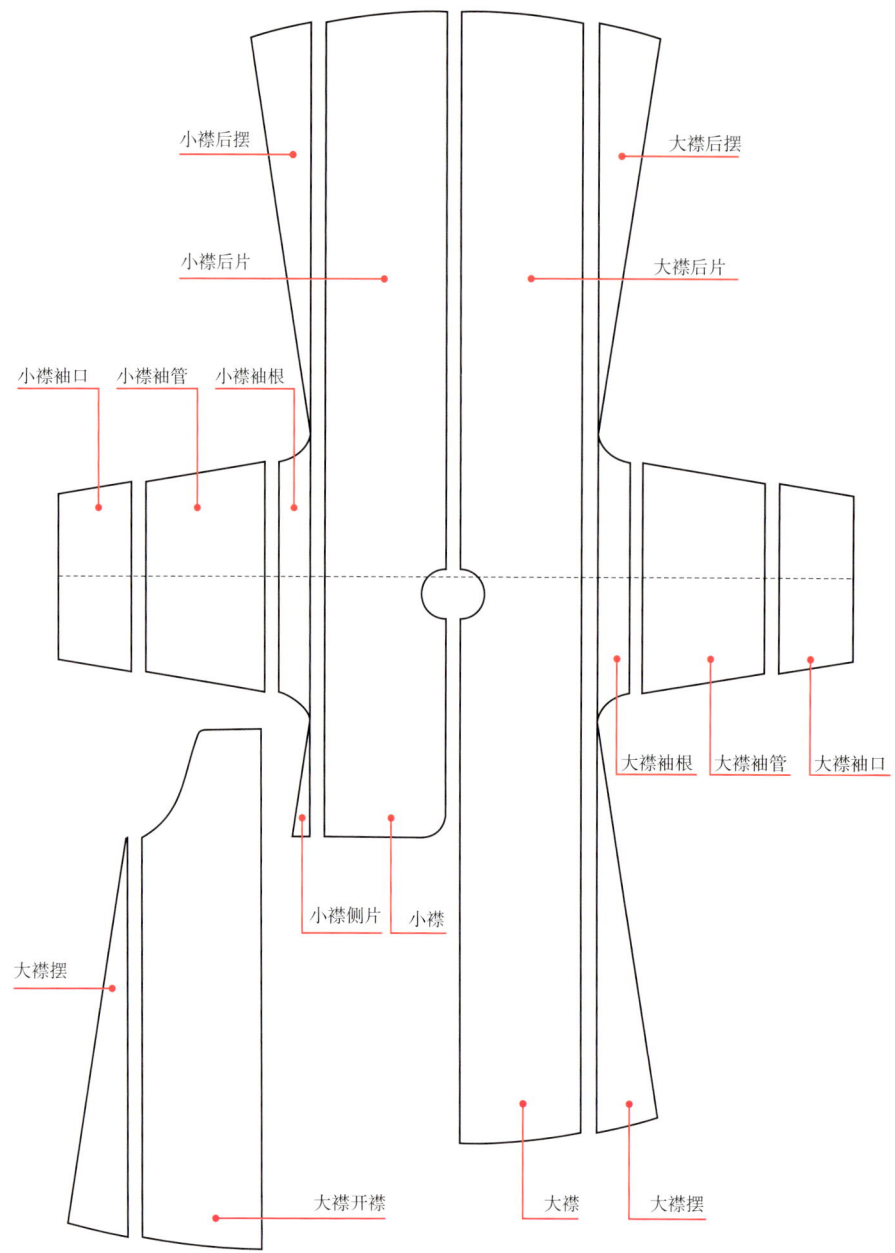

图三　羌族长衫结构分解图

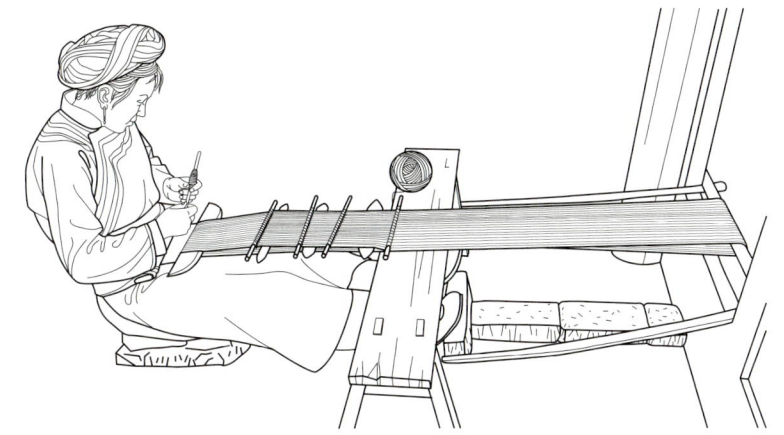

羌族妇女使用腰机织麻布或羊毛布

33厘米幅宽的手工麻布

30厘米幅宽的手工羊毛布

图四　羌族长衫材料分析图

图五　羌族长衫穿着效果图

第二章　羌族传统服饰

清代羌族万字纹棉织长衫

图一　清代羌族万字纹棉织长衫主图

清代羌族万字纹棉织长衫为右衽、长袖、圆领（鸡心领）、衣摆开衩的羌族传统长衫，衣长124厘米，衣襟宽78厘米，衣摆上端宽53厘米，袖口宽18厘米，袖根宽30厘米，领圈宽12厘米，两袖长148厘米，衣身宽松，做工精细，补花绣装饰纹样工整，采用了羌族最喜爱的黑、蓝、红、黄色彩搭配，具有鲜明的羌族传统服饰特征。

清代羌族万字纹棉织长衫的领圈、袖口、开襟、衣摆的花边装饰主要采用了补花绣方法，纹样单纯、形式统一、绣工精美。长衫大襟下摆绣有如意纹，衣摆开衩处以补花绣的如意纹图案进行收口；大襟、领圈及袖口以连续不断的万字纹盘肠绣作为装饰，并在色彩搭配上巧用红色与黄色线条的穿插；袖口、领圈及大襟的开襟处以红、黄、黑细布条镶边，增加了服饰的精细感；点缀的三对红色布盘扣也十分协调；在对细节的工艺处理上也十分讲究，如盘肠绣的万字纹是先将布条裹折成扁管状的"布肠"，然后根据万字纹的走势边缝边做造型，万字纹的转角处是先将"布肠"对折再转折，使转角均为直角,所形成的45度角折缝十分工整。这些都成为清代羌族万字纹棉织长衫最为突出的特点。

清代羌族万字纹棉织长衫在形制上与传统麻织、毛织长衫基本一致,但在补花绣装饰上十分突出。补花绣的工艺虽然并不复杂,但能达到极致却十分难得;盘肠绣的万字纹尽管单纯,但纹样中的红、黄色彩交错,使整个服饰的纹样更具层次感。这些特点充分证明羌族服饰工艺在历史上已达到很高水平。

图片来源
图一　罗力　摄影
图二至图五　颜瑗　制图
图六　罗力　制图

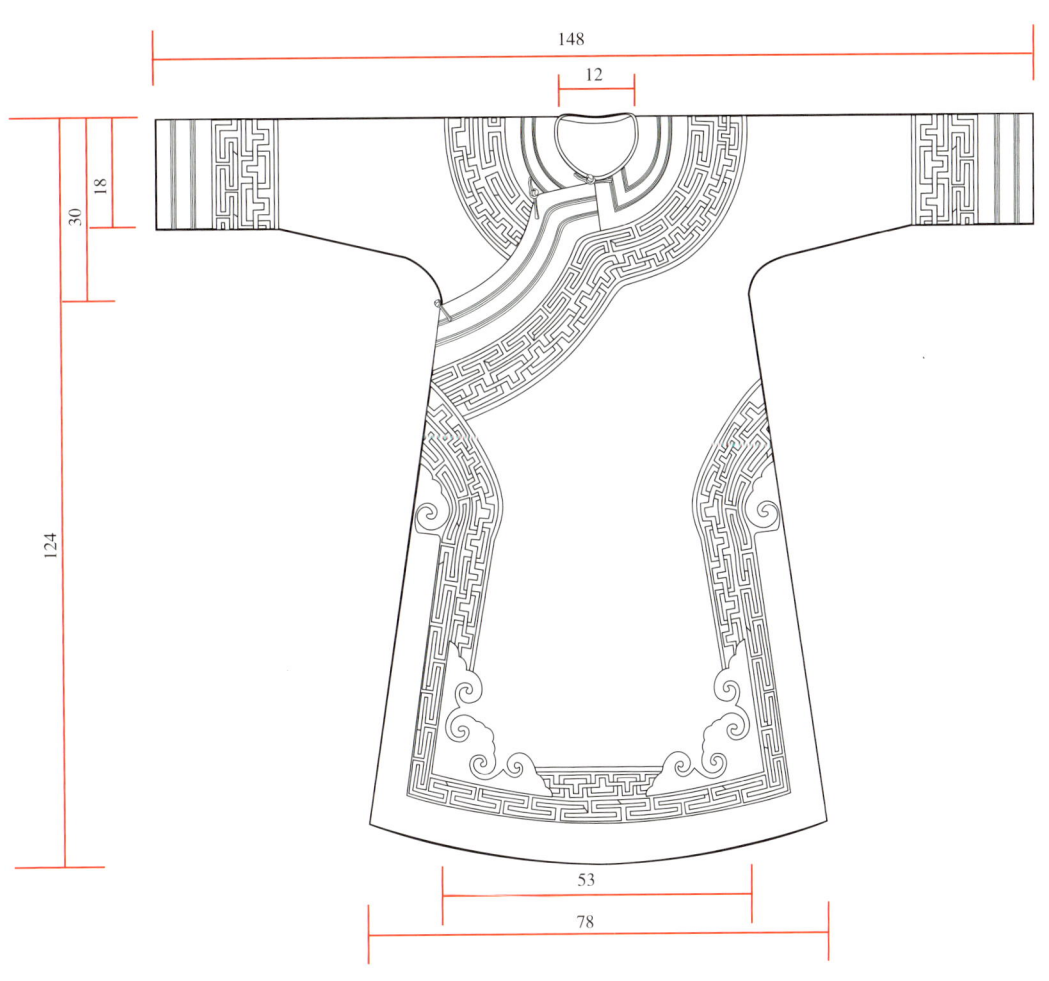

图二　清代羌族万字纹棉织长衫尺寸图（单位：cm）

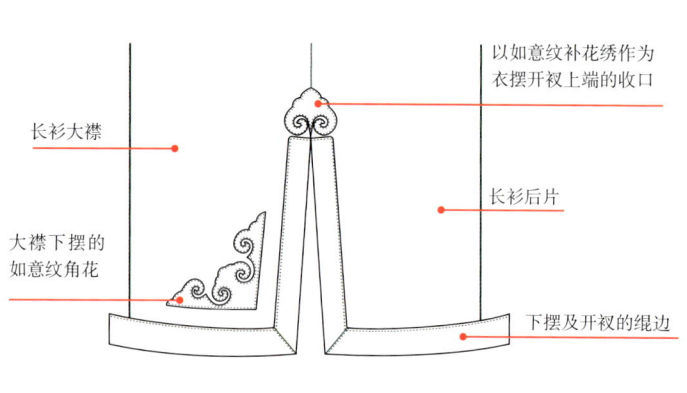

长衫大襟

以如意纹补花绣作为衣摆开衩上端的收口

大襟下摆的如意纹角花

长衫后片

下摆及开衩的绲边

长衫的如意纹补花绣

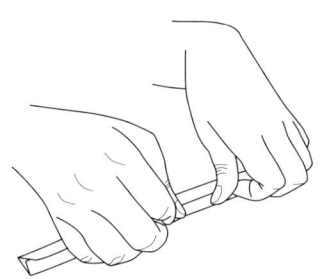

1.将布条折成扁管状

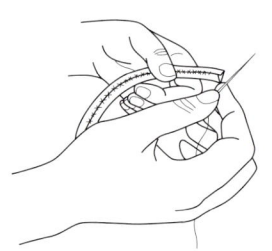

2.将折叠的布头缝合成"布肠"

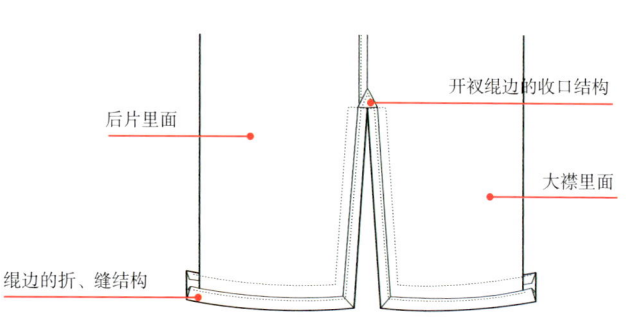

后片里面

开衩绲边的收口结构

大襟里面

绲边的折、缝结构

绲边的制作工艺

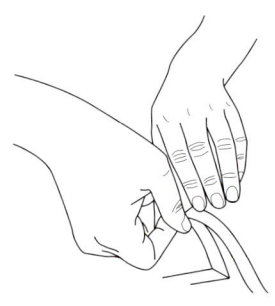

3.绣万字纹转折处时先将"布肠"对折

图三　清代羌族万字纹棉织长衫的如意纹补花绣及绲边工艺分析图

4.将"布肠"以45度角转折后进行缝绣

图四　清代羌族万字纹棉织长衫的万字纹盘肠绣工艺分析图

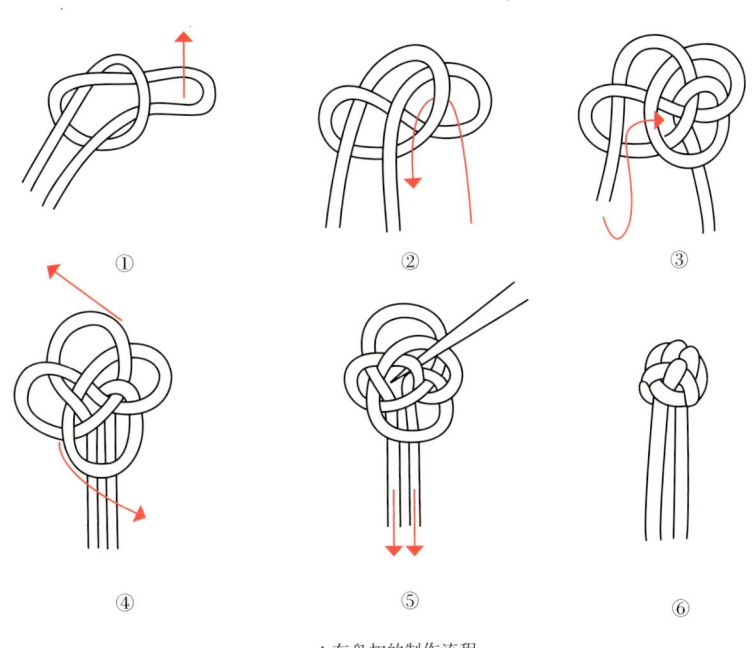

1.布盘扣的制作流程

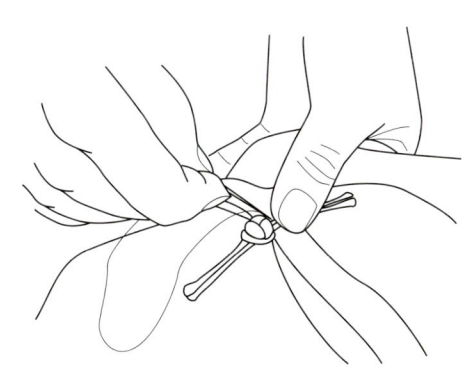

2.盘扣与扣襻的缝制

图五　清代羌族万字纹棉织长衫的布盘扣制作工艺分析图

长衫正面效果

长衫背面效果

图六 清代羌族万字纹棉织长衫效果示意图

当代羌族女长衫

图　当代羌族女长衫正图

当代羌族妇女仍然是以具有民族特色的长衫为主要外套。当代羌族女长衫的面料为机织棉布。本案例衣长126厘米，下摆宽68厘米，腋下宽55厘米，袖口宽16厘米，袖根宽27厘米，两袖长148厘米。

当代羌族女长衫的制作流程包括裁剪、锁边、拼花边、缝纫等，其中最有特点的为裁剪。制作女长衫的面料宽0.76米，长3.7米，裁剪前需先将面料的一端量出0.6米，并向面料的正面相向折起，作为小襟及小襟袖的一部分；再将面料对折，形成一端为2层、一端为3层的裁剪面料；然后从3层面料一端开始量出裁剪的关键点并连接相关点画出裁剪线，如：衣长130厘米，下摆宽38厘米，肩宽28厘米，袖口宽18厘米，袖根宽27厘米，肩至腋下33厘米，衣领宽10厘米等。裁剪的步骤：第一，从袖口至下摆沿轮廓线裁剪，裁片为小襟、小襟袖及后片；第二，裁剪最上面一层面料的大襟开襟线，得到大襟的开襟裁片；第三，取出上层和第二层多余部分（折叠的60厘米处）；第四，将裁剪下来的裁片轻轻裹起调头放在未裁剪的面料上再展开，将上下面料边缘对齐后，按已有裁片的轮廓裁剪出大襟、大襟袖及后片；第五，用裁剪余下的面料裁剪出领圈及开襟、开衩、下摆、袖口。当代羌族女长衫的缝制过程基本上使用缝纫机，长衫的衣领、开襟、开衩处的绣花装饰也用机绣的绣片和花边，并用缝纫机一并缝到装饰部位。

由于当代羌族女长衫由裁缝店批量制作，由家庭手工制作的少了许多，所以羌族各地区女长衫的样式与花色也越来越趋同。

但是，当代羌族女长衫仍承袭了传统羌族女长衫的形制。

图片来源

图一、图七　罗力　摄影

图二至图六　罗力　制图

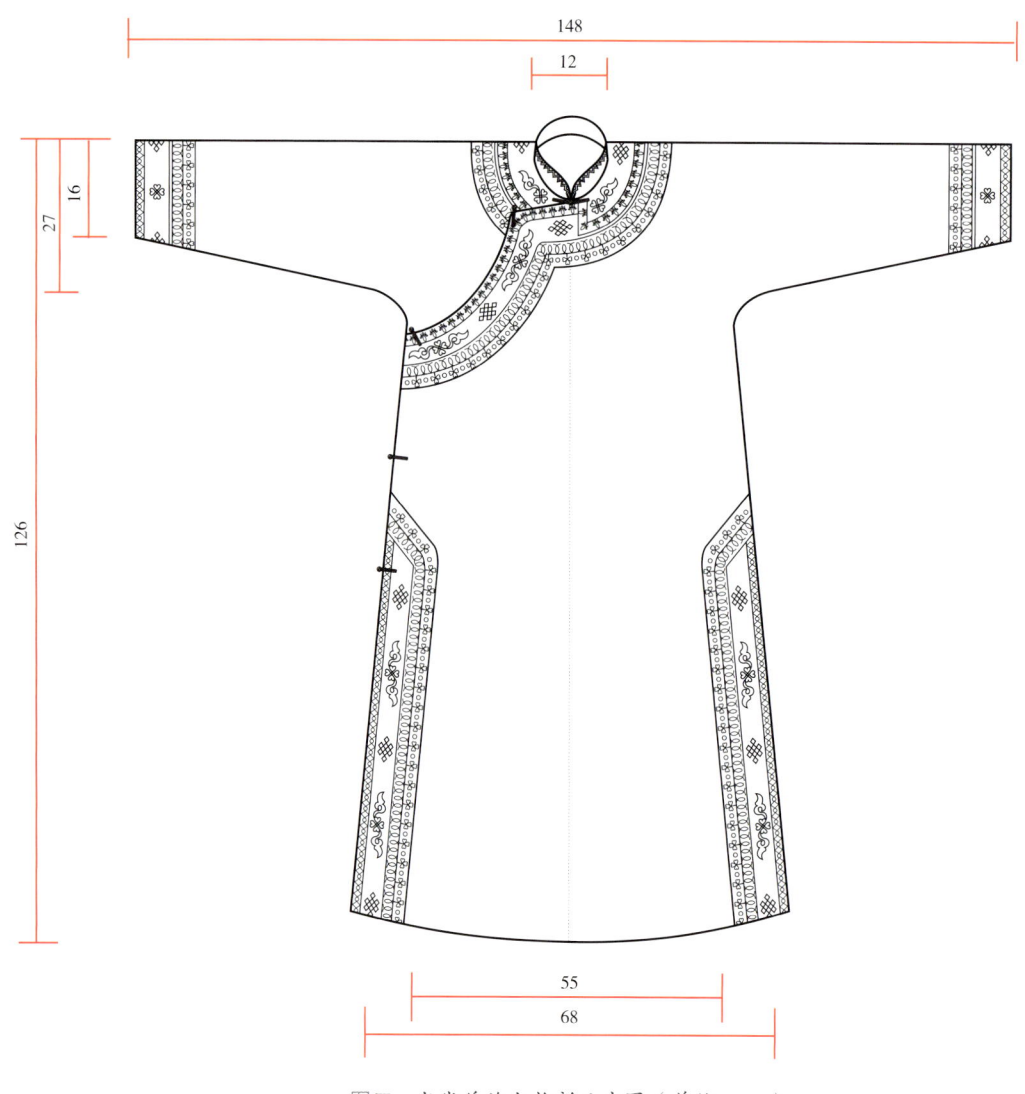

图二　当代羌族女长衫尺寸图（单位：cm）

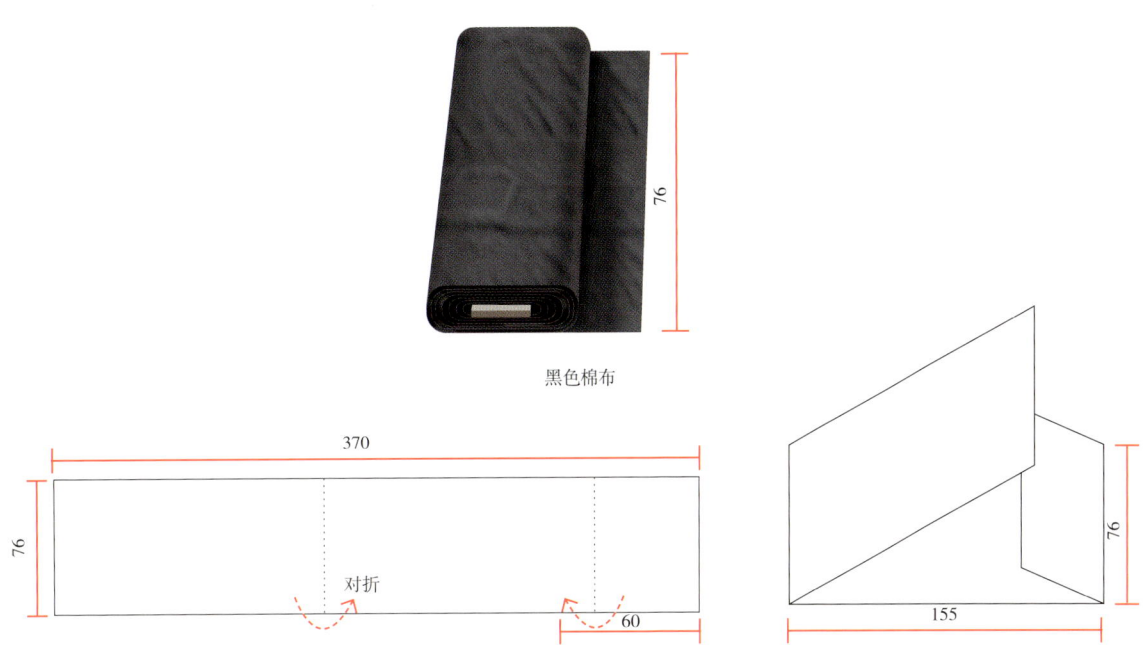

图三　当代羌族女长衫裁剪流程图1（单位：cm）

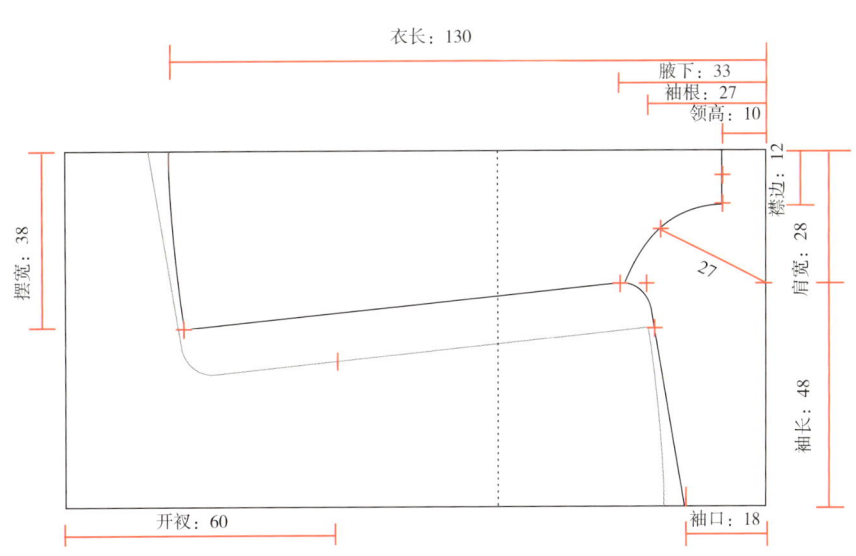

图四　当代羌族女长衫裁剪流程图2（单位：cm）

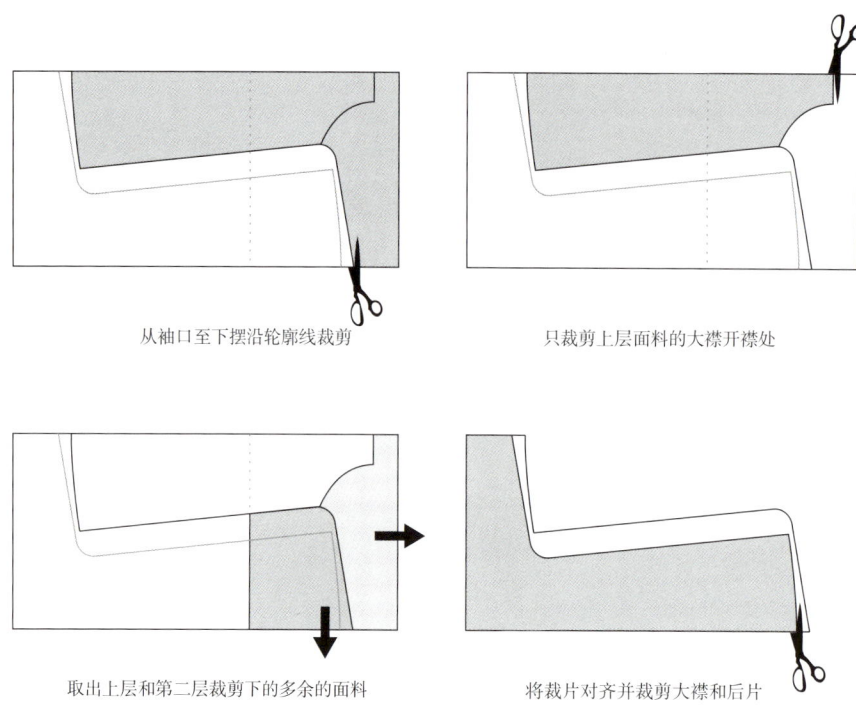

从袖口至下摆沿轮廓线裁剪　　　　只裁剪上层面料的大襟开襟处

取出上层和第二层裁剪下的多余的面料　　　　将裁片对齐并裁剪大襟和后片

图五　当代羌族女长衫裁剪流程图3

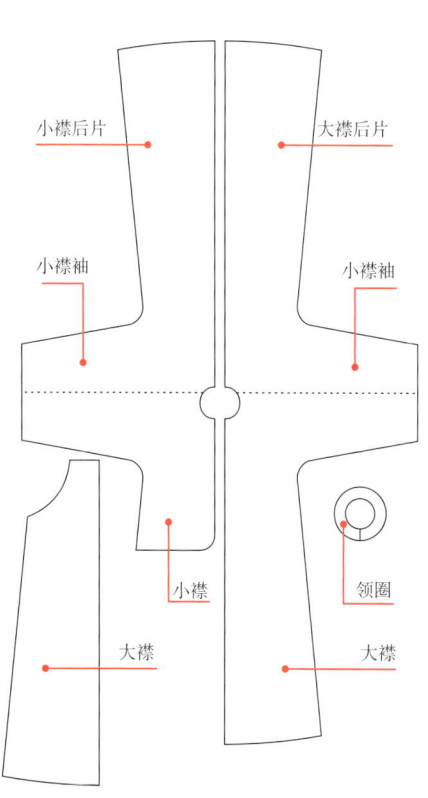

图六　当代羌族女长衫结构分解图

图七　当代羌族女长衫穿着效果图

羌族毡袍

图一　羌族毡袍主图

本案例为松潘小姓乡羌族毡袍。据记载历史上对羌族服饰有"羌人括领"的描述。所谓"括领"即左右相抱的连领衣襟，也称为袍服。袍服是羌族的传统服装，至今在松潘以南、茂县以北及理县西北的邻近藏区的羌族仍保留着穿袍服的习俗。毡袍即一种用羊毛毡子制作的袍服，是羌族男子的服饰。

松潘小姓乡羌族毡袍的袍身宽大，以幅宽33厘米的毡子拼接而成，袍长为120厘米，襟宽为85厘米，两袖长180厘米，鸡心领开口宽12厘米。毡袍采取传统的右衽开襟方式，大襟为两幅毡子拼接而成，并与左侧片相接，左侧片为连接大襟和后片的衣摆；小襟为一幅毡子，并接侧片，侧片连接小襟和后衣摆。左右衣袖均为两幅毡子拼接而成的箭袖，袖口宽16厘米，袖根宽20厘米，腋下袖裆处宽30厘米。毡袍的袖裆有两种做法：一种是将侧片与衣襟及后片缝合并形成有转折边的袖窿，接袖时将直边的袖根与有转折边的袖窿缝合，在袖子的腋下部位自然形成的褶皱即袖裆；另一种做法是先将衣襟、后片与袖根连接，再将衣摆侧片与衣襟及后片连接，缝合至袖根腋下处，将侧片上端的三角形弯折，并连接袖子两边的缝口，再将袖子其余部分缝合，侧片在腋下部位形成的三角形即袖裆。毡袍的衣领为10厘米宽的直领，延长至衣襟边，衣领上绣有装饰纹样，穿着时大襟边向外翻出，形成颇具特点的大襟花牌子。毡袍的穿着方式也很特别，需先将衣领顶在头上再穿袖子，系上腰带后再放下衣领，这样在腰部上方就形成一个宽大的囊，便于盛放东西和天热时脱出一只衣袖。

图片来源
图一　松潘县小姓乡政府
图二至图五　罗力　制图

参考文献
冉光荣, 李绍明, 周锡银.羌族史.成都：四川民族出版社, 1984.

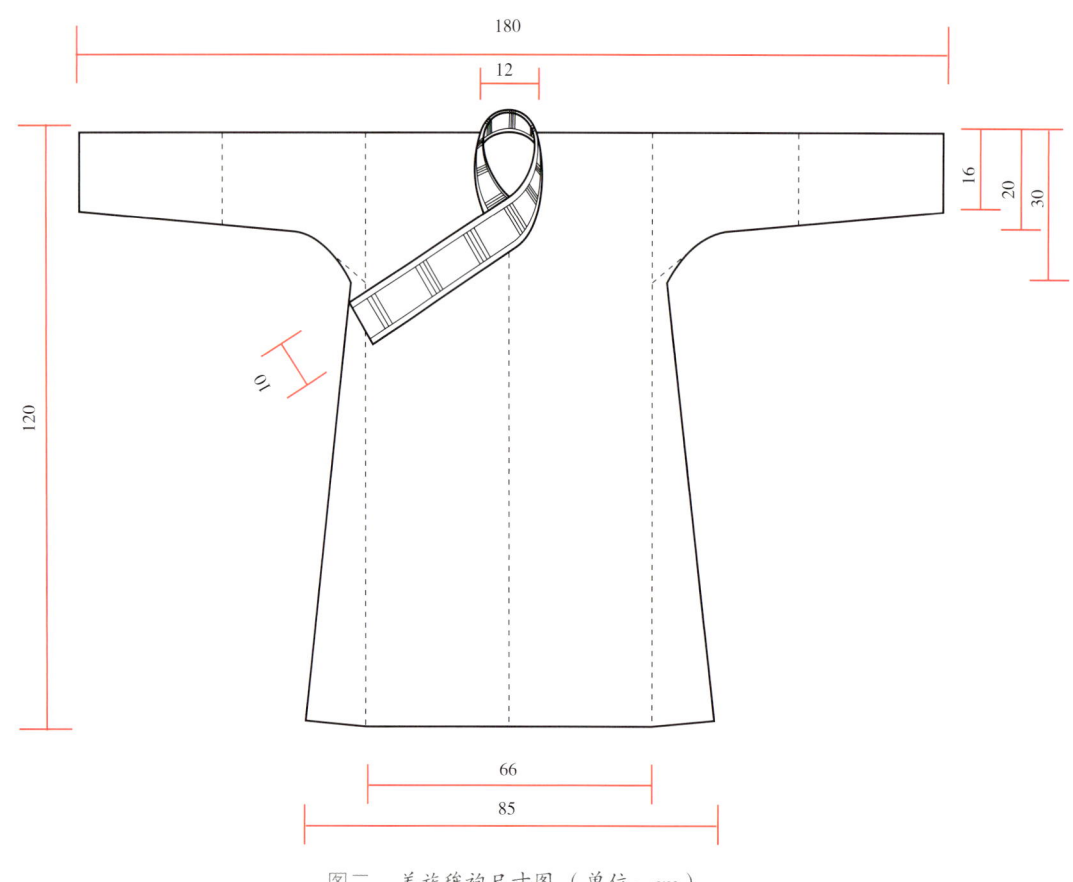

图二　羌族毡袍尺寸图（单位：cm）

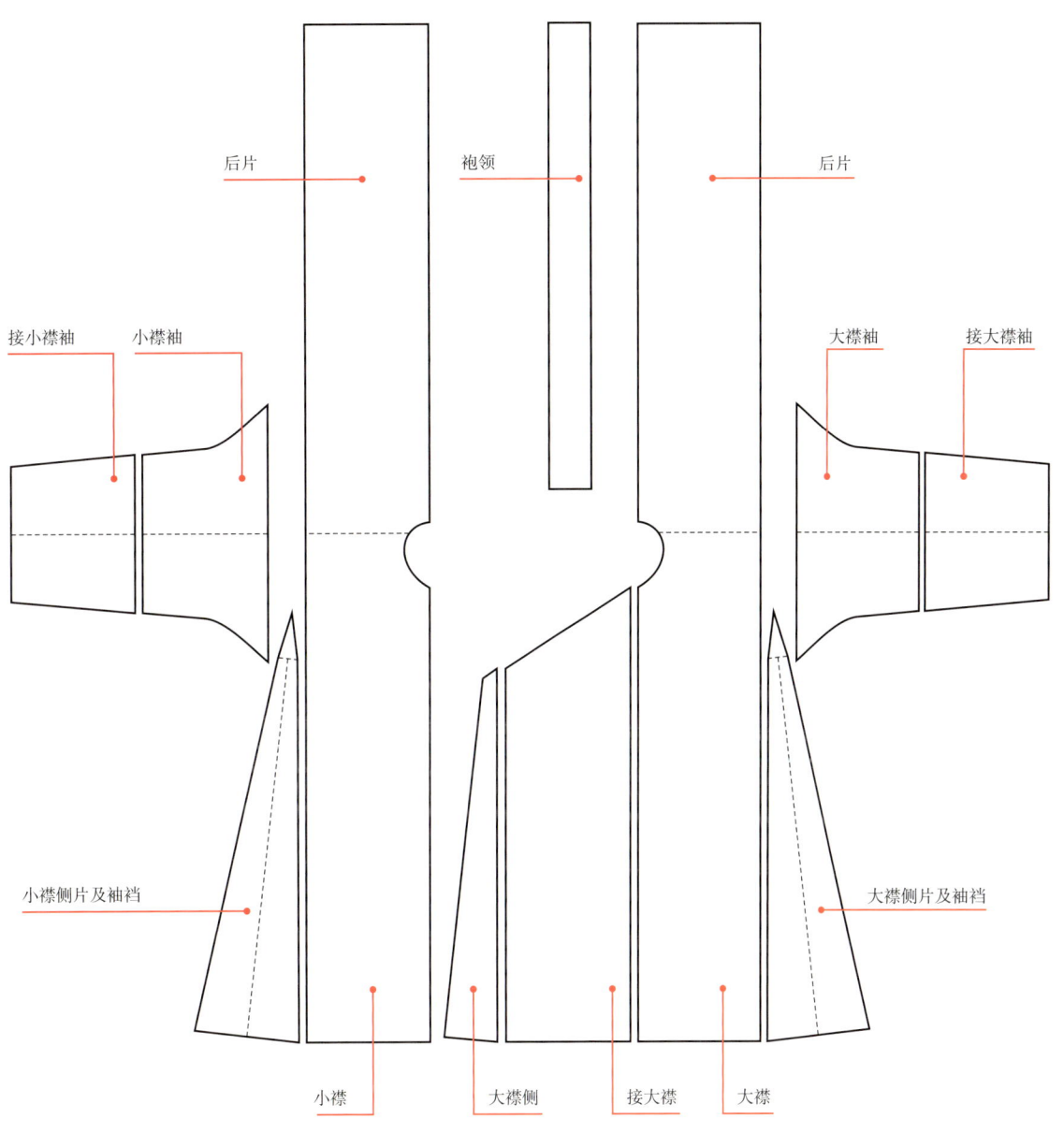

图三 羌族锤袍结构分解图

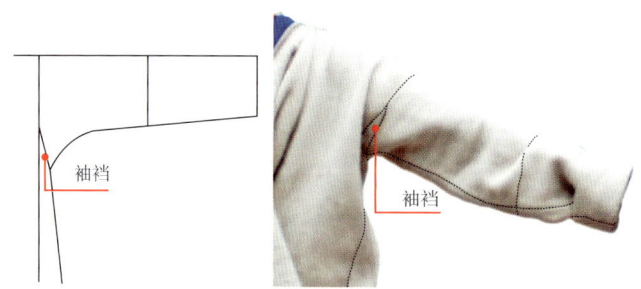

袖裆样式一

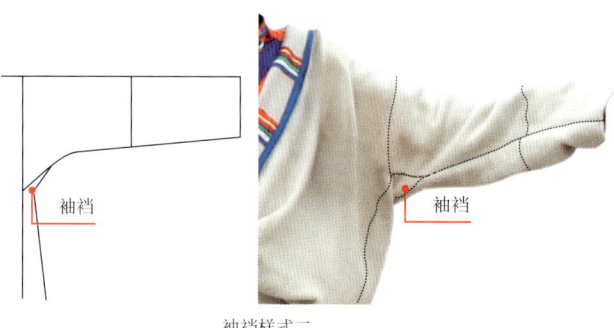

袖裆样式二

图四　羌族链袍袖裆

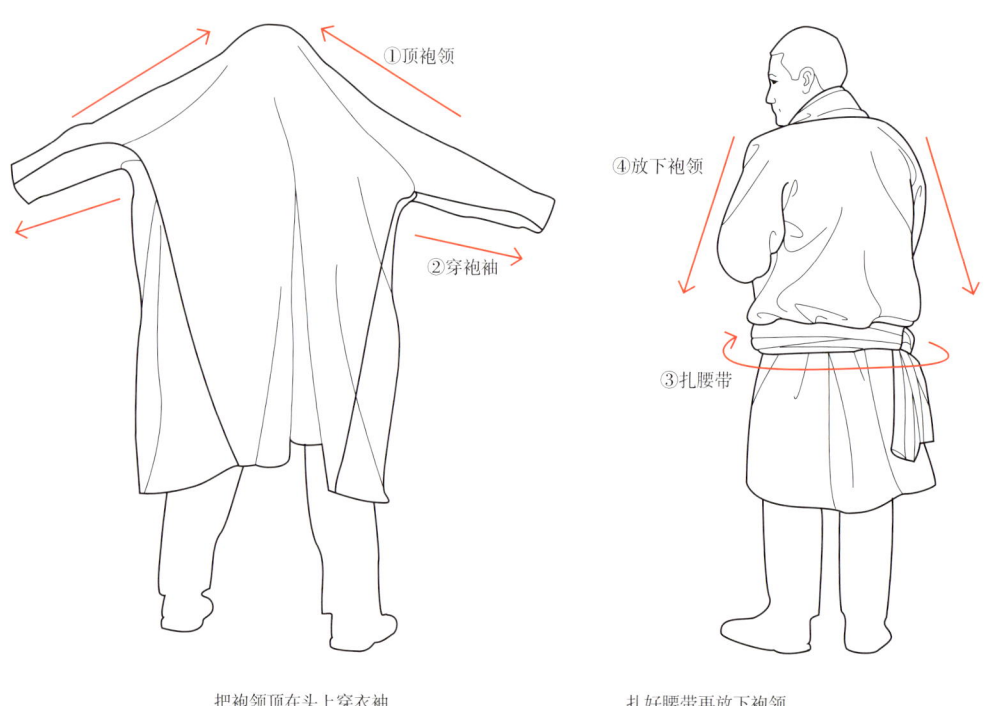

把袍领顶在头上穿衣袖　　　　扎好腰带再放下袍领

图五　羌族链袍穿着步骤图

羌族棉织袍服

图一　羌族棉织袍服主图

本案例为松潘小姓乡棉织袍服。松潘小姓乡棉织袍服是当地羌族女子的主要服饰。棉织袍服宽大，长及脚踝，采取斜领右衽开襟方式，袍服的大襟和后片均由76厘米宽的整幅黑色面料裁剪而成，下摆宽74厘米，腋下及肩宽60厘米，袍长140厘米，袖长43厘米，袖口宽16厘米，袖根宽26厘米，两袖加肩长宽146厘米，斜领宽10厘米。

棉织袍服的裁剪方式比较简单，采用传统的十字平面结构，由于袍身、袖管都比较宽大，因此没有袖裆也能保证手臂有足够的活动范围。棉织袍服的工艺特点是大襟、后片、袖子和斜领上的装饰均采用贴花绣的工艺，大襟及下摆采用条状及三角形的彩色布拼成简洁的几何图案，袖子上直接用彩色布块拼接，袖口、衣襟及下摆边缘用氆氇作装饰带收边，斜领上采用彩色布条拼成间断的装饰条纹。棉织袍服的装饰色彩主要有红、白、黄、蓝、绿，红色约占33%，白色约占23%，黄色约占20%，蓝色约占17%，绿色约占7%。鲜艳的色彩与黑色袍服面料形成强烈的对比。以红色为主的不同色彩按比例搭配，使装饰色彩较有秩序感，避免色彩的杂乱。棉织袍服的穿着方式主要有两种：日常生活中羌族妇女穿着袍服时只需在腰间系上红布裹成的腰带；而在传统礼俗中，腰间的装饰就复杂得多了，不仅要扎上织花腰带，留出飘带，还要系上有银饰的皮腰带及一些装饰挂件，使简单朴实的棉织袍服变得华丽。

羌族棉织袍服主要出现在羌、藏聚居区交界地区，这种袍服既保留了古老的制式，也通过袍服的装饰及穿着时的佩饰，使传统的袍服焕发现代的气息。

图片来源
图一　松潘县小姓乡政府
图二至图五　罗力　制图

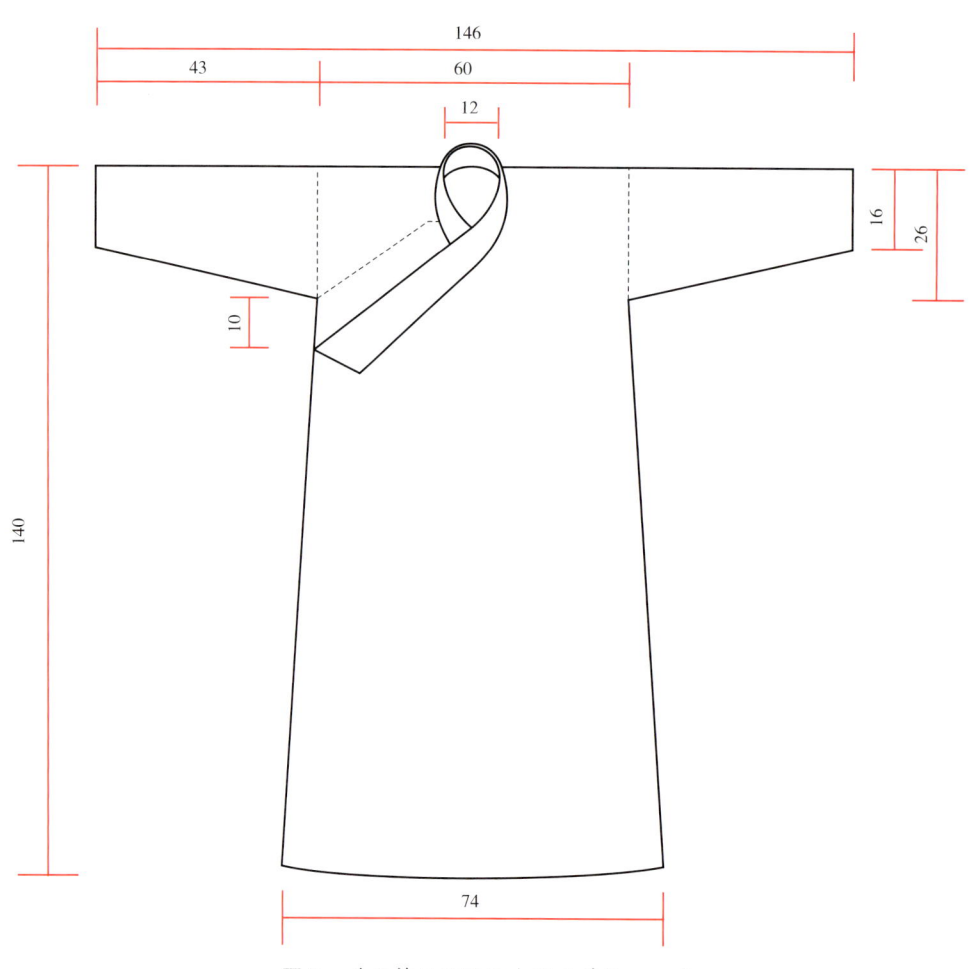

图二　羌族棉织袍服尺寸图（单位：cm）

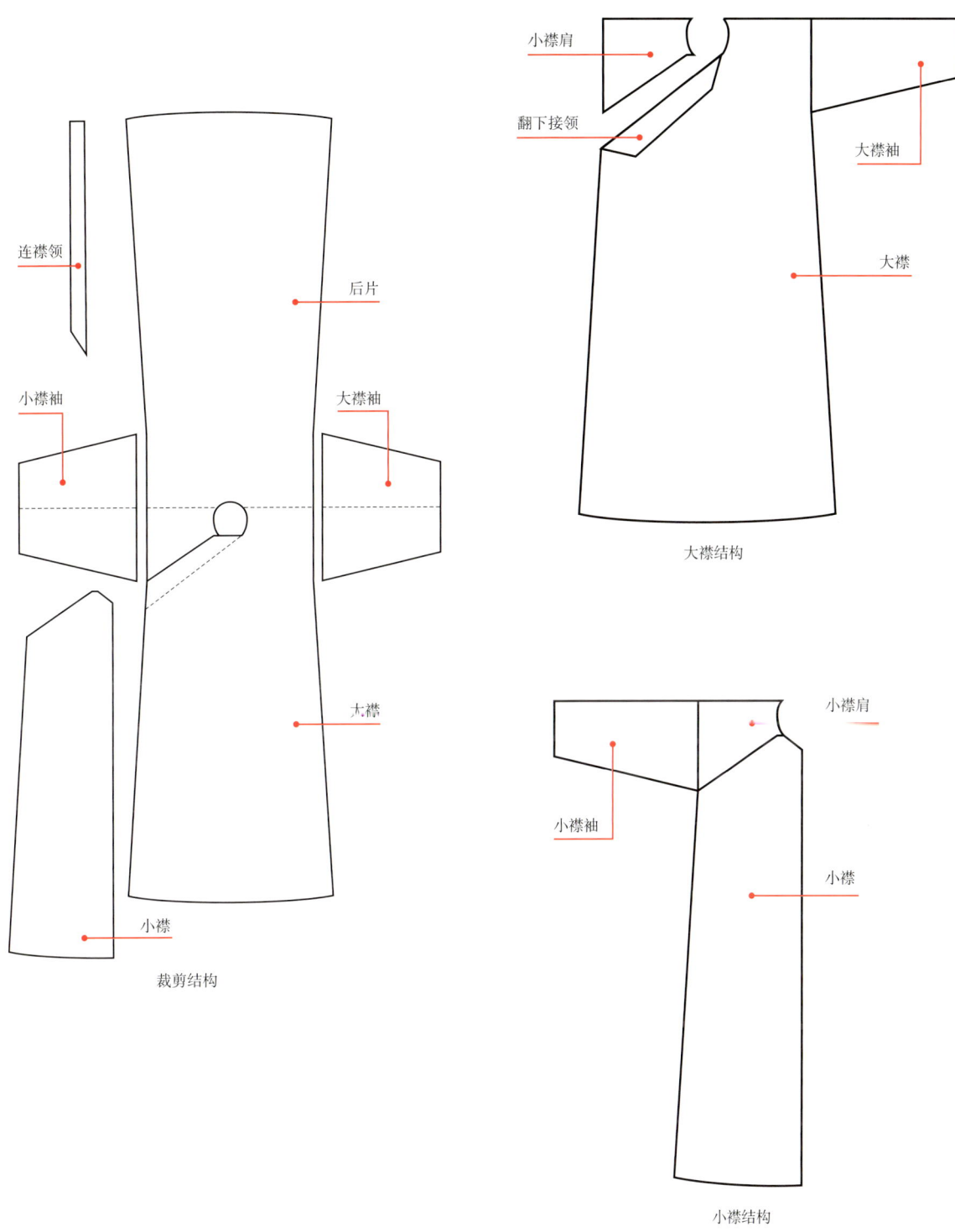

图三　羌族棉织袍服结构分解图

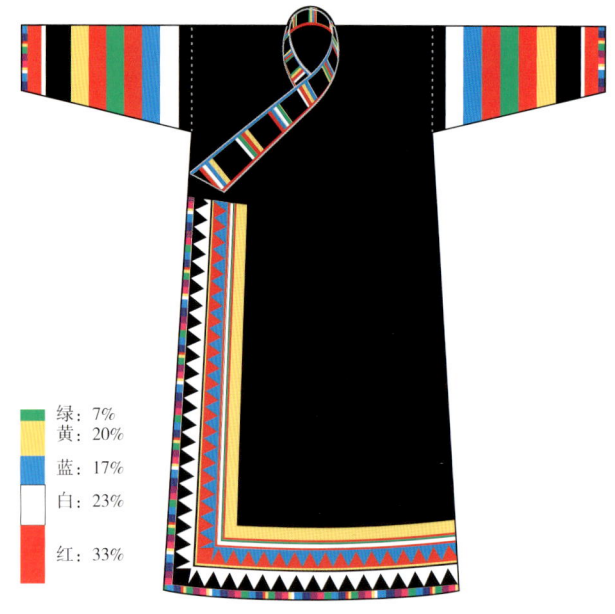

图四　羌族棉织袍服色彩分析图

日常生活中　　　　　　节日盛装

图五　羌族棉织袍服穿着效果图

羌族麻织袍服

图一　羌族麻织袍服主图

　　本案例为理县桃坪村麻织袍服。理县桃坪村麻织袍服长116厘米，宽60厘米，两袖长152厘米，袖口宽18厘米，袖根宽30厘米。麻织袍服由幅宽33厘米的手工麻布拼接而成，圆领（鸡心领）、斜襟、右衽开襟、无衣扣，体现了羌族传统袍服的主要特征。

　　麻织袍服的工艺特点主要体现在巧用窄幅手工麻布，一是拼缝大襟的两片麻布正好使用了整条麻布头尾的须边，使大襟形成特别的装饰；二是袖口段的接片正好将麻布有织花的一段对裁，形成左右对称的袖口装饰图案；三是大襟及后片、小襟及后片使用了整幅麻布，大襟接片及袖子采用了套裁方式，合理地节约了面料。另一个特点是绣花部分，在领圈、大襟的斜襟部位、大襟及后片的下段以及袖口边缘的黑色绣花，为略显单薄的本色麻布袍服增加了一些厚重感；大襟上翻下的斜襟绣花，体现了羌族服饰中常见的"大襟花牌子"的特点。

羌族麻织袍服巧用裁剪和绣花工艺，不仅体现了羌族服饰的节约原则，更体现了羌族的服饰设计能力。虽然，这样的袍服已很少见，但它仍是羌族传统服饰工艺的一个典范。

图片来源
图一、图四　罗力　摄影
图二、图三、图五　罗力　制图

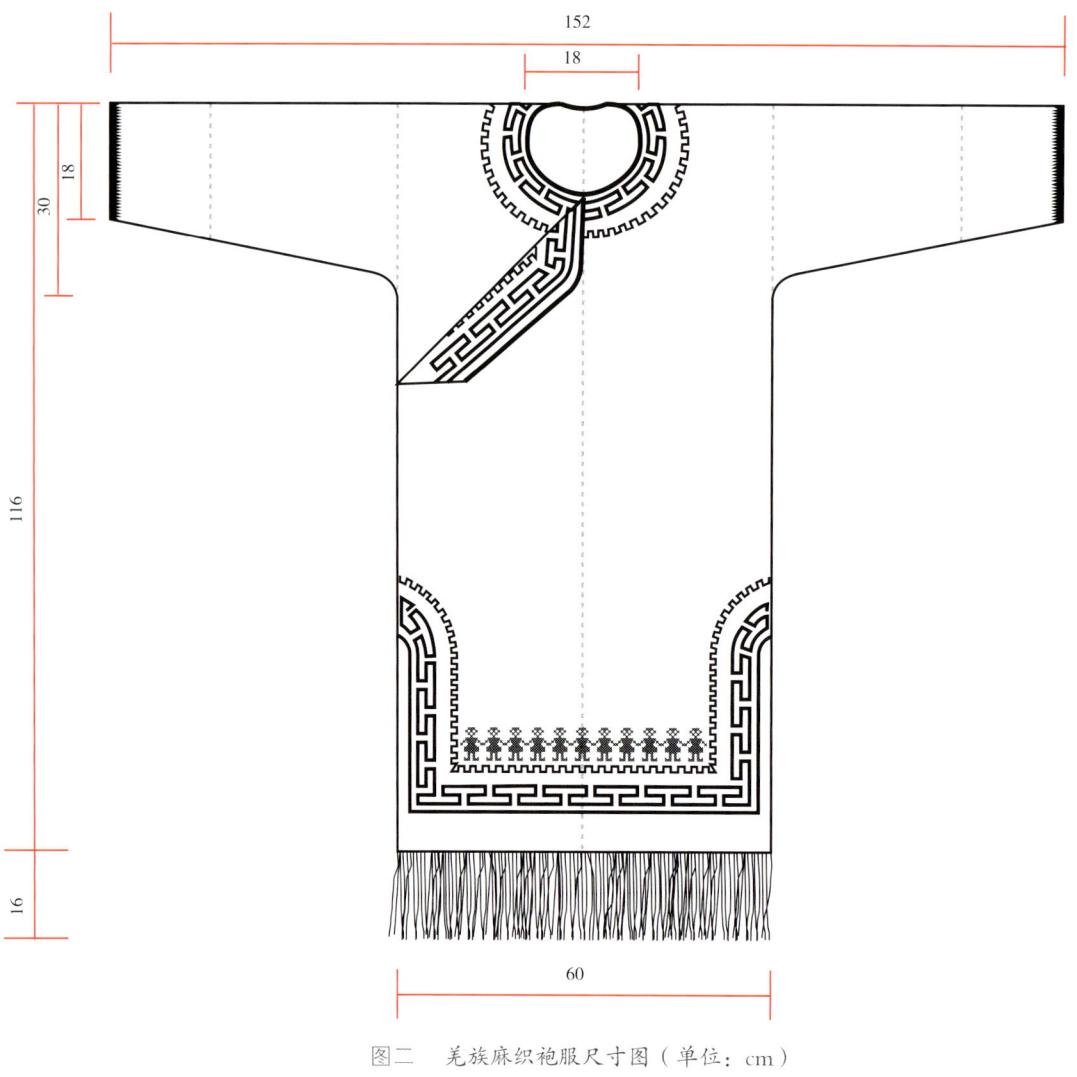

图二　羌族麻织袍服尺寸图（单位：cm）

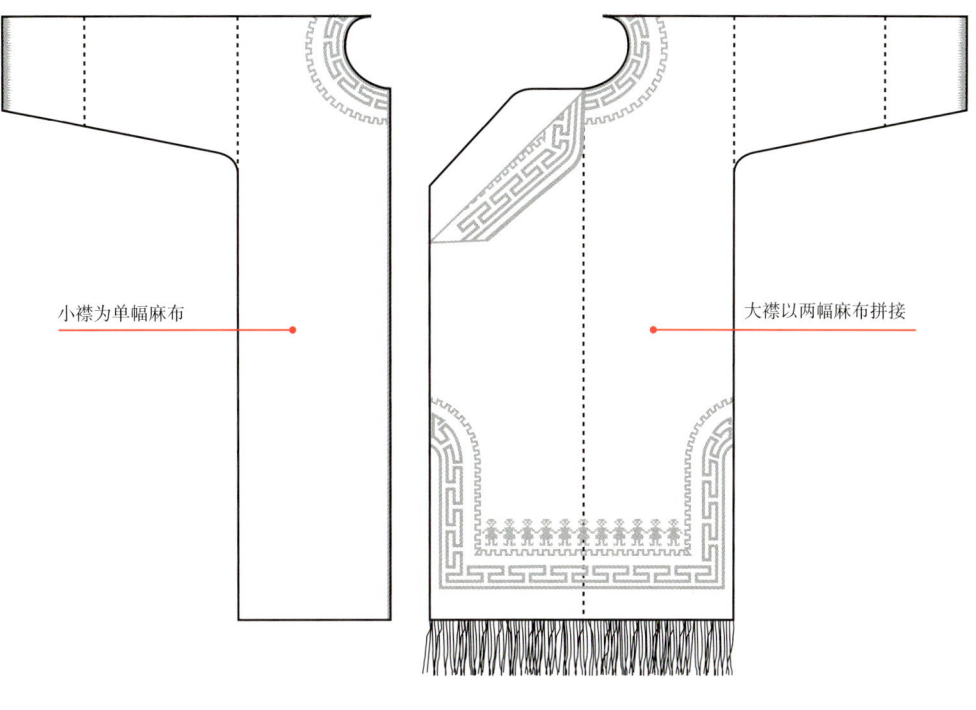

小襟结构　　　　大襟结构

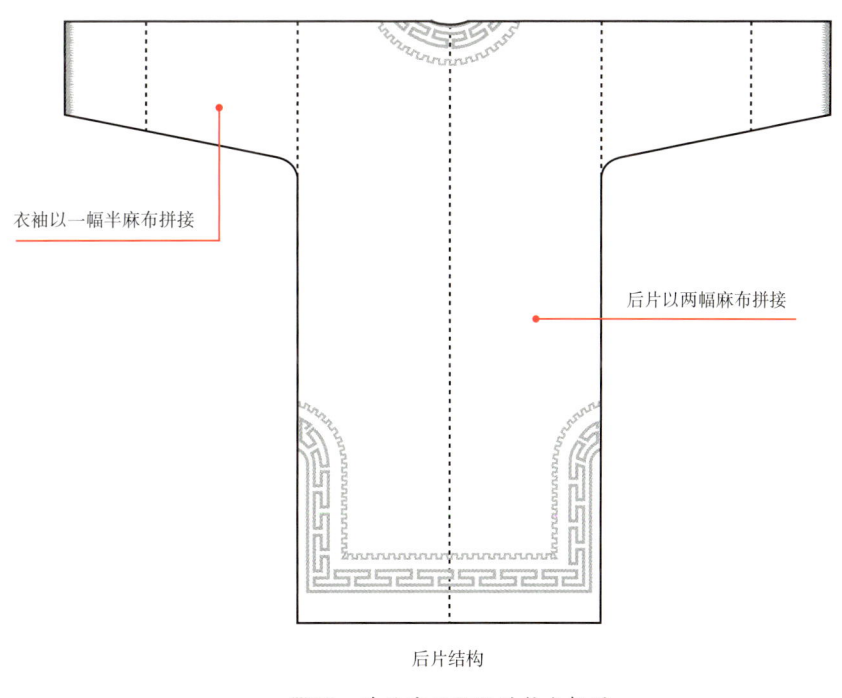

后片结构

图三　羌族麻织袍服结构分解图

图四 羌族麻织袍服材料分析图

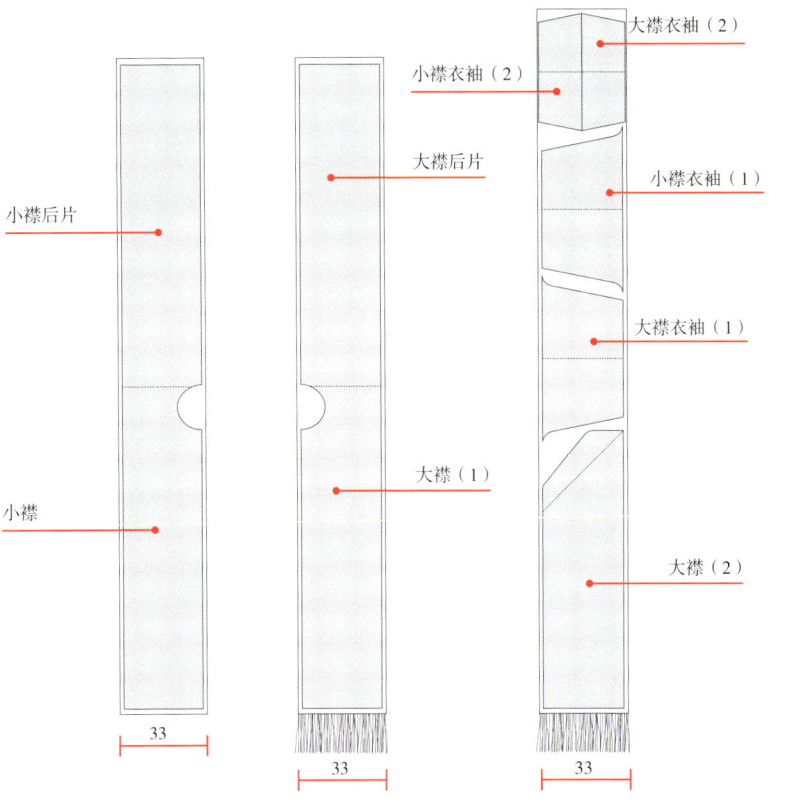

图五 羌族麻织袍服裁剪示意图（单位：cm）

羌族毪褂子

图一　羌族毪褂子主图

羌族毪褂子多为长褂，对襟，长过膝，形似哥萨克人穿的大氅，由山羊毛织成的毪子缝织而成，黑褐色。理县蒲溪乡及薛城镇的马山、箭山，木卡乡的三寨，通化乡的汶山、西山、三岔和院子等寨的羌人喜欢穿长毪褂子，男女皆着。另有一种毪子长褂，长不过膝，燕尾形，汶川雁门、索桥、麦地、月里等处羌人劳动时穿此褂，亦为山羊毛线所织之毪子，黑色，功能与长褂相同。

本案例长120厘米，宽52厘米，为两幅长240厘米、宽约26厘米（8寸）的毪子织成。毪褂子领口宽16厘米，领口缝有麻布包边，以使穿着时更为舒适；肩至腋下30厘米处剪出肩衩，以利于手臂活动；毪褂子下边也用麻布进行包边，以增强长褂边缘的耐磨度。羌族人穿着毪褂子不仅是为了秋冬季节保暖，也是为了劳作时护肩护背，或是在野外劳作休息时用来垫坐，总之，羌族毪褂子是一种非常实用的传统服饰。

羌族毡褂子的制作方式非常简单，但各地毡褂子的样式却有差异。

图片来源

图一、图五　罗力　摄影

图二至图四　苏佳琪　制图

参考文献

周巴.羌族民俗文化中的色彩运用.阿坝师范高等专科学校学报，2012（2）.

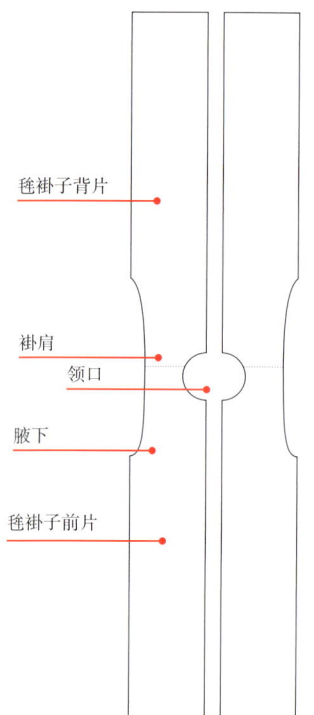

图三　羌族毡褂子结构分解图

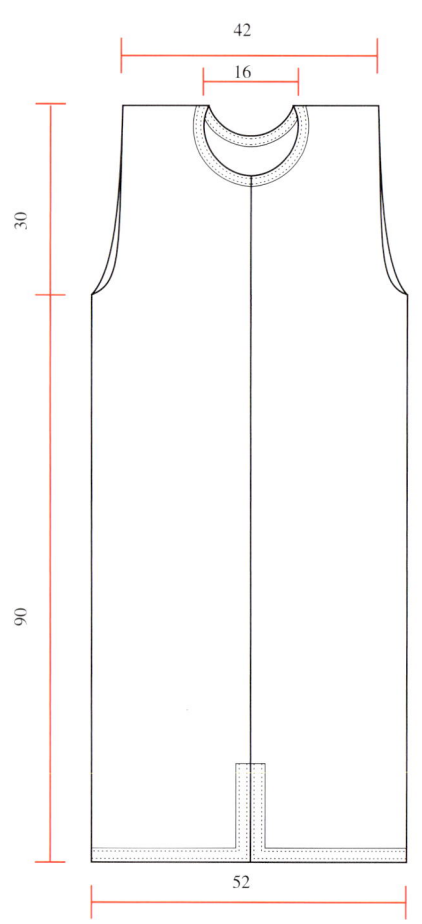

图二　羌族毡褂子尺寸图（单位：cm）

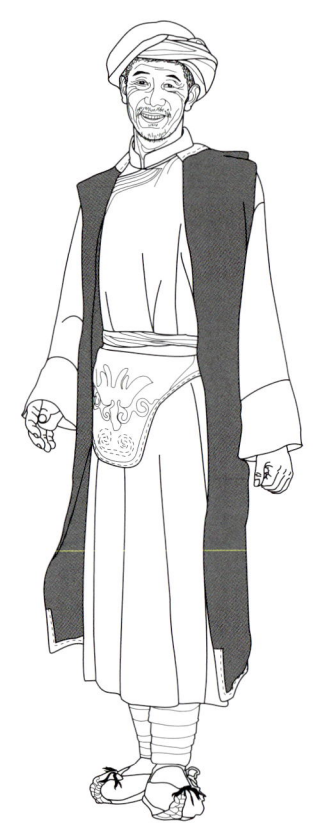

图四　羌族毡褂子穿着效果图

图五 不同的羌族毪褂子

羌族皮褂褂

图一　羌族皮褂褂主图

羌族皮褂褂是山羊皮制成的短坎肩，一面为羊毛，一面为皮面，对襟，无扣，长72厘米，肩宽38厘米，腋下宽50厘米，摆宽56厘米，领口宽14厘米，对襟、袖衩、下摆镶边宽3.5厘米。皮褂褂是羌族男女都喜欢穿的一种传统服饰，一般为毛向内、皮向外，可护肩背，也很耐磨，皮褂的肩头、对襟、袖衩和下摆等处露出长长的羊毛，具有特别的装饰效果；雨雪天穿着时则毛向外、皮向内，可防雨雪和隔潮湿。

皮褂褂的制作工艺比较复杂，需经过发皮、削皮、上油、揉皮等制皮工艺和缝制。因此，皮褂褂一般由专门的皮匠制作。皮褂褂的制作步骤：首先需要精选完好且大小合适的成年山羊皮、绵羊皮、岩羊皮，然后对精选的羊皮进行处理。羌族的传统制皮工艺包括用草木灰（灶灰）发皮，用专门的铲刀削皮，用猪油软化羊皮，赤脚踩揉羊皮，晒皮等。制皮完成后，进行裁剪，一件皮褂褂一般需要两张羊皮，一张羊皮裁剪背片，一张羊皮对裁开襟，余料经剔除羊毛后裁剪成对襟、下摆、袖衩镶边和领口"绲边领"的皮料，以及缝制皮褂褂的皮线。皮褂褂的缝制比较简单，缝制工具为皮匠自己磨制的扁平皮针，在皮面的对襟、袖衩、下摆处用裁剪好的镶边皮料直接缝镶边，缝镶边需要两排均匀的行针，针距约8毫米，线脚约5毫米。领口不是直接镶边，而要做包边，称为"绲边领"，是先将领口包边的皮料沿靠近领口的一侧缝上一排皮线，再将包边的皮料翻向毛面包住领口羊皮的硬边，并从毛面缝制包边收口，这样可以使颈部与领口接触时舒适一些。在缝制过程中，所用的羊皮线需要接线，接线的方法是将连接的两条皮线重叠缝3针左右。严格按照羌族传统工艺制作的皮褂褂，非常结实耐用，往往可以穿上几十年，甚至几代人也穿不烂。

羌族皮褂褂的制作保留了原生态的传统工艺，正体现出羌族粗犷中不乏细腻的民族性格。皮褂褂浑然一体，将功能与审美有机结合，体现了羌族朴实的传统审美观。这些都为现代成衣设计和产品设计提供了有益的经验。

图片来源

图一、图五、图六　罗力　摄影
图二至图四　米静　制图

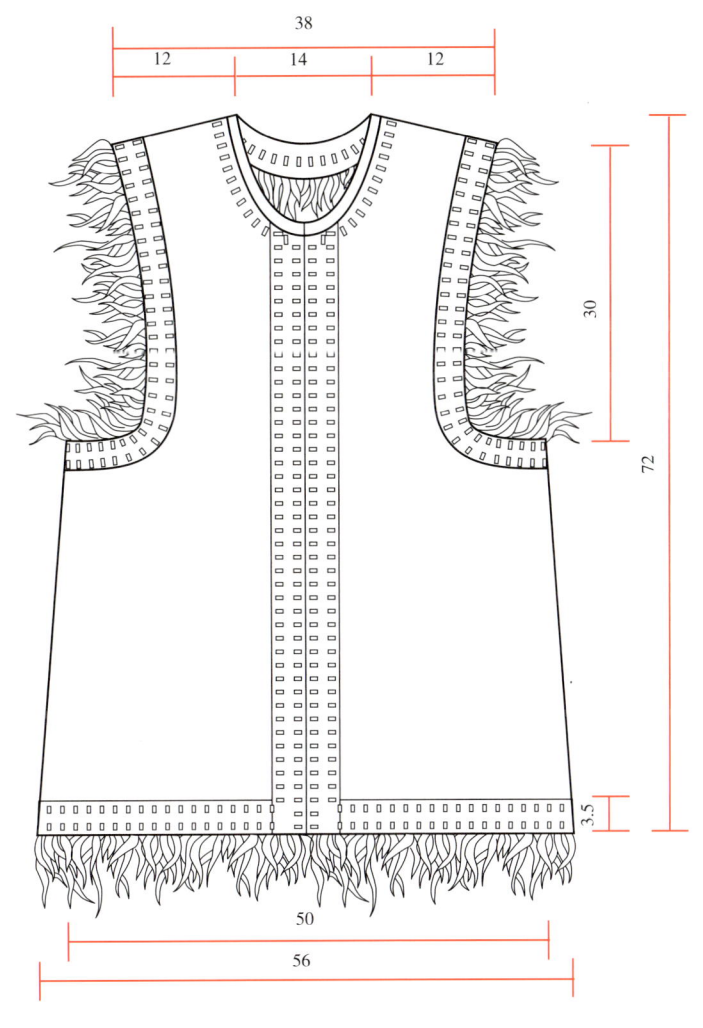

图二　羌族皮褂褂尺寸图（单位：cm）

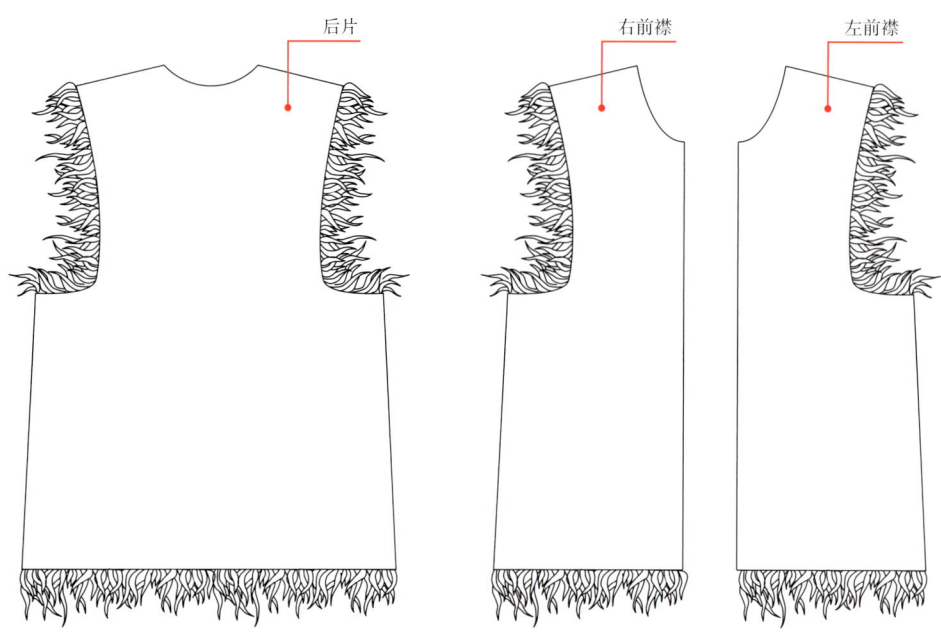

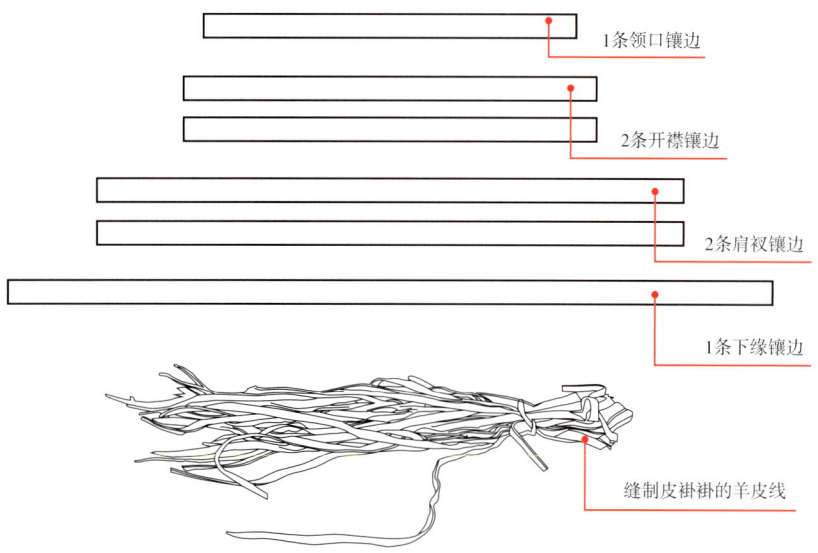

图三　羌族皮褂褂结构分解图

从毛面缝合前襟与后片

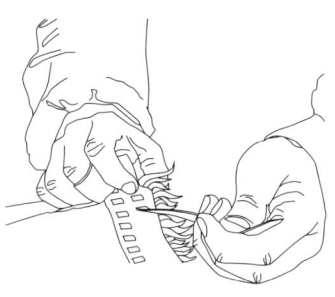

缝制皮面的镶边

图四　羌族皮褂褂缝制工艺示意图

图五　羌族皮褂褂穿着效果图

绣有装饰纹样的皮褂褂

采用现代制革工艺制作的皮褂褂

图六　不同的羌族皮褂褂

第二章　羌族传统服饰

羌族绣花坎肩

图一 羌族绣花坎肩主图

本案例为羌族绣花坎肩，长52厘米，肩宽34厘米，摆宽46厘米，是棉布缝制而成的夹层对襟背心，面料为黑色，并绣有色彩艳丽的装饰纹样及花边。春秋季节羌族妇女常在长衫外面套穿绣花坎肩。由于羌族绣花坎肩具有很强的民族服饰特色，所以后来成为羌族妇女盛装的必备服饰。

羌族绣花坎肩由4片组成，左右襟各1片，后片为左右2片。绣花坎肩主要以补花绣、盘肠绣、锁扣绣、绲边、镶边等工艺为主，先在袖衩、下摆及开衩边缘绣细花边以便确定装饰的位置和范围，然后以对襟为中心至开衩旁贴上用彩色布剪成的装饰纹样，再用盘肠绣或锁扣绣的方法对补花纹样的边缘封口，最后从领口沿补花绣纹样外轮廓绣较宽的花边以突出装饰的形式感。当代绣花坎肩的花边大都采用现成的不同宽度的机制花边，但主体纹样仍保留了传统的绣制工艺特色。

羌族各地绣花坎肩的裁剪与缝制方式大同小异，但不同地区在绣花纹样及装饰风格上有着诸多差异。理县蒲溪乡一带的羌族绣花坎肩最有特点，以对襟为轴线的左右对称纹样和以开衩为轴线的前后对称纹样为主要装饰，对襟有机地将如意纹、回纹、云纹等多种纹样组合为一组饱满而完整的装饰纹样，开衩部位的羊角纹、云纹、蝴蝶纹等纹样的造型也很协调，宽、窄搭配的花边勾勒出强烈的轮廓感，黑、蓝、红、白对比强烈，盘肠绣、锁扣绣、绲边等绣工精致。绣花坎肩不仅是羌族妇女喜欢穿的服饰，当地羌族男子盛装时也穿。绣花坎肩已成为当代羌族服饰文化的一个重要符号。

图片来源

图一、图五　罗力　摄影
图二至图四　罗力　制图

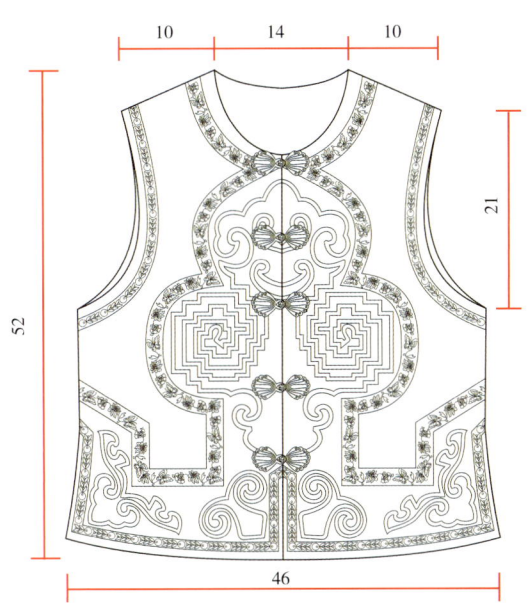

图二 羌族绣花坎肩尺寸图（单位：cm）

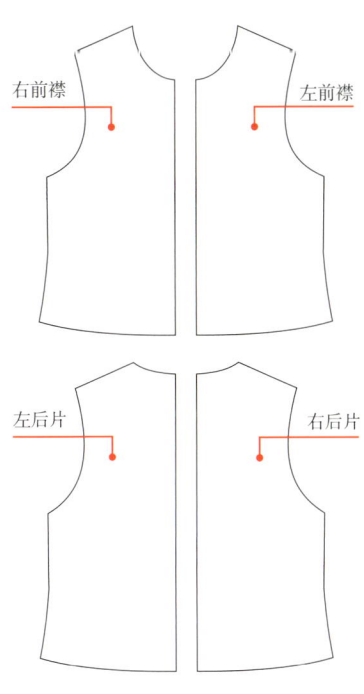

图三 羌族绣花坎肩结构分解图

沿坎肩开衩边缘绣花边以确定装饰范围

坎肩的主要装饰纹样采用贴花方法

坎肩贴花装饰纹样边缘采用盘肠绣工艺

沿装饰纹样周边至领口绣花边突出轮廓造型

图四 羌族绣花坎肩的绣花工艺示意图

图五　不同的羌族绣花坎肩

羌族云肩

图一 羌族云肩主图

云肩是羌族的传统服饰之一,是羌族妇女穿戴在肩上并具有吉祥、美满寓意的服饰。本案例为清代羌族云肩,是一件用锦缎绣制的"四合如意"单片式云肩,云肩主体部分宽60厘米,网结边宽70厘米,加上缀穗宽约100厘米,属我国清代流行的大"四合如意"云肩形制。云肩面料为黑底蓝白色的梅兰竹菊织花锦缎,"如意"图形为红色面料垫底的透底绲边绣,云肩边缘以浅绿、浅紫两色绸缎镶边,沿镶边绣有花草、蝴蝶及心形碎花图案,外沿为黑色丝线编结的双线网结,绿色缀穗结上串有朱红玛瑙珠子,整个云肩做工精致,色彩搭配协调。

当代羌族妇女一直保留着在婚嫁、传统节日等喜庆日子穿戴云肩的习俗。当代羌族的云肩也多以色彩艳丽的大花刺绣为主,制作工艺比清代云肩更简单。由于穿戴云肩具有祈福的寓意,羌族也保留着让儿童穿戴云肩以"护子平安"的传统习俗。

图片来源
图一、图四、图五1 罗力 摄影
图二、图三 苏佳琪 制图
图五2 柳冰蕊 摄影
图五3 米静 摄影

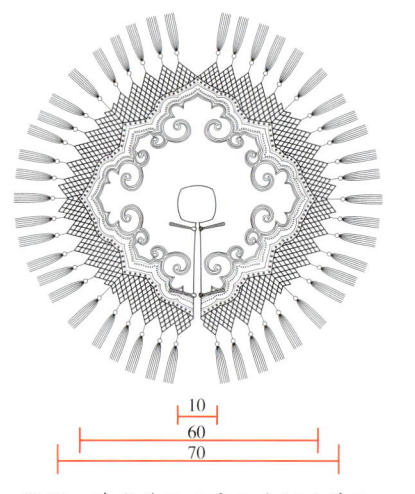

图二　清代羌族云肩尺寸图（单位：cm）

云肩以典型的"四合如意"对称图形构成"十"字平面结构

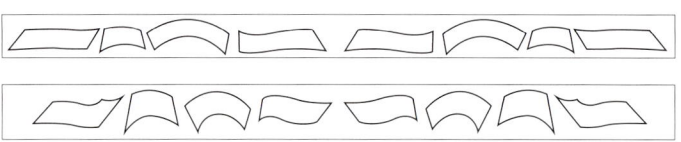

云肩镶边按弧形转折段裁剪拼接，使用小块面料裁剪即可

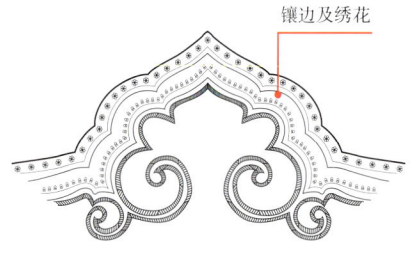 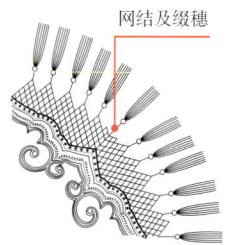

云肩采用透底、绲边、镶边和绣花等工艺　　　　云肩外沿编织了网结及缀穗装饰

图三　羌族云肩工艺分析图

图四　羌族云肩穿戴效果图

1.当代羌族云肩

2.刺绣大花彩蝶的羌族云肩

3.刺绣云纹装饰的羌族云肩

图五　羌族云肩其他样式

羌族麻草鞋

图一　羌族麻草鞋主图

　　麻草鞋是过去羌族上山下地劳作时常穿的一种手工编成的草鞋。本案例长28厘米，鞋底的脚掌处宽10厘米，脚后跟处宽7厘米，鞋帮高6.5厘米。

　　羌族麻草鞋，主要材料为家家户户秋收后留下的玉米壳，以及当地的黄麻和羊毛线。黄麻系椴树科黄麻属一年生草本韧皮纤维植物，当地人叫火麻或络麻，是一种韧性很好的长纤维材料。经发酵软化、梳理的麻丝搓绳可作为麻草鞋的鞋筋和鞋耳；晾干的玉米壳搓成绳后也很结实耐磨，主要用作编草鞋底；为保护脚趾，用手工捻的羊毛线在鞋耳的麻筋上编成鞋帮。一些地区也用当地的马莲草来做草鞋筋。羌族人有一套专门的编草鞋（也叫打草鞋）的工具，包括木制的草鞋耙、曲木的草鞋轭（也叫腰木）、草鞋篦、草鞋槌和条凳等。过去，农闲时羌族家家都要打很多双草鞋，以备来年穿。现在，不少村寨仍保留打草鞋、穿草鞋的习俗，但是，掌握编麻草鞋传统技艺的村民却不多了。

　　羌族编麻草鞋时取材于自然，充分利用了废弃的玉米壳，而用手捻羊毛线编成的鞋帮具有很强的装饰美感，这些形成了羌族麻草鞋区别于其他草鞋的特点。

图片来源

图一　沈鸿雁　摄影
图二至图四　米静　制图
图五　罗力　摄影

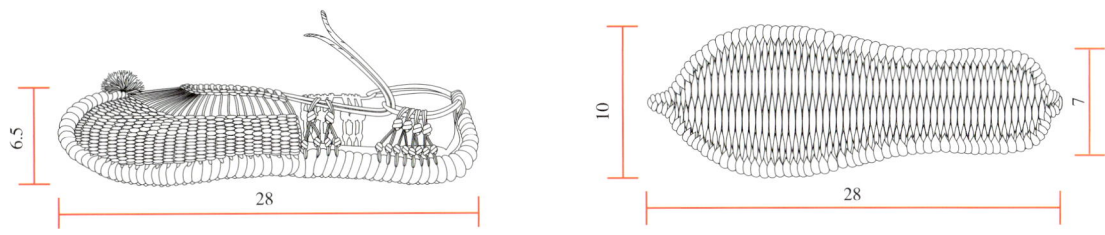

图二　羌族麻草鞋尺寸图（单位：cm）

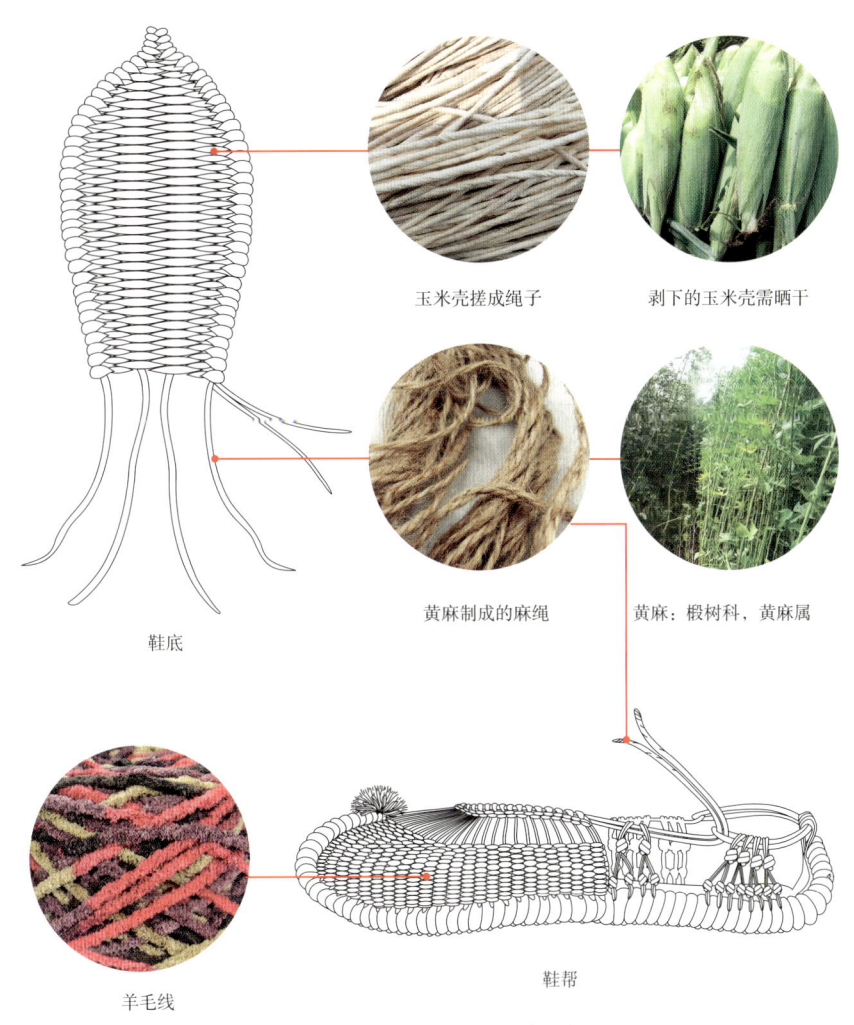

玉米壳搓成绳子　　剥下的玉米壳需晒干

黄麻制成的麻绳　　黄麻：椴树科、黄麻属

鞋底

羊毛线　　鞋帮

图三　羌族麻草鞋材料分析图

第二章　羌族传统服饰

101

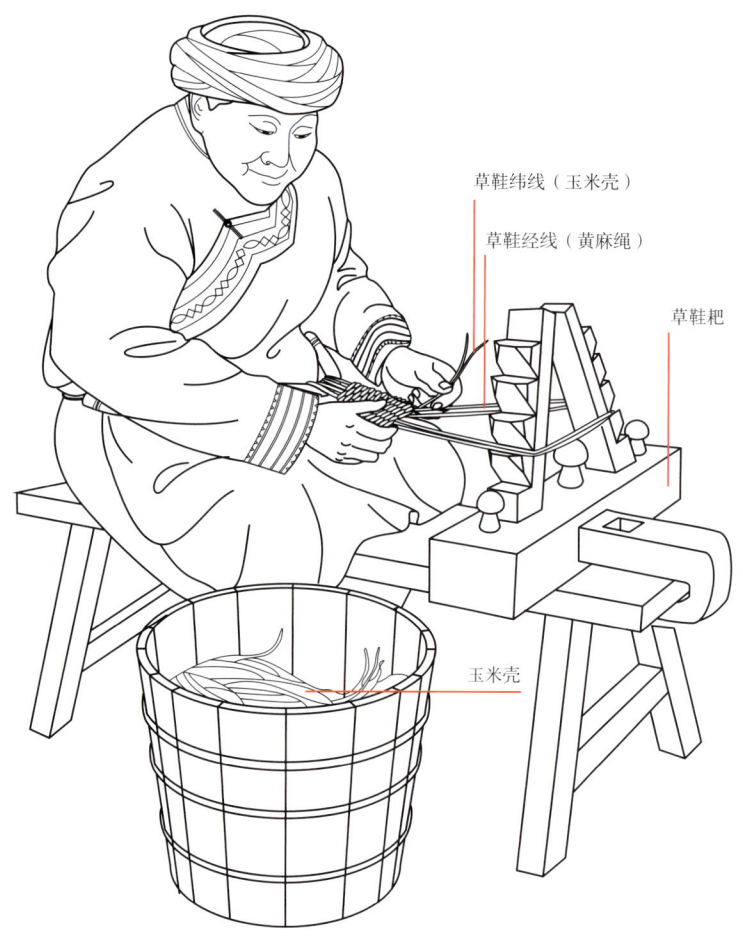

图四　羌族麻草鞋编织情境图

图五　羌族麻草鞋穿着效果图

羌族云云鞋

图一 羌族云云鞋主图

云云鞋，羌语叫作"囊囊呀噶"，是川西岷江上游地区羌族传统服饰中一种男子穿的妇女自制的布鞋，因绣有云纹图案而得名。关于云云鞋的来由主要有两个历史传说：其一，传说羌族祖先——大禹在治水之初困难重重，后大禹妻涂山氏为其制鞋，绣上云朵纹样，大禹穿上后步履矫健，如行走在云朵之上，最终治水成功；其二，在羌族的历史传说《羌戈大战》中，相传早期羌族在迁徙到今天的聚居地时与当地戈基人爆发了战争，屡战屡败，后得天神指引，在鞋上绣云纹，穿上后健步如飞，打败戈基人，得以定居。在羌族民间传说中也有关于云云鞋的爱情故事，因此，在羌族部分地区仍保留着一种传统民俗——羌族男女恋爱时，女子将亲手绣制的云云鞋赠予男子作为定情信物。羌族的情歌中有"我送阿哥一双云云鞋，阿哥穿上爱不爱；鞋是阿妹亲手绣，摇钱树儿换不来；我送阿哥一双云云鞋，阿哥不用藏起来；大路小路你尽管走，只要莫把妹忘怀"。由于云云鞋历史久远、工艺考究，并寄托了羌族人民对美好生活的向往，所以其已成为羌族服饰的典型符号之一。现今羌族男女穿的绣花鞋、尖尖鞋也都被称为云云鞋。

云云鞋形似小船，鞋尖微翘，鞋底较厚，鞋面以云纹为主要装饰并辅以羊角纹、羊角花（杜鹃花），造型别致，图案单纯美观，色彩以对比强烈的黑白为主，具有鲜明的羌族服饰特色。制作云云鞋的主要材料为棉布、麻布、笋壳、棉线、麻线等。云云鞋传统制作工艺十分考究，首先需要将4~6层较厚实的布（旧布、新布均可）用清面糊裱成布壳子，做鞋帮的布壳至少要有一层手工麻布，以增加结实度和透气性。云云鞋制作流程分制鞋帮、制鞋底、上帮三个部分。第一，制作鞋帮：剪样，将鞋面粘贴在布壳上待干后剪裁鞋样，每双鞋需剪裁4片对称的鞋样，一般羌族人家都有祖传下来的鞋样；贴花（补花），用黑或白色布或制好的獐子皮剪成云纹、羊角纹图案并分别粘贴在鞋面前后易磨损的部位；绣花，用锁扣绣方法绣贴花图案的边缘，用十字绣等方法在鞋面未贴花部分绣上羊角或花的图案，在未绣花的部分用鞋面同色线间隔5毫米左右短针相缝以增强鞋帮的结实度；合鞋帮，将左右两片鞋样的鞋尖和鞋后跟从外侧边缘3～5毫米处缝合成完整的鞋帮，然后将鞋后跟的缝头用布条包起来并绣交叉纹样，将鞋尖的缝头用羊皮包缝并形成像脊梁一样突起的鞋尖，之后在鞋帮上缘用布绳边收口，这样既避免缝头在鞋内影响舒适度，又使鞋更美观。第二，纳鞋底：鞋底有3层（一般3～5层），上层鞋底厚7～8毫米，用彩色布包边后用粗麻线密针横排纳鞋底；中间层鞋底厚5～6毫米，由多层布壳和笋壳粘成，笋壳主要有隔水的作用，用彩色布包边后用麻线稀疏针纳鞋底；底层鞋底厚5～6毫米，主要以粗麻布加布壳粘成，以最下层麻布包边，然后与第二层鞋底合并，用粗麻线密针由外向内螺旋排列纳鞋底。第三，上鞋帮：首先将鞋帮与上层鞋底缝合，鞋帮与鞋底对位后从鞋帮下缘5毫米处下针用粗麻线紧密连接，针脚长7毫米左右，行针由边缘向内斜插以增强连接的牢固性；然后将已上帮的鞋与底层鞋底用粗麻线紧密缝合，行针从鞋帮缝头边缘下由内向鞋底外侧斜插，鞋内针脚长8毫米，鞋底针脚仅长3～4毫米，上帮麻线拉紧后鞋底形成向上收起的斜边，从而不易被磨损，为了上帮牢固可在鞋底中心部位散点缝几针；最后可用木鞋楦给完成的鞋子正形，待穿的时候再根据脚背的高度缝上手工编结的布盘扣。

图片来源
　图一　罗力　摄影
　图二至图六　罗力　制图
参考文献
贾银忠.中国羌族非物质文化遗产概论.北京：民族出版社，2010.

云云鞋侧立面

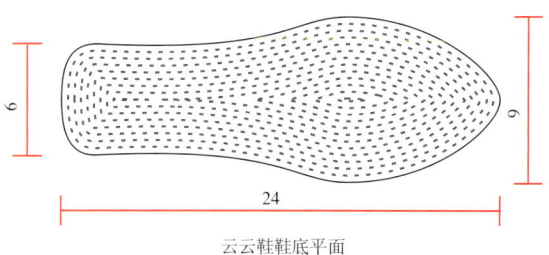
云云鞋鞋底平面

图二　羌族云云鞋尺寸图（单位：cm）

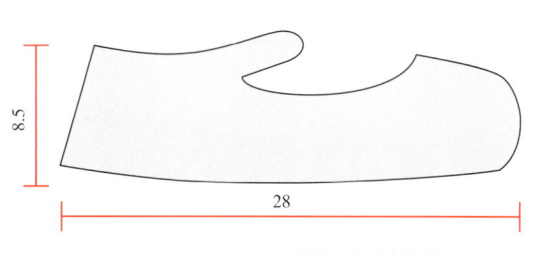

1.剪裁左右对称鞋样　　　　　　　　2.剪贴鞋面贴花图案

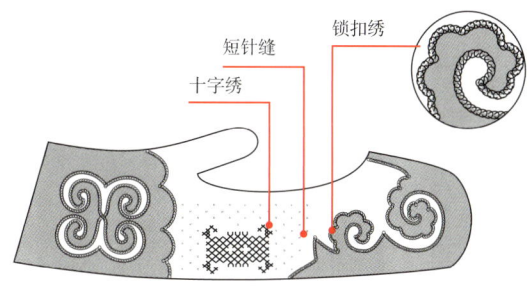

3.绣制鞋面图案

图三　羌族云云鞋制作流程图——做鞋面（单位：cm）

1.从鞋面外侧进行左右鞋帮的缝合　　　　2.用布包缝鞋后跟缝合头

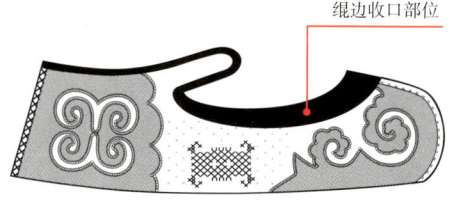

3.用羊皮包缝鞋尖缝合头　　　　4.对缝合鞋帮的上缘进行绲边收口

图四　羌族云云鞋制作流程图——缝鞋帮

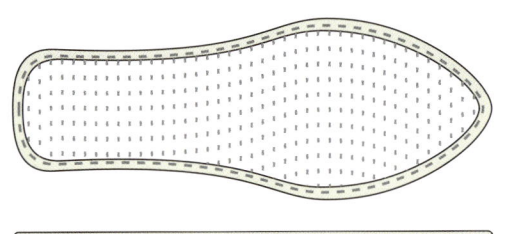
上层鞋底

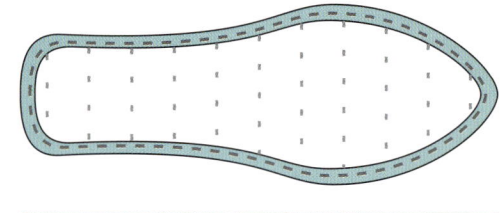
中间层鞋底

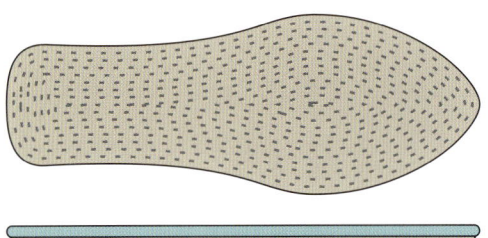
底层鞋底与中间层鞋底合并

图五 羌族云云鞋制作流程图——纳鞋底

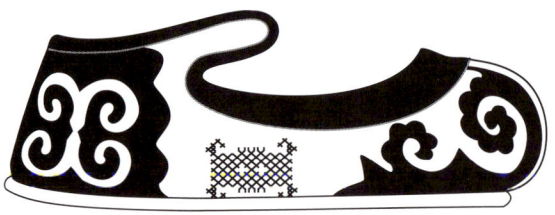
步骤一：将鞋帮上在上层鞋底

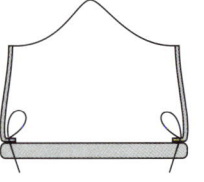
步骤一剖面示意图

步骤二：将上层鞋底及鞋帮上在底层鞋底

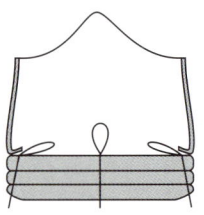
步骤二剖面示意图

图六 羌族云云鞋制作流程图——上鞋帮

羌族尖尖鞋

图一　羌族尖尖鞋主图

羌族有男穿云云鞋、女穿尖尖鞋的传统。尖尖鞋也称绣花鞋，是羌族妇女服饰文化的重要符号之一。本案例长25厘米，鞋帮高5.3厘米，鞋底厚1.7厘米，鞋底为3层，是一种比较典型的尖尖鞋。

尖尖鞋的制作流程主要包括制作鞋帮和制作鞋底两个部分。鞋帮的制作：首先将面料贴在事先准备好的布壳上，并裁剪2对（即4片）对称的鞋面，裁剪鞋面时要注意在鞋尖2~3厘米处剪出约30度的倾斜角，当两片鞋面缝合时鞋尖处形成一个约60度的衩口，这是用来上鞋帮时包鞋尖的衩口，也是制作尖尖鞋的鞋面最特别之处。尖尖鞋的鞋底材料及工艺与云云鞋基本相同，一般有2~3层，最厚的鞋底有5层，最上层鞋底一般夹有棕片以防潮滤汗，底层鞋底夹有竹笋壳以隔湿。与云云鞋鞋底不同的是尖尖鞋在最上层鞋底的脚尖部分留出一段布头并向上弯成翘起的鞋尖。尖尖鞋上鞋帮的工艺也很特别，首先用鞋帮的鞋尖衩口包住鞋底翘起的鞋尖，然后顺鞋尖从鞋帮两边的外侧将鞋帮缝合在鞋底上，直至鞋底的脚掌部分，之后转换为从鞋帮的内侧缝合鞋底。这样上鞋帮一是为了保证鞋尖翘起的角度，二是操作起来也方便一些。这种上鞋帮的方法造就了尖尖鞋独有的形制。

羌族尖尖鞋也被称为绣花鞋，因为其鞋面的绣花是其最大亮点。羌族尖尖鞋绣花的题材多为现实生活中的自然景物，以花草见多，也有飞鸟、游鱼等，色彩也丰富，红、黄、绿、蓝、黑等都是尖尖鞋绣花常用的色彩。尖尖鞋的绣花主要在鞋尖部位，也有满鞋帮绣花的，绣花不仅美观，也增强了鞋帮的耐磨度。尖尖鞋的绣花技法主要为纳花绣（扎花），也有局部挑花（十字绣）的，针法自由而多变化，却不乏精巧和细腻的表现。

不同地区、不同用途的尖尖鞋在样式、

绣花和色彩上也有一些区别。比如汶川龙溪乡有6层鞋底的尖尖鞋，绣花的风格和鞋尖的造型也十分独特；茂县三龙乡的尖尖鞋的鞋帮前半截为纳花绣，后半截为十字绣，纹样饱满匀称，绣工工整；薛城镇的棉尖尖鞋在黑色面料的鞋帮上用红、蓝色布包边，绣花的经、叶端头扎上立体小圆圈，使鞋面具有很强的立体感；桃坪乡的尖尖鞋的工艺更接近云云鞋的做法，上鞋帮的针线全从鞋内侧行走，也用上了云纹图案。

图片来源
图一、图四　罗力　摄影
图二、图三　苏佳琪　制图

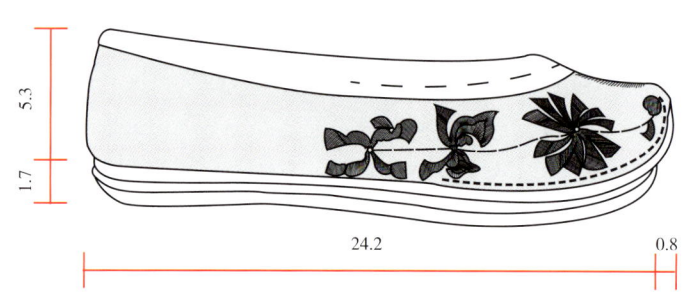

图二　羌族尖尖鞋尺寸图（单位：cm）

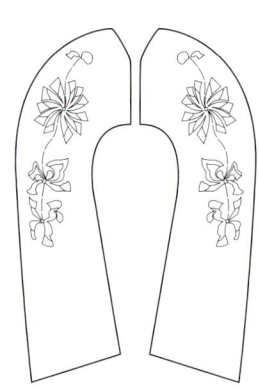

1.剪裁对称的两片鞋面并绣花

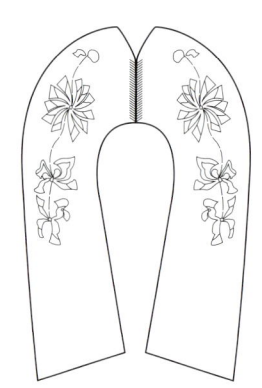

2.缝合两片鞋面，鞋尖形成包尖的叉口

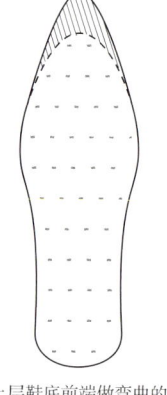

3.在上层鞋底前端做弯曲的鞋尖

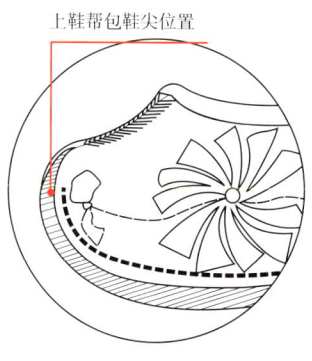

4.上鞋帮时，用鞋帮的叉口夹住鞋尖，鞋帮前段上线在外，后段上线在鞋内

图三　羌族尖尖鞋的鞋尖制作流程图

汶川县雁门乡的尖尖鞋

汶川县龙溪乡的尖尖鞋

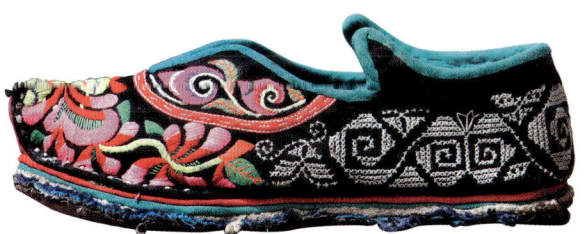

茂县三龙乡的尖尖鞋

理县桃坪乡的尖尖鞋

图四　各地羌族尖尖鞋

第二章　羌族传统服饰

羌族布鞋

图一　羌族布鞋主图

布鞋是羌族男女平常穿的一种圆口鞋，也称为朝鞋，羌语叫"吱嘎呀噶"。羌族布鞋的鞋底一般有2~3层，布鞋鞋底的工艺与云云鞋相似，但制作鞋帮的方法比云云鞋、尖尖鞋简单许多，鞋帮为一片鞋样，只需缝合鞋后跟部分即可。布鞋的鞋帮多用黑色、蓝色等深色布料制作，鞋帮的脚尖、后跟部位通常都有绣花。男子布鞋的绣花以较单纯的几何纹样居多，色彩也比较单纯，以黑、白、蓝为主。女子布鞋的绣花以鞋尖部位的大花纹样居多，色彩比较艳丽，往往绣花的色彩与鞋面色彩形成对比，十分夺目。羌族布鞋是以绣花为特色，因此也被叫作绣花鞋。

本案例为汶川萝卜寨的羌族男子布鞋，鞋长26厘米，鞋帮高6厘米，鞋底厚1.8厘米，2层鞋底，黑色面料，蓝色贴花布，白色绣花纹样。制作鞋帮时，先裁剪好普通圆口布鞋的鞋样，然后在鞋帮前后易磨损的部位加贴一层蓝色布并用白色线以锁扣绣技法收边，在鞋后跟绣上两排线性纹样，在鞋尖绣上密实的小圆点几何纹样，鞋帮未绣花的部分也用同色线均匀点绣，增加布鞋的结实度和耐磨性。鞋帮绣花完成后再上鞋底。布鞋鞋底的材料与工艺和云云鞋基本一样，同样用布壳、棕片、竹笋壳等实现隔水、防潮、滤汗等功能。由于布鞋的鞋底不是太厚，所以鞋帮是一次性缝合到鞋底的。

羌族布鞋的制作相对简单，但结构合理，轻便，鞋帮上形式单纯的绣花纹样具有很强的立体感，明快而协调的色彩和精巧的绣工给人以非常独特的美感，这些都充分展现了羌族服饰文化的鲜明特点。

图片来源
图一、图六1、图六2　罗力　摄影
图二至图五　苏佳琪　制图
图六3　颜瑗　摄影

图二　羌族布鞋尺寸图（单位：cm）

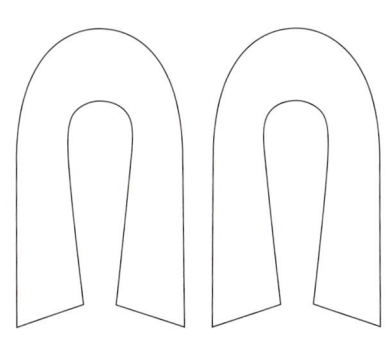

1.剪裁左右对称的鞋帮开片

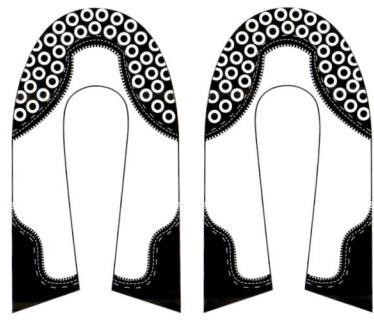

2.裁剪左右鞋面的脚尖、后跟绣花布并贴于鞋帮

图三　羌族布鞋制作流程图——裁剪

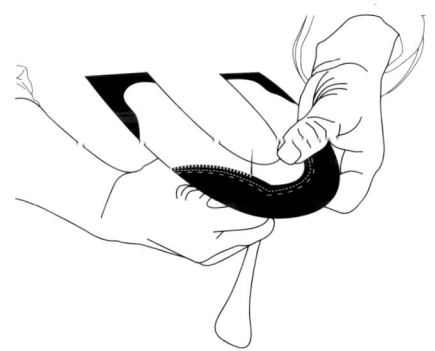

1.在鞋帮上绣花

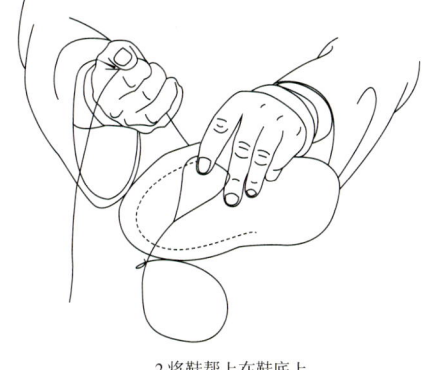

2.将鞋帮上在鞋底上

图四　羌族布鞋制作流程图——缝制

羌族男子布鞋

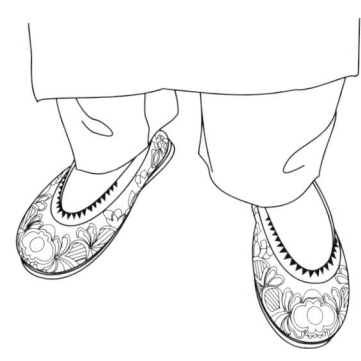
羌族女子布鞋

图五　羌族布鞋穿着效果图

1.羌族男子布鞋

3.有鞋袢的羌族女子布鞋

2.羌族女子布鞋

图六　不同的羌族布鞋

羌族绣花鞋垫

图一 羌族绣花鞋垫主图

羌族绣花鞋垫是羌绣中被广泛使用而形式多样的传统绣品。原因有四，其一，在羌族传统中以穿自制的手工布鞋、云云鞋、尖尖鞋为主，垫上鞋垫穿着更加舒适，并且鞋垫可以吸汗防臭，便于更换，可以使鞋更耐用；其二，绣花鞋垫面积小，刺绣技法相对简单，容易掌握，是羌族姑娘学习羌绣的入门，能绣鞋垫的人较多；其三，羌族妇女每年都要绣一些鞋垫送给亲人以表示关爱和体现家的温暖，情窦初开的羌族姑娘也会绣鞋垫送给心仪的小伙子以表示爱慕；其四，羌族绣花鞋垫美观而实用，作为对外交流的商品，产生了一定的经济效益。

本案例长23厘米，脚掌宽7.5厘米，脚跟宽5.5厘米。绣花鞋垫的传统做法：首先将2层麻布和上下各1层棉布用清面糊裱成布壳，晒干后进行鞋垫剪样，然后用木炭在鞋垫上均匀地勾画出绣花纹样，再用彩色棉线或羊毛线绣，绣制的纹样在布局上需要分布均匀，不能留出太大面积的空白，特别是鞋垫的脚掌部位和后跟部位的纹样和行针要更密集，以保证鞋垫着力部位够结实。绣花鞋垫的刺绣技法主要有平针绣和十字绣两种，平针绣要求针脚排列整齐均匀，绣制的纹样不露底布为佳；十字绣是利用布纹经纬线设定经纬方格，然后有规律地依格行针，以交叉的十字针法或对角斜行排列针法相组合，组成具有很强秩序感的抽象几何纹样或变形的花草纹样。羌族绣花鞋垫的纹样主要取材于自然，绣花纹样以花草藤蔓组成的缠枝纹居多，如"缠枝杜鹃（羊角花）""缠枝石榴""缠枝葡萄""缠枝牡丹""缠枝莲""缠枝菊""缠枝百合""缠枝金瓜"等纹样；十字绣的纹样除花草鱼虫的变形图案外，云纹、万字纹、寿字纹、回纹等也都是常用的纹样。这些绣花纹样有美好的寓意，如"缠枝莲花"象征纯洁、高尚和对爱情的忠贞，"缠枝牡丹"象征富贵连绵，"缠枝羊角花"象征婚姻美满长久，"缠枝蝴蝶"象征对自由的向往和对家的眷恋，云纹等象征对大自然的崇敬或对神灵的敬畏。

羌族绣花鞋垫虽然是小小的绣品，但简单纯粹的刺绣工艺和取材于自然的题材具有朴素、大方的艺术效果。作为羌绣入门，绣花鞋垫对于羌绣的世代相传和发扬光大具有重要的意义。

图片来源

图一、图五　罗力　摄影
图二至图四　李昕彤　制图

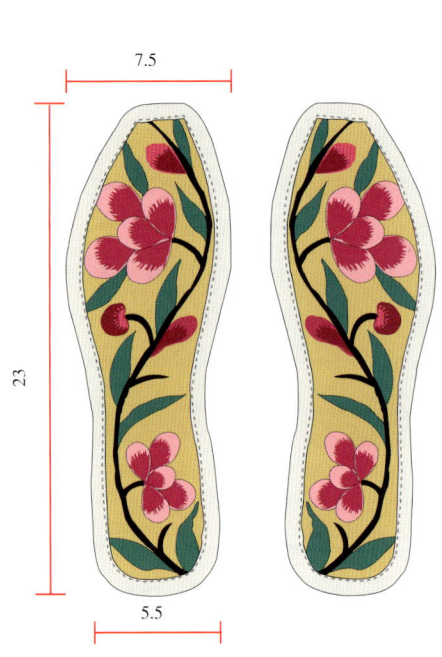

图二　羌族绣花鞋垫尺寸图（单位：cm）

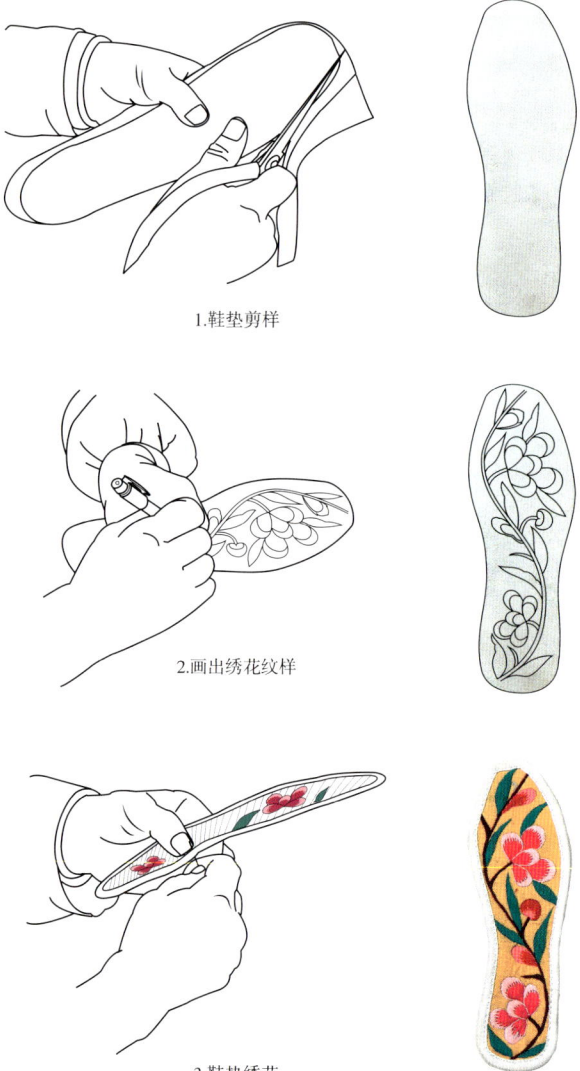

1.鞋垫剪样

2.画出绣花纹样

3.鞋垫绣花

图三　羌族绣花鞋垫制作流程图

平针绣鞋垫绣面柔软舒适　　　　　　十字绣鞋垫结实耐用

图四　羌族绣花鞋垫基本绣法示意图

图五　不同的羌族绣花鞋垫

第二章　羌族传统服饰

115

羌族绑腿

图一 羌族绑腿主图

绑腿，羌语叫"觉得"。生活在岷江流域高山峡谷的羌族男女都有裹绑腿的习惯。裹绑腿一是为了防潮保暖，二是为了保护小腿以防荆棘划伤和虫蛇叮咬，三是为了避免在山路摔倒被石块划伤。羌族绑腿有两类，一类是用染成青色或本色的麻布制成，另一类是用羊毛捻线织成的毡子做成。麻布绑腿透气性较好，一般夏天使用；羊毛毡子绑腿保暖性好，大多在秋冬季使用。

羌族绑腿幅宽约15厘米，长2.5米～3

米。裹绑腿时，从脚踝处开始由下而上至膝下，将绑腿一层一层裹在小腿上，然后用布带做成的脚带（扎绑腿的带子）扎好并固定绑腿。不同地区的绑腿有各自的特点，捆绑的方法和色彩搭配非常讲究，如：理县、汶川一带的羌族男子一般以本色的毪子裹绑腿，然后用红色布带或织花带交叉缠绕在外并在绑腿上端打结固定，也有把红色布带缝在毪子绑腿带边缘或在织绑腿带时直接用色线织出一条红色的边带的；茂县太平乡，松潘县镇坪乡、小姓乡一带羌族男子的绑腿是先将白色毪子绑腿裹在脚踝至小腿上，外面裹上用彩色布拼缝的五彩竖条纹毪子，再用手工织成的花脚带捆绑、固定绑腿；茂县松坪沟乡的男子则先打白色毪子绑腿，再在其上段裹上黑色底布的绣花护腿，最后用织花脚带固定；羌族妇女一般以白色毪子或本色麻布裹绑腿，上面再捆绑红白条纹的花脚带；老年妇女的绑腿却很素净，先在小腿打上白色麻布绑腿，上半段再打上黑色布绑腿，最后用白色脚带固定；茂县永和乡未婚羌族姑娘的红绑腿最为特别，红绑腿是先将白色麻布绑腿捆绑在脚踝至小腿处，留出一小截白色绑腿，再在上面裹上红色布绑腿，最后用蓝色脚带固定绑腿，形成白、蓝辅助红色的绑腿，据说这是党项羌的遗俗。

羌族绑腿方法和形式的多样性，足以证明羌族绑腿不仅具有保暖护腿的功能，同时具有很强的装饰性和一定的寓意，使绑腿成为羌族传统服饰的重要元素之一。

图片来源
图一、图五　罗力　摄影
图二、图四　苏佳琪　制图
图三、图六　罗力　制图

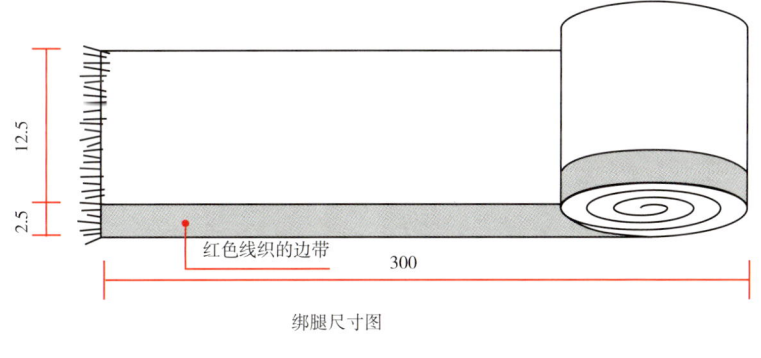

绑腿尺寸图

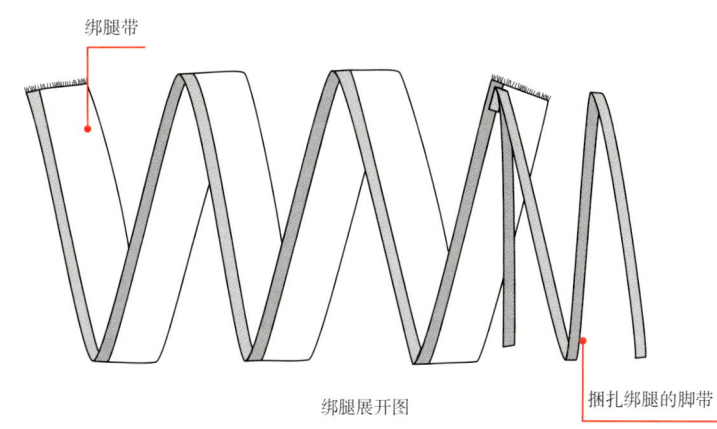

绑腿展开图

图二　羌族绑腿尺寸图（单位：cm）

羊毛制成的毡子绑腿

火麻织成的麻布绑腿

图三　羌族绑腿材料分析图

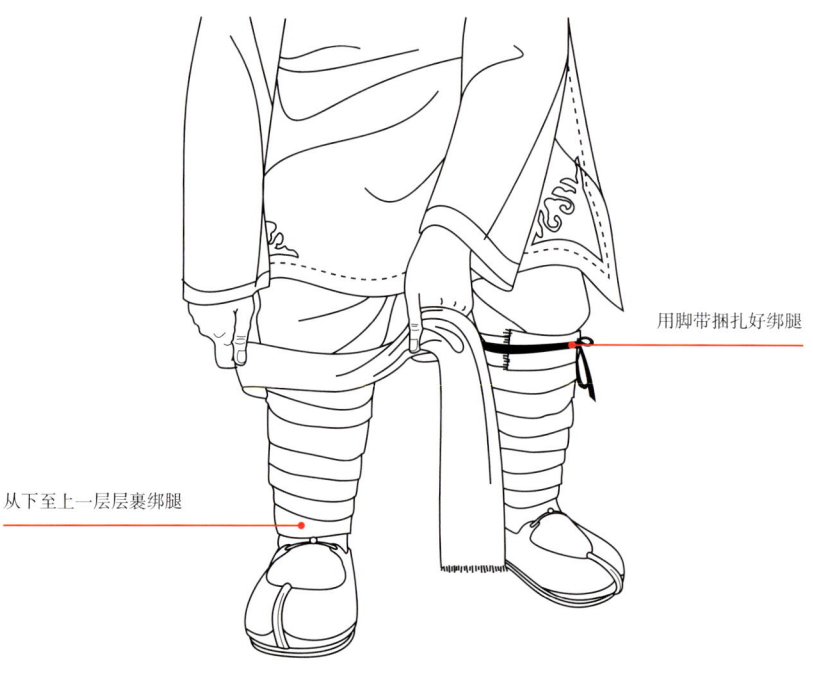

用脚带捆扎好绑腿

从下至上一层层裹绑腿

图四　羌族裹绑腿示意图

本色绑腿外缠红色布条　　　　　　白色绑腿外缠织花带

绑腿带织有红色边带的绑腿　　　　白色毪子绑腿上段裹五彩护腿扎织花脚带

图五　羌族绑腿穿着效果图1

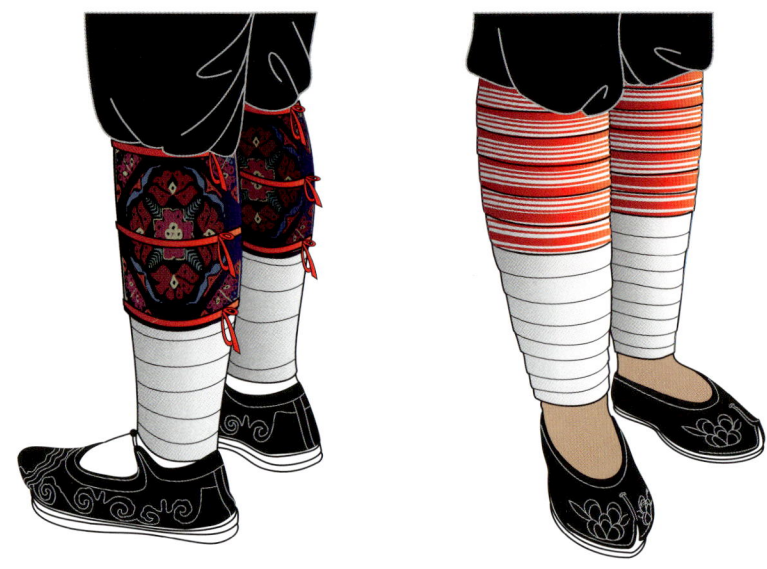

色彩丰富的绣花布裹在绑腿上面

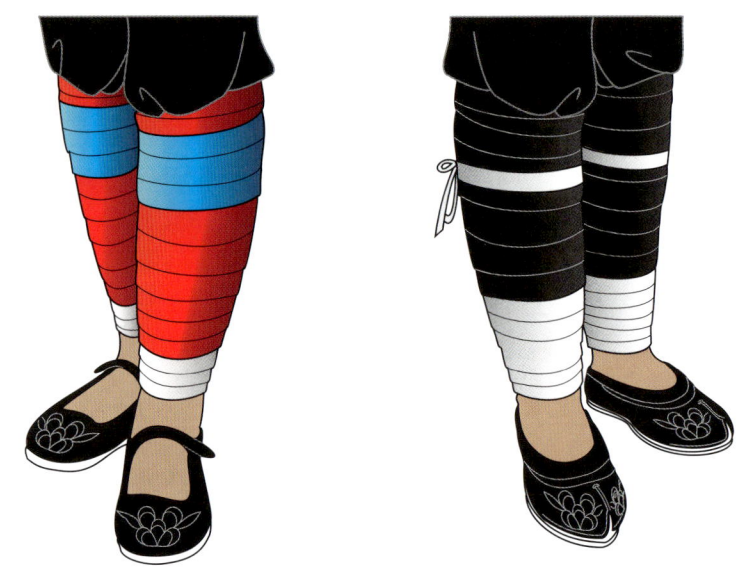

羌族老年妇女的素色绑腿以黑白为主

图六　羌族绑腿穿着效果图2

清代羌族皮裹肚

图一 清代羌族皮裹肚主图

裹肚，是羌族男子佩系于腰部，斜挎在小腹前，可装烟袋、钱币等物的腰包。制作羌族裹肚一般用羊皮、布料两种面料，由于羌族牧羊及制皮技艺有着悠久的历史，因此皮裹肚成为羌族传统皮制服饰的历史见证。

清代羌族皮裹肚外形似牛头，上宽下窄，上边长50厘米，下边长18厘米，宽29厘米。皮裹肚分内外两层，展开后宽约58厘米。皮裹肚内层为较大的盛物皮包，外层为皮包的盖，皮盖上装饰有羊角纹构成的纹样，装饰纹样似神兽的面孔，具有辟邪、保平安和带来吉祥的寓意，在羌族传统中男子外出谋生都要佩戴皮裹肚。皮裹肚的裁片有7个部分，包括皮裹肚面层皮料、里层皮包的皮料、面层装饰纹样的皮料、装饰纹样的红色底布、缝合时包边的皮料、包边时镶边的红色布料以及皮裹肚系腰的皮腰带。制作时先在剪有装饰纹样的皮料上垫上红色底布，用皮线沿装饰纹样的边缘缝合在面层上，再将皮包的皮料缝合在里层上，之后沿皮裹肚的周边用包边皮料和皮线进行缝合，同时镶入红布的镶边，最后缝上皮腰带。

清代羌族皮裹肚的制作工艺并不复杂，但比较讲究。皮裹肚面层的装饰纹样简洁大方，造型独特，具有很强的装饰美感，同时面层的装饰皮料层增强了皮裹肚的耐用性；用皮料包边缝合并镶红布边的技法，使皮裹肚更显精致，红布镶边与装饰纹样的红色底布的色彩形成呼应；用羊皮线缝合的针脚饱满有力，有很强的立体感等，这些都体现了羌族皮裹肚的传统工艺特点。至今羌族地区还制作传统样式的皮裹肚，但工艺能达到如此精美的却已少见。

图片来源
图一 沈鸿雁 摄影
图二至图五 罗力 制图
图六 罗力 摄影

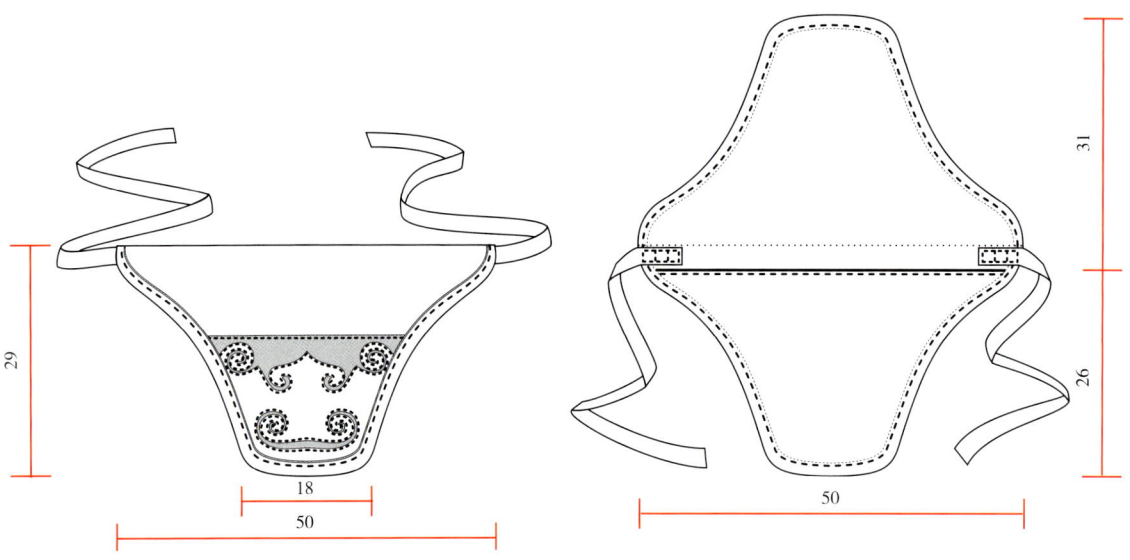

图二 清代羌族皮裹肚尺寸图（单位：cm）

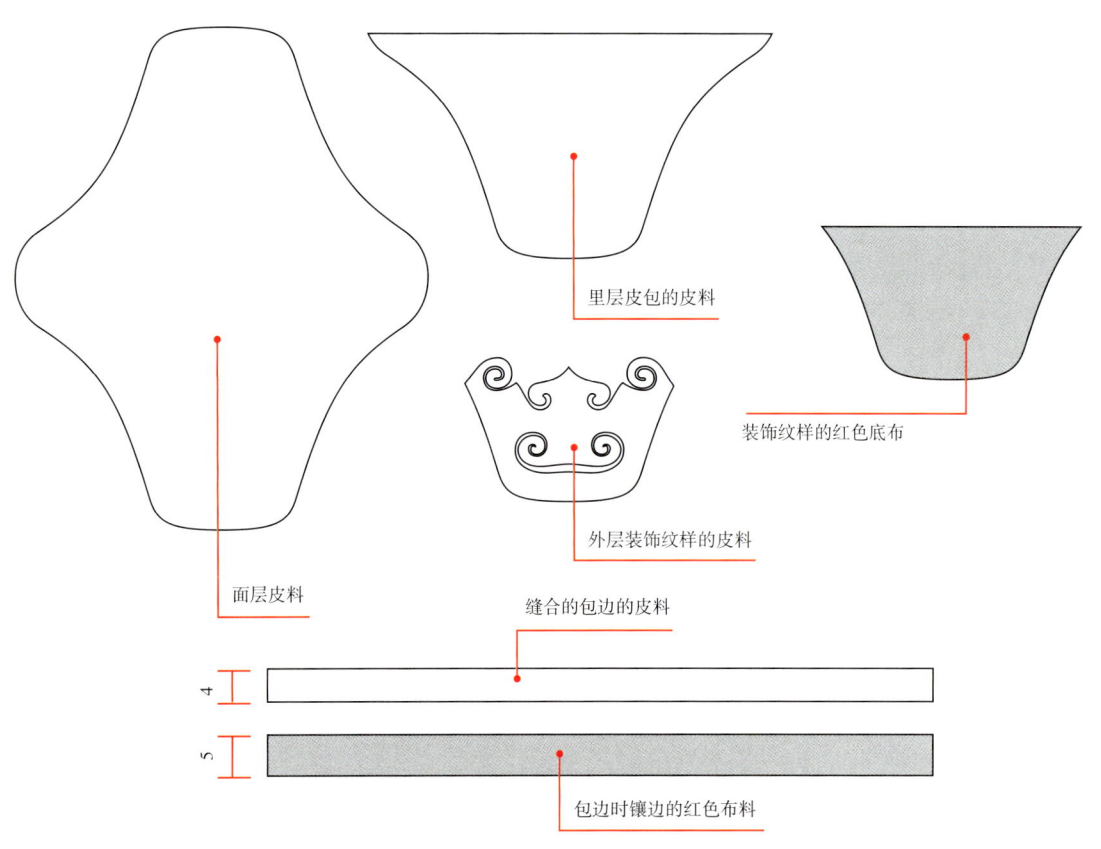

图三 清代羌族皮裹肚结构分解图（单位：cm）

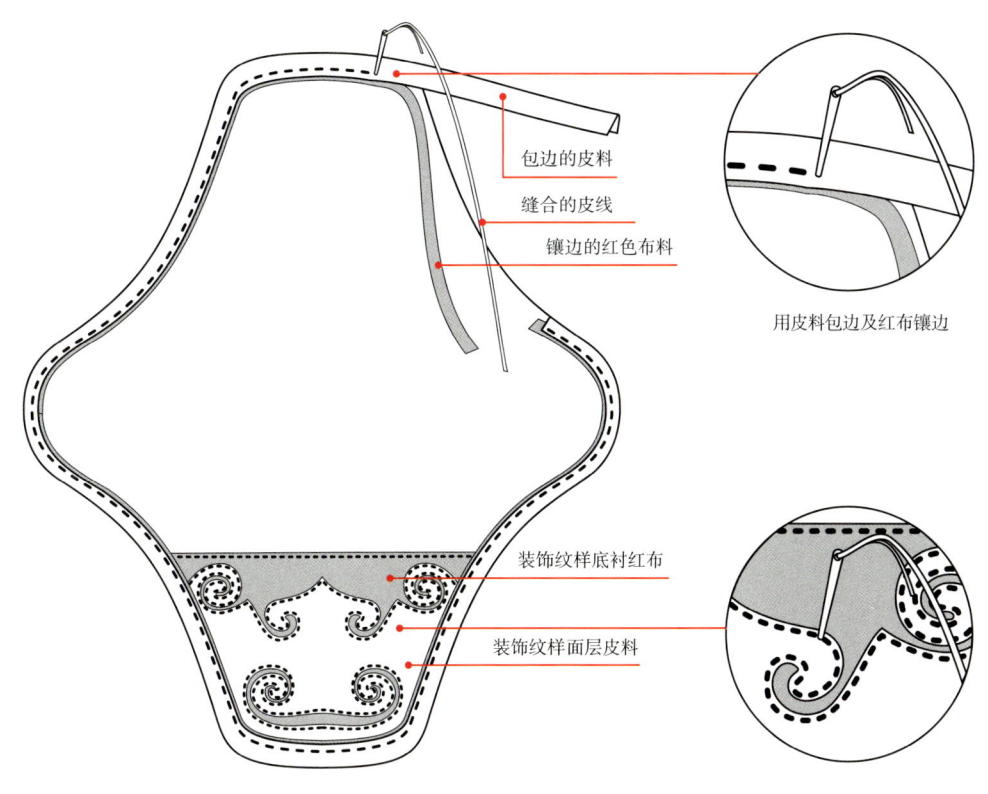

图四 清代羌族皮裹肚工艺分析图

图五 清代羌族皮裹肚穿戴效果图

图六 当代羌族皮裹肚

第二章 羌族传统服饰

羌族绣花裹肚

图一　羌族绣花裹肚主图

　　本案例是羌族男子佩系的一种用布料制作的裹肚，外形呈倒三角形，宽50厘米，高22厘米，两条系带各长60厘米。绣花裹肚实际上是一种腰包，分为荷包盖及荷包两层，外层为荷包盖，绣有满底的花卉及藤蔓植物纹样，掀开荷包盖，可见内层荷包的下半部分也绣有花卉纹样。裹肚的系带端头部分均绣有纹样。绣花是这种布制裹肚的主要装饰工艺，因此其被称为绣花裹肚。

　　羌族绣花裹肚一般为妇女制作，选用的面料一般为黑色、深蓝色布料，绣花的颜色以羌族喜爱的红色为主，配以黄、蓝、绿、白色，在深色面料的衬托下，色彩鲜艳，对比强烈。绣花裹肚的纹样以羊角花（杜鹃花）、牡丹花、菊花为多。这些纹样除了起装饰的作用以外，一般都有祈求吉祥如意、幸福美满、平安富贵的寓意。绣花的工艺主要有绣花和挑花两类，在裹肚的主体面料上一般以平绣为多，裹肚的系带上一般以十字绣（挑花）为多，也有一些裹肚直接用羌族织花腰带作为系带。

　　在不同历史时期和不同地区，羌族绣花裹肚的样式及绣花的特点也有较大区别，图四1是20世纪30年代理县薛城一带的绣花裹肚，裹肚上绣有菊花的荷包成为主要装饰面，绣有蝴蝶的荷包盖面积很小，仅能盖住包口；图四2是20世纪40年代茂县三龙乡的麻布绣花裹肚，荷包及包盖均采用十字绣的满绣工艺，甚至包内也绣有团花纹样；图四3是20世纪50年代汶川一带的白色布料绣花裹肚，采用了挑花、绣花等多种绣花工艺；当代羌族各地的绣花裹肚基本都是满盖的三角形款式，绣花以彩线绣花为主，但茂县的沟口、渭门、土门及北川县的一些乡寨仍保留了黑、蓝布底的白线链扣绣的素色绣特色。

　　羌族绣花裹肚不大，但绣花的纹样及工艺种类较多，可以说是在方寸之间充分展示了羌族妇女对美好事物的追求和为羌族男子的祈福。在当代日常生活中，羌族男子仍保留了佩系绣花裹肚的习俗，特别是在节庆盛装时羌族男子必佩系绣花裹肚或皮裹肚。

图片来源
图一、图三至图五　罗力　摄影
图二　颜瑗　制图

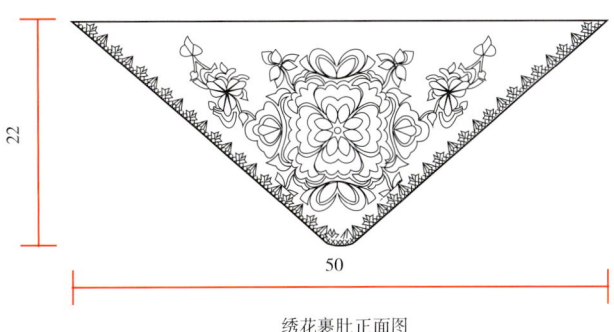
绣花裹肚正面图

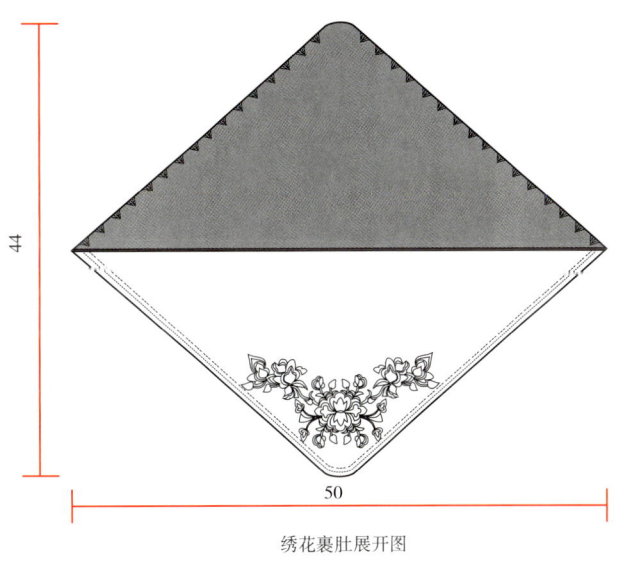
绣花裹肚展开图

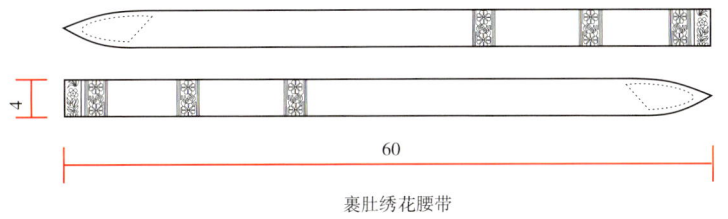
裹肚绣花腰带

图二　羌族绣花裹肚尺寸图（单位：cm）

绣花裹肚的面层为荷包盖，呈三角形，满绣适合的纹样

绣花裹肚展开后呈正方形，贴身的底层没有绣花

掀开面层荷包盖，内层为荷包，可盛放随身小物品

绣花裹肚内层荷包的下半部分绣有纹样

图三　羌族绣花裹肚结构示意图

1.棉布面料、小包盖的绣花裹肚

2.麻布面料、满盖、满底十字绣的裹肚

3.棉布面料，满盖，挑花、绣花等结合的绣花裹肚

图四　不同的羌族绣花裹肚

图五　羌族绣花裹肚穿戴效果图

第二章　羌族传统服饰

羌族绣花围腰

图一　羌族绣花围腰主图

羌族绣花围腰，羌语称"帕宇刮"，是羌族妇女着装中最引人注目的部分，因此也成为羌族妇女展示刺绣技艺最主要的媒介。绣花围腰的刺绣技法多种多样，包括十字绣、平绣、参针绣、压针绣、锁扣绣等。绣花的纹样及结构更是丰富，但总体上对称饱满；绣花的内容主要有羊角花、牡丹花等，以寓意吉祥如意、平安富贵等。从色彩上绣花分为素绣和彩绣两种，素绣以十字绣、锁扣绣为主，多在黑色、蓝色布料上以白色线绣花，也有在白色等其他浅色布料上用单一深色线绣花的，素绣图底对比清晰，纹样雅致；彩绣有平绣、参针绣、压针绣等多种技法，多为在黑色布料上用彩色线绣花，以红色为主，黄、蓝、绿为辅，彩绣色彩艳丽，纹样雍容华贵。从样式上围腰分为半襟和满襟两种，半襟围腰从腰部至膝以下，满襟围腰自胸到膝。

本案例长78厘米、宽40厘米，围腰的腰带及飘带宽6厘米、长160厘米，围腰上半部分缝有两个小荷包，荷包高17厘米，荷包的脚边高10厘米。围腰是用黑色布料白色线以十字绣挑花方法制作而成，围裙部分的绣花包括中心图案、边花及脚花三个组图，荷包的绣花由上下两组图案组成。围腰的腰带为白色布料彩线绣花，腰带缝在围腰上端，绣花主要分布在腰带的中间及两端。由于腰带比较长，系好腰带后会在背后形成长长的飘带。这类半襟绣花围腰是羌族妇女普遍系的一种围腰。

茂县叠溪镇、渭门乡、沟口乡等地的羌族妇女有系满襟围腰的习俗。满襟围腰自胸到膝呈"凸"字形，上窄下宽，绣花以锁扣绣为主，绣花纹样集中在"凸"字形的上部即胸前位置及以下的荷包上，图案丰满，纹样线条灵动。

羌族绣花围腰不仅是羌族妇女重要的服饰，也是展示羌族刺绣工艺的重要手工艺品，充分体现了羌族崇尚自然之美的审美取向。

图片来源
图一、图四、图五、图六　罗力　摄影
图二、图三　苏佳琪　制图

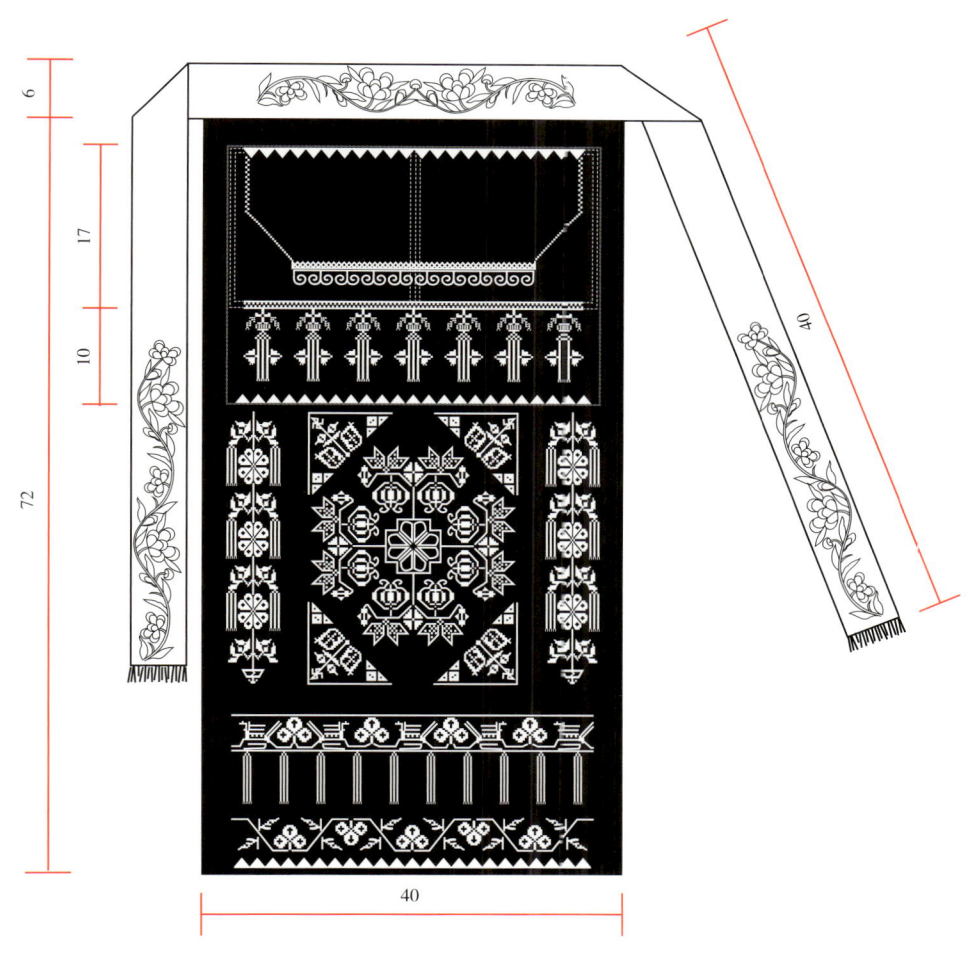

图二　羌族绣花围腰尺寸图（单位：cm）

十字绣的纹样

黑底白线十字绣围腰

锁扣绣的纹样

黑底彩线平绣、参针绣围腰

平针绣的纹样

黑底彩线镶边压针绣围腰

压针绣的纹样

黑底彩线十字绣围腰

图三　羌族绣花围腰主要刺绣工艺示意图　　　　图四　不同的羌族绣花围腰1

锁扣绣满襟绣花围腰

满襟绣花围腰穿戴效果

图五 不同的羌族绣花围腰2

羌族绣花飘带

图一　羌族绣花飘带主图

羌族绣花飘带系于腰带的后腰打结处，垂于臀部，随人行走而摆动，使羌族服饰更具灵动感，是羌族服饰中十分独特的装饰物。羌族绣花飘带长150厘米左右，宽6~7厘米，由双层面料做成，飘带两端的两面均绣有40厘米左右相同的纹样。

羌族绣花飘带的面料主要为棉布、丝绸，当代也有使用化纤面料的，端头分平头和尖头两种，绣花技法主要有十字绣、纳花绣、平针绣三种。飘带的十字绣以深色底白线或浅色底黑线为主，色彩质朴，具有特殊的美感。飘带上的纳纱绣以单一彩色线居多，根据面料色彩选择配线，纳纱绣以面料的经纬织纱数纱绣出工整而对称的几何纹样。飘带上的平针绣以缠枝花纹样见多，以红色花朵为主并辅以枝叶，主次分明，对比强烈；以平针绣结合参针绣、压针绣，色彩更为丰富，更有立体感。绣花腰带的纹样主要有羊角花、牡丹花、八瓣花、石榴、金瓜、缠枝纹、万字纹、几何纹样等。

在当代日常生活中，羌族妇女仍普遍保留了系绣花飘带的传统。绣花飘带主要有三种系法，一种是将绣花飘带的中段直接缠绕在腰带上，使飘带的两端垂在腰后；另一种方法是先将飘带对折并穿过腰带，再将飘带两端穿过中间对折形成的圈后垂下，实际上是将飘带在腰带上打一个活结；还有一种方法是将绣花飘带缝接在围腰系带上，垂下的端头部分仍宽7厘米左右，但连接围腰系带的一端会慢慢收窄为4厘米左右，与围腰带的宽度接近以便连接，也有把腰带加长加宽并在两端绣花直接做成飘带的。

在羌族传统中，羌族男子也系绣花飘带。羌族男子所系绣花飘带的夹层是空心的，可装少量钱物，因此称为通带。通带长约170厘米，宽8～10厘米，用单一的红、黄、蓝、绿等色面料做成。通带一般不绣花，而是用两块边长约12厘米的正方形绣片分别转90度缝在通带的两个端头，绣片的一个角形成通带的尖头，绣片超出通带侧边的两个角向后折叠缝在通带后面，形成一个似"马耳朵"的造型，因此通带也被叫作"马耳朵"。民间还有"前面一杆旗，后面马耳朵"的比喻，所谓"前面一杆旗"是指羌族男子为行动方便习惯把长衫大襟的一个角掀起塞在腰带上。通带的缝制工艺非常特别：先将面料顺经纬裁成约11厘米宽的布条，然后将布条反复按90度折叠并将相邻的边缝合，最后将缝头翻向里面并在外面缝上绣片。这样的缝制方法有两个优点，一是改变了面料经纬的方向，使通带可装钱物而不易变形；二是不浪费面料，根据布条的幅宽来确定所需面料的长度，只要把接头藏在通带贴身的一面，正面看起来仍是完整的。

图片来源
图一、图四、图七　罗力　摄影
图二、图三、图五、图六　罗力　制图

参考文献
钟茂兰，范欣，范朴.羌族服饰与羌族刺绣.北京：中国纺织出版社，2012.

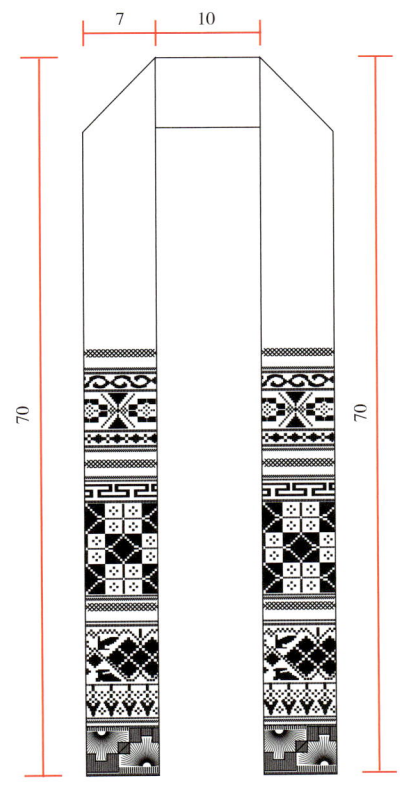

图二　羌族绣花飘带尺寸图（单位：cm）

图三　羌族绣花飘带刺绣工艺示意图

图四　羌族绣花飘带穿着效果图

图五　羌族绣花通带尺寸图（单位：cm）

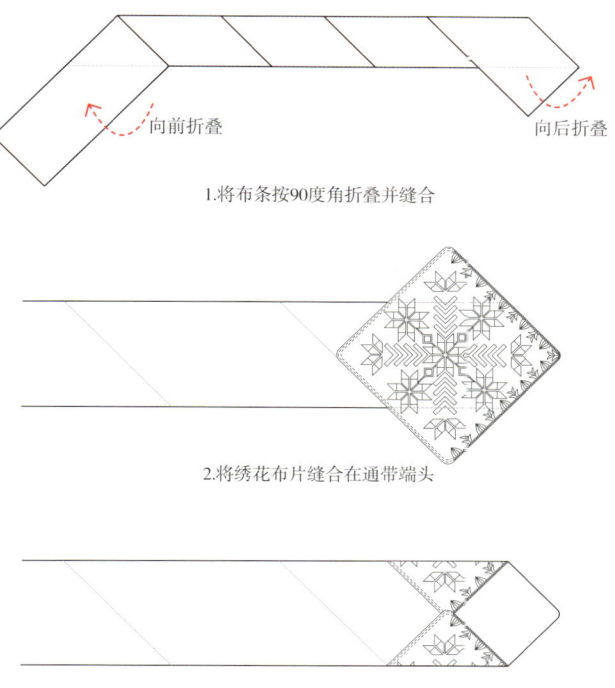

1.将布条按90度角折叠并缝合

2.将绣花布片缝合在通带端头

3.将绣花布片超出带宽部分向后折叠并缝合

图六 羌族绣花通带缝制流程图

羌族绣花通带的绣片图案　　　　　　　　羌族绣花通带绣片图案展开图

图七 羌族绣花通带局部分析图——绣片图案

第二章 羌族传统服饰

135

羌族织花腰带

图一　羌族织花腰带主图

腰带，羌语称为"递"，其材质有毡子、麻布、棉布和丝绸几种，颜色主要有白、黑、红、蓝几种。过去羌族男女均系腰带，以便劳作和佩挂吊刀、火镰、烟盒、针线盒等随身用品，也更显精神和利索。羌族腰带一般为单一颜色，无绣花等装饰，宽30～40厘米，长200～300厘米，可在腰间围上2圈并在腰后打结，有的将两端的经线分组编成长长的缀穗，打结后留出缀穗作为装饰。但汶川的威州、绵虒一带的羌族男女用的腰带多为织花带，即用红色、白色、蓝色、绿色、黄色、黑色等色线作经线，白线作纬线，用踞腰织机织出厚实的织花带，且一般由24个以上的图案组成，其中主要是万字纹及其变体图案。

本案例为20世纪50年代汶川威州的羊毛线织花带，长126厘米，宽2.5厘米，使用踞腰织机手工织成，织花图案由13组不同的图案构成，主要为多种植物、飞禽以及万字纹、寿字纹等，由黑白二色羊毛线编织而成，边缘用红、黄、绿色线编织色带收边。

当代，羌族仍保留了采用踞腰织机编织腰带的传统工艺，保留了传统织花腰带的单纯色彩搭配方法，织花图案也多以万字纹的变体和其他几何图案为主，但为了满足不同的着装需要，织花腰带的规格更为丰富了。

图片来源
图一至图四　罗力　制图
图六　苏佳琪　制图
图五1、图五2　汶川县绵虒镇政府
图五3　沈鸿雁　摄影

参考文献
周巴.羌族民俗文化中的色彩运用.阿坝师范高等专科学校学报，2012（2）.
钟茂兰，范欣，范朴.羌族服饰与羌族刺绣.北京：中国纺织出版社，2012.

图二 羌族织花腰带尺寸图（单位：cm）

织花腰带由十三组不同的图案组成

织花腰带十三组图放大图

图三 羌族织花腰带纹样分析图

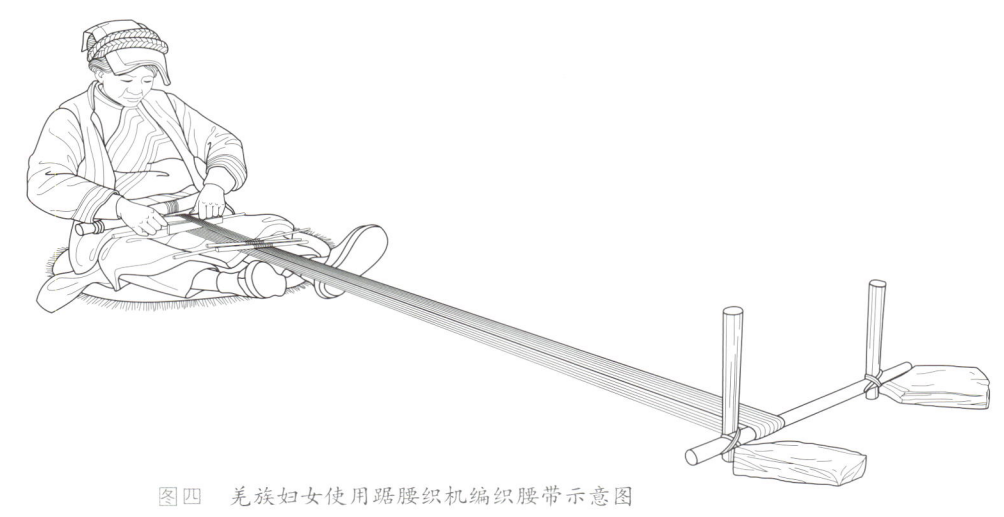

图四　羌族妇女使用踞腰织机编织腰带示意图

1.红白线为主、彩线收边的织花腰带　　2.黑白线满底编织、无边带的织花腰带　　3.黑白线为主、彩线收边的织花腰带

图五　不同的羌族织花腰带

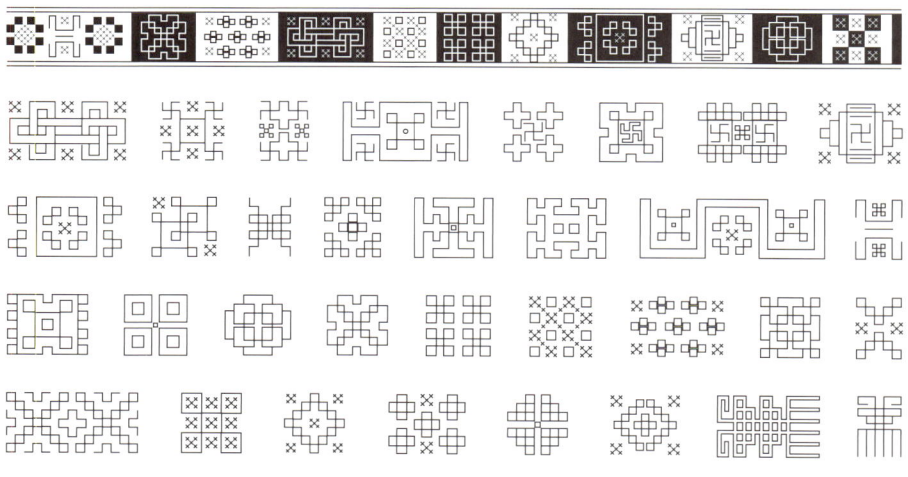

图六　当代羌族织花腰带主要纹样

羌族缠头

图一　羌族缠头主图

羌族缠头，即用头帕包头。头帕，羌语称为"达"。羌族男女皆缠头帕，头帕面料以棉布居多，颜色为白色或黑色，长度一般要足十即一丈，宽一尺二寸，有寓意"全年走运，月月见喜"的说法。在羌族地区有许多特点十分鲜明的缠头方法及样式，羌族妇女的缠头尤其讲究，通过缠头即可辨识其为哪个乡寨的羌族人。

茂县永和乡一带的羌族妇女缠头为盘式造型，头帕最长足10米，宽40厘米，头帕为白色或黑色，无绣花等装饰，传统中有春夏季缠白色头帕、秋冬季缠黑色头帕的习俗。永和乡妇女缠头的方法是首先把长发盘髻于脑后，再将头帕的前端卷个小卷并覆盖头顶，形成额前遮檐，然后将头帕其余部分折成6~8厘米宽的布条，压住覆盖头顶的头帕从脑后向右前方一圈一圈地盘绕，最终缠成一个大大的圆布盘，用别针或橡皮筋固定头帕的末端。

茂县黑虎乡的羌族妇女的缠头样式非常特别，被称为"将军帕"或"万年孝"，是为了纪念当地的羌族英雄"黑虎将军"。"将军帕"为白色头帕，头帕折叠后覆盖头顶并在头顶后部高高耸起一束头帕，脑后打结处留出下垂的头帕端头，犹如当地人祭奠先人披戴的孝帕。羌族妇女缠"将军帕"用的是两条3米多（1丈）长的白色头帕。将长发盘髻于头顶；将第一条头帕的中段从前额包至后脑勺，使头帕两端交叉并暂时置于胸前；将第二条头帕的一端对折后再交错叠成三层，并用针线固定以增加挺拔度，然后用第二条头帕折叠部分覆盖头顶，未折叠一端垂于脑后；将第一条头帕的两端从前额向后交叉压住头顶的第二条头帕，在右后侧打交叉结并将一端再次缠绕至脑后，然后将第二条头帕垂于脑后的一端从下往上收于头顶，最后将第一条头帕在脑后打结并留出头帕垂下的两端。

茂县松坪沟乡一带的羌族妇女用黑色丝绒头帕缠成厚厚的包头，俗称"大包头"。"大包头"的缠法是先将头发盘髻于后脑，再用黑色头帕的前端覆盖头顶，然后从后脑向右缠绕，缠绕时一圈往上斜缠、一圈往下斜缠地交替缠绕，形成交错缠压、前高后低的"大包头"，最后将头帕的末端夹掖在包头内圈的头顶边缘。汶川绵虒镇一带的羌族妇女也缠前高后低的"大包头"，但多用白色头帕，缠头的方法也略有区别。

茂县三龙乡的羌族妇女的缠头为黑色底的绣花头帕，缠头的方法为先将长发盘髻于脑后，少女则束马尾于脑后；然后用一条素色的黑色头帕作为打底头帕，从前额向后缠绕并打结固定；再将一条两端绣花的头帕折叠成12~16厘米宽，将绣花头帕的一端置于前额左侧并向右缠绕，绣花头帕的末端正好在前额右侧，将绣花头帕末端的下缘夹在缠绕的头帕中并用别针等固定。

理县蒲溪乡羌族妇女也缠绣花头帕，但绣花的部位与缠头的方法非常特别。这种头帕仅在黑色底绣花头帕的两端8~12厘米处用红布贴花并用红线绣简单的几何纹样。缠头时首先将长发盘髻或梳成辫子，然后用一条素黑色的打底头帕将发髻或辫子包裹在头帕中，再用绣花头帕缠绕在外层。缠外层绣花头帕时，先将头帕一端的绣花部分对齐左耳，高出头顶竖立起来，然后将头帕从脑后向前额进行缠绕，最后将头帕末端掖在右耳上方、头顶内侧所缠头帕之中，并使端头绣花部分竖立起来，形成左右对称的两个绣花端头。

汶川萝卜寨的羌族青年妇女有缠十字帕的传统。十字帕的缠法是将长发梳成辫子，先缠黑帕，再将白帕的一部分缠在黑帕上，并把发辫缠绕在白帕上，剩下的白帕在头顶上交叉成"十"字，头顶左右两侧露出粗壮的黑发辫。而老年妇女缠的十字帕却不露出发辫。

羌族男子缠头的方法相对简单，头帕不盖住头顶，将头帕从左到右、从前额至后脑匀直接缠绕，上下层头帕交叉相叠，缠头样式无太多变化，缠黑色或白色头帕没有明显的区域之分和季节之分，但老人多缠黑色头帕。茂县三龙乡羌族男子缠头的样式，在茂县、汶川、理县等地非常普遍，是羌族男子缠头样式的典型。但理县蒲溪乡及薛城镇以及汶川县雁门乡等地的羌族男子则有缠黑白相间头帕的习俗，称为"喜鹊头帕"。"喜鹊头帕"的缠裹方法是先将白色长头帕层层缠裹在头上，然后取下缠裹好的白色头帕，用折叠成条状的黑色头帕从外向内交错缠绕，再用针线封住黑色头帕端头和固定交叉部分，然后像戴帽子一样戴在头上。"喜鹊头帕"具有黑白相间、对比强烈、富有变化以及裹好后可灵活取下或戴上的特点。

图片来源

图一、图三至图五、图七至图九、图十一、图十二　罗力　摄影

图二、图六　颜瑗　制图

图十　罗力　制图

参考文献

钟茂兰,范欣,范朴.羌族服饰与羌族刺绣.北京：中国纺织出版社,2012.

周巴.羌族民俗文化中的色彩运用.阿坝师范高等专科学校学报.2012（2）.

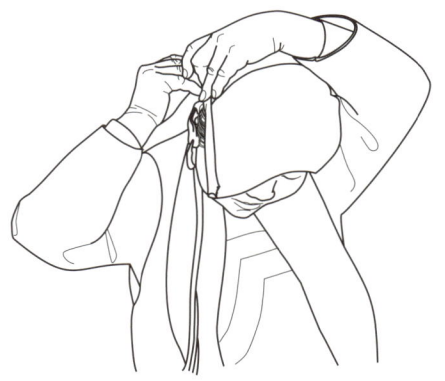 

1. 将头帕的一端覆于头顶并用别针固定在头发上　　　　2. 将头帕扩成条状并从头顶至发髻下缠绕

3. 将条状头帕一圈圈整齐重叠缠绕形成盘状　　　　4. 头帕缠绕完后用橡皮筋固定

图二　茂县永和乡羌族妇女缠头流程图

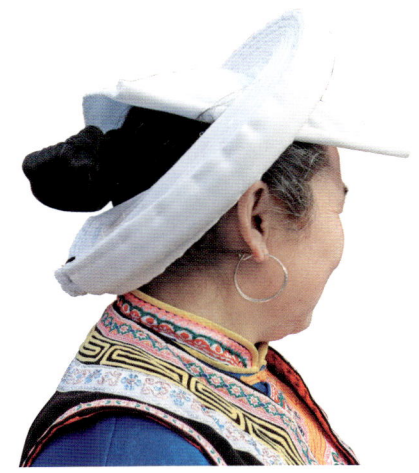 

永和乡羌族妇女缠头侧面图　　　　永和乡羌族妇女缠头背面图

图三　茂县永和乡羌族妇女缠头效果图

缠黑头帕的羌族妇女正面图　　　　缠黑头帕的羌族妇女侧面图

图四　茂县永和乡羌族妇女缠黑头帕效果图

缠"将军帕"的羌族妇女正面图　　1.将第一条头帕的中段从前额向后交叉，两端暂放在胸前　　2.将折叠好的第二条头帕覆盖在头顶上

缠"将军帕"的羌族妇女侧面图　　3.用第一条头帕的两端交叉缠住头顶的第二条头帕　　4.将头帕在后脑勺打结并留出下垂的端头

图五　茂县黑虎寨羌族妇女缠"将军帕"效果图　　　　图六　茂县黑虎寨羌族妇女缠"将军帕"流程图

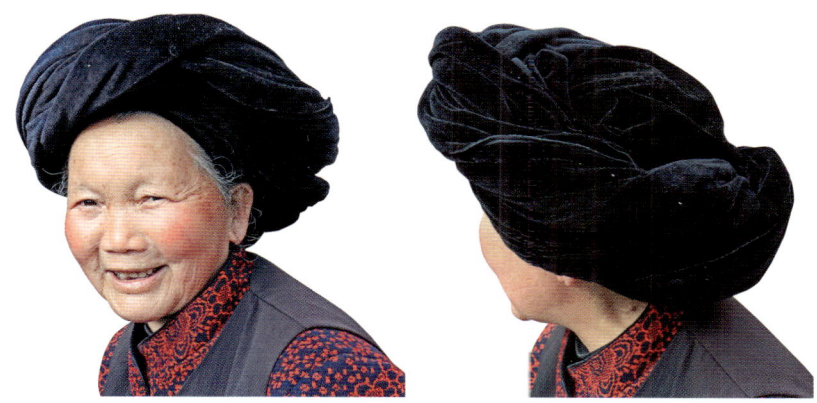

| 缠大包头的羌族老人正面图 | 缠大包头的羌族老人侧面图 |

图七　茂县松坪沟羌族妇女缠黑色大包头效果图

| 缠绣花头帕的羌族妇女正面图 | 缠绣花头帕的羌族妇女背面图 |

图八　茂县三龙乡羌族妇女缠绣花头帕效果图

| 缠两端翘绣花头帕的羌族妇女侧面图 | 缠两端翘绣花头帕的羌族妇女背面图 |

图九　理县蒲溪乡羌族妇女缠两端翘起的绣花头帕效果图

缠十字帕的羌族妇女正面图　　　　缠十字帕的羌族妇女侧面图

图十　汶川萝卜寨羌族妇女缠十字帕效果图

羌族男子缠头正面图　　　　羌族男子缠头侧面图

图十一　茂县三龙乡羌族男子缠头效果图

缠"喜鹊头帕"的羌族男子正面图　　　　缠"喜鹊头帕"的羌族男子侧面图

图十二　理县蒲溪乡羌族男子缠"喜鹊头帕"效果图

羌族搭帕子

图一　羌族搭帕子主图

羌族不仅有缠头帕的习俗，理县木卡乡的列列村和尔瓦村、薛城镇的水塘村、通化乡的卡子村等地和茂县的维城乡、雅都乡、曲谷乡以及黑水县一带的羌族妇女还有在头顶搭帕子的习俗。搭帕子的头帕多绣有精美的纹样，并叠成瓦片状再戴于头顶，因此也叫作"一匹瓦"。搭帕子或"一匹瓦"具有非常特别的头饰效果，也是展示羌绣技艺的重要载体，因此羌族绣花头帕主要指这类头帕以及茂县三龙乡妇女的绣花三角头帕和缠头的绣花头帕。

该案例由矩形黑色布料（青布）做成，宽76厘米，长100厘米，短边的两端绣有12厘米宽的彩色图案，主要有象征吉祥的花卉图案、万字纹及回纹等几何纹样和日月星辰等图案；绣花的布局为带状的连续图案，中间有一条较宽的主体纹样，两边为两至三条辅助装饰纹样，头帕边缘为锯齿纹收边，也有刺绣连续图案与大花图案单独纹样相结合的；绣花的工艺主要有十字绣、平绣、压针绣。系戴前需将头帕折叠成约38厘米×30厘米大小的8层，折叠的方法是先将头帕顺绣花的边对折，再将头帕交错折叠，使两端的绣花边并靠在一端，然后对折从而将无绣花的部分叠在下面。系戴时将折叠好的头帕盖在头顶上，再用长发梳成的辫子从后脑勺向头顶交叉缠绕以固定头帕，最后将编进辫梢的彩色羊毛线或丝线在发辫间缠绕并在头顶打结。

这种搭帕子或"一匹瓦"最初主要盛行于羌族与嘉绒藏族相邻的地区。由于其刺绣工艺之美和独特的形式之美，绣花头帕得到许多羌族姑娘的喜爱，搭帕子作为头饰的年轻妇女越来越多。

图片来源

图一、图五至图七、图九、图十　罗力　摄影

图二至图四　颜瑗　制图

图八　沈鸿雁　摄影

图二　羌族搭帕子尺寸图（单位：cm）

1.将头帕顺绣花边方向对折

2.将头帕的两条绣花边叠起来

3.将无绣花部分向下对折

图三　羌族搭帕子折叠流程图

146

1.将头帕盖在头顶上,再用长发辫子从后脑至头顶缠绕以固定头帕

2.用发辫交叉缠绕并固定头帕后,将缠有彩色线的发辫在头顶打结

图四　羌族搭帕子系戴流程图

以万字纹、回纹等图案象征吉祥的绣花头帕

以日、月、星辰为图案的绣花头帕

图六　采用十字绣工艺的羌族搭帕子

第二章　羌族传统服饰

147

大牡丹花图案

图七 采用平针绣工艺的搭帕子

缠枝花卉图案

图八 采用压针绣工艺的搭帕子

图九 羌族"一匹瓦"

彩蝶牡丹图案装饰

羊角花图案点缀

图十 茂县三龙乡老年妇女系戴的三角形绣花头帕

羌族绣花童帽

图一　羌族绣花童帽主图

绣花童帽是羌族儿童的主要服饰，羌族小孩三岁以前都戴绣花童帽，以护佑孩子平安成长。本案例为茂县三龙乡的羌族绣花童帽，帽身由帽额和帽尾两部分组成，帽额高12厘米、宽16厘米，帽身侧面长29厘米，其中帽额底边长14厘米，帽尾底边长15厘米，帽尾侧顶边长22厘米。童帽的帽额上缝有牡丹等花草图案的花冠绣片，上方缝有多组圆形彩布装饰；帽顶正中缝有内藏豹油、红雉颈毛或羊、兔、狗尾巴皮毛等驱恶辟邪之物的圆形绣片；帽顶左右两侧用白色羊绒做成像动物耳朵的装饰，帽耳朵下吊有彩线缀穗；帽额下缘镶有布条做成的像动物牙齿的装饰边；帽尾的边缘镶有织花花边；帽额上花冠绣片的左右两端缝有在帽尾交合的彩色布带，布带末端系银铃或铜钱为饰。这种帽额贴有花冠绣片，并有垂于脑后的帽尾且绣花纹样丰满、装饰风格细腻唯美的绣花童帽也被叫作"金鸡帽"，多为羌族女孩戴的童帽。

羌族男孩的绣花童帽则多为狗儿帽、猪儿帽、虎头帽、猴头帽等。男孩童帽名称多样，但造型及绣花题材基本相同，即：圆帽围，无花冠、无帽尾；帽围前额左右上方有羊毛做成的一对耳朵，有的在帽耳朵下也吊缀穗；前额下方用较宽的花边镶饰成动物的嘴巴；前额中间缝一个银牌当鼻子，两边缝一对圆形银牌作眼睛，中间的银牌多为狮头、虎头、护子观音、寿桃或"寿"字符等，两边的银牌多为"长命百岁""富贵吉祥"等字符，也有用三组圆形绣花图案代替银牌的；帽围两侧绣有象征荣华富贵的牡丹花等花草纹样；帽顶为圆形绣花或无绣花。童帽的造型及绣花不会突出某种动物特征，主要以帽额银牌的形象符号定名，如有"狮头"银牌的就叫"狮头帽"，如有"寿桃"银牌的可叫"猴头帽"，没有明确形象符号的一般就叫作"狗儿帽"或"猪儿帽"。羌族男孩童帽的绣花及装饰风格简洁、粗犷，相应也多了一些力量感。

传统的羌族绣花童帽无论男女童帽都要在帽子的后脑勺部位缝多条彩色布带并系上银链、银铃或铜钱等，因此也叫作"链链帽"。在茂县的中国羌族博物馆就收藏有绣工非常精细的羌族传统绣花童帽——"链链帽"。

羌族绣花童帽突出了羌绣的特点，精心、考究的绣花童帽除了满足保暖的基本功能外，还有祈求神灵护佑孩子平安健康成长的寓意，寄托了亲人对孩子的深情关爱。

图片来源
图一、图五　罗力　摄影
图二、图四　颜瑗　制图
图三　罗力　制图
图六　沈鸿雁　摄影
图七1　颜瑗　摄影
图七2　柳冰蕊　摄影

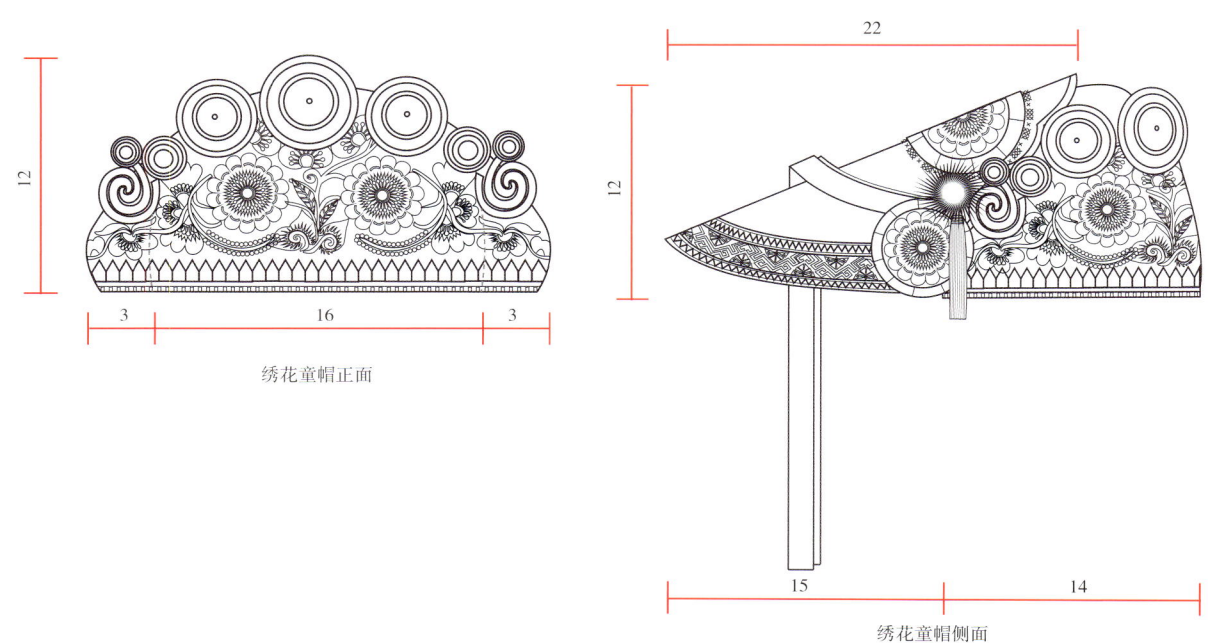

图二　羌族绣花童帽尺寸图（单位：cm）

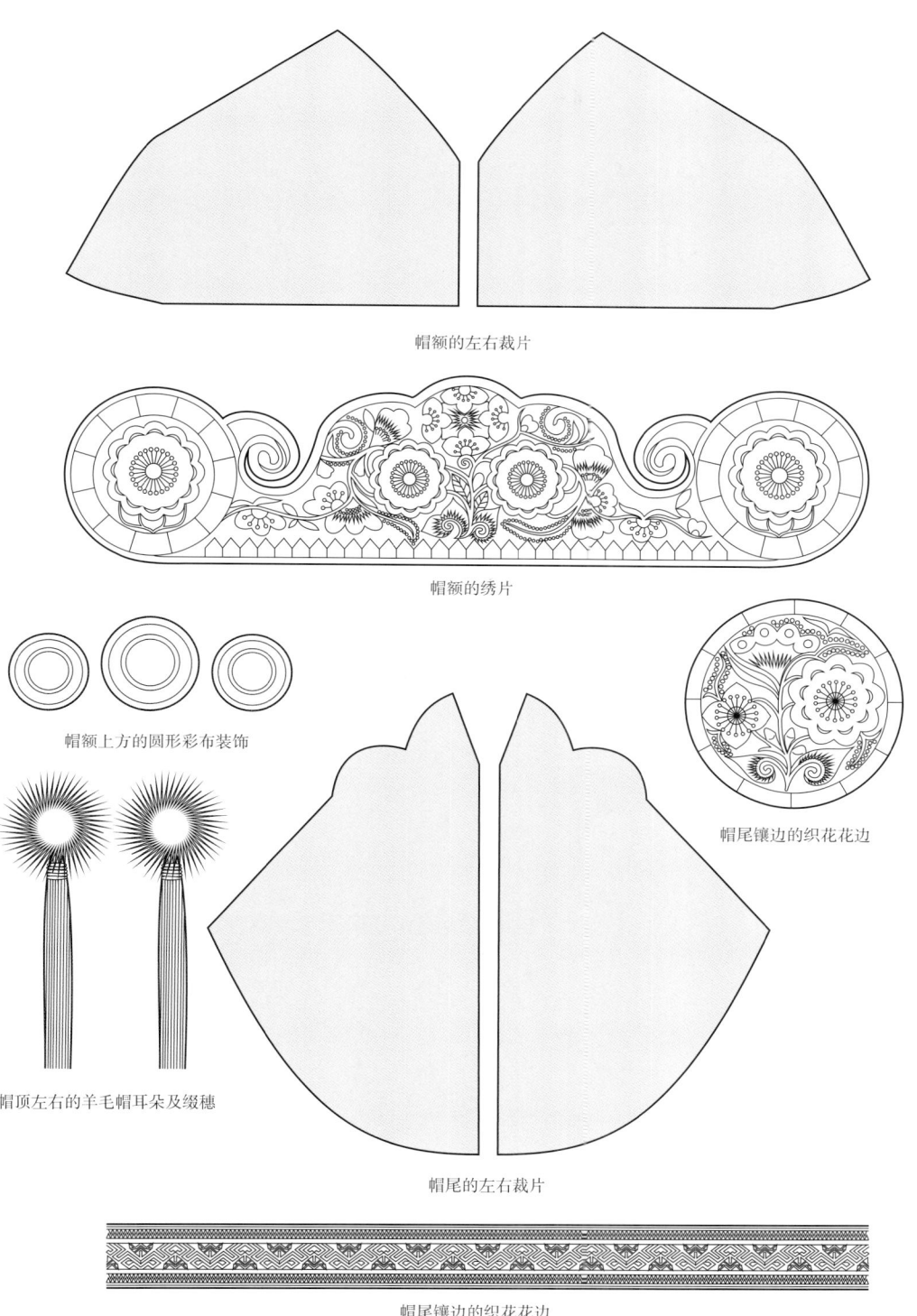

图三　羌族绣花童帽结构分解图

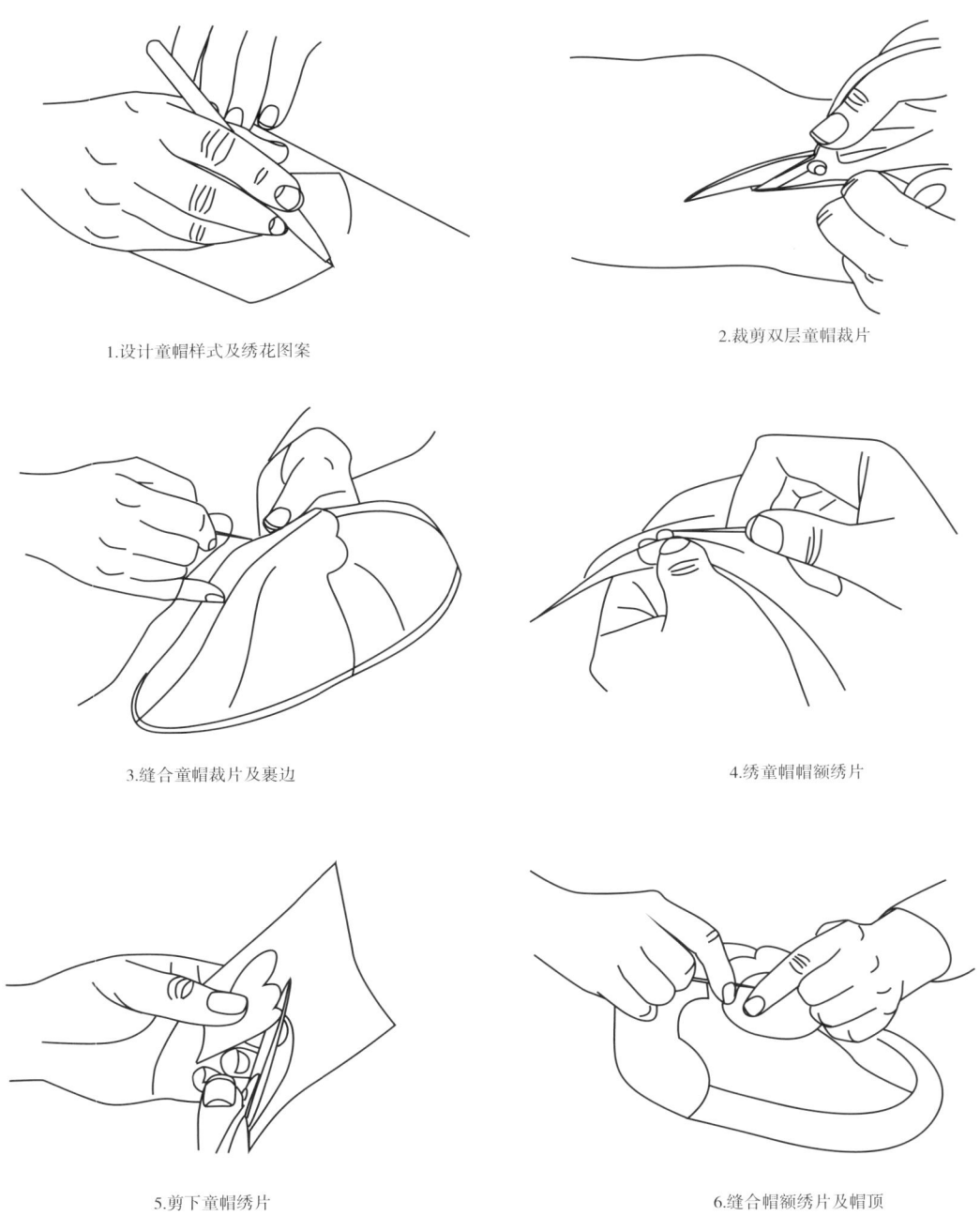

图四 羌族绣花童帽制作流程图

图五 茂县中国羌族博物馆"链链帽"

1.男孩戴帽额镶花边的绣花童帽

帽额钉"狮头"银牌的绣花童帽

绣花童帽头顶上的绣花

2.女孩戴帽额贴花冠绣片的绣花童帽

图七 羌族绣花童帽穿戴效果图

帽额钉"寿桃"银牌的绣花童帽

图六 不同的羌族绣花童帽

第二章 羌族传统服饰

羌族银牌

图一　羌族银牌主图

　　银牌是茂县北部及松潘南部一带羌族女子胸前右襟上方佩戴的一种银饰。银牌直径12厘米，厚度约0.15厘米，外形为八瓣花组成的圆形，寓意"八瑞吉祥"，银牌以线刻纹样为装饰，主体纹样为由四个回纹组成万字纹结构的圆形图案，八组相同的图案沿银牌边围成一圈，边缘空隙处点缀了八朵小花，银牌中间刻有围绕圆形的八组花瓣，中心焊接有凸起的小托盘，托盘上镶嵌红色玛瑙珠并用银钉加固，玛瑙珠中心露出六瓣花形的银钉头，银钉穿过银牌并在银牌背面焊接牢固，再把多出的银钉折成用于系戴的小环。银牌的装饰饱满，纹样对称，刻花线条清晰均匀、疏密有致，红色玛瑙珠十分醒目，具有很强的装饰效果。

　　羌族妇女佩戴银牌的传统习俗源自茂县较场羌（现叠溪镇较场村一带的一支羌族），有研究认为银牌的造型和图案与这支羌族崇拜日月神以及其历史上的战争和迁徙有关，与其古老氏族的族徽有联系。在当代，当地的羌族人普遍认为银牌是日月神的象征，是祖先传下来的辟邪、吉祥之物，是当地羌族服饰中最有特色的装饰。羌族妇女主要在羌族重要礼俗及节庆活动中盛装时佩戴银牌，佩戴银牌的人群早已超出了较场一带，银牌的大小从12厘米到16厘米，不尽相同，但银牌的纹样大同小异，由四个回纹组成的万字纹始终是主体纹样。

图片来源

图一　米静　摄影
图二　罗力　制图
图三　柳冰蕊、罗力　制图
图四　柳冰蕊　制图

参考文献

彭代明，彭潘丹犁."纳啵"——写在服装上的氏族符号.民族艺术研究，2008（4）.

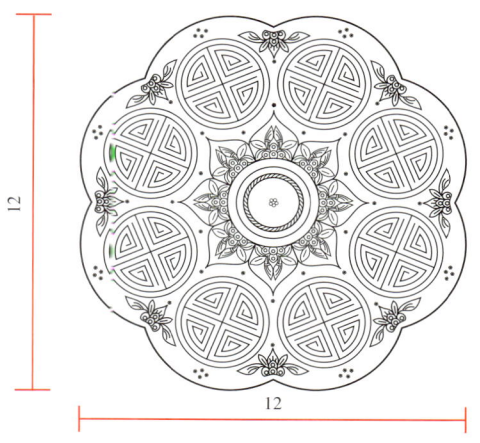

图二　羌族银牌尺寸图（单位：cm）

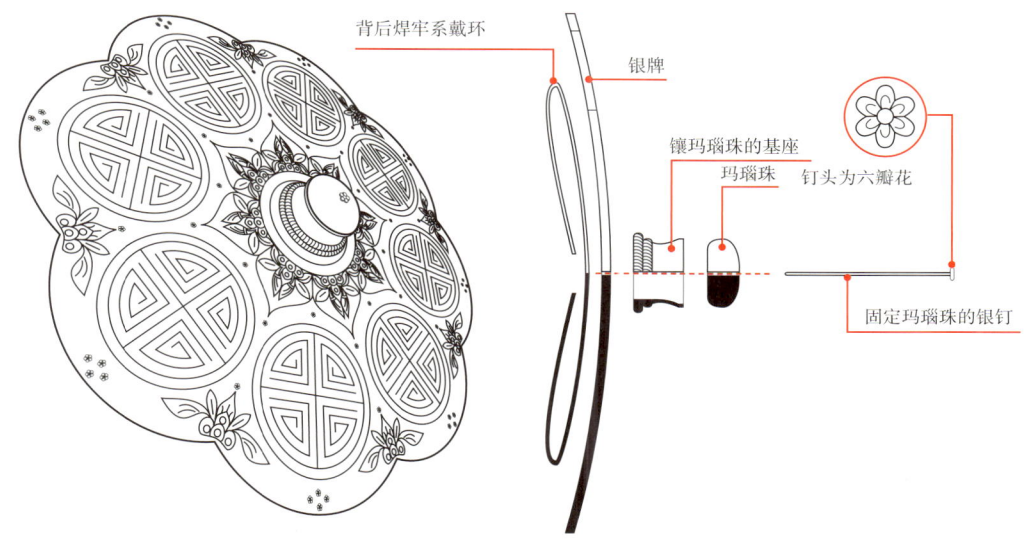

图三　羌族银牌结构分解图

图四　羌族银牌主要纹样

羌族银首饰

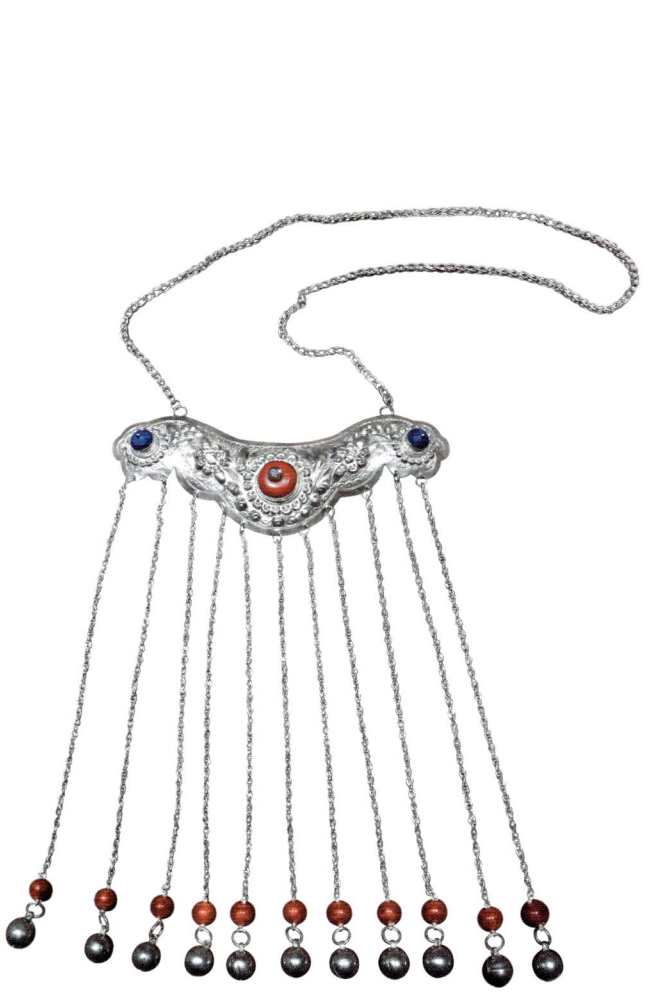

图一　羌族银首饰·项饰主图

图二　羌族银首饰·胸挂主图

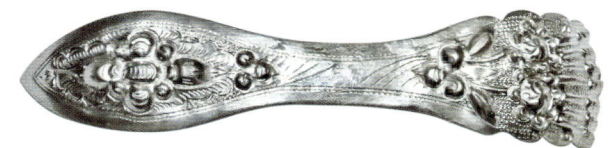

图三　羌族银首饰·发簪主图

图四　羌族银首饰·耳饰主图

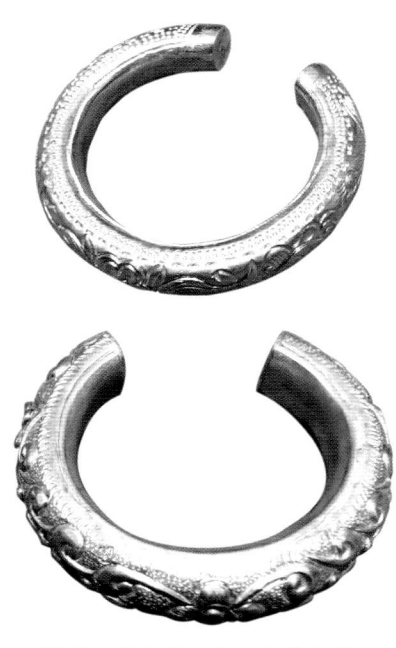

图五　羌族银首饰·手镯主图

图六　羌族银首饰·戒指主图

图七　羌族银首饰·领扣主图

图八　羌族银首饰·花儿主图

羌族女子装束中除具有特色的服装、头帕之外，还有品种繁多的首饰。羌族的首饰主要由银做成，包括银项饰、银胸挂、银发簪、银耳饰、银手镯、银戒指、银领扣、银花儿等。在茂县羌族银饰工艺传承人杨家的银饰作坊中，陈列着各式各样的羌族老银饰和按照传统工艺新做的银首饰，本节中的银首饰均为杨家的传统工艺作品。

银项饰：银项饰主体部分似蝙蝠形，长12厘米，宽4.5厘米，主要以花草、凤鸟图案为装饰，中间镶嵌红松石，两边镶有蓝松石，上系银链挂于颈项间，下坠十余条长18厘米的银穗，并在末端系有玛瑙珠和银铃。这种银项饰延续了羌族传统的工艺，也是羌族重要礼俗活动中妇女最常佩戴的一种项饰。在羌族银项饰中另有一种造型类似，但长约30厘米的大型项饰。还有一种以蝙蝠图案为主要纹饰的小型项饰，但这种项饰一般与如意锁银牌同时佩戴。

银胸挂：羌语叫作"因呸"，意为"牙签链"。银胸挂总长32厘米，由上下一小一大的银盒、银穗及牙签坠等构成，上银盒宽3.2厘米、高3厘米、厚0.8厘米，下银盒宽5厘米、高4.3厘米、厚1厘米，大小银盒的外形及纹样与羌族传统的牙签牌相同，以花草鸾凤为饰，象征祥瑞之意，有镂空的银盒盖，可放入植物香料作香包；大银盒下系有5条银穗，并在末端穿挂玛瑙珠和银牙签、银挖耳、银刀、银剑等。银胸挂不仅是羌族妇女的佩饰，也是实用的生活用具。

银发簪：银发簪包括压发饰面的发簪、如意发簪和齿头发簪，均以蝴蝶、石榴花、羊角花等纹样为装饰。压发饰面发簪的银饰面长7厘米、宽4.8厘米，发簪穿过压发饰面，并在两端系挂银链和象征吉祥如意的银坠，具有很好的装饰性。如意发簪长13厘米，宽3厘米，造型似如意，实际上是在俗称"两头尖"的发簪上加了如意头而已，却明显增强了装饰效果。齿头发簪长11.3厘米，宽3厘米，是一种造型特别的银簪，两头宽而中间窄，一端为尖头，另一端为像动物爪子的锯齿头，据说造型源于古时狩猎的工具，使用时将齿头扣入头发中，不易滑落。羌族传统工艺制作的老银簪，多以麦穗、青稞粒图案为主要装饰纹样，寓意丰收、富足、幸福美满。邻近藏区的羌族妇女佩戴的银簪，其造型、纹饰及镶嵌玛瑙、松石的工艺或多或少受藏族传统工艺影响，做工更为繁复而精致。

银耳饰：银耳饰由耳环（羌语为"呢吗"）和两个耳坠（羌语为"须须呢吗"）构成，耳环直径4.5厘米，加上耳坠长13.5厘米，耳环以花草纹样装饰，耳坠以银蝶为主要构件并挂银穗，银穗下端系有瓜米子、石榴花、喇叭花、银铃、银钟为坠饰。佩戴垂肩的银耳饰，叮当作响，使羌族妇女显得婀娜多姿。羌族女子主要在参加重要礼俗活动时佩戴这种耳环，日常生活中羌族妇女主要佩戴简洁大方的素圈耳环、没有耳坠的刻花耳环，或耳坠轻便的装饰耳环。

银手镯：银手镯圈体直径1~1.5厘米，两端封口，手镯环直径7~9厘米，并留有2~3.5厘米的开口，造型圆润，内侧平滑，外侧以花草纹样为装饰，显得厚重而富丽。羌族传统银手镯中还有藤条似的扭转造型，也有雕刻云纹、如意纹及龙纹的。素银手环也是羌族妇女常戴的手镯。

银戒指：银戒指为錾花镂空马鞍戒指，戒指直径2.4厘米，长3.6厘米，戒面以花、叶、圆点为装饰，装饰纹样结构对称、形式工整，较大的戒面十分醒目且装饰效果好。马鞍戒指的装饰面较大，传统装饰的题材很丰富，花草、吉祥动物、生肖、戏曲人物、民间故事以及吉祥文字等都是装饰的内容，具有浓郁的生活气息，精巧的镌刻、錾花工艺使人感叹。羌族传统银戒指还有以花草鱼虫为题材的平刻花戒指、小鼓花戒指，也有镶嵌玛瑙、松石、珊瑚石等的戒指，羌族妇女劳作时也常戴素指环。

银领扣：银领扣实际上是茂县叠溪镇、渭门乡、沟口乡等地的羌族妇女系满襟围腰时挂在领口下系扣围腰的银饰。银领扣宽4.5厘米，高4.2厘米，造型似花篮，以蝙蝠、金瓜、花瓣等图案为装饰。在羌族传统银领扣中以蝴蝶、羊角花等其他瓜果花草作为装饰的也很常见。

银花儿：银花儿多为圆形小花，直径2.5~4厘米，主要用于装饰羌族女长衫的立领或头帕。本案例中的银花儿直径3.5厘米，外形为花瓣，中心为星月、风云等纹样，是装饰头帕的银花儿，象征羌族头顶蓝天白云和对大自然的敬畏与崇拜。羌族头饰中还有一种直径5~7厘米、羊角花造型，并镶嵌红色玛瑙、松石或珊瑚的银花，主要佩戴在头顶盘起的发辫之上，是羌族妇女很喜欢的一种盘发头饰。羌族传统领饰中有以数颗大小搭配的银花儿围绕立领装饰一圈的，但当代采用银领花装饰的已很少见。

图片来源
图一至图八、图十、图十二、图十三　罗力　摄影
图九　罗力　制图
图十一　沈鸿雁　摄影
图十四　颜瑗　摄影

参考文献
卢丁，工藤元男.羌族社会历史文化研究.成都：四川人民出版社，2000.
四川省文物管理局.四川文物志.成都：巴蜀书社，2005.

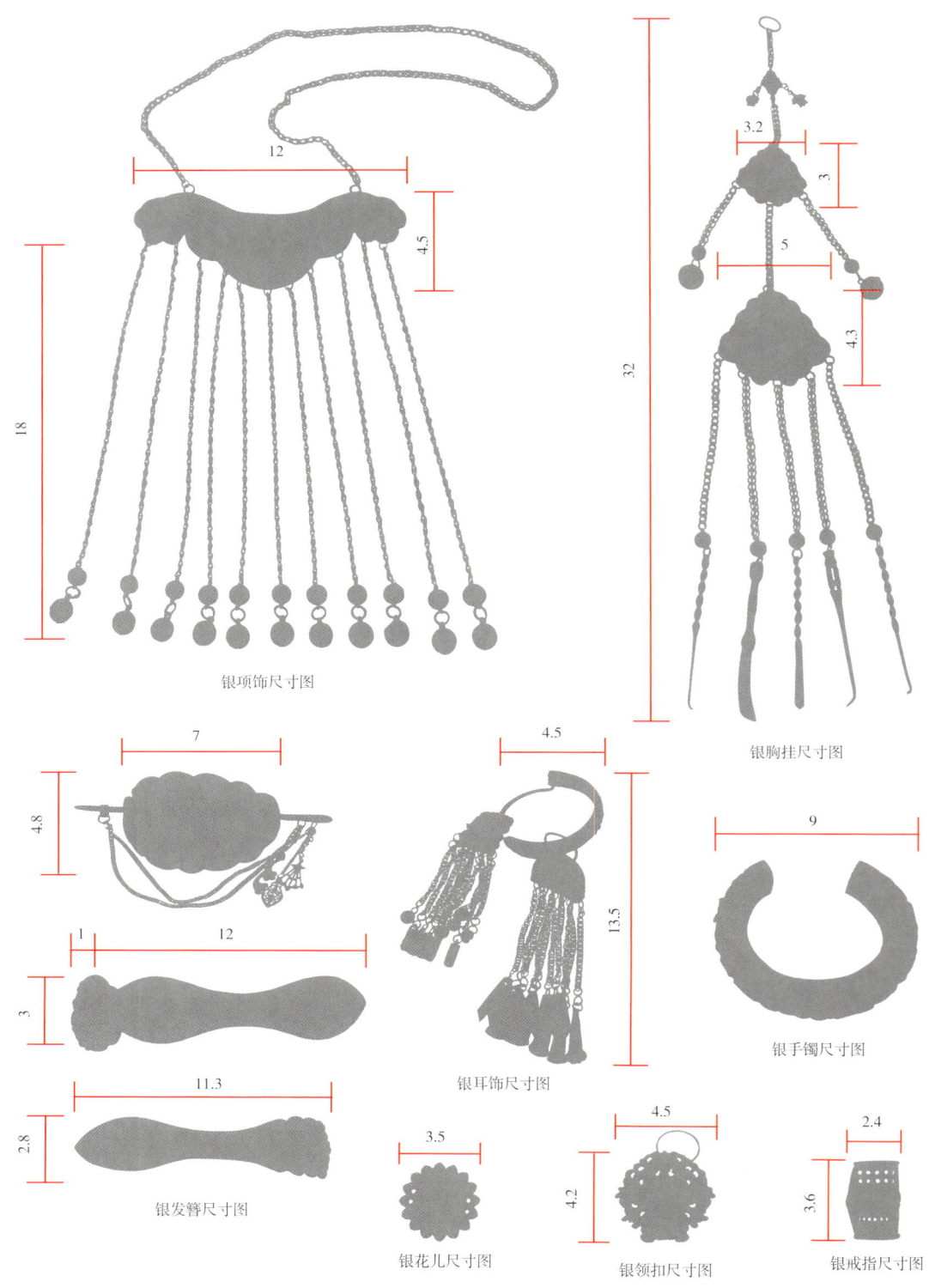

图九 羌族首饰尺寸图（单位：cm）

佩戴银项饰、银胸挂的羌族妇女　　　　　　　佩戴银项饰、如意锁的羌族妇女

图十　羌族项饰、胸挂佩戴效果图

茂县白溪乡羌族妇女的银发簪　　　　　　　　茂县雅都乡羌族妇女的银发簪

图十一　羌族银发簪佩戴效果图

第二章　羌族传统服饰

茂县羌族妇女的银耳饰　　　　　理县羌族妇女的银耳饰　　　　　茂县羌族妇女的银耳饰

图十二　羌族银耳饰佩戴效果图

图十三　羌族银领扣佩戴效果图

图十四　羌族银花儿佩戴效果图

羌族针线盒

图一　羌族针线盒主图

针线盒是羌族妇女随身佩戴的缝绣工具和饰物。本案例以银制成，长9.8厘米，宽6.2厘米，厚1.3厘米，外形似斧，由银饰外盒、麻布及棕丝裹成的内抽、羊皮挂绳、装饰彩结等部分组成。

针线盒小巧玲珑，十分精致和考究。银饰外盒的正反两面锻制有羊角纹、羊角花组成的卷草纹样，侧面以线和圆点为装饰纹样。针线盒内抽两端均有系绳索的孔或挂环，羊皮挂绳系在里面一端的绳孔上并穿出外盒顶端的挂绳孔，以便佩戴在腰间或衣襟扣上；内抽底端的挂环系上彩线扎成的结作为装饰，使用时轻拉装饰绳结即可抽出装针线的内抽，挂绳垂挂下来针线盒即关闭。针线盒内抽上缠有棕丝，外面用麻布裹紧并缝上，大小缝衣针、绣花针插在内抽上，既干燥不易生锈也不易滑落，少量缝衣线也可缠绕在内抽上。

羌族针线盒的设计很好地结合了实用和审美的功能。羌族妇女佩戴针线盒除了实用与美观之外，还有避邪、护佑、增寿的寓意，因此针线盒装饰纹样的象征意义和制作工艺，成为羌族妇女选择针线盒的标准，佩戴一件针线盒也是羌族妇女身份的象征。

图片来源

图一　罗力　摄影
图二至图四　李昕彤　制图
图五　米静　摄影

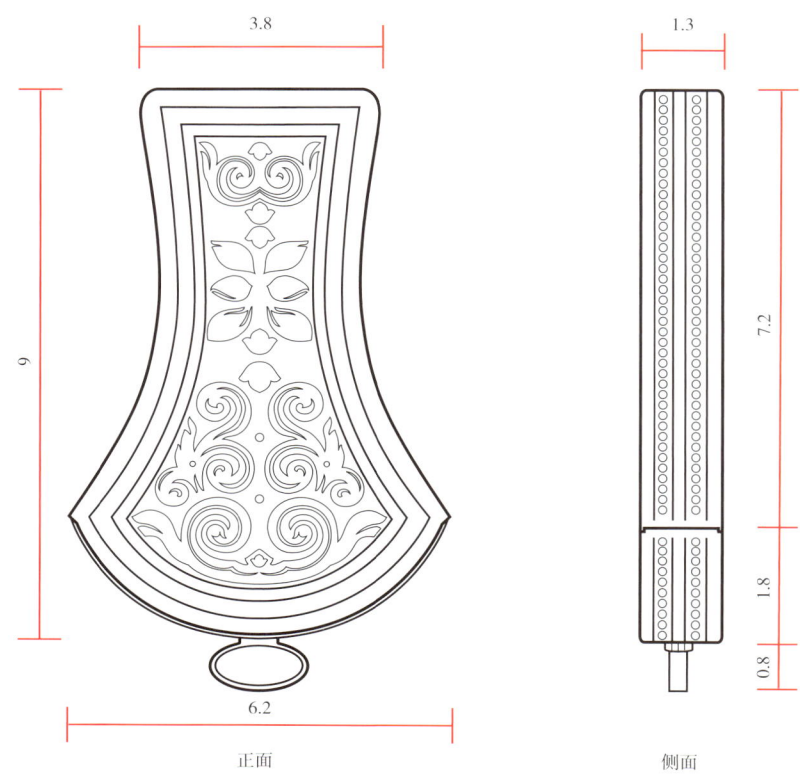

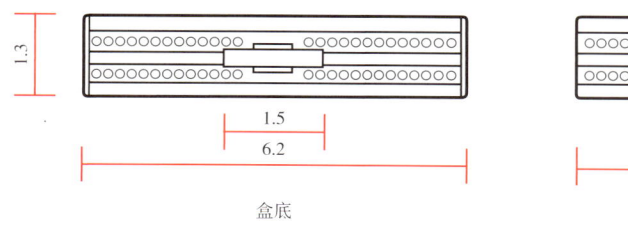

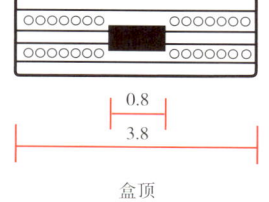

图二　羌族针线盒尺寸图（单位：cm）

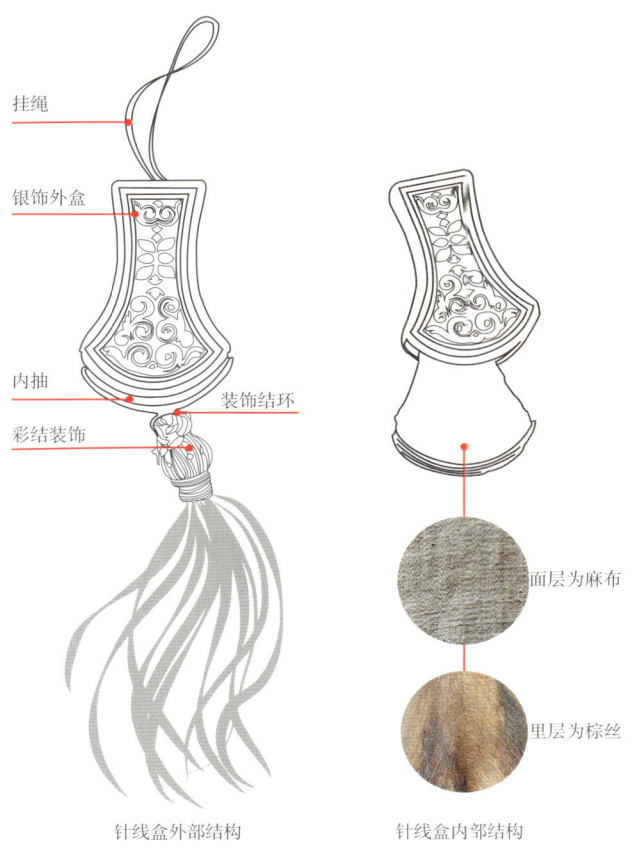

图三　羌族针线盒结构名称图

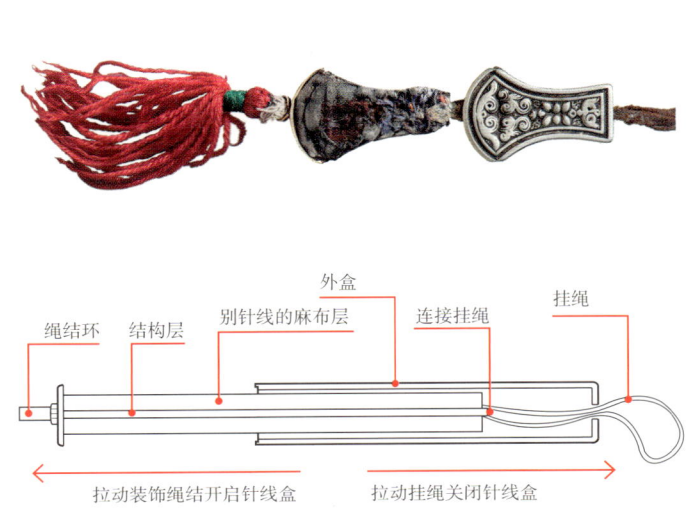

图四　羌族针线盒操作示意图

图五　羌族针线盒穿戴效果图

清代羌族鹰柄剑

图一　清代羌族鹰柄剑主图

本案例为清代羌族鹰柄剑。羌族男子佩戴吊刀、火镰是其传统的习俗，吊刀、火镰不仅是羌族男子随身携带的工具，也是羌族男子重要的装饰。清代鹰柄剑即羌族男子佩戴的一种吊刀。鹰柄剑外观精美，做工精细，剑身长33厘米，剑柄长10.5厘米、宽3.2厘米、厚1.4厘米，剑镗宽5厘米、高1.5厘米，剑锋长21厘米，剑鞘长23厘米、厚约1.4厘米。

鹰柄剑的剑柄、剑镗及剑鞘上鹰的装饰图案均为青铜铸件。剑柄上端是铜铸的鹰，凸起的鹰头部分便于手握而不易滑落；铜铸剑镗的两面装饰有浅浮雕的展翅雄鹰；剑鞘的两端均套装了铜铸件装饰，上端为云纹与羊角纹结合的图案，下端为鹰的羽翅装饰图案。由于剑的装饰部位面积很小，装饰图案都非常简洁，因而便于铸铜时制作。剑柄的制作工艺也比较特别，首先是剑锋部分较薄而剑茎逐渐变厚，锋宽而茎窄，从剑茎端套上剑镗就自然不会滑落；用两块木片夹住剑茎并用羊皮缠紧，再用几圈铁丝固定羊皮手柄，耐磨并增强了手感；在手柄上端套装上青铜铸造的鹰形装饰，鹰身正好盖住了固定羊皮的铁丝端头，再用铜皮紧贴剑镗包住铸铜饰鹰尾部预留的连接件，在铜皮上锻敲出线和点的图案，不仅美观，而且凹下的图案扎进羊皮起到固定套装的铜鹰和加固剑镗的作用。

图片来源
图一、图四2　罗力　摄影
图二　冯灿　制图
图三1、图四1　沈鸿雁　摄影
图三2　冯灿　制图

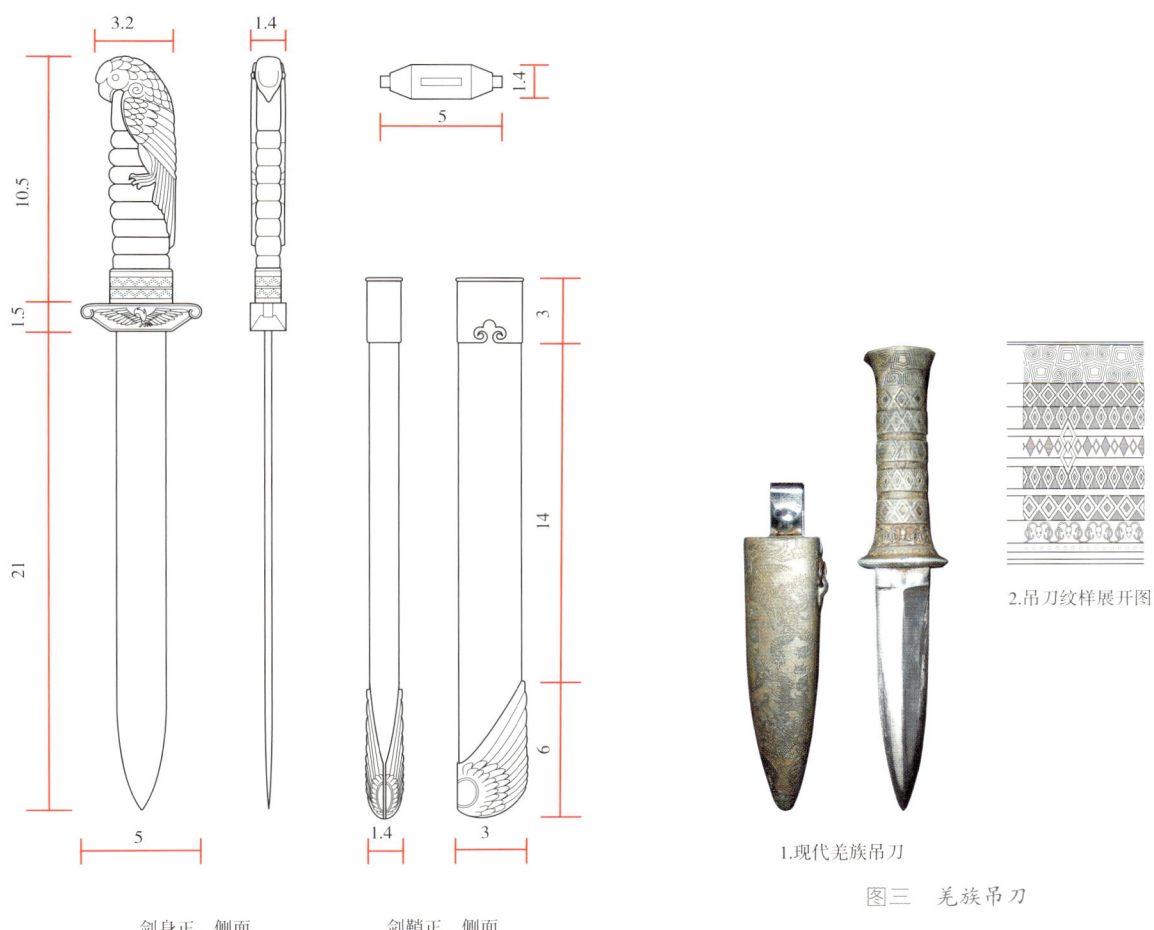

剑身正、侧面　　　剑鞘正、侧面

图二　羌族清代鹰柄剑尺寸图（单位：cm）

1.现代羌族吊刀

2.吊刀纹样展开图

图三　羌族吊刀

1.茂县羌族男子佩戴吊刀

2.理县羌族男子佩戴吊刀

图四　羌族吊刀佩戴效果图

第二章　羌族传统服饰

羌族火镰

图一　羌族火镰主图

火镰是一种古老的取火器，因形似弯镰而得名。火镰是以火刀击石的火星引燃火绒而取火，是历史上民间广泛使用的取火器。在羌族传统中，火镰不仅是男子随身携带的取火用具，也是一种具有象征意义的佩饰。20世纪五六十年代羌族地区仍有不少羌人使用火镰取火，在当代羌族重要礼俗活动中，羌族男子仍把火镰作为饰物之一。

羌族本地工匠就地取材，多以牛羊皮骨为材料，以羊角花（杜鹃花）、云纹等为装饰图形，使火镰成为羌族男子喜爱佩戴的装饰物件。本案例长14厘米，宽8厘米，厚约1.2厘米，由击石的火刀、盛放火石及火绒的皮囊、挂环以及皮囊盖上的装饰片组成。制作火镰需准备好锻制的钢片火刀、用牛皮裁剪的皮囊、固定皮囊的铁片、皮囊盖的铁锁扣、装饰铜片及铜挂把、雕刻装饰图形的牛或羊角骨片、铆合各部件的铜铆钉，然后将所有部件和装饰件均采用铆合方式组装起来。比较巧妙的是工匠将皮囊的合缝藏在皮囊盖下中间部位以不影响美观，并在下端缝口剪去一小段留出皮囊锁扣的锁口位置，铁片固定皮囊后正好形成一个锁口。

羌族装饰火镰的材料也有很多，贵重的玉石、翡翠、玛瑙及金银等是上乘装饰材料，装饰工艺的繁简也有差别。

图片来源

图一、图五、图六　罗力　摄影
图二至图四　冯灿　制图

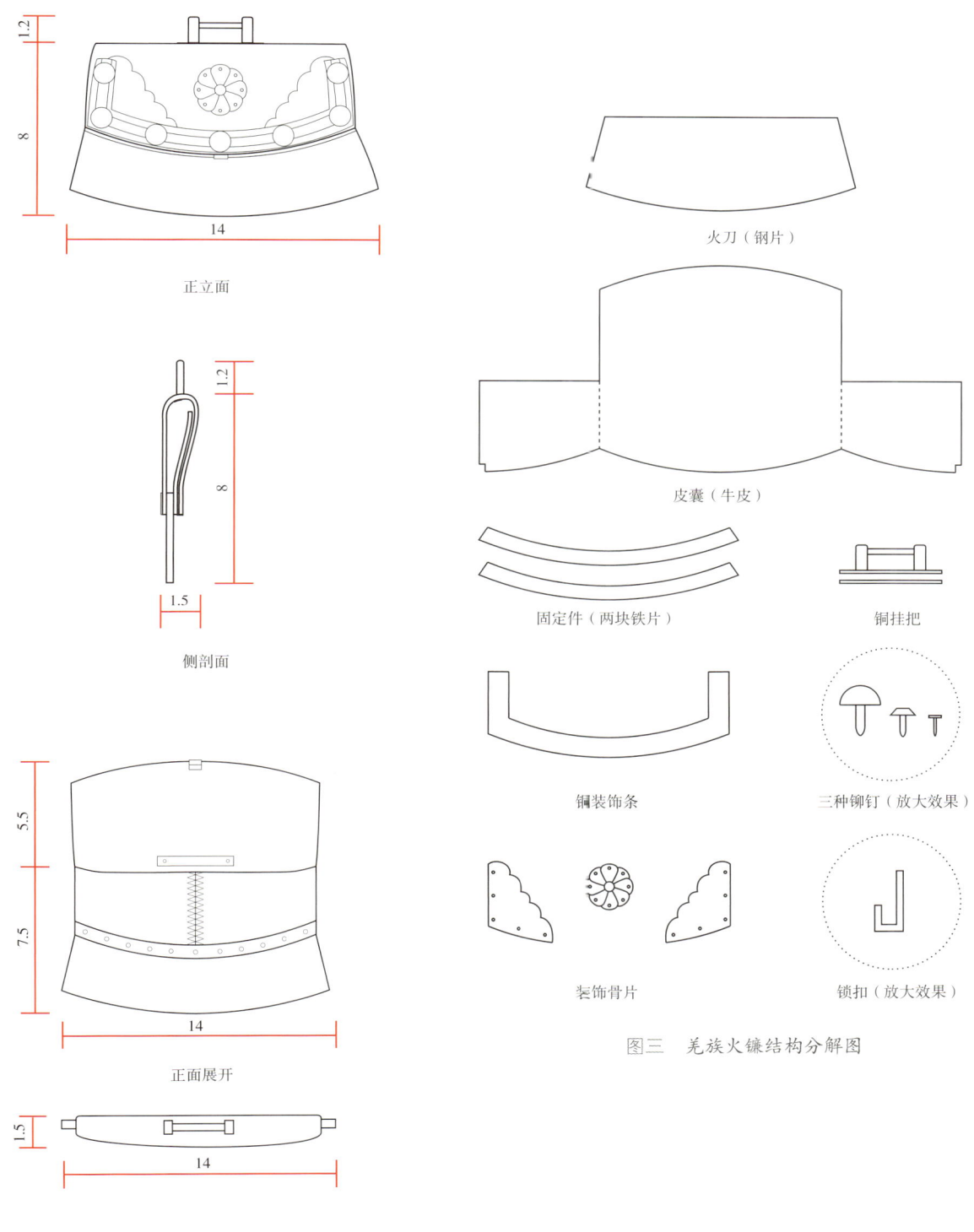

图二 羌族火镰尺寸图（单位：cm）

图三 羌族火镰结构分解图

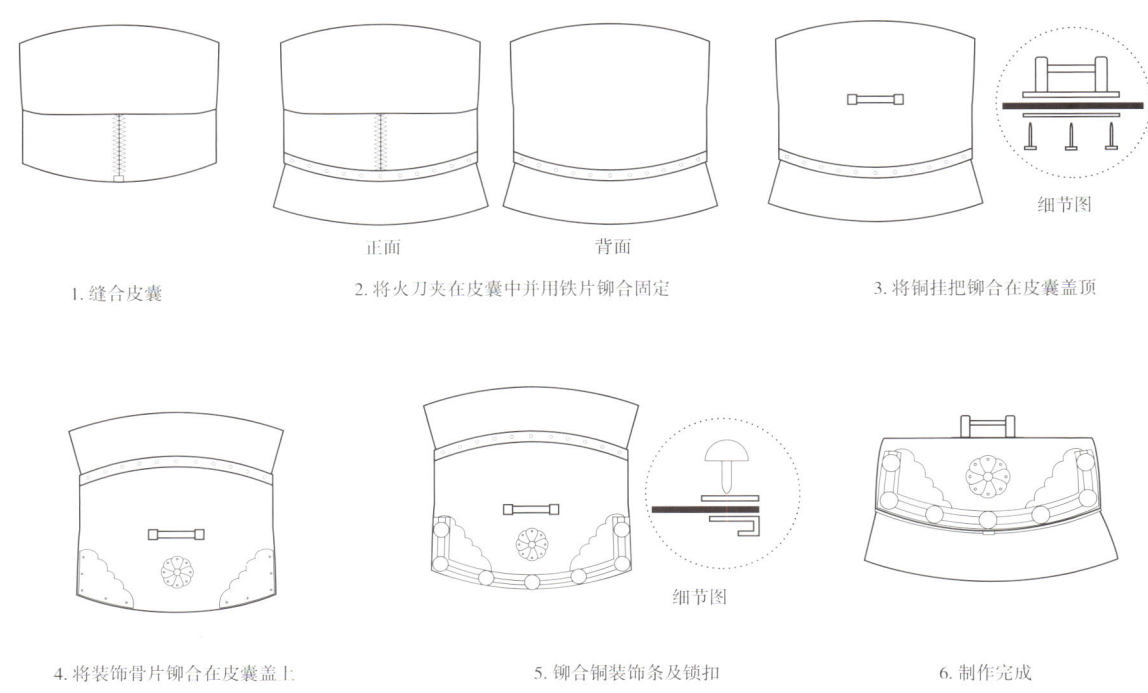

1.缝合皮囊　　2.将火刀夹在皮囊中并用铁片铆合固定（正面／背面）　　3.将铜挂把铆合在皮囊盖顶（细节图）

4.将装饰骨片铆合在皮囊盖上　　5.铆合铜装饰条及锁扣（细节图）　　6.制作完成

图四　羌族火镰制作流程图

羌族男子佩戴的八瓣花装饰火镰

羌族男子佩戴的藏式火镰

图五　羌族火镰佩戴效果图

图六 不同的羌族火镰

第三章 羌族传统餐饮

羌族铁三足

图一 羌族铁三足主图

羌族的房屋中心为锅庄，即火塘之上置一铁、铜或石制的三足架（羌语称"希米"），用以炊爨。最早羌族的火塘中是用三块白石作为烧煮食物的支架的，即"三石顶一锅"。金属锻造技术普及后，铁或铜制的三足架取代了白石，且由于铁制的三足架最为普遍，因此统称为铁三足。铁三足是羌族沿用至今的传统灶具。

理县桃坪羌寨杨家的铁三足主要由三只像牛、羊角的倒"L"形支撑足和一个大铁圈构成，铁圈架在等边三角形分布的三只支撑足之上，总高39厘米、宽90厘米；每只足高32.5厘米、宽40厘米，铁板厚0.3厘米；连接三足的铁圈直径为80厘米、高7.5厘米，铁件厚1.5厘米。在铁圈与三足交接的位置上还分别设有长14厘米、宽9厘米的椭圆形搁物平台，每个椭圆形小平台外沿下有一个直径3.5厘米的十二面体小铁球；铁三足中一只支撑足的上端套有一个直径6.5厘米的小铁环。铁三足下垫有石板，用于生火，三足之上可放置鼎锅、平底锅、水壶等炊具，煮饭、烧汤、炒菜、烙饼、烧水等都在铁三足上进行。

羌族的铁三足除了灶具功能外，还有特别的意义。铁三足的三只支撑足分别象征三尊神，一只象征火神"莫古依稀"，一只象征男祖先"活叶依稀"，一只象征女祖先"迟依稀"。每只足上的十二面体小铁球代表神位。因此，羌族的铁三足有许多讲究和禁忌，如安放铁三足时必须将代表火神的铁环正对堂屋中的神龛方向，也是家族中德高望重的长者及贵客所坐方位，不得无缘无故移动铁三足，禁止踩、蹬、手摸或跨过铁三足，不准在上面烤衣、裤、鞋、袜等不洁之物，等等。

羌族的铁三足作为灶具，简洁而牢固，并适合多种形状和大小的炊具；作为祭祀之物，通过小小的铁环、十二面体的小铁球的细节处理，增添了神秘的色彩，使其成为火神崇拜、祭祀祖先、凝聚家族的神圣之物。

图片来源
图一　罗力　摄影
图二至图四　米静　制图

参考文献
冉光荣，李绍明，周锡银.羌族史.成都：四川民族出版社，1984.
杨福泉，郑晓云.火塘文化录.昆明：云南人民出版社，1991.

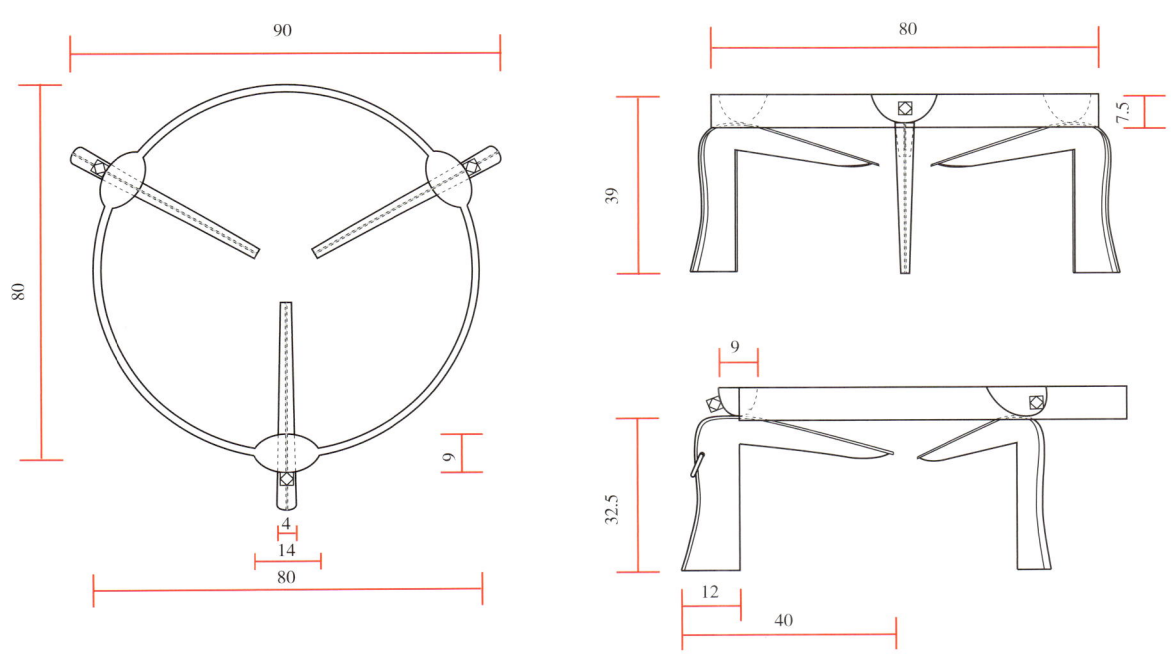

图二　羌族铁三足尺寸图（单位：cm）

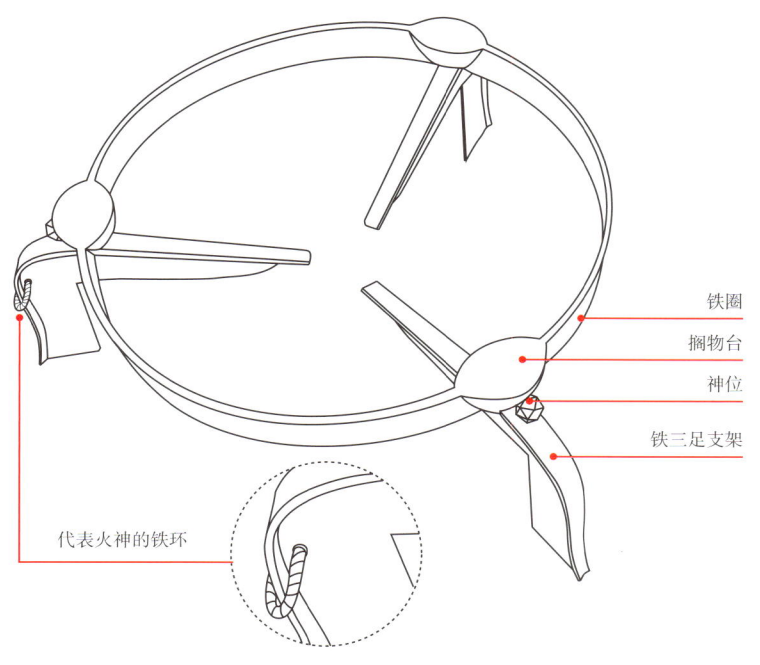

图三　羌族铁三足结构名称图

图四　羌族铁三足使用情境图

羌族柴灶

图一 羌族柴灶主图

羌族最早是一家人围绕火塘，在铁三足上架锅煮食，后来学会了搭建柴灶。随着家庭人口的增加，柴灶越来越普及。羌族家庭的柴灶很多就建在火塘的旁边，有条件的羌族家庭专门建起灶房，即厨房，烹煮食物主要在灶房进行，火塘主要用于取暖、烧水。

茂县三龙乡合心坝杨家的柴灶搭建在火塘下方，坐西朝东，用青砖砌成，长195厘米、宽100、高75厘米，柴灶有两个火膛，可架设两只大铁锅，两锅共享一个烟囱，柴灶的加柴、出灰的灶门面对火塘，烹煮食物时要站在柴灶的后方操作。由于柴灶建在火塘下方，因此人只能从三面围火塘而坐，但也方便了柴灶的点火。人可从火塘取火，可将柴灶烧余的炭放入火塘。家里人多时用柴灶煮食，人少时就用火塘煮食。

羌族搭建柴灶有许多讲究，柴灶只能坐东朝西或坐西朝东，当地人称其为"烧东烧西"，取"烧东西"之意，而不能"烧南烧北"。灶旁边的墙内嵌供灶王府君的龛子，过节时，要给灶王烧香燃蜡、奉献供品。工匠在修灶时，要注意不能踢翻锅或柴堆。使用柴灶时，孕妇或刚生孩子的产妇不能在"灶门前"随意走动，在灶前烧火时不能玩弄火钳并夹出响声，脚不能蹬踩灶门，等等。羌族家庭的柴灶有多种样式，有的在屋中间，四面不靠墙，有的靠墙的转角，有的单侧靠墙，无论怎样建都要讲究方位，同时要考虑烹煮食物时操作方便，还有不得违反相关的禁忌。

图片来源

图一　罗力　摄影
图二至图四　颜瑷　制图
图五　沈鸿雁/摄影　颜瑷/制图

参考文献

卢丁，工藤元男.羌族社会历史文化研究.成都：四川人民出版社，2000.

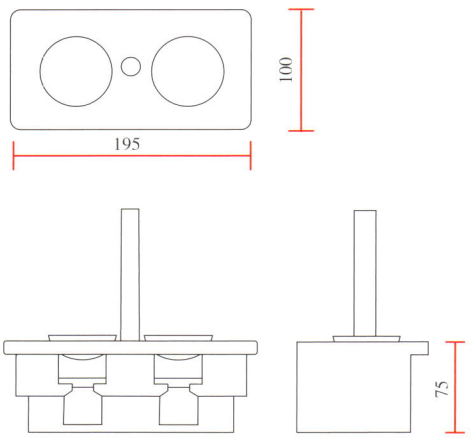

图二　柴灶尺寸图（单位：cm）

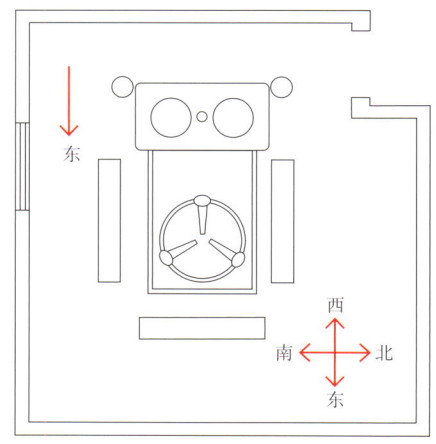

图三　柴灶方位示意图

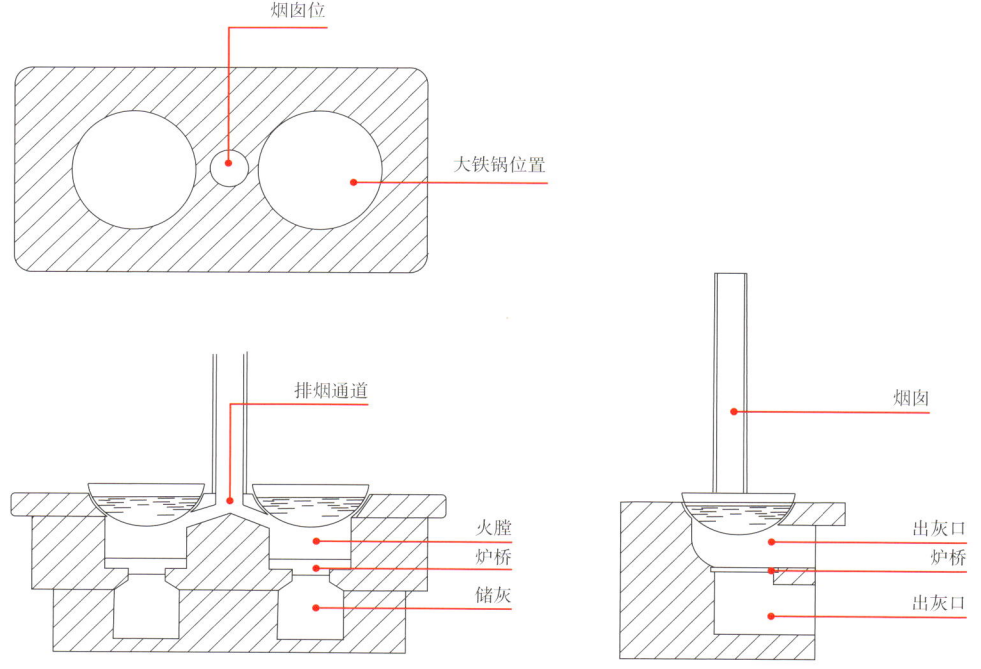

图四　羌族柴灶三视、结构名称图

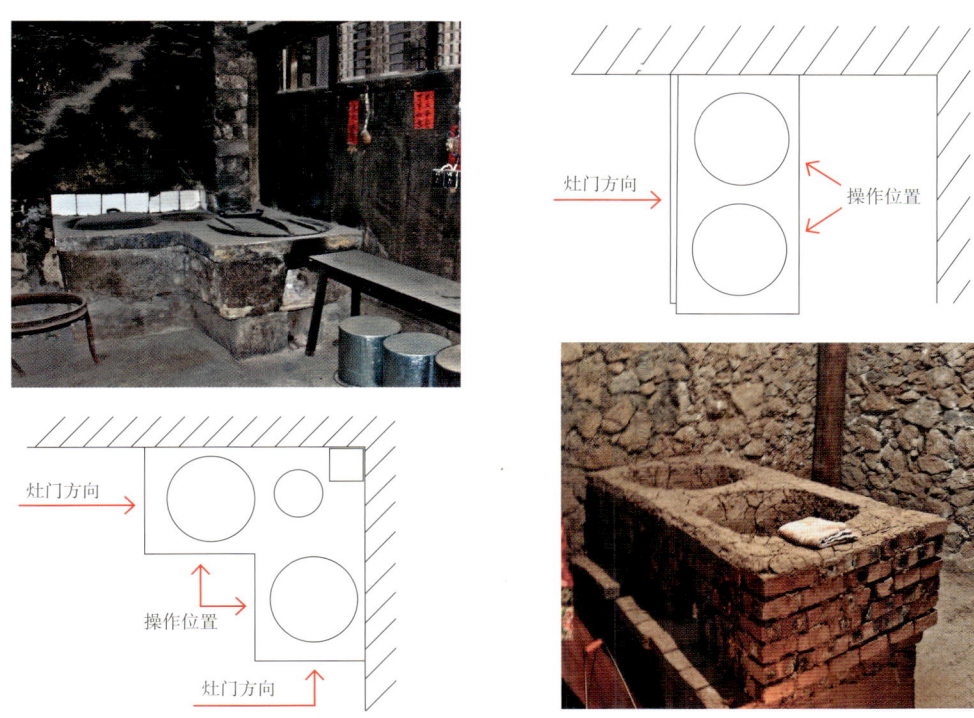

靠墙转角的柴灶　　　　　　　正在修建的侧面靠墙柴灶

图五　羌族柴灶示例图

羌族鼎锅

图一　羌族鼎锅主图

鼎锅是羌族人经常用来烧水、煮饭、煮肉、熬汤等的炊具。鼎锅为生铁铸成的圆底锅，由锅身、锅盖、吊耳、提（挂）把组成，锅肚直径29厘米，锅口直径25厘米，高25厘米，锅肚偏上铸有对称的两对共四只用于悬挂的锅耳；悬挂用的吊耳和提把经锻造而成，吊耳高25厘米，提把的弯曲高度为10.5厘米；鼎锅总高46厘米。

羌族鼎锅的特点：第一是圆底，羌人煮食以火塘及铁三足为灶具，圆底锅放在铁三足上或悬吊在火塘之上都不存在稳定性问题，且圆底锅的受热面比平底锅大，煮食时食物受热更均匀；羌族火塘也是家人取暖的地方，圆底锅对火塘热源的阻挡比平底锅小，不影响家人取暖。第二是鼎锅的锅口比锅肚的直径略小，因此从锅肚上钩挂的吊耳不影响锅盖的使用，同时火塘的火苗也烧不到木锅盖。羌族各地的鼎锅也有所差异，比如有的鼎锅锅底是小面积的平底，不过其使用效果与凸底锅基本一样；有的因铸造时分块模具间衔接形成的线条被打磨掉了，所以鼎锅表面非常平整，而有的却把这些无意间形成的线条保留下来作为装饰，还有的在铸造时专门刻出多条线条作为装饰等。

图片来源

图一　沈鸿雁　摄影

图二至图五　米静　制图

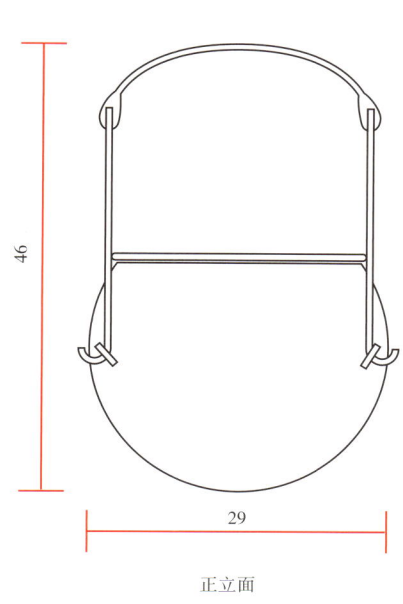

正立面

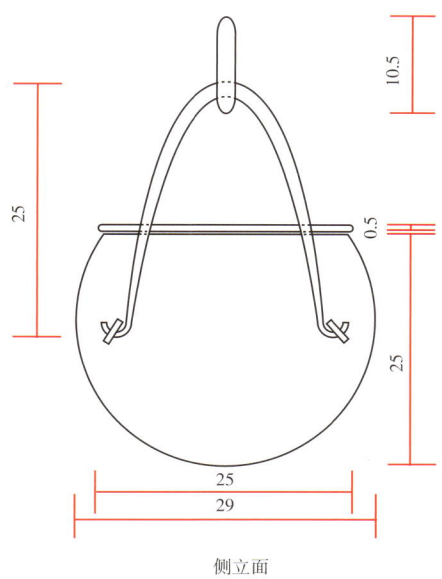

侧立面

图二 羌族鼎锅尺寸图（单位：cm）

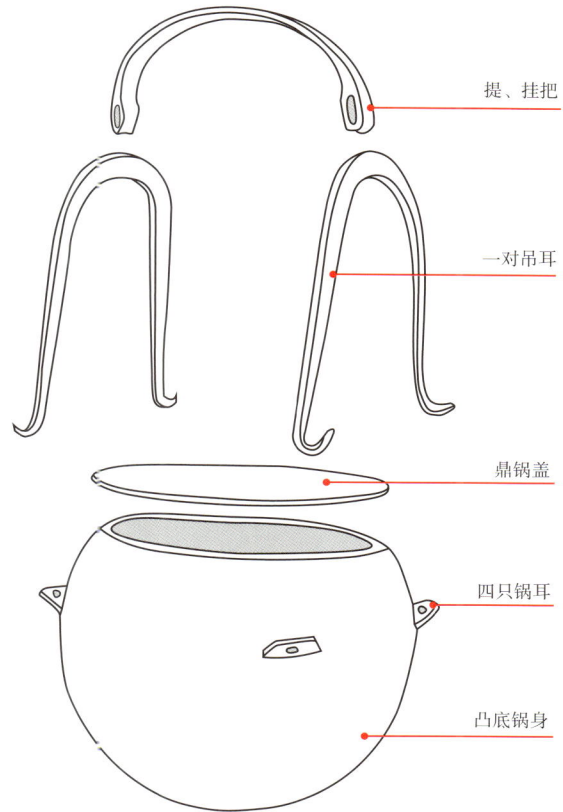

提、挂把

一对吊耳

鼎锅盖

四只锅耳

凸底锅身

图三 羌族鼎锅结构分解图

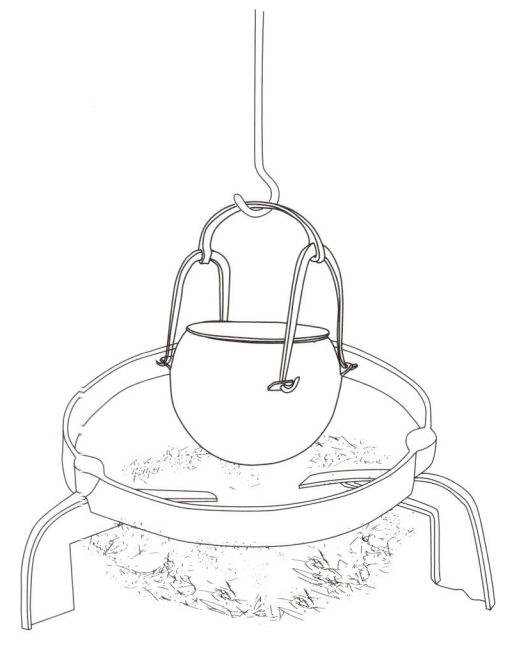

图四 羌族鼎锅使用情境图

第三章 羌族传统餐饮

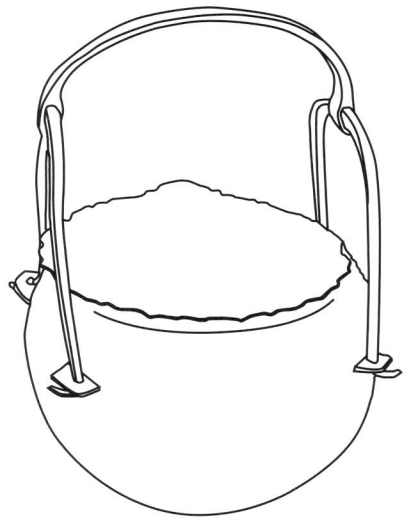

无装饰线的鼎锅

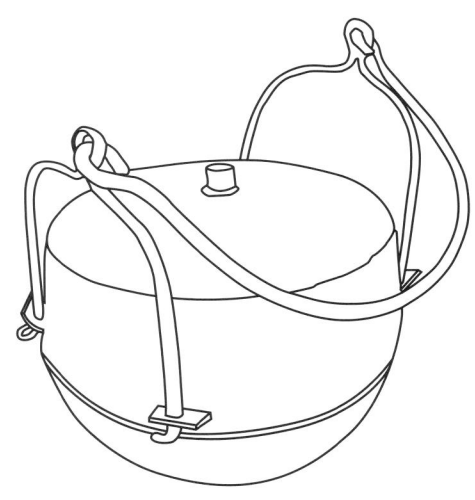

腰部有装饰线的鼎锅

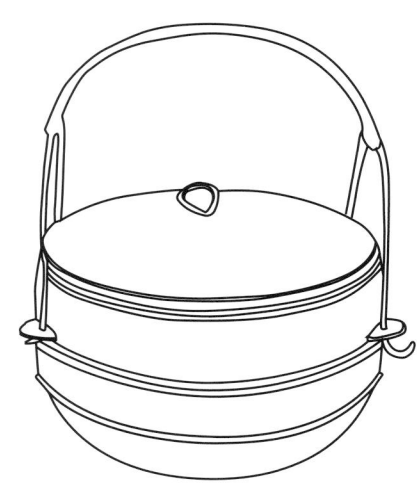

腰部及以上有多条装饰线的鼎锅

图五 不同的羌族鼎锅

羌族和面桶

图一 羌族和面桶

和面桶、揉面槽、擀面板是羌族人家常用的制作面食的厨具。羌族地区主产的粮食为玉米、小麦、青稞、荞麦等，这些粮食一般需磨成面粉后方可制作成食品，如玉米蒸蒸、烧馍馍、核桃饼、荞麦粑粑、荞麦切切面、米酥糕、花糕、太阳馍馍、月亮馍馍等。因此，在羌族地区家家都有专门制作面食的厨具。

茂县三龙乡合心坝杨家的和面桶为木拼圆桶，高48厘米，直径35厘米，主要用于和面与发酵。和面桶一次能放入5千克面粉，加水及"老面"（酵母）后用劲搅拌，搅拌均匀后盖上桶盖发酵一晚上即可制作蒸馍或烤饼。和面桶的设计有两个特点，第一是其桶底比一般木桶的桶底高，桶底离地面约10厘米，主要是为了远离地面的尘土、污水以及小虫子；第二是桶的上缘有两块对称的高出桶口的拼木，形成宽约4厘米的小木把，一边高约3厘米，一边高约9厘米，高的一边为和面搅动时稳定木桶的把手，两边都对应木桶盖留出的卡口，盖上桶盖后可避免被猫狗掀开。木桶盖一边的卡口略宽，可将搅面棍放进木桶，以保持搅面棍的卫生。

图片来源
图一 罗力 摄影
图二、图三 米静 制图

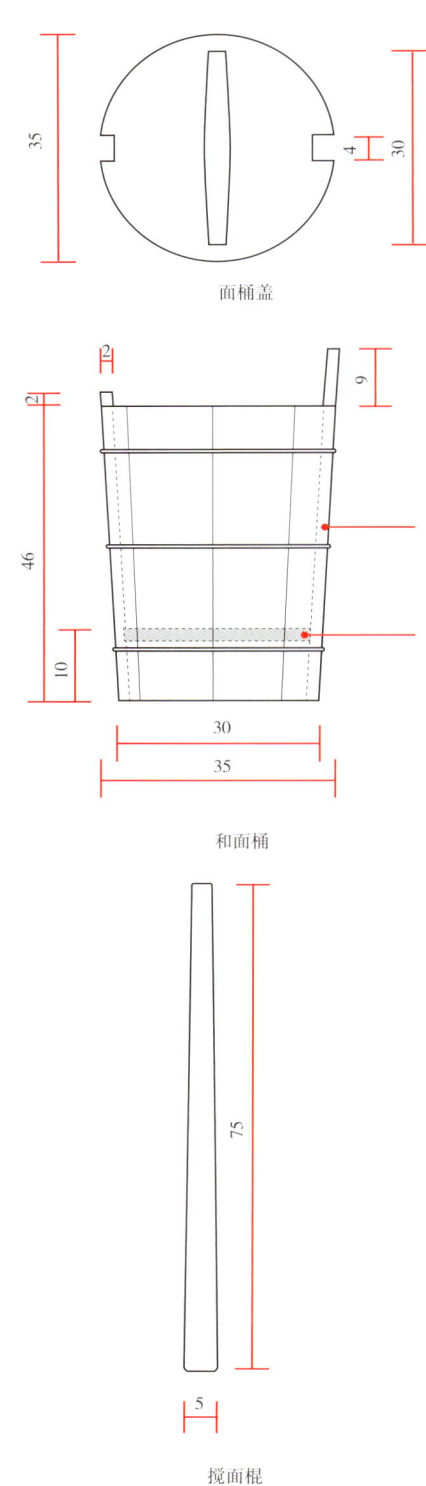

面桶盖

和面桶

搅面棍

图二 羌族和面桶尺寸图（单位：cm）

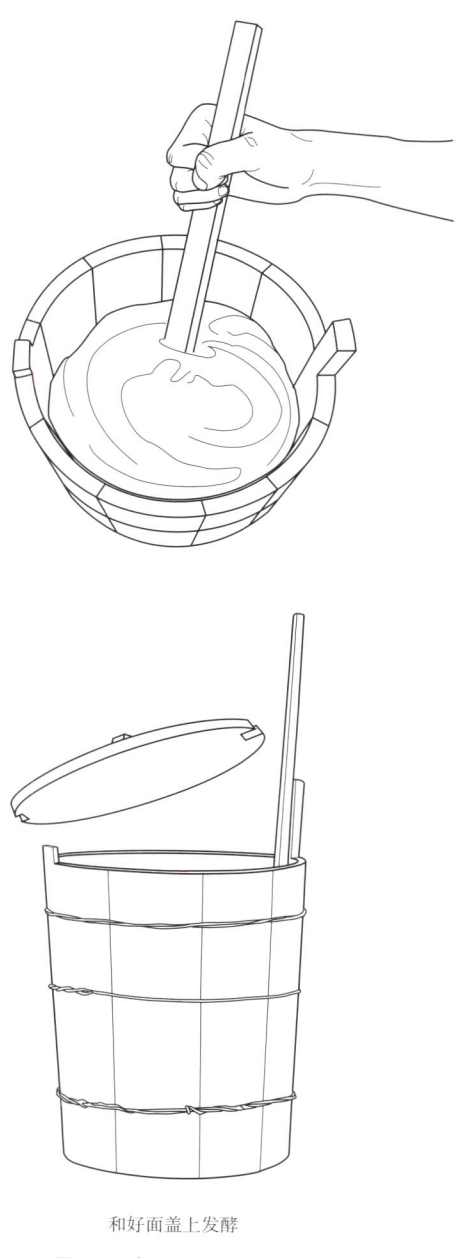

和好面盖上发酵

图三 羌族和面桶操作示意图

羌族揉面槽

图一　羌族揉面槽主图

和面桶、揉面槽、擀面板是羌族人家常用的制作面食的厨具。羌族地区主产的粮食为玉米、小麦、青稞、荞麦等，这些粮食一般需磨成面粉后方可制作成食品。因此，羌族家家都有专门制作面食的厨具。

理县桃坪羌寨贾家的揉面槽，由整块香椿木挖成凹形而成，长76厘米，宽38厘米，高8厘米，主要用于和面、揉面团、切面等。揉面槽两头为弧形，两边为直边，外形酷似独木舟，槽口宽大，槽底小而平整，上缘较薄而底部厚实。揉面槽的造型非常有特点且美观，平缓的槽盆有利于揉面，凹槽内全为弧面，没有死角，便于清洁。

图片来源
图一　罗力　摄影
图二、图三　米静　制图

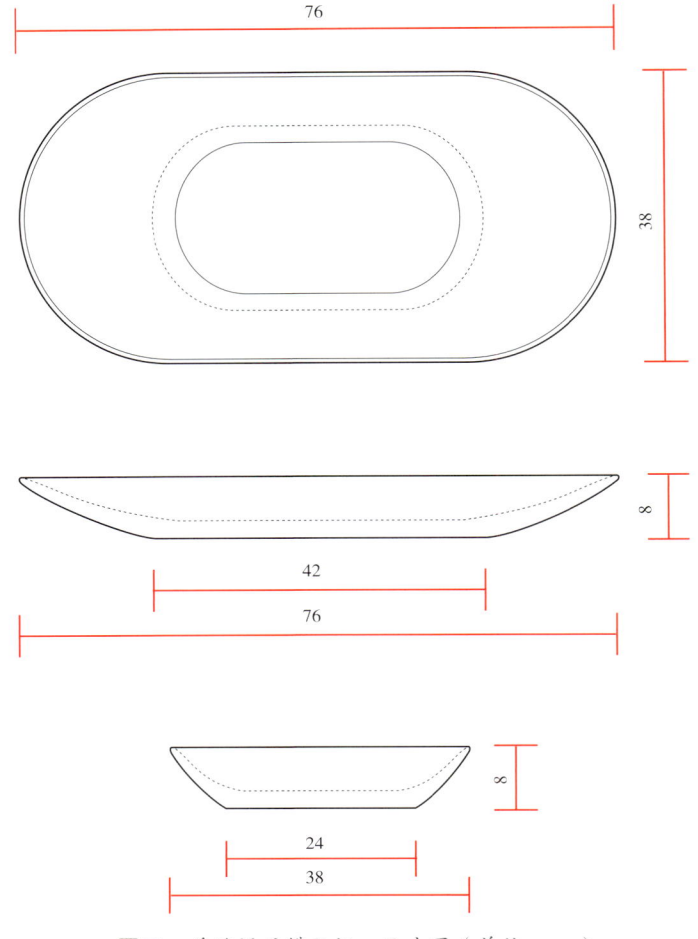

图二　羌族揉面槽三视、尺寸图（单位：cm）

图三　羌族揉面槽操作示意图

羌族擀面板

图一　羌族擀面板主图

和面桶、揉面槽、擀面板是羌族人家常用的制作面食的厨具。

茂县中国羌族博物馆收藏的擀面板为木作榫卯结构，面板长110厘米，宽70厘米，高75厘米，主要用于揉面、擀面和切面等。擀面板是一个可以收折上墙的活动面板，面板靠墙一边的两端留出长10厘米的转动轴，墙上钉有两个对应的木轴眼，就像传统木门的门头与榫窝一样可以自如转动；面板向外一边用易拆装的榫卯结构连接木支撑架；面板靠墙位置的墙上装有10厘米高的护板，使面板收折时不直接靠墙；面板向上翻转后，上缘的墙上装有一个活动木栓，可灵活固定或放下面板。这样的设计有着非常周到的考虑，首先羌族人家做面食的面板一般不允许搁放其他物品，不仅是为了卫生，也属忌讳，面板使用后都会收起来。大面板的收放比较困难，这种翻转靠墙收折的方法是最好的选择，面板面向墙、底向外，不挨地，不沾墙，既保持了清洁，也节约了室内空间。

图片来源

图一　罗力　摄影
图二　米静　制图
图三　罗力　制图

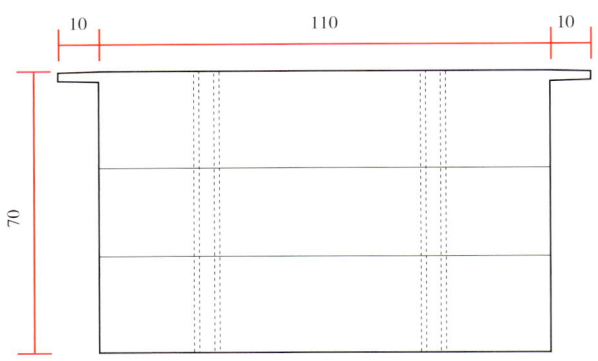

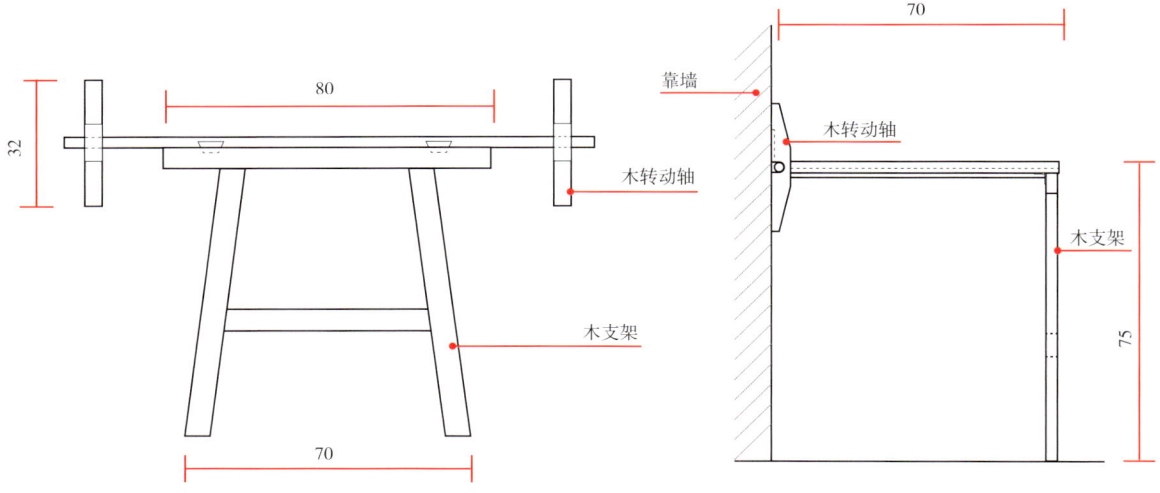

图二　羌族擀面板结构、尺寸图（单位：cm）

图三 羌族擀面板使用情境图

羌族木瓢

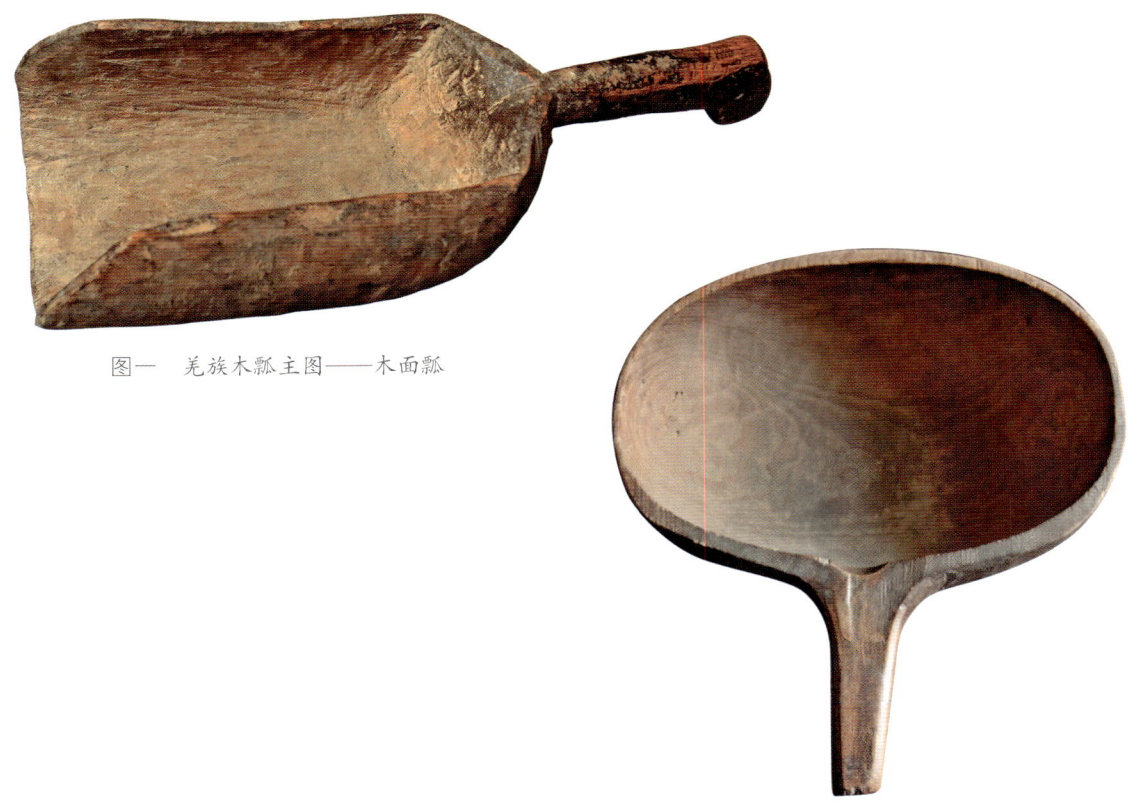

图一　羌族木瓢主图——木面瓢

图二　羌族木瓢主图——木水瓢

羌族木瓢主要指木面瓢、木水瓢。木面瓢、木水瓢是羌族人家用于舀面粉、舀水的木制厨具，以整块木头挖成，选用的木料包括核桃木、香椿木、楸木、桦木或杉木等，其中核桃木的硬度和韧性均为最佳。

理县桃坪羌寨杨家的木面瓢为长方形，前端开口，总长34厘米，宽12厘米，高10厘米，其中瓢身长23厘米，握把长11厘米，瓢身壁厚约1.5厘米，木面瓢握把前端有一菱形凹槽，握把末端有一弯头并凿孔，可穿绳悬挂。杨家的木水瓢为椭圆凹形瓢，总长35厘米，宽30.5厘米，高10厘米，其中瓢身长23厘米，握把长12厘米，木水瓢握把前端有一半圆形的凹槽。

羌族木面瓢、木水瓢的握把前端都有一个凹陷的小槽，许多人对为何设一小槽有所不解。用木瓢舀面粉、舀水时，仅靠手掌握把会左右摇晃，只有用大拇指卡住木瓢沿口才握得稳当。握把前端的小槽，正是为了使大拇指卡住瓢沿时更稳妥，也更舒适。握把带有小槽口也成为羌族地区以及川西地区木瓢的特点。

从羌族木面瓢、木水瓢的设计可以看出羌族工匠在实现使用功能的同时，也通过一些细节的处理更好地实现人性化，这正体现了羌族工匠以人为本的朴素思想。

图片来源

图一　罗力　摄影
图二　颛瑗　摄影
图三、图五　米静　制图
图四、图六　罗力　制图

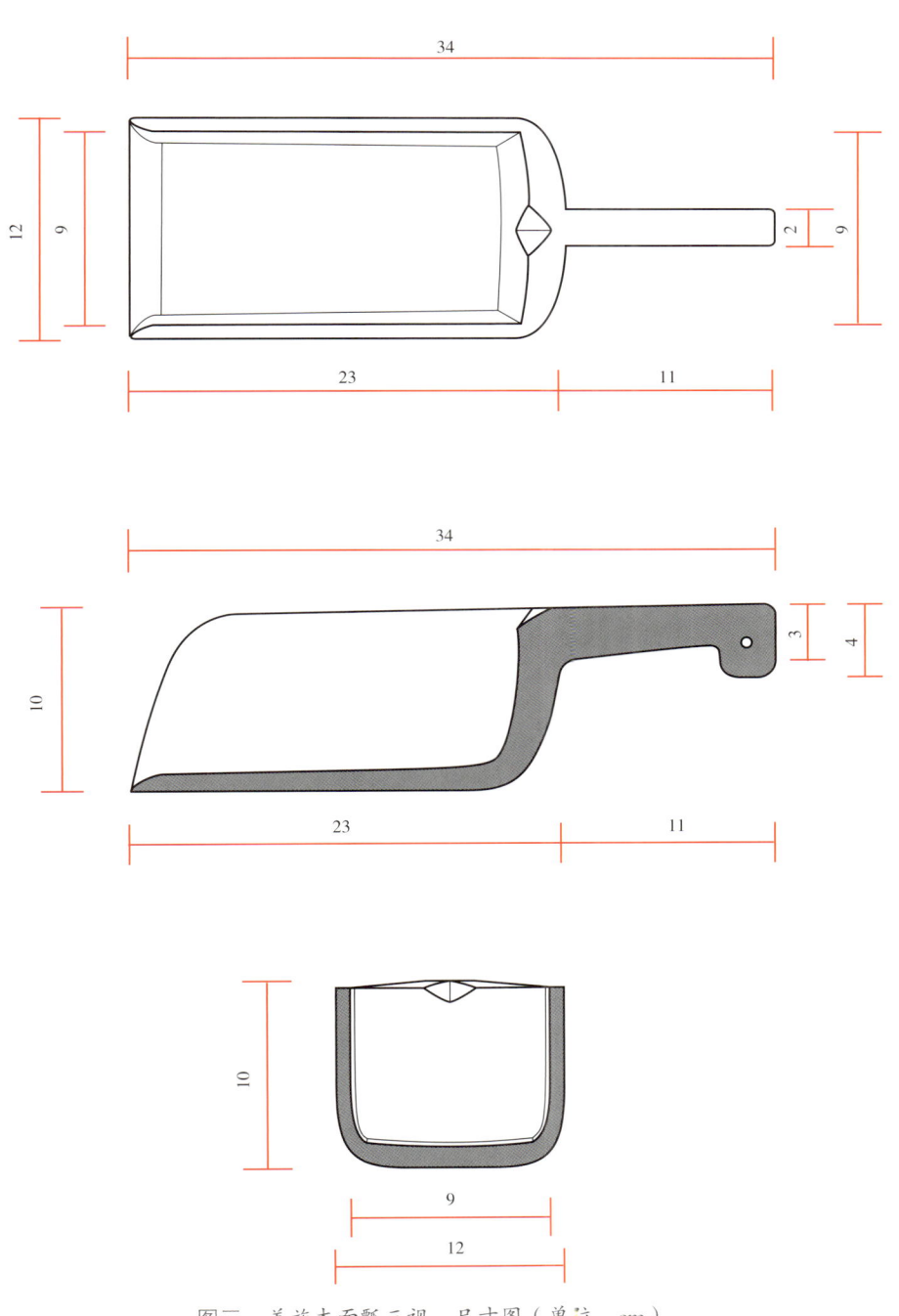

图三　羌族木面瓢三视、尺寸图（单位：cm）

第三章　羌族传统餐饮

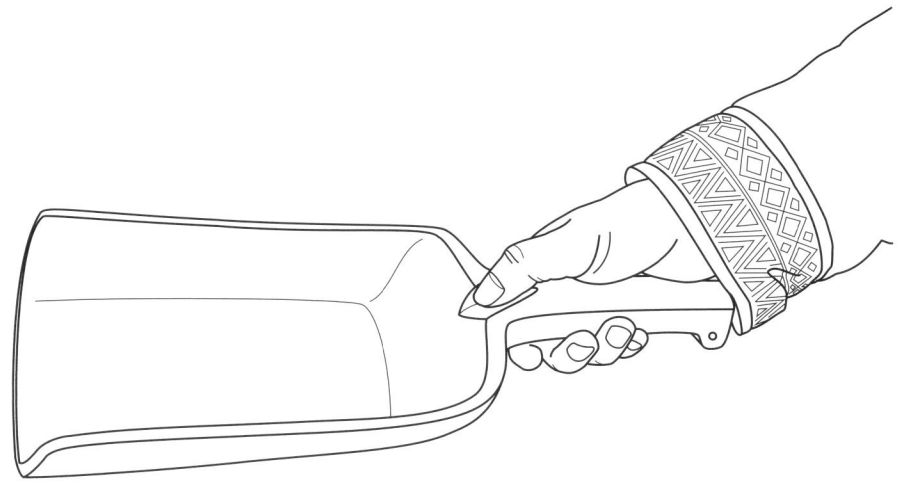

图四　羌族木面瓢握把

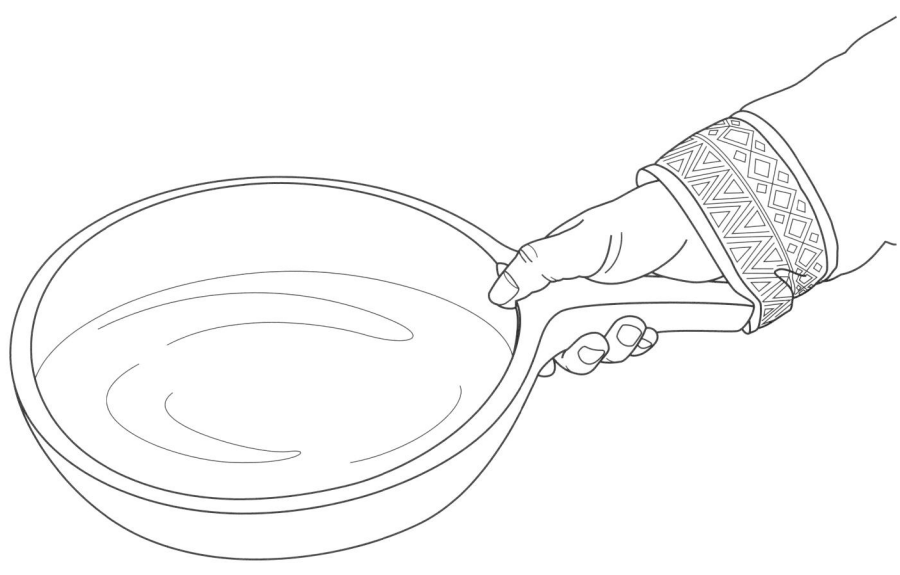

图六　羌族木水瓢握把

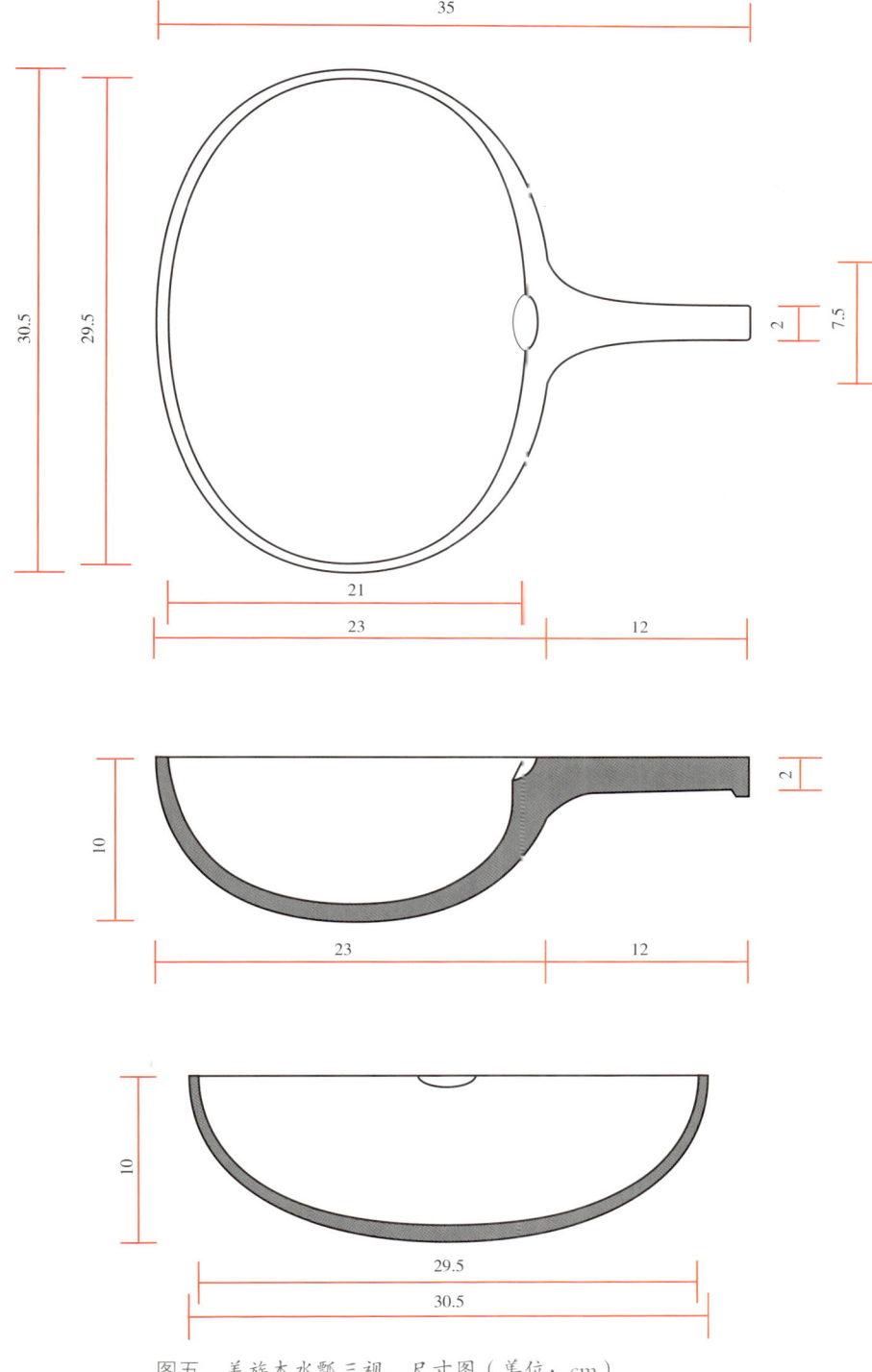

图五 羌族木水瓢三视、尺寸图（单位：cm）

羌族连体调料罐

图一　羌族连体调料罐主图

羌族地区有着很悠久的制陶传统，陶制的餐厨用具在羌族人家比比皆是。该案例为理县桃坪羌寨王家的三罐连体的老调料罐，是比较有特点的传统厨具。该连体调料罐宽20.4厘米，高14厘米，由三个陶罐组成并共用一个提把，每个陶罐直径为10厘米，高10厘米，提把高4厘米并跨越三罐之间，使用起来十分方便，既可放在灶台上集中盛放常用的油盐酱醋等，炒菜时方便取用，也可以很方便地提到餐桌上。

连体调料罐的制作流程是先将两个或多个拉好坯的陶泥罐紧靠成一组，然后用陶泥将它们连接起来，再将泥坯提把用陶泥粘接到多罐之间的平衡位置，待陶罐泥坯干了以后上釉，最后进窑炉烧成。

羌族还有许多具有创意的土陶餐厨用具，如传统的鸟形小茶壶从造型到功能的设计都很完美，设计中利用了壶把与倒水口成90度的特点，将壶口及引水设计成水鸟的头和嘴，将壶把设计成水鸟的颈，形成水鸟转头的生动造型，壶把上还有一个插放茶针小孔，形态简洁、造型优美、功能齐备。另外还有盘纹小茶壶、三角纹陶罐等，都体现出羌族在传统餐厨土陶用具制作中的独具匠心。

图片来源
图一　沈鸿雁　摄影
图二至图四　柳冰蕊　制图
图五　罗力　摄影

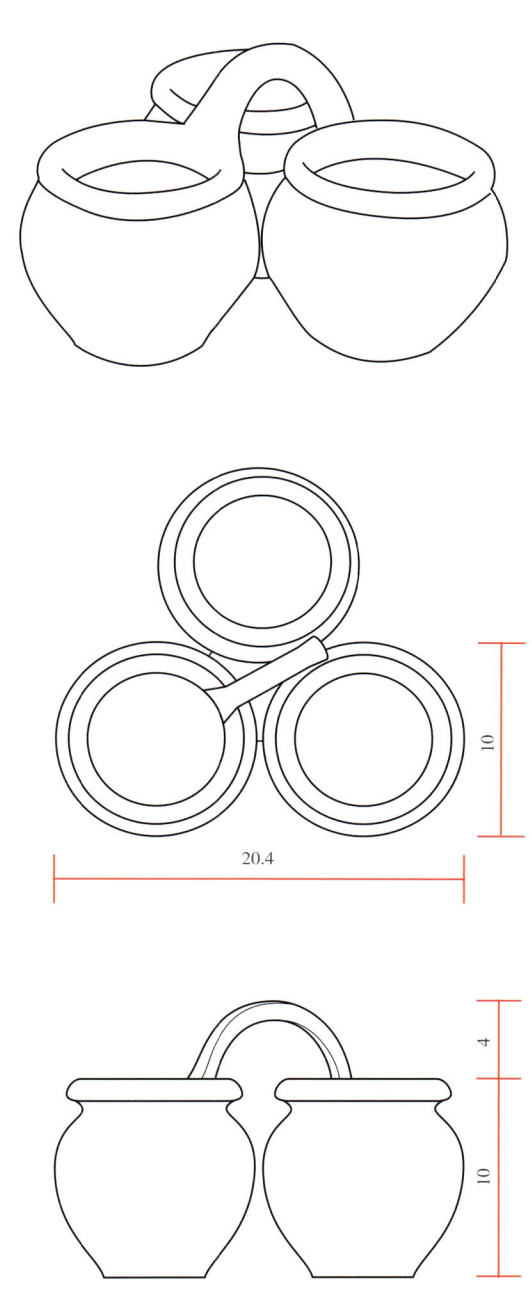

图二　羌族连体调料罐三视、尺寸图（单位：cm）

拉坯做陶罐

用陶泥连接三个罐的泥坯

用陶泥粘提把的泥坯后烧制

图三　羌族连体调料罐制作流程图

放于灶台

提到餐桌使用更方便

图四　羌族连体调料罐使用情境图

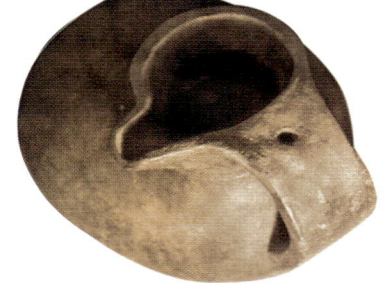

鸟形小茶壶

三角纹陶罐

盘纹小茶壶

图五　不同形制的羌族陶罐

羌族"金裹银"

图一　羌族"金裹银"主图

羌家饭"金裹银"是汶川、茂县、理县等地羌族的传统上等主食。羌族聚居地区山高，气温较低，不产大米，主产的玉米、小麦、青稞、荞麦等是当地传统的主粮，大米都从外地买进，非常珍稀。羌族家里有尊贵的客人、适逢重要的节日或家人的生日、喜事等才做米饭，所做的米饭非同一般的白米饭，而是在米饭中掺入玉米粉做成黄灿灿的"金裹银"或"银裹金"。

羌族制作"金裹银"的食材，主要是大米和碾磨极细的玉米粉，制作时分为煮、蒸两个步骤。首先，将大米淘洗干净后掺水煮沸3～5分钟，便将夹生的米倒入筲箕沥去米汤。然后将玉米粉倒入夹生的米中搅拌均匀，再放入甑子蒸30分钟左右，米饭熟透即可食用。往夹生米中掺入玉米粉的时候，玉米粉多一些，蒸熟的米饭呈金黄色即"金裹银"，掺入的玉米粉少一些，蒸熟的米饭白、黄色兼有即"银裹金"。

图片来源
图一、图二、图五　罗力　摄影
图三、图四　米静　制图

蒸熟的"金裹银"　　　极细玉米粉

大米

图二　羌族"金裹银"材料分析图

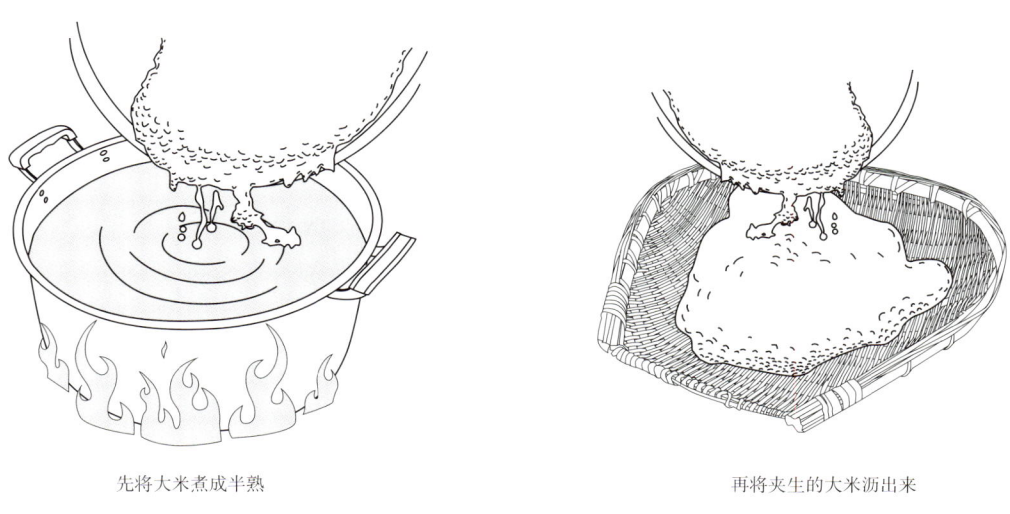

先将大米煮成半熟　　　再将夹生的大米沥出来

图三　羌族"金裹银"制作流程图1

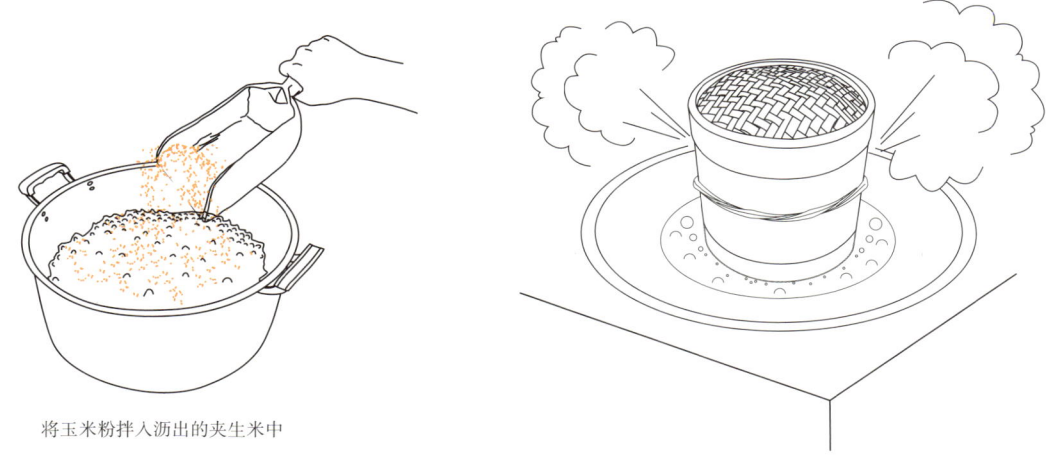

将玉米粉拌入沥出的夹生米中

图四 羌族"金裹银"制作流程图2

玉米粉多为"金裹银"

玉米粉少为"银裹金"

图五 羌族"金裹银"制作流程图3

羌族腊肉

图一　羌族腊肉主图

羌族腊肉是羌族地区最有特色的肉食。腊肉色泽嫩黄、晶莹剔透，吃起来醇香爽口、肥而不腻，用腊肉做成的菜肴十分可口，是羌族人待客的佳肴。羌族腊肉包括腊香肠、腊猪头、腊猪蹄、腊排骨和猪膘肉，传统中的猪膘肉最有名。农历十月以后至正月以前是羌族各家宰杀年猪的时节，宰杀后的猪肉将被分别处理，猪膘肉取猪肉的躯干段并剔除骨头，剩下的肉以肥膘肉为主，抹上粗盐，挂在民居三层储烟层慢慢熏干、风干，以备食用，炒菜、烙饼时切一小块猪膘肉在锅里擦几圈，取其猪膘油，待客时切成小片炒菜或煮汤。过去，有的羌族人家储存有好几年甚至十年以上的猪膘肉，羌族传统中猪膘肉越多、储存时间越长，象征着家族越富足。

羌族腊肉的做法延续了传统猪膘肉的制作方法，首先选择上好鲜猪肉切成条状并去骨，晾干后均匀抹上适量粗盐和少许花椒腌5～7天，腌好后取出并滴干水分，然后挂在挂火炕上利用火塘的烟熏上十天半个月，并有意在火塘中多烧一些核桃壳、柏树枝，熏至肉色黄亮、水分略干即可拿到民居三层的储烟层挂起来储存，并利用储烟层继续慢慢熏干、风干，熏干的腊肉可储存几年而不变质。食用时，熏干的腊肉需用铡刀才能切成小段，羌族家庭中都备有专门切腊肉的小铡刀，切下的腊肉需将肉皮的一面放在火塘里烧一烧，烧至肉皮起泡出油，然后洗净就可以烹食了。羌族腊肉烹制的方法很多，半肥的腊肉煮熟后切片摆盘是体现腊肉本色本味的一道上等菜；带骨的腊肉多用于煮汤，腊排骨汤做的洋芋糍粑就非常美味，用腊排骨、玉米和洋芋搭配的拼盘色香味俱全；较肥的腊肉多用于炒菜，腊肉炒核桃花、腊肉炒蕨菜等都是羌族的特色菜肴。

羌族传统腊肉的最大特色是腌制腊肉时仅用了粗盐、花椒作辅料，熏制腊肉是靠常年不熄的火塘炊烟长时间慢慢熏干。羌族人用最简单、质朴的方法，却给予人们最醇厚、本味的美食体验，这也是羌族饮食文化的最大特点。

图片来源
图一、图四　沈鸿雁　摄影
图二　罗力　制图
图三、图五　柳冰蕊　制图
图六　罗力　摄影

鲜猪肉切成条状

适量的粗盐

少许干花椒

1.准备好腌制腊肉的鲜肉与辅料

2.将鲜肉均匀抹上粗盐及花椒，放盆中腌

图二　羌族腊肉制作流程图——腌

第三章　羌族传统餐饮

图三　羌族腊肉制作流程图——熏

熏好的腊肉挂在民居三层（储烟层）储存

图四　羌族腊肉制作流程图——储存

取出食用时需用铡刀切成小块

图五　羌族腊肉制作流程图——取用

第三章　羌族传统餐饮

图六 用羌族腊肉做成的菜肴

羌族核桃花

图一 羌族核桃花主图

核桃花，羌语称"核德喇叭"。用核桃花做成的干菜，羌族叫作"核桃须须"，外地人叫核桃纽、长寿菜、龙须菜等。核桃花营养较为丰富，特别是蛋白质含量高达21%，钾、铁、锰、锌、硒及β-胡萝卜素、核黄素、抗坏血酸、维生素E等含量较高，是一种较好的天然保健食品。羌族聚居地区有丰富的核桃树资源，用核桃花做成干菜也是羌族的传统特色饮食。

核桃花的采摘。每年四月初，羌族地区的核桃树发芽开花。核桃花的花期较短，四月中旬便是羌族家家户户采摘核桃花的忙碌季节。羌族地区的核桃大致分为两种，一种是生长在高山沟壑中的野生核桃，野生核桃树结的核桃个小、壳坚硬厚实，当地很少有人采食，因此野生核桃树越长越多，在当地僻静的高山深沟中到处可见野生核桃树，野生树的核桃花也成为羌族食用核桃花的主要来源。由于山高路险，一般由男子上山采摘。另一种是羌人种植的良种核桃树，有成片的核桃林，屋前屋后、田边地头也有，这种核桃树结的核桃个大、壳薄，是被誉为"羌桃"的上等干果，也是羌族地区主要的经济作物之一。这种核桃树的花不能采摘，待核桃花自然脱落后将其捡回即可。

核桃花的晾晒。核桃花的形状为直径1~1.5厘米、长10~20厘米的长条圆柱形，中心为直径0.3~0.5厘米的花茎，即雄蕊，周围布满蓬松的花蕊，即雌蕊。晾晒核桃花之前需用手将周围的花蕊捋掉，只保留花茎，然后放在簸箕等透气沥水之处在太阳下晾晒3~5天，晒干的核桃花呈深褐色，核桃花做成的干菜可放置一年以备食用。

核桃花的烹饪。羌族烹饪核桃花的方法

主要有凉拌核桃花、核桃花炒腊肉以及核桃花炖肉汤等，首先要挑选较为饱满的干核桃花，用清水浸泡30分钟以上并洗净，然后用沸水小火煮10分钟左右捞出，以备做菜使用。羌族烹饪核桃花一般不切成小段，从形、色、味上尽量保持自然风味。凉拌核桃花主要配以食盐、酱油、熟油辣椒、花椒粉、香葱、生核桃仁、红辣椒丝、味精和白糖等佐料；核桃花炒腊肉时将腊肉先下锅，腊肉出油以后再放入核桃花及青辣椒、红辣椒、蒜苗、食盐等配料，爆炒4～5分钟即可起锅；核桃花炖肉汤更简单，将核桃花与肉一起放入炖锅，汤沸后小火炖1.5小时~2小时即可食用。

将羌族核桃花制作成干菜，不仅是对核桃树资源的多重利用，而且简单的烹饪方法很好地保留了核桃花的营养成分，使其成为羌族美味，也是当今羌族地区的重要旅游品牌，给当地羌族人家带来了很好的经济效益。

图片来源
图一　罗力　摄影
图二至图四　柳冰蕊　制图
图五　颜瑗　摄影

参考文献
陈朝银，赵声兰，曹建新，张荣庆，郭家明.核桃花食用价值的研究与分析.食品科学.1998（12）.

野生核桃花需上山下沟采摘

种植的核桃树待核桃花自然脱落

图二　羌族核桃花的采摘

捋去花蕊，留下花茎

放在太阳下面晾晒，3~5天即可

图三　羌族核桃花的晾晒

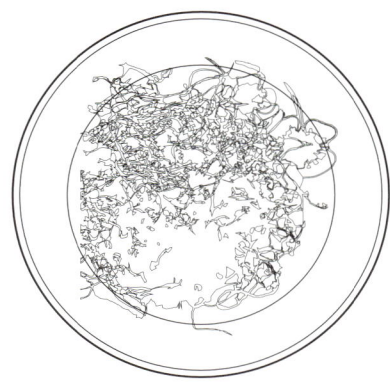
1.挑选饱满的核桃花

2.将核桃花用清水浸泡并洗净

3.将核桃花用沸水浸煮10分钟

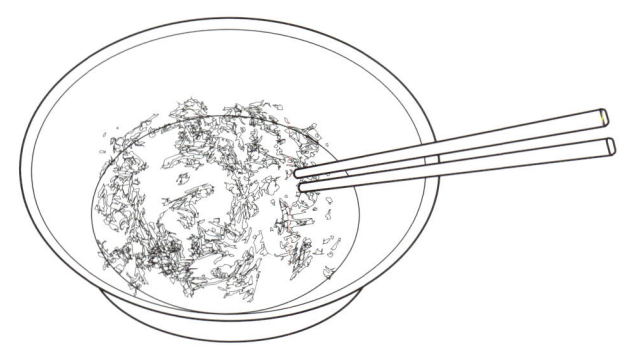
4.核桃花晾冷后可凉拌或炒腊肉

图四　羌族核桃花的烹饪

凉拌核桃花

核桃花炒腊肉

图五　用羌族核桃花做成的菜肴

羌族洋芋糍粑

图一　羌族洋芋糍粑主图

洋芋糍粑是以土豆为原料的羌族特色小吃，因当地人叫土豆为洋芋，故得此名。洋芋糍粑配以酸菜汤，既美味又能去湿驱寒，是羌族人最喜爱的特色小吃之一，也是羌人待客的主要美食。羌族地区的羌族人家都会做洋芋糍粑，在茂县、汶川等城镇里也随处可见专营洋芋糍粑的小吃店。

洋芋糍粑的主要食材为海拔2000米以上的高山土豆，土豆个头不大。做"洋芋糍粑"并不用选大土豆，而是要选二伏天以后挖出来的土豆，这时的土豆已上粉，用淀粉含量高的土豆做的糍粑有韧性。羌族做洋芋糍粑的传统工具主要有石臼和木臼，舂糍粑的木杵有直杵、丁字杵和弯钩杵，直木杵适合站立着舂糍粑，丁字杵或弯钩杵适合坐着舂糍粑。舂洋芋糍粑的工具在羌族村寨几乎家家都有。本案例中茂县白溪乡白溪村的石臼为整块坚石做成，直径38厘米、高34厘米，石臼口径25厘米、深18厘米；直木杵长90厘米，两端杵头长15～18厘米、直径10厘米，杵把直径4.5厘米；丁字木杵的杵头直径12厘米、长40厘米，杵把直径4厘米、长75厘米，在杵头约三分之二处打孔垂直装上杵把，犹如一把大木槌。汶川龙溪乡阿尔村的木臼是用一段圆木剖成两半凿出一个槽，再将底部削砍平整而成，木臼长65厘米，宽35厘米，高20厘米，臼槽深12厘米左右，而舂糍粑的木杵是用自然弯曲的树木削砍而成，杵头直径9厘米，长23厘米，杵把长60厘米。

做洋芋糍粑的过程：第一，挑选大小均匀的土豆并洗净；第二，将土豆煮熟或蒸熟之后去皮；第三，将去皮的土豆晾冷；第四，把土豆放入石臼或木臼里，用木杵使劲舂一小时左右，将土豆舂成土豆泥即糍粑，羌族人叫作打糍粑。糍粑打好后要烹调，烹调的主要食材是野菜、圆根（芜菁）、青菜等腌制的羌族特色酸菜，高山野菜飘带葱腌制的酸菜最佳。洋芋糍粑的做法是将酸菜切成小块，加少许老腊肉的膘油和花椒一起熬汤，当酸菜汤熬出香味后，再把洋芋糍粑捏成方寸小块并放入酸菜汤中煮几分钟即可起锅，食用时加上酱油、香葱、熟油辣椒等佐料，即可品尝到色香味俱全的洋芋糍粑了。

洋芋糍粑不仅体现了羌族人粗粮细作的烹饪艺术，而且打糍粑的过程非常具有观赏性，挥舞的木杵与撞击木臼的声响伴随羌族的歌声，能够使客人从视觉、听觉、味觉的愉悦体验中感受羌人热情好客的传统文化。

图片来源
图一　颜瑗　摄影
图二　米静/摄影　柳冰蕊/制图
图三　沈鸿雁/摄影　柳冰蕊/制图
图四1、图四3　柳冰蕊　摄影
图四2、图五1　沈鸿雁　摄影
图五2　罗力　摄影
图六　柳冰蕊　制图

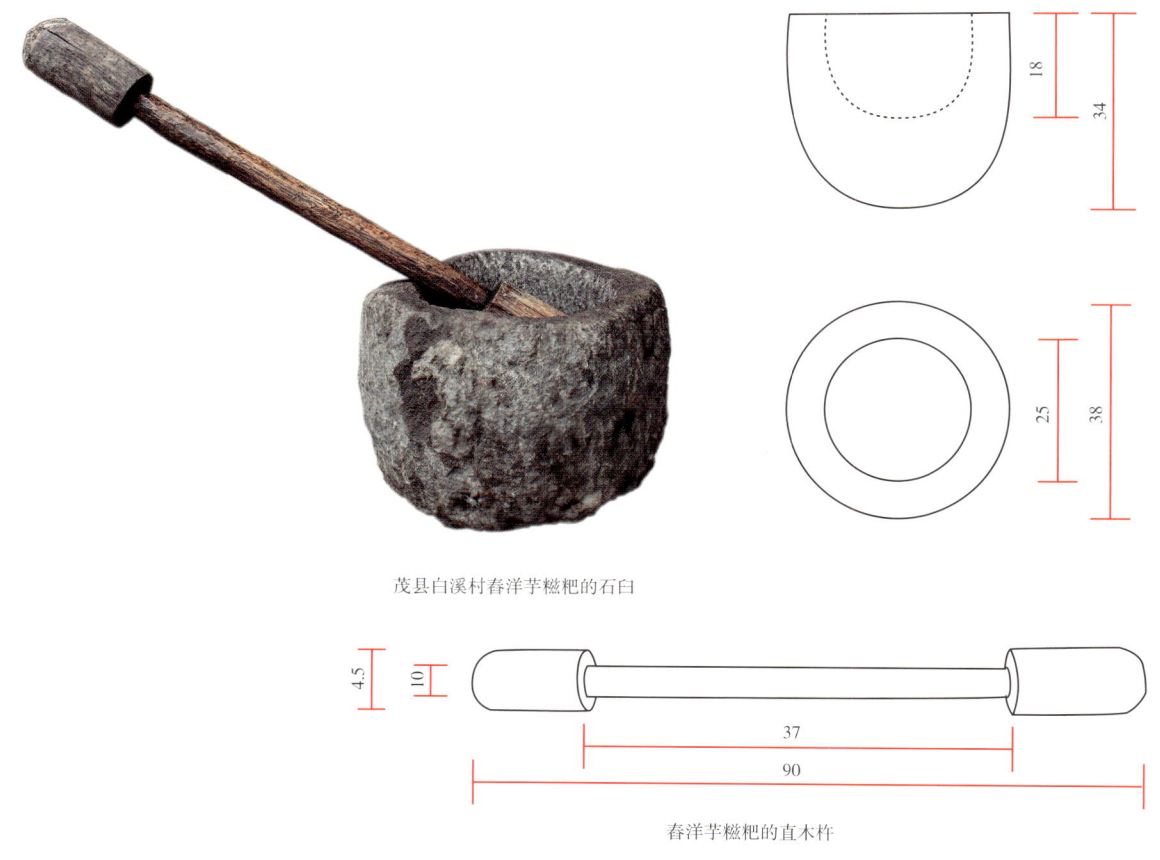

茂县白溪村舂洋芋糍粑的石臼

舂洋芋糍粑的直木杵

图二　制作洋芋糍粑的工具1（单位：cm）

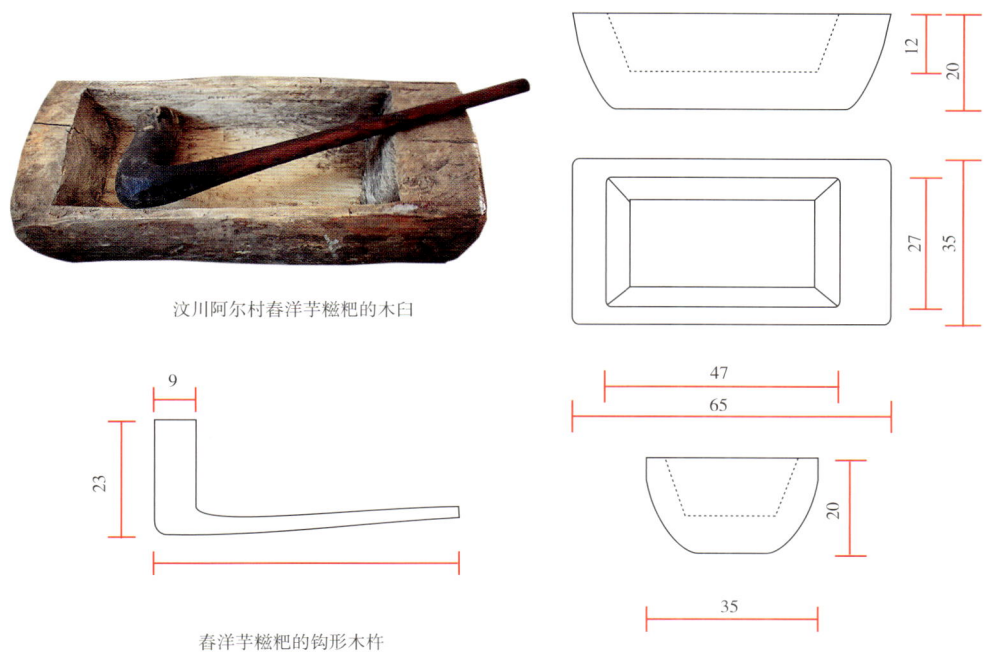

汶川阿尔村舂洋芋糍粑的木臼

舂洋芋糍粑的钩形木杵

图三 制作洋芋糍粑的工具2（单位：cm）

1.洋芋糍粑的主要食材——高山土豆

2.用清水将土豆洗净

3.将土豆蒸熟或煮熟

图四 羌族洋芋糍粑制作流程图——备食材

1.将熟土豆去皮并晾冷

2.将土豆放入石臼(木臼),用木杵舂成糍粑

图五 羌族洋芋糍粑制作流程图——打糍粑

1.熬出美味酸菜汤再放入洋芋糍粑并煮开

2.洋芋糍粑起锅后加入葱花、辣酱等佐料

图六 羌族洋芋糍粑制作流程图——烹调

羌族酸菜搅团

图一 羌族酸菜搅团主图

酸菜搅团是用玉米面做成搅团，以酸菜汤烹调而成的羌族特色小吃，麻辣酸香、味道适口、老少皆宜的酸菜搅团是羌族人家待客的美味菜肴。玉米是羌族地区的主要粮食作物之一，善于粗粮细作的羌族人家都会做酸菜搅团，但茂县一带的酸菜搅团最有特色。

茂县一带做酸菜搅团的玉米面非常讲究，做搅团的玉米面并非最细的，而是用两指搓捏时感觉呈细小颗粒状的玉米面。做搅团的主要工具为铁锅、搅面的木棒和木制锅铲。做搅团的方法并不复杂，但火候把握非常重要。第一，用炉灶生火将铁锅烧热；第二，用老腊肉的猪膘在铁锅里擦一遍，使铁锅表面附着一层薄薄的油，以防止搅团粘锅；第三，将适量清水倒入铁锅急火烧开；第四，保持急火沸水，一边向锅里均匀撒入玉米面，一边不停地用木棒顺一个方向搅动，直至锅里的玉米面成糊状后停加玉米面；第五，减成中火，继续按同一方向不停搅动，绝不能反方向搅，一直搅到用筷子可以带起，按传统的说法需要搅320圈，要使玉米面完全与水融合并搅出劲道，当地人管这种劲道的口感叫"有筋丝"；第六，盖上锅盖用微火焖20分钟左右使玉米熟透，就可以起锅了。烹调酸菜搅团汤料的主要食材为酸菜，以圆根酸菜烹制的汤料最有特色，将酸菜切成丝并加适量腊肉丁和少许干辣椒、花椒、食盐熬汤，熬出浓浓香味后起锅，起锅时加入葱花、炒熟的芝麻、酥脆的花生或黄豆，香喷喷的酸菜汤料就做成了。

玉米搅团配上酸菜汤料即酸菜搅团。但酸菜搅团有两种吃法，一种吃法是将搅团用筷子或小勺分成小块放入汤料中略煮几分钟，使其入味后就着酸菜汤一起吃，这种吃法的汤料会多一些，香且清淡；另一种吃法是趁热直接用筷子拈起小块搅团，蘸着汤料吃，这种汤料的调味更浓郁一些，玉米的清香加上酸、鲜、麻、辣的调味十分爽口。无论哪种吃法，羌族人都习惯与家人或朋友围坐在一起共同享用美味佳肴。

图片来源
图一　沈鸿雁　摄影
图二、图三、图四1、图四2　米静　摄影
图四3、图四4　罗力　摄影
图五　柳冰蕊　摄影

搅团的主要食材为玉米面

做搅团的木棍和木铲

图二　羌族搅团的主要食材与工具

圆根酸菜是酸菜汤主要食材

腊肉　　　　　香葱　　　　　辣椒

花椒　　　　　花生　　　　　芝麻

酸菜汤的佐料

图三　羌族酸菜汤的食材

1.铁锅烧热后用猪膘肉擦锅

2.往锅中倒入适量清水并煮沸

3.在沸水中边撒玉米粉边搅动至糊状

4.将玉米糊向同一方向搅动成用筷子可拈起来的搅团

图四　羌族搅团制作流程图

做成的玉米搅团

拌搅团的酸菜汤料

图五　羌族玉米搅团及酸菜汤料

羌族太阳馍馍

图一　羌族太阳馍馍主图

太阳馍馍是羌族传统的礼俗食品，在羌族的传统节日及礼俗活动中，羌族人家都要烤制太阳馍馍、月亮馍馍以敬日月诸神，然后与族人分享食物。实际上脸盆大小的太阳馍馍也是羌族人远道参加转山会、牛王会、"瓦尔俄足"、羌历年以及婚礼仪式等准备的干粮。

羌族太阳馍馍的原料过去主要有荞麦面、玉米面及小麦面粉，现在多以小麦面粉为主或用小麦和玉米混合面粉。制作一个太阳馍馍大约需1斤面粉，用温水和面，不宜加太多水，可加少许盐或糖，一般不用发酵，和好的面放2个小时让水分均匀渗透面粉，即所谓醒面；然后将和好的面反复揉，揉面时适当加入辣椒、花椒、油、核桃、芝麻、蜂蜜等，面揉得好做的馍就又香又有韧劲；再将揉好的面团擀成圆饼，用稍尖的竹筷或木片在面饼上刻画象征太阳的图案，中心的图案以圆形为主，最外边是锯齿纹，代表太阳的光芒，其他位置比较随意，有的直接用碗口、杯口在面饼上压出连续的圆形图案，也有的刻画出羊角花、缠枝纹等图案；最后用平底锅烤，一锅只能烤一个太阳馍馍，用文火慢慢烤到熟透即可。月亮馍馍与太阳馍馍的制作方法一样，只是外形做成月牙形或半圆形而已。

羌族地区的太阳馍馍也有多种其他做法，比如理县桃坪乡一带是用直径18厘米左右大小的木制刻花模板在太阳馍馍上印压出各式图案，做出直径20厘米左右的太阳馍馍，一锅可以同时烙烤3～4个不大的太阳馍馍。有的先在锅里烘烤后再放到火塘中的柴灰里翻烧。有的地方也用发酵的麦面做成太阳馍馍，然后用蒸笼蒸熟。

图片来源
图一、图五　罗力　摄影
图二、图三　柳冰蕊　制图
图四　沈鸿雁/摄影　柳冰蕊/制图

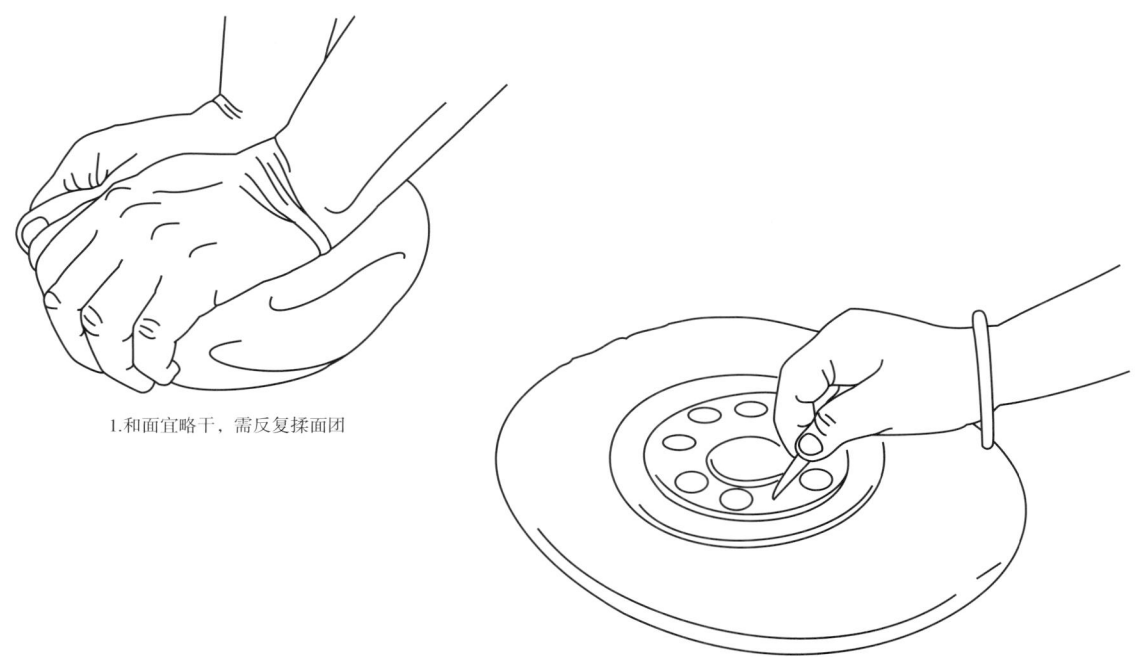

1.和面宜略干，需反复揉面团

2.将面团擀成饼状，再用尖头筷子刻画象征太阳的图案

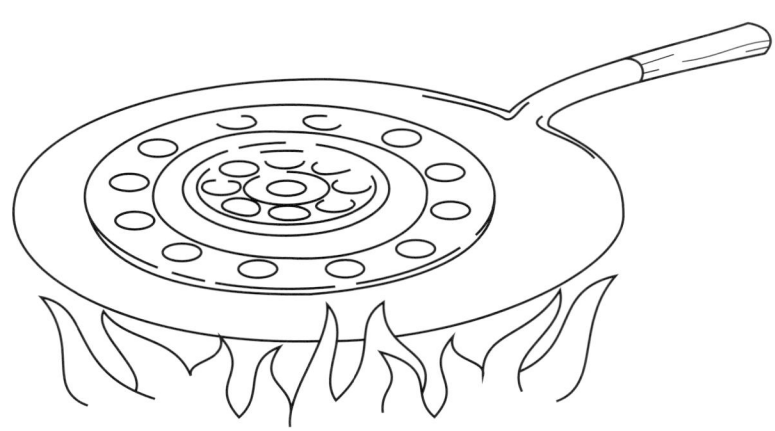

3.最后用平底锅文火烘烤太阳馍馍

图二　羌族太阳馍馍制作流程图

祭祀活动用的太阳纹太阳馍馍印花板

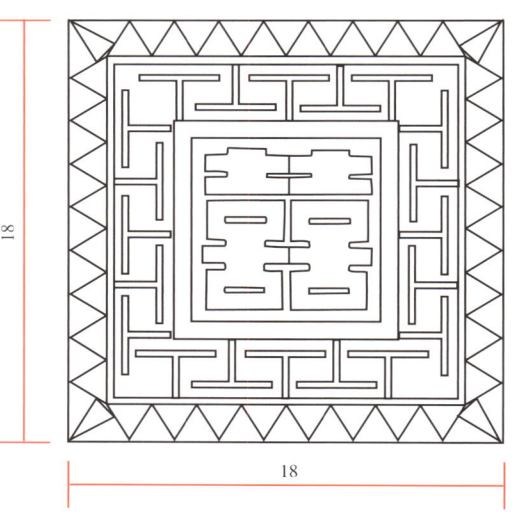

婚庆活动用的喜字纹太阳馍馍印花板

图四 桃坪羌寨的太阳馍馍印花板（单位：cm）

1.将木太阳馍馍印花板洗净晾干

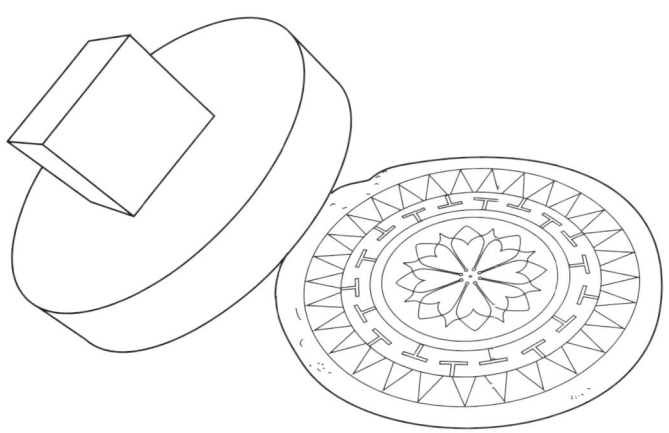

2.在擀好的面饼上撒少许干面粉,再用印花板压出图案

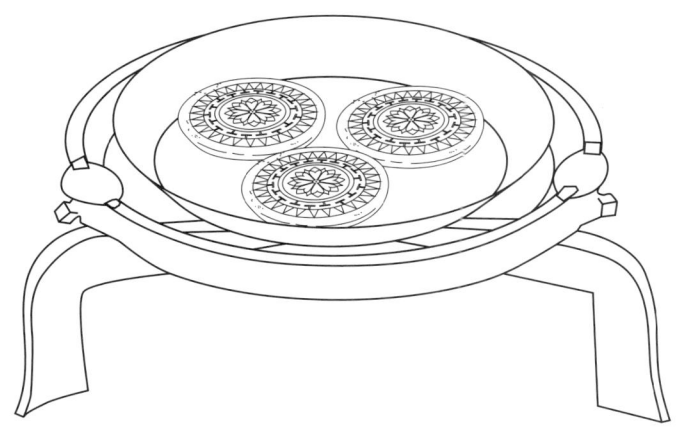

3.在火塘上同时烘烤3~4个太阳馍馍

图三 羌族用印花板制作太阳馍馍流程图

手捧太阳馍馍、月亮馍馍参加庆典活动

庆典活动中分享太阳馍馍

图五　羌族太阳馍馍使用情境图

羌族咂酒

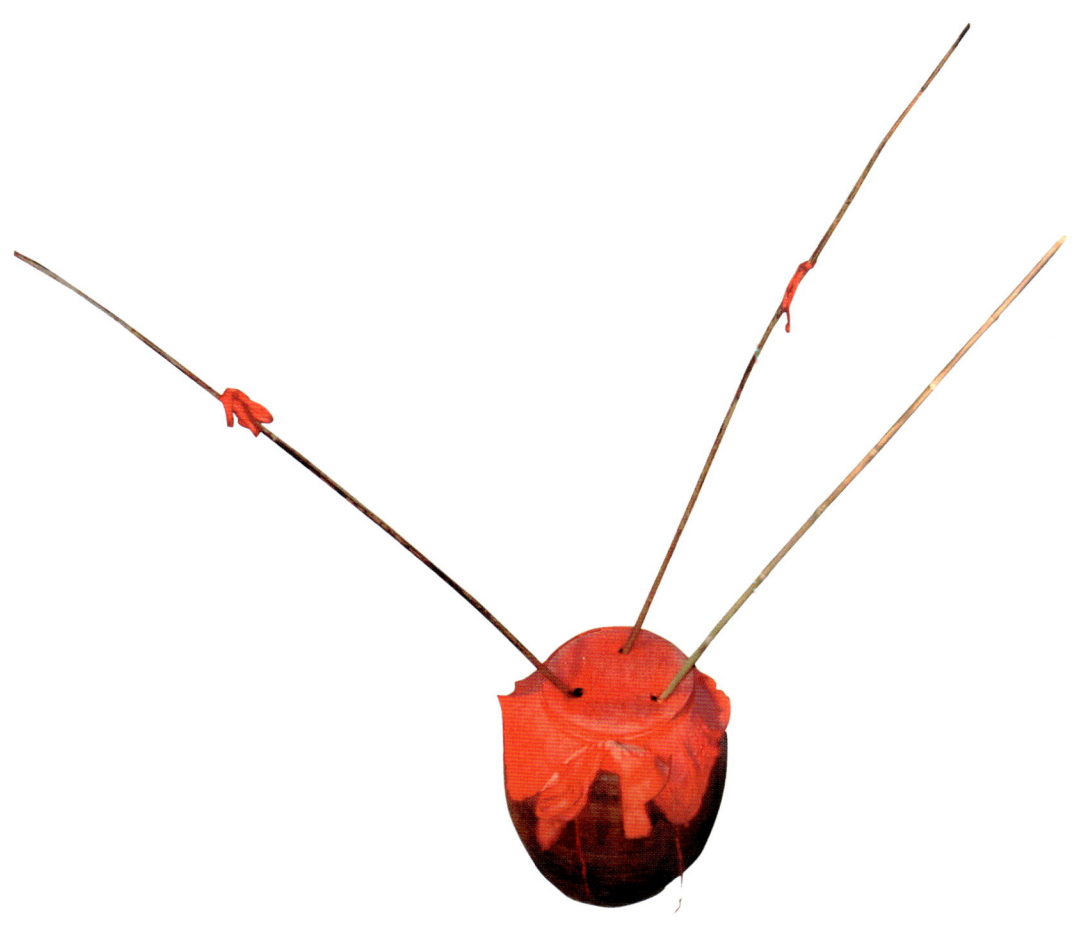

图一 羌族咂酒主图

咂酒，羌语称"日麦希"，意为羌人酒，是羌族最普遍饮用的青稞或麦子酿制而成的酒。羌族有首山歌唱道："不唱山歌心不安，不喝咂酒心不宽，不栽林子哪有梁，不推麦子哪来面。"由此可知，咂酒在羌族人生活中的重要性。喝咂酒还是羌族节日、婚丧、祭祀、聚会、待客等活动中的重要内容，不同活动中喝咂酒都有相应的仪式。

羌族咂酒的酿制比较简单，首选的原料为青稞，麦子（大麦、小麦）也是很好的原料，但通常是青稞、麦子各一半。将青稞或麦子淘洗干净之后，用清水浸泡一夜（8~9小时）；上甑子蒸或放锅里煮，待青稞、麦粒开花就可以了；将煮好的青稞、麦粒倒入簸箕中摊开晾温（不要晾冷），再撒上酒曲粉拌均匀；装入酿酒缸或大坛子，捂上盖子保温使其发酵，冬天还需覆盖棉被或干草以保温，发酵约需7天；7天后，即可以开坛。

羌族的习俗中，咂酒开坛要举行开坛仪式。由家中长老或村寨中德高望重的长辈主持，首先在坛口点燃三炷香，一炷香敬天神，一炷香敬地神，一炷香敬祖宗，开坛时主持者一边唱敬酒词，一边将咂酒杆插入酒坛取酒并洒向东西南北四方，以敬各方诸神和家神。敬酒及敬酒词唱完后，主持者品尝第一口酒，家中长者再按序品酒，此时仅是品酒而不是喝酒。开坛之后，再将大坛的青稞、麦粒及原酒分装到小酒坛，当天可取一坛款待客人和供家人享用，其余的小酒坛加盖后用黄泥封坛，以备以后享用。在以后的各种开坛饮酒的活动中，有同样的开坛仪式，但根据活动的性质和内容有不同的开坛词、敬酒词和敬酒歌。

羌族喝咂酒的传统方法非常特别，咂酒不是倒在酒杯中喝，而是多人围着酒坛用咂酒杆吸饮。咂酒杆多用当地的高山灌木通花秆做成，河谷地区也有用细竹竿打通竹节做成的，咂酒杆相当于一根空心的吸管，但咂酒杆底端的孔要用木塞堵上，而在杆子下端间隔3~5厘米处从侧面切开2~3个小口子，以保证吸酒时不会将青稞、麦粒吸进去。羌族都是在族人聚会的礼俗活动中或款待客人等重要场合才抱出酒坛，举行开坛仪式后，由一名司酒（司仪）负责安排喝酒人的顺序和调酒。酒坛的三方为喝酒人坐的凳子，一方为司酒的位置，司酒先在酒坛中插上一双筷子，主要用于测量坛中酒液的多少，然后往酒坛中掺入适量开水（夏季为温开水或凉开水），再往酒坛里插入多根咂酒杆，即可开始喝酒。喝酒的顺序是年长者、客人、主人，最后是小孩，每轮3~5人可同时喝酒，司酒一边领唱敬酒歌，一边适时掺开水，旁边还没有喝酒的人也跟着唱起敬酒歌，歌声不断，喝酒的人也不能停下来。当尊贵的客人喝酒时，敬酒歌的歌声特别长，能让客人充分体验到羌族人的热情好客和质朴豪放。

上千年的咂酒文化促进了羌族的和谐团结，增进了各族人民的交流与友情，成为羌族文化中的一个重要符号。

图片来源
图一　沈鸿雁　摄影
图二　颜瑗　摄影
图三　颜瑗　制图
图四　米静　摄影
图五　罗力　摄影

参考文献
陈捷.羌族的"咂酒"文化.酿酒科技，2007（10）.

咂酒的主要原料——青稞

咂酒的可用原料——麦子

咂酒的发酵原料——酒曲

图二　羌族咂酒的原料

1.将青稞或麦子洗净
2.放入锅中掺水浸泡
3.煮或蒸至青稞粒开花即可
4.取出晾温后撒酒曲搅拌
5.装缸、捂盖、保温、发酵
6.装坛后敷泥封坛

图三 羌族咂酒制作流程图

1.点燃三炷香后用咂酒杆取酒敬神

2.洒酒敬四方诸神并唱敬酒词　　　　　　　3.唱毕敬酒词请长者先喝开坛酒

图四　羌族咂酒开坛仪式

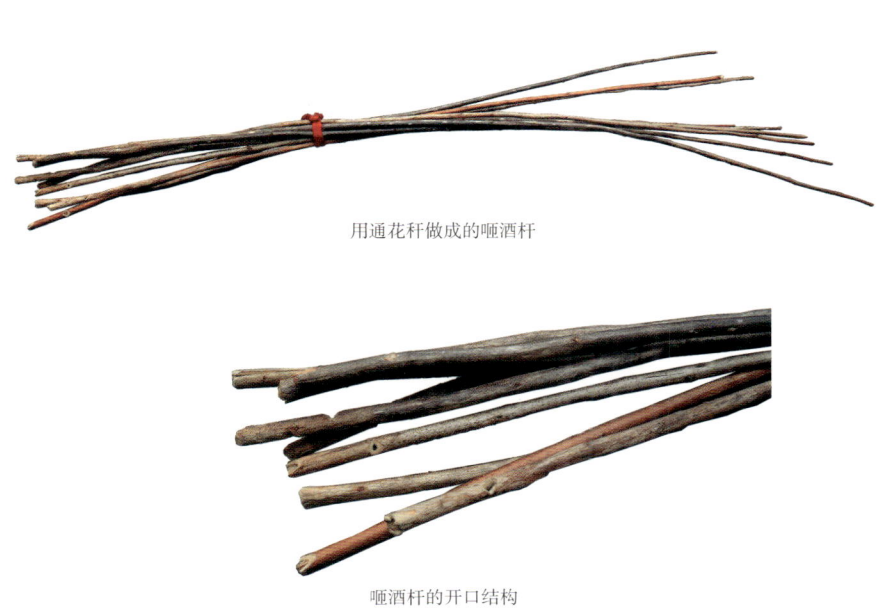

用通花秆做成的咂酒杆

咂酒杆的开口结构

图五　羌族咂酒杆

第四章 羌族传统生活用具

羌族石水缸

图一　羌族石水缸主图

　　石水缸是羌族村寨传统的家用储水器物。许多羌寨随处可见用片石做成的石水缸，而用整块石料凿成的石水缸却十分少见。羌族所居的山区，最多的石材是一种被称为羌片石的沉积岩石，因此，就地取材的羌族石水缸也选用片石以十分独特的方法拼合而成。

　　本案例为茂县黑虎羌寨村民家的石水缸，长95厘米，宽60厘米，高70厘米，由五块4～5厘米厚的片石拼合而成。拼合的方法采用了传统的榫卯结构，在水缸立面的前后两块片石与左右两块片石的上部约20厘米处凿有上下对应的凹槽，立面四块片石的底部略向内倾斜，形成缸口宽、缸底窄的斗形，缸底片石对应立面围合片石的底部也凿凹槽，五块片石结合部的内外均用石灰与桐油配制的混合料填充缝隙，使五块石片非常牢固地拼合成整体，左右的片石上还刻有水纹和团花图案。

　　羌族片石水缸与整石凿成的水缸相比，制作的难度更大。首先，片石水缸立面四块片石以榫卯结构相互扣合，缸口处较宽敞，缸底略小，这使水缸能更好地承受盛满水后产生的内压力；其次，采用石灰与桐油的混合黏合料填充连接部位，十分稳固且不怕水浸泡，这也是我国古建筑中常用的一种粘合填充料；再次，石片水缸的造型配以石刻图案纹样，具有独特的形式之美。

图片来源
图一、图四　罗力　摄影
图二、图三　冯灿　制图

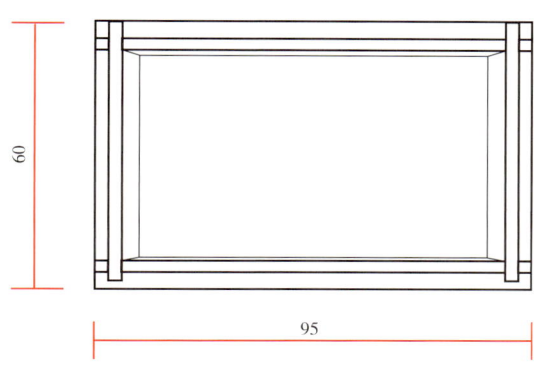
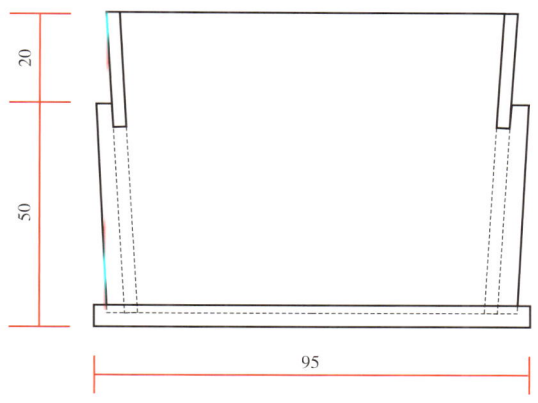
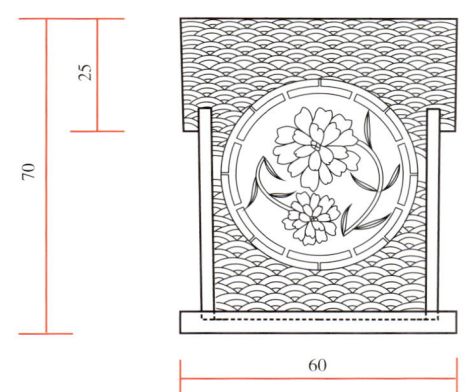

图二　羌族石水缸尺寸图（单位：cm）

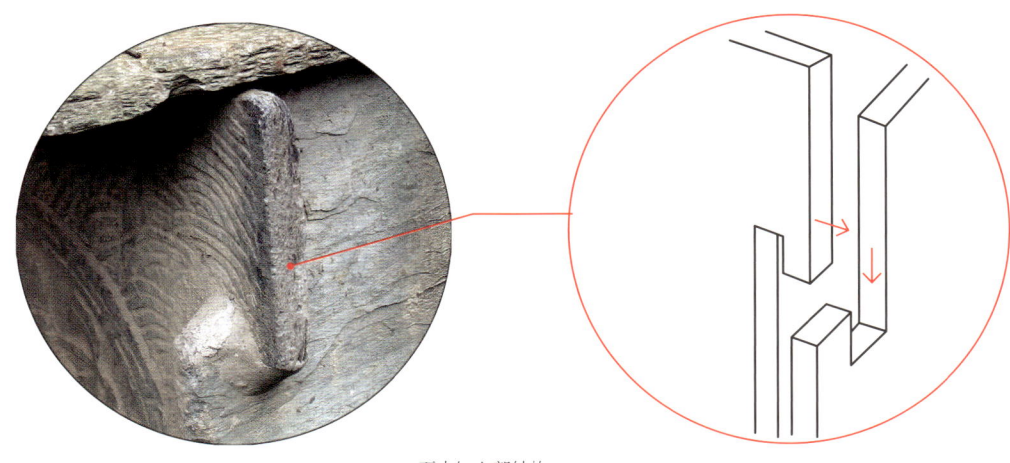

石水缸上部结构

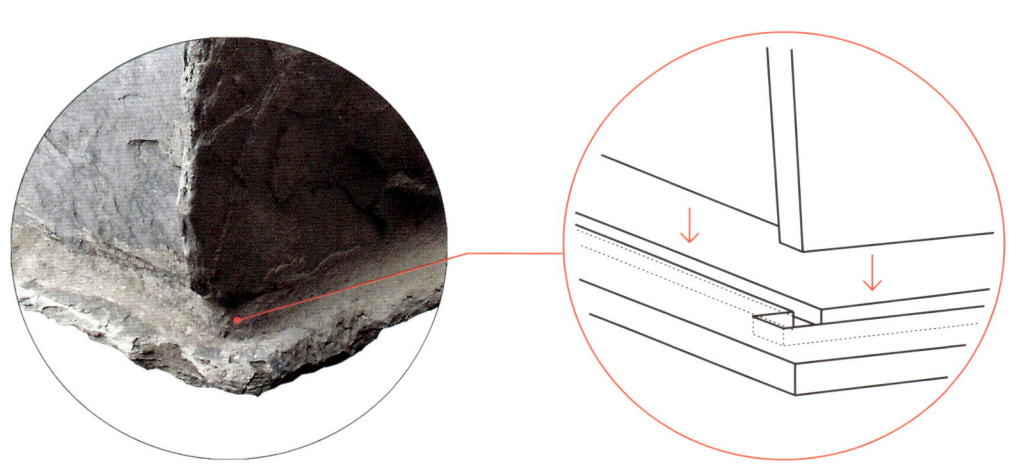

石水缸底部结构

图三 羌族石水缸结构分析图（单位：cm）

羌片石拼合水缸

整石凿槽圆水缸

整石凿槽方水缸

图四　不同的羌族石水缸

羌族木粮桶

图一 羌族木粮桶主图

羌族集聚的川西高山峡谷地区历史上森林资源丰富，羌族人家的生活用具也多以林木为材料，木粮桶即羌家存放粮食的用具。羌族木粮桶是用一段粗壮大树的圆木挖制而成的。理县桃坪羌寨王家的木粮桶高72厘米，桶口直径48厘米，桶底直径41厘米，桶壁厚3厘米。

羌族制作木粮桶的工具主要有锯子、斧子、挖刀、刮刀、凿刀、长柄凿、一字刨等。制作木粮桶的木材有紫果云杉、铁杉、红杉、核桃树等，砍伐树木后无须晒干，也无须剔除树皮即开始制作，主要是为了避免挖木桶过程中木料炸裂。锯下一段较直的树干，粗的一头作为桶口，较细的一头作为桶底，先用凿刀按留出的桶壁厚度凿出一圈桶口，再用挖刀挖去桶口内的木头，当挖到一定深度不便使用挖刀时，就使用长柄凿刀凿除桶内的木头，最后用刮刀刮平桶内的桶底和桶壁。木桶内空挖成后，再剔除树皮并用一字刨将木桶的外壁修饰平整。木桶挖好后，扎上竹编的桶箍，再放在火塘上方的挂火炕上慢慢烘干，通过长时间油烟熏干的圆木桶甚至可以使用上百年。这种圆木桶经久耐用并可防鼠虫，成为羌族人家存放经加工后的玉米面、荞麦面、大米等粮食的最佳器物。

现在，羌族人已意识到制作圆木桶对木材资源的浪费极大，不再使用这种方式制作木桶，而改用拼木的方法制作木桶。

图片来源

图一、图三、图五 罗力 摄影
图二、图四 冯灿 制图

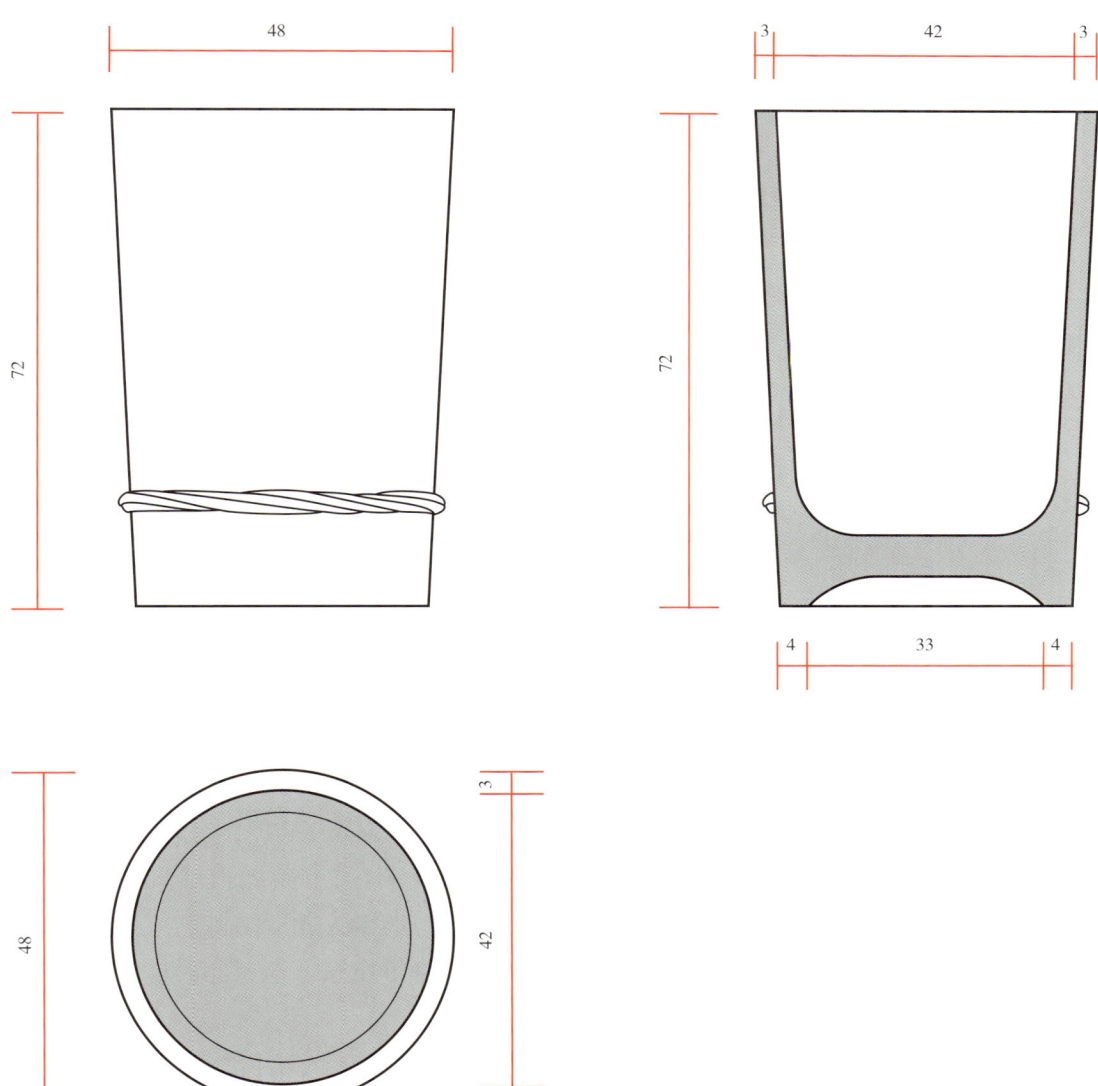

图二 羌族木粮桶尺寸图（单位：cm）

制作木粮桶的斧、挖刀、刮刀、长柄凿刀

各种工具在木粮桶上留下的痕

图三 羌族木粮桶制作工具

1. 用挖刀挖出桶口

2. 用长柄凿刀凿出桶壁

3. 用刮刀修刮桶底和桶壁

图四　羌族木粮桶制作流程图

图五　不同的羌族木粮桶

羌族钱斗

图一　羌族钱斗主图

羌族钱斗是传统羌人家里的一种木制存钱柜，由于开口为斗形，故被羌族人称为钱斗。以前在家庭中具有经济决定权的人才持有开启钱斗的钥匙。钱斗一般放置在家中主人房的床头，钱斗与床头柜相似，稍加掩饰可当成床头柜使用，看上去就是一件普通的家具，不易引人注意。

本案例为理县桃坪羌寨王家的木制雕花钱斗，柜高38厘米，柜体正、侧面宽均为35厘米，台面为边长36厘米的正方形，钱斗面板中央有20厘米的开口并镶木板为斗形，斗底为边长4厘米的正方形存钱口，钱斗正立面分为上下两个部分，上方镶板封闭，下方为12厘米高的存取钱的抽屉，抽屉面板雕刻有寓意招财的瑞兽图案，其他几面均为封闭镶板。钱斗的木作结构为传统的榫卯结构，做工考究，造型饱满。

羌族各家的钱斗不尽相同，如桃坪羌寨王家收藏的宽台面板钱斗高50厘米，柜体宽37.5厘米，台面各边比柜体约宽4厘米，这种宽肩造型使钱斗整体更显高挑和舒展；另一个无斗的钱斗，高50厘米，正面宽45厘米，侧面宽30厘米，立面半截为柜体，亮出24厘米高的柜腿，台面的存钱口只开有长5厘米、宽2厘米的空洞，无斗存钱口的设计，使钱斗造型简洁而端庄。桃坪羌寨贾家的钱斗造型更为特别，柜高55厘米，正面宽80厘米，侧面宽30厘米，斗形存钱口设在右边而非中间，左边为钱柜的盖板，可开启盖板以存取钱物，而没有抽屉，钱斗的柜体内部空间较大，除放有装钱币的木盒子外，还有足够空间存放其他重要物品，是一个地道的家庭保险柜，贾家人称它为边斗大钱斗。

在中国历史上，各地均使用过木制的钱柜，但钱柜的存钱口多为小小的矩形投币口，存钱时要一枚枚投放钱币。而羌族地区的钱斗多为上大下小的斗形投币口，这样的设计使存钱更加方便，回家解下钱囊即可直接将钱币倒入钱斗中。

图片来源
图一　颜瑷　摄影
图二、图三　米静　制图
图四、图五　柳冰蕊/摄影　米静/制图
图六　颜瑷/摄影　米静/制图

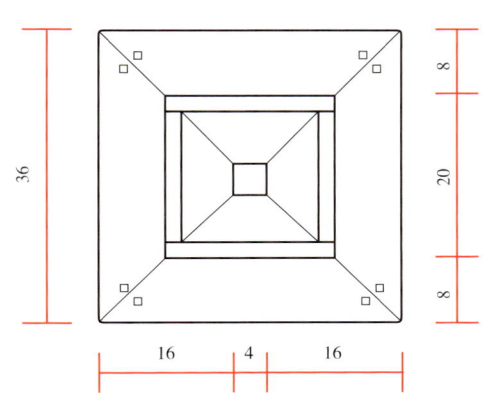

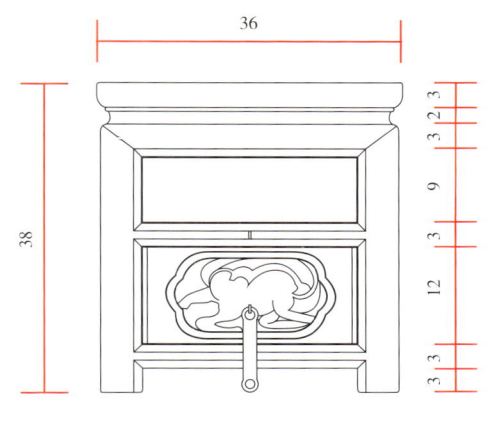

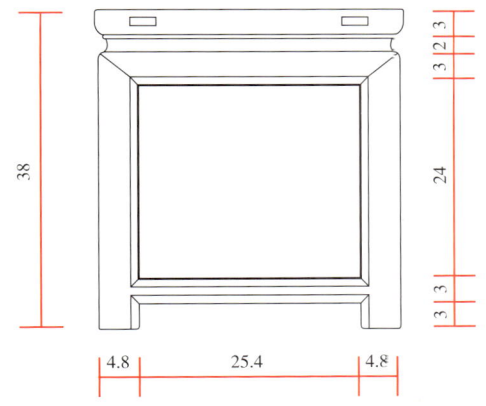

图二　羌族钱斗尺寸图（单位：cm）

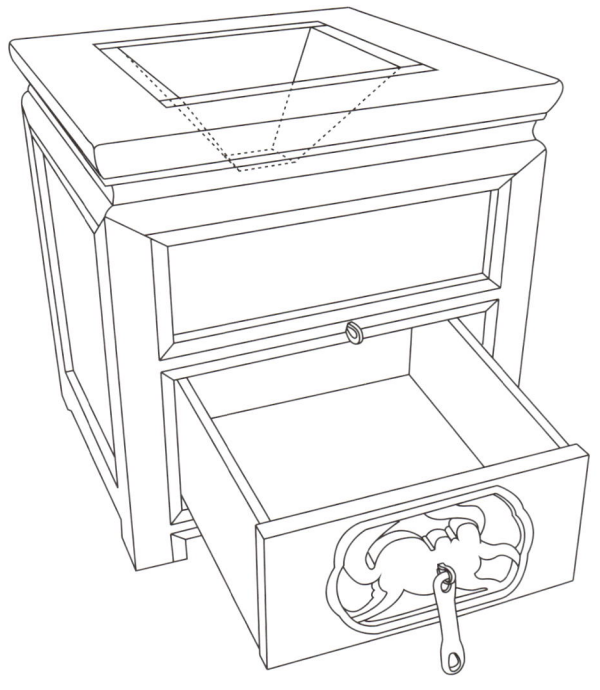

图三　羌族钱斗结构示意图

宽台面钱斗

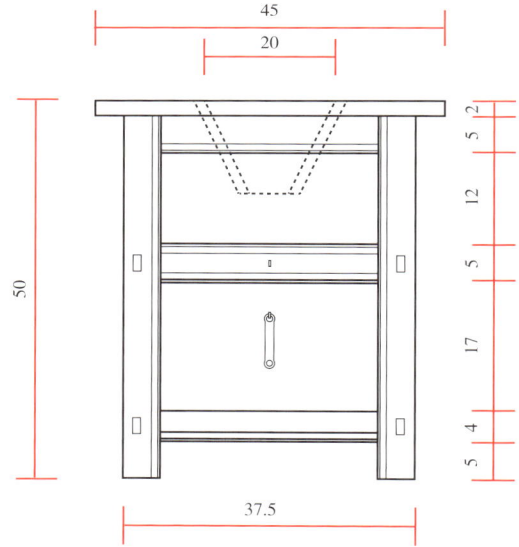

宽台面钱斗尺寸图

图四　羌族宽台面钱斗（单位：cm）

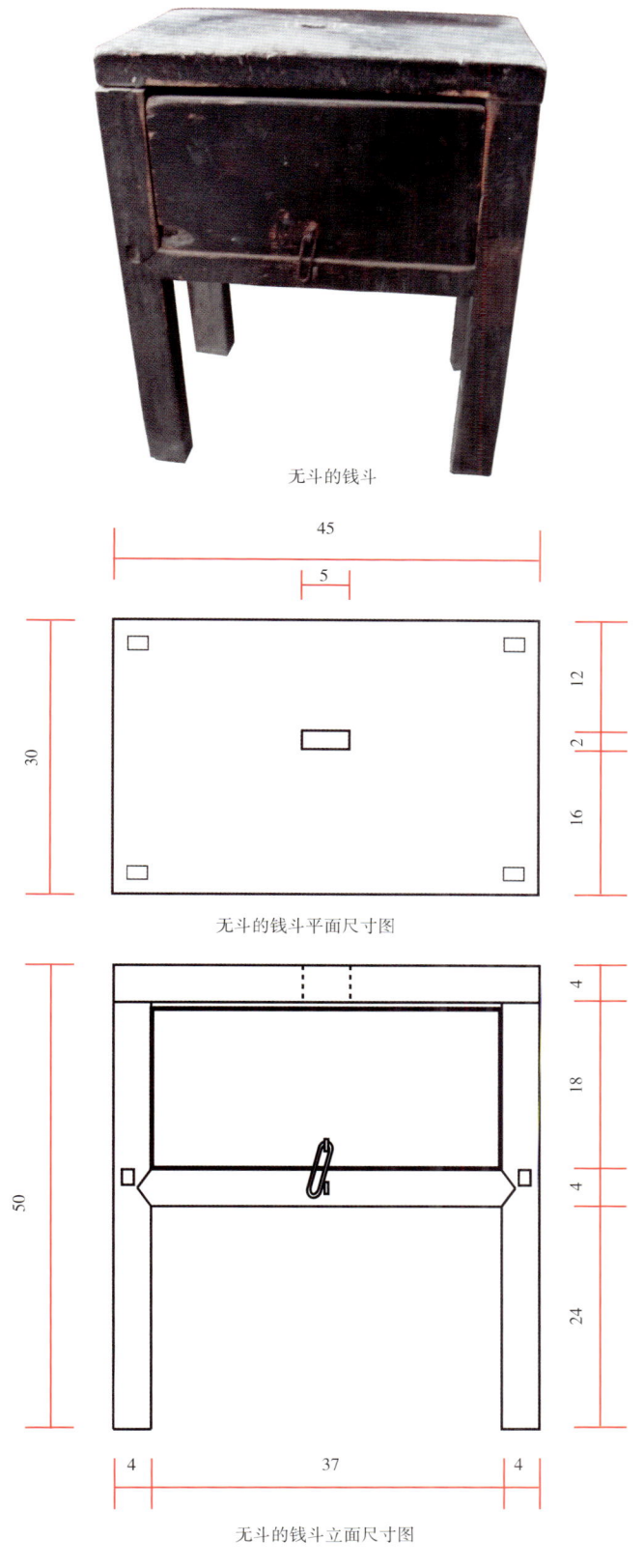

无斗的钱斗

无斗的钱斗平面尺寸图

无斗的钱斗立面尺寸图

图五 羌族无斗的钱斗（单位：cm）

第四章 羌族传统生活用具

边斗大钱斗

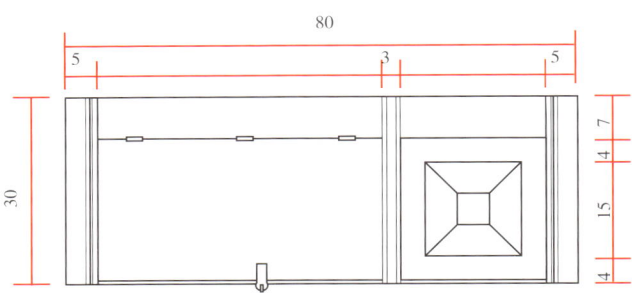

边斗大钱斗平面尺寸图

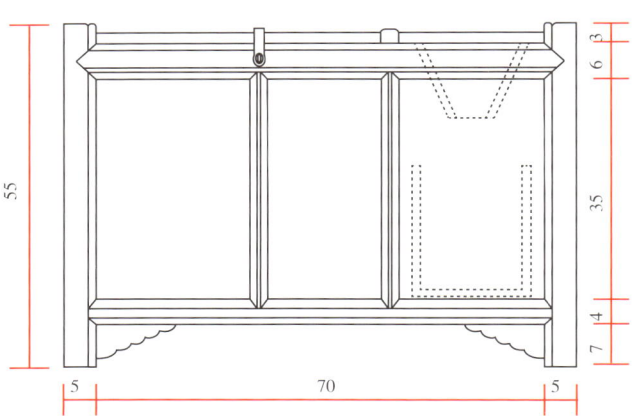

边斗大钱斗立面尺寸图

图六 羌族边斗大钱斗（单位：cm）

羌族粮斗

图一　羌族粮斗主图

斗是中国古老的量具之一，也是羌族用来计量粮食的主要传统量具。理县桃坪羌寨王家收藏了很多羌族人家使用过的木制粮斗，斗的样式及大小并不一致。据老人介绍，羌族的粮斗主要有四种样式，一是羌族早期使用的标准粮斗，1斗为8升；二是后来按官方标准制式制作的粮斗，1斗为10升；三是八升制、十升制二斗的大粮斗；四是一些家族专用的非标准粮斗，进出粮食都用此斗计量。

羌族的八升制二斗粮斗，上口宽38厘米、底宽23厘米、高25厘米，四面木板略呈弧形且大小一致，粮斗外面的四角、底部和提把两端均钉有铁件以加固。羌族标准制式的粮斗上口宽36厘米、底宽29厘米、高18.5厘米，四面为大小一致的平整木板，粮斗四角和底部的连接处也钉有铁件以加固。羌族粮斗的制作工艺较为精细，制作粮斗的材料均为较结实的木材，四面木板的连接多采用细密的燕尾榫结构，被形象地叫作木梳结构；在粮斗提把处理上使用了较宽的木条，上边与斗口齐平而榫头可略低，以增加承重，提把中间部位需削出弧形以便手握。除此之外，羌族的粮斗也有斗口小而底部宽大的，有的在斗壁两侧装有手把，有的表面有漆面，还有的斗上刻有标记等。

斗作为量具在中国使用范围很广，但羌族人在制作和使用粮斗的过程中却形成自己的特点，特别是羌族粮斗中的弧形面板和木梳榫结构，体现出羌族工匠的精湛技艺和独特的审美追求。

图片来源
图一　蔺瑗　摄影
图二、图三　沈鸿雁/摄影　罗力/制图
图四　罗力　制图

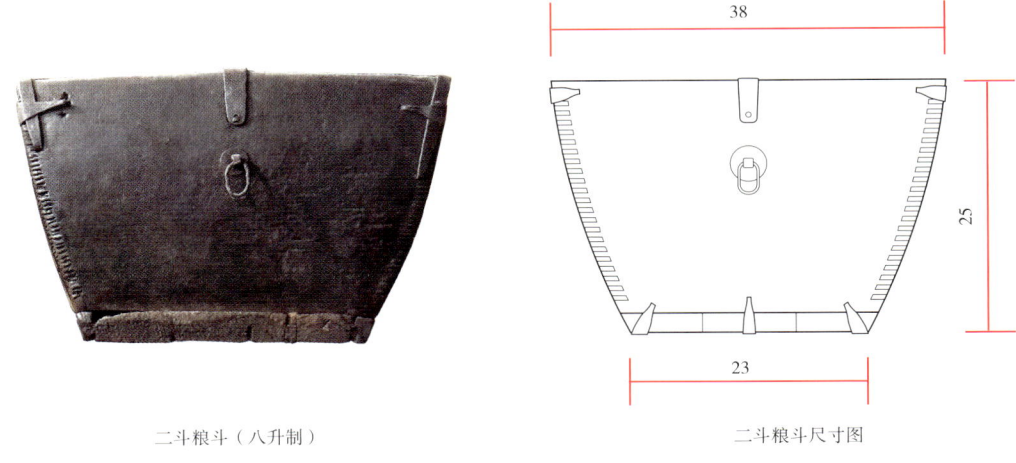

二斗粮斗（八升制） 二斗粮斗尺寸图

图二　羌族二斗粮斗尺寸图（单位：cm）

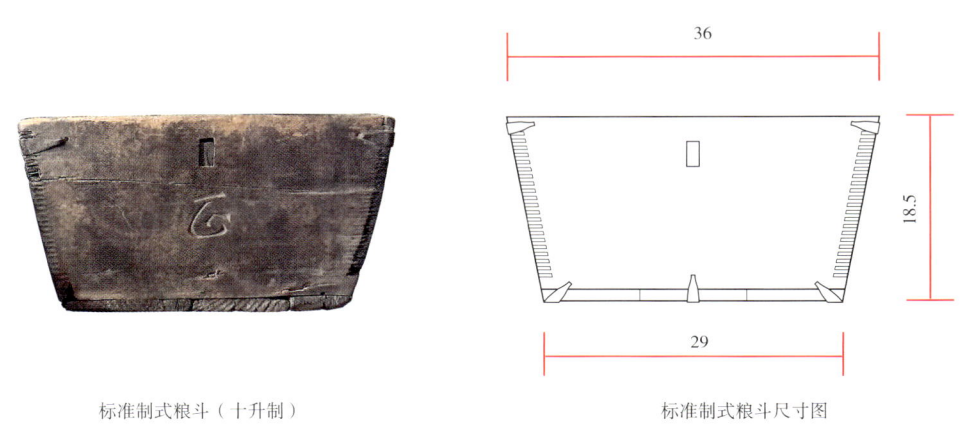

标准制式粮斗（十升制） 标准制式粮斗尺寸图

图三　羌族标准制式粮斗尺寸图（单位：cm）

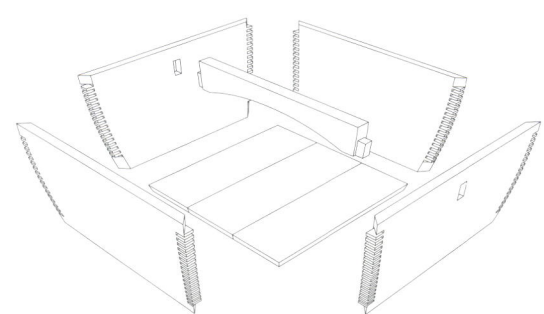

图四　羌族粮斗结构分解图

羌族戥子

图一　羌族戥子主图

戥子是一种传统的小型杆秤，也叫司马秤，在羌族聚居地区被广泛使用。戥子作为羌族的传统量具，主要用于金、银、药材、香料等贵重物品交易。羌族戥子的制作材料非常讲究，秤杆主要由牛角骨、象牙做成，秤砣由石料或铜做成，秤盘多由铜板敲制而成，戥子的做工也十分精细，一般还配有既能起到保护戥子的作用也便于携带的木制包装盒。当代，戥子也是具有较高收藏价值的工艺品。

理县桃坪羌寨杨家的戥子为十六进制的杆秤，秤杆、秤纽、提纽均用牦牛角和骨做成，秤杆长30厘米，杆头粗、杆尾细，秤杆头直径为1.5厘米，秤纽（地纽）宽2.5厘米、高4厘米、厚1.2厘米，提纽（天纽）宽2.5厘米、高2.8厘米、厚1.2厘米；秤砣由宽4厘米、高4.5厘米、厚1.6厘米的石料做成；圆形秤盘由铜板敲制而成，直径10厘米，高0.8厘米；秤砣、秤盘系绳索。

制作戥子的关键在于确定秤星，据羌族老人讲，确定秤星的方法并不太难，按规矩做好秤杆、秤砣、秤纽和秤盘后，第一是找到秤杆的平衡点，将秤杆前端钻孔，穿上秤纽并在秤纽上系上秤盘，再在秤杆前部挂上秤砣，然后用一根绳子在秤纽与秤砣之间找到平衡点，在平衡点钻孔并穿上提纽；第二是确定准星，系绳提起秤杆上的提纽，在秤盘上不放物体的前提下，移动秤砣使之平衡，这时秤砣绳索所在的位置即准星，在准星位置做标记；第三是确定最大称量的秤星，在秤盘中放入相应重量的物体，移动秤砣到秤杆尾部使之平衡，这时秤砣绳索所在的位置即最大称量的秤星位置，在此做标记；第四是标记秤星刻度，根据最大称量，从秤杆的准星至最大称量的秤星位置，等距画出称量的刻度，如称量10两的戥子需画出100个秤星的刻度，每个刻度为1钱；最后在秤星刻度的点位上钻孔并装上铜秤星，经打磨后即完成。

随着时代的发展，羌族戥子大多已成为文物，但在羌族地区的中草药铺仍能见到十六进制的戥子。

图片来源
图一、图三、图四　罗力　摄影、制图
图二　冯灿　制图

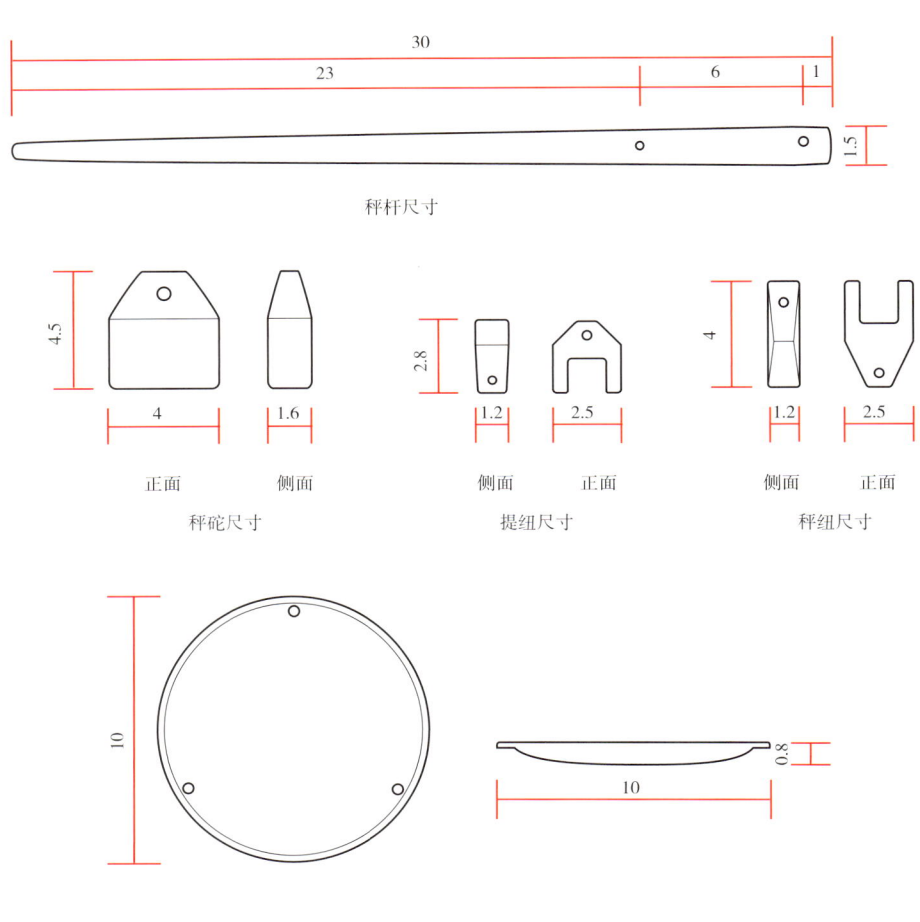

图二　羌族戥子尺寸图（单位：cm）

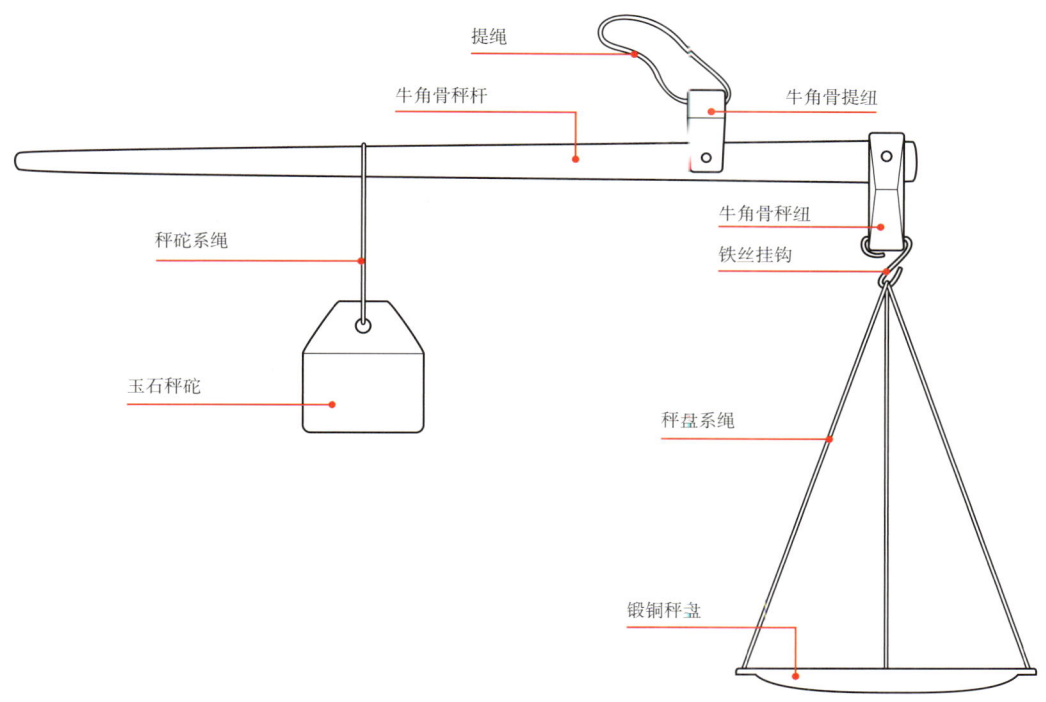

图三　羌族戥子结构名称图

木制的戥子包装盒

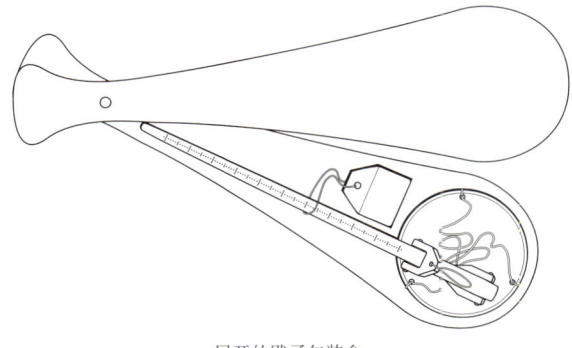

展开的戥子包装盒

图四　羌族戥子包装盒

羌族春凳

图一　羌族春凳主图

春凳是羌族人家常见的传统家具之一，一般靠墙安放在堂屋进门的右侧，可同时坐3~4人。本案例为理县桃坪羌寨杨家大院堂屋中的云水纹线刻木雕春凳，长198厘米，宽40厘米，高52厘米，凳腿宽18厘米、厚4厘米，两腿间距106厘米。该春凳由柏木制成，已有近百年历史。

春凳的制作采用了传统的榫卯工艺，春凳座面四边厚4厘米，大边宽8厘米，抹头宽10厘米，大边有4根木条穿带，中心为厚1厘米的木板，与大边的沟槽榫卯接。春凳制作流程中较为复杂的是前面的雕花凳腿、牙条与座面的榫卯结构，既要使凳腿、牙条的木雕饰面的衔接美观，又要使连接稳固，因此采用插肩榫的结构，先将凳腿与牙条的木雕饰面衔接处切出1厘米厚的45度碰肩，再将牙条的榫头与凳腿的榫窝连接。进行木雕纹样的合缝整修之后，再整体连接到春凳座面。由于春凳主要靠墙放，所以春凳后面的凳腿一般为直腿，并无任何装饰，做法也简单多了。

羌族春凳的木雕纹样比较讲究，无论简繁都有特别的象征意义。桃坪村杨家的云水纹线刻木雕春凳，在正面镶边牙条的中段以较大而完整的云纹为主，两端的牙条及凳腿的边缘刻有细腻的水纹和鲤鱼，凳腿下端为旋涡纹，疏密有致，粗细兼有，具有很好的装饰效果，同时象征"鲤鱼跳龙门"。理县桃坪羌寨王家的云纹龙尾莲台翘头春凳，雕花简洁，几乎以线刻为主，中间以连续的云纹延至龙尾造型的凳腿，凳腿下端为莲花台，装饰简洁而有几分霸气，并寓意家中是"藏龙卧虎"之地。茂县羌族博物馆藏的卷草纹木雕春凳的装饰却十分丰满，雕刻层次丰富，纹样线条流畅，装饰感极强，同时寓意家族兴旺，"繁花似锦"。

图片来源

图一　罗力　摄影
图二、图三　颜瑗　制图
图四　柳冰蕊　摄影
图五　罗力　摄影

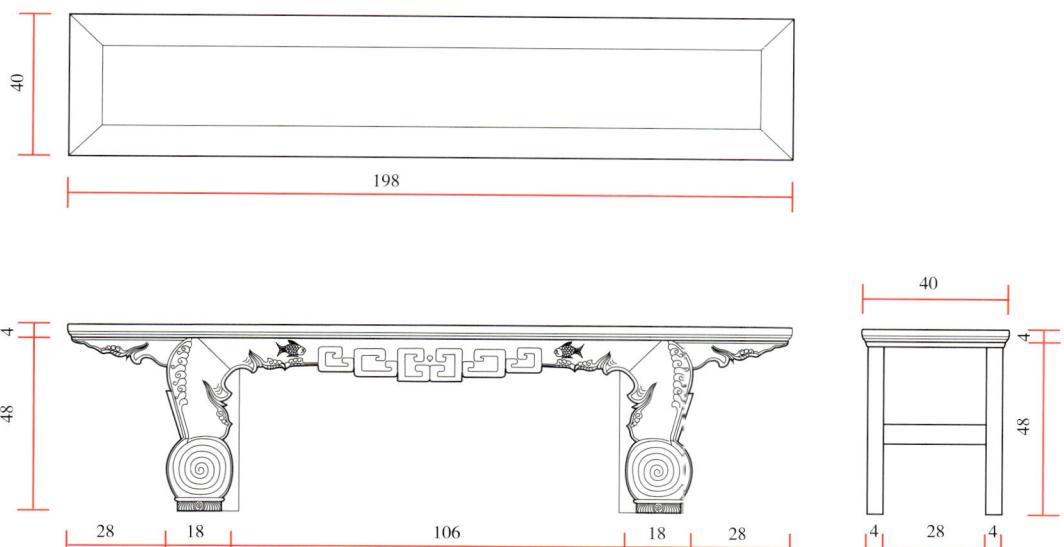

图二　羌族春凳尺寸图（单位：cm）

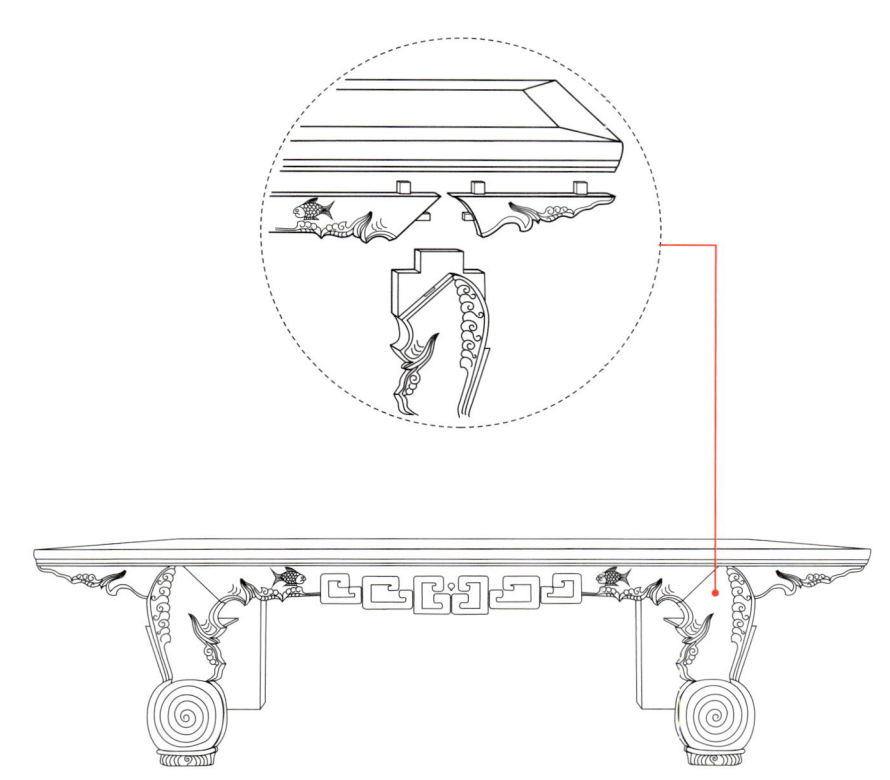

图三　羌族春凳雕花凳腿榫卯结构示意图

第四章　羌族传统生活用具

249

图四　羌族理县桃坪羌寨的云纹龙尾莲台翘头春凳

图五　羌族茂县羌族博物馆的卷草纹木雕春凳

羌族太师椅

图一 羌族太师椅主图

太师椅源于汉族地区，明清时期也流行于羌族地区，成为羌族的传统家具之一。太师椅一般安放在羌族家庭的火塘空间靠近神位的侧墙边，主要供长辈在家庭议事时坐；家中有独立设置的堂屋时，太师椅即安放在堂屋正中的八仙桌两侧。传统羌族工匠在制作太师椅的过程中，不断融入一些羌族的文化符号，逐渐形成简洁大方的造型风格。

茂县中国羌族博物馆藏的太师椅是一个典型的羌族风格的太师椅，椅子高105厘米，其中座面高50厘米，靠背高40厘米，搭脑高15厘米，椅子宽60厘米，椅子深50厘米。太师椅采用传统榫卯结构，座面为木板拼成的整板，座面下方以刻有卷云纹的牙条收腰，前腿上方设曲枨（罗锅枨），曲枨下为木雕龙纹装饰角牙，椅腿前、侧、后连接的横枨形成步步高，前腿下端刻有回纹装饰；太师椅的扶手、靠背、搭脑的支撑结构均为简洁对称的卷云纹造型，靠背中间自上而下是木雕的荷花、牡丹、如意纹图案，两旁配有瓶花木雕，搭脑上装饰有蝙蝠图案，木雕图案的造型风格与羌绣中的图案纹样十分相似，这些装饰图案寓意福瑞（蝠）、和睦（荷）、平安（瓶）、富贵、吉祥等。羌族太师椅不是以做工精细为特点，而是以简洁大方、质朴厚重的造型和疏密有度的木雕装饰为特色。

在羌族聚居地区，太师椅多种多样，出自羌族工匠之手和从外引入的均有，但羌族工匠制作的太师椅造型较为简洁，多用卷云纹的扶手及靠背，装饰上结合牛、羊、羊角花等羌绣中常用的纹样，具有较强的可辨识性。

图片来源

图一、图六1　罗力　摄影
图二至图五　罗力　制图
图六2　罗力、沈鸿雁　摄影
图六3　颜瑷　摄影

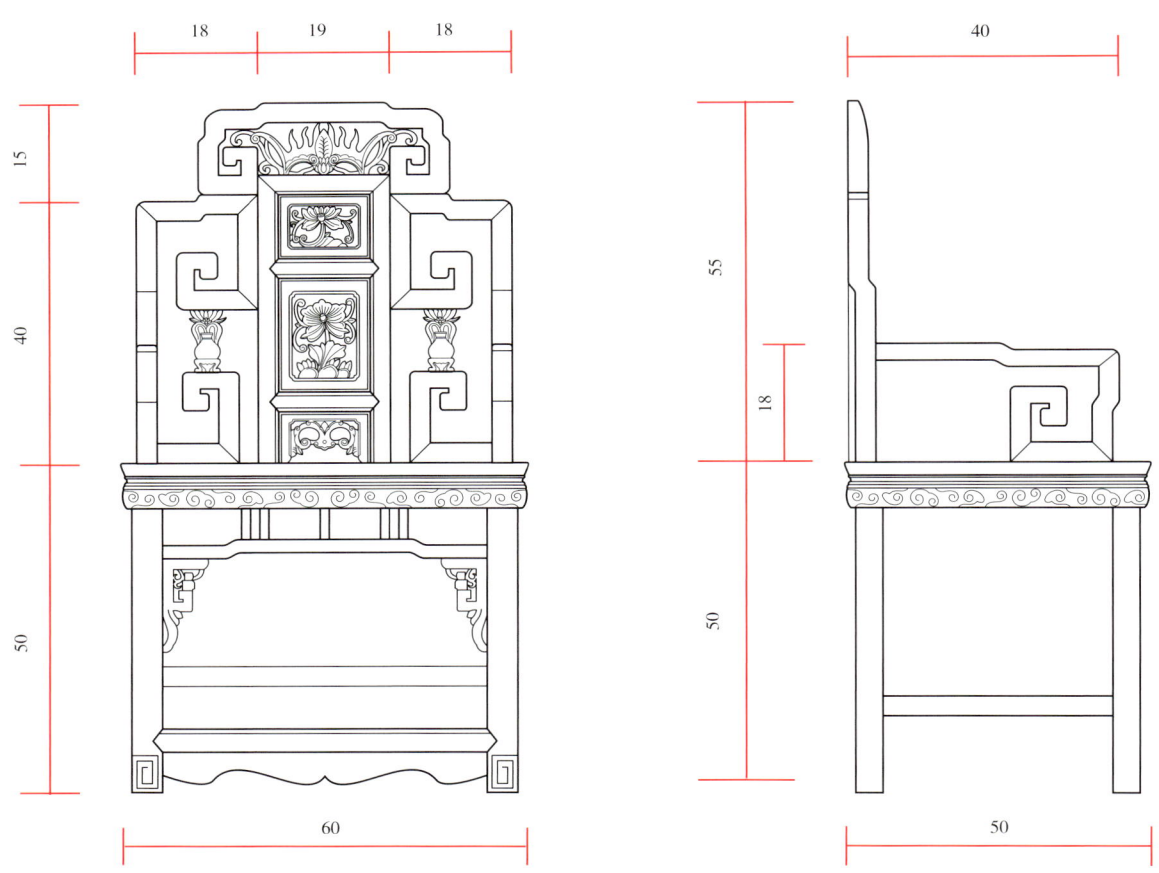

图二　羌族太师椅尺寸图（单位：cm）

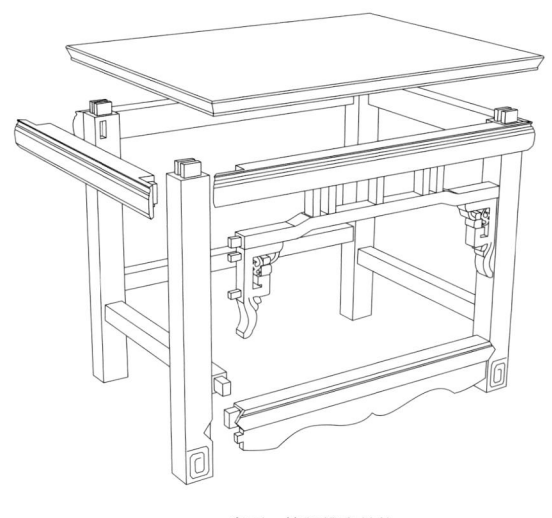
座面、椅腿榫卯结构

座面安装效果图

图三　羌族太师椅座面结构示意图

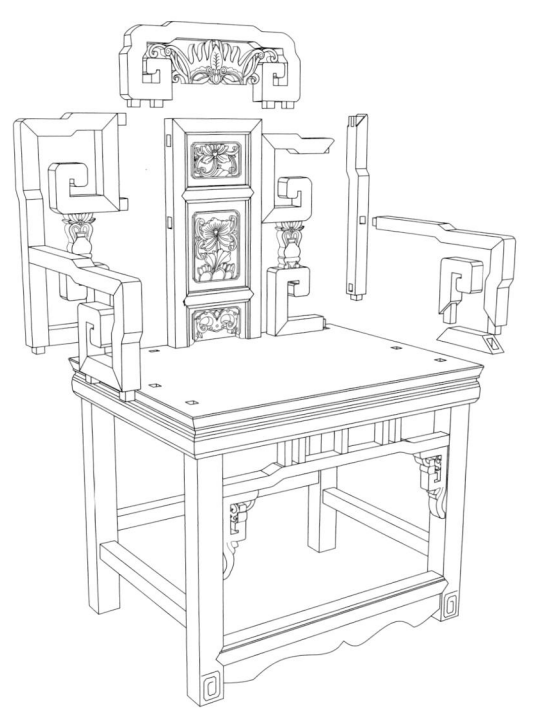
靠背、扶手榫卯结构

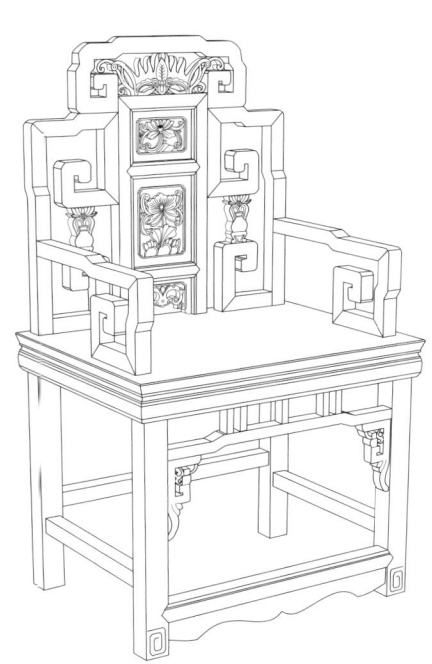
靠背安装效果图

图四　羌族太师椅靠背结构示意图

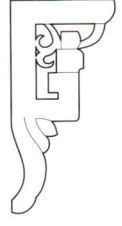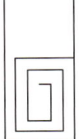

图五　羌族太师椅木雕图案示意图

1.流动曲线装饰的太师椅　　　　2.简洁直线装饰的太师椅　　　　3.椅枕装饰繁复的太师椅

图六　不同的羌族太师椅

羌族供桌

图一　羌族供桌主图

供桌是羌族家庭中常设的传统家具之一。羌族崇尚神灵和敬畏祖先之灵，供桌即祭拜和供奉灵位时摆放供品的供台。羌族的神龛是供奉家神的镇宅之物，一个家庭只设置一个神龛，均安放在火塘空间固定的位置。而供桌是祭拜神灵的供台，一个家庭可有多个，可安放在门厅、堂屋或卧室，也可以根据祭祀活动的场所安排，调整供桌的位置。

理县桃坪羌寨王家的传统供桌长90厘米，宽45厘米，高85厘米，供桌正面的台面下设有一对16.5厘米高的雕花抽屉，抽屉下为12.5厘米高的三格雕花装饰板，装饰板之下设有8厘米高的雕花牙条板，桌腿两侧的角牙为高55厘米的雕花板，整个供桌以暗红色中国漆饰面。

不同供桌的尺寸与结构基本相似，而在比例上不尽相同，但有一个共同的特点就是以木雕纹饰来体现供桌的考究。羌族的家具一般以简洁质朴为特点，但只要是与神灵有关的家具和物品，羌族人都会以更多的装饰来表达感恩之情。

图片来源
图一、图五1　罗力　摄影
图二、图三　冯灿　制图
图四　罗力　制图
图五2、图五3　颜瑗　摄影

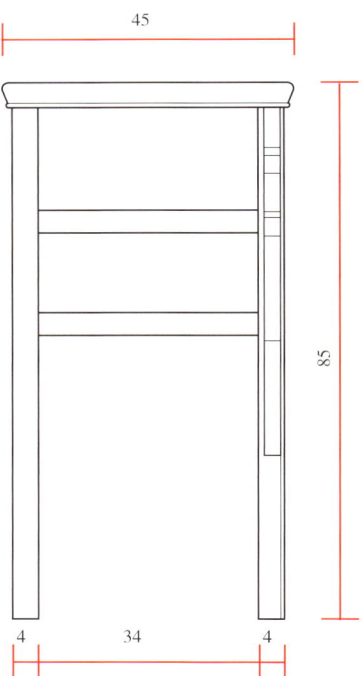

图二　羌族供桌尺寸图（单位：cm）

图三　羌族供桌木雕图案示意图

图四　羌族供桌使用情境图

1.理县桃坪村杨家的供桌

2.理县桃坪村贾家的供桌

3.茂县羌族博物馆收藏的供桌

图五　不同形制的羌族供桌

羌族挂巾脸盆架

图一　羌族挂巾脸盆架主图

挂巾脸盆架是羌族人家用于安放洗脸盆和挂晾洗脸毛巾的日用家具，一般为木制，并以榫卯结构做成，多为前高后低的四腿支架，后腿上端设有挂肩，用于挂毛巾。本案例为四腿挂巾脸盆架，两根前腿矮而腿距宽，两根后腿高而腿距窄，总高157厘米，前宽35厘米，后宽24厘米，侧面宽33厘米；安放洗脸盆位置高度为80厘米，其下设有两格横枨，可放闲置的脸盆；后腿上方设有放置洗漱用品的托盘和镜面，顶端横架70厘米长的挂肩，用于挂晾毛巾。

挂巾脸盆架的制作并不复杂，脸盆架的四腿及枨子均为3.5～4厘米的方木条，采用传统的直榫卯接。制作时先用横枨连接两只后腿，再用纵向的枨子连接前腿的横枨，四腿连接后加上挂肩，最后安装托盘及镜面。安装镜面需先在镜面位置的四周木方上挖出"L"形的槽，嵌入薄木板后再嵌入镜面，然后用细木条镶边固定镜面即可。

挂巾脸盆架在设计上本着实用、简洁、

省料的原则，立腿前宽后窄，三条连接的横枨正好形成放置脸盆的中心受力支架。后腿间距近而承受力更强；前腿的间距宽，一是与后腿形成三角形，更稳固，二是方便取放脸盆；另外搁物托盘的高度也考虑到自如放取脸盆的合理距离；悬挑的挂肩木方削成了圆背，更方便挂、取毛巾。尽管不同羌族人家的脸盆架也有不同，但以上的设计原则基本一致。

图片来源

图一至图三　罗力　摄影、制图
图四至图七　颜瑗　摄影、制图

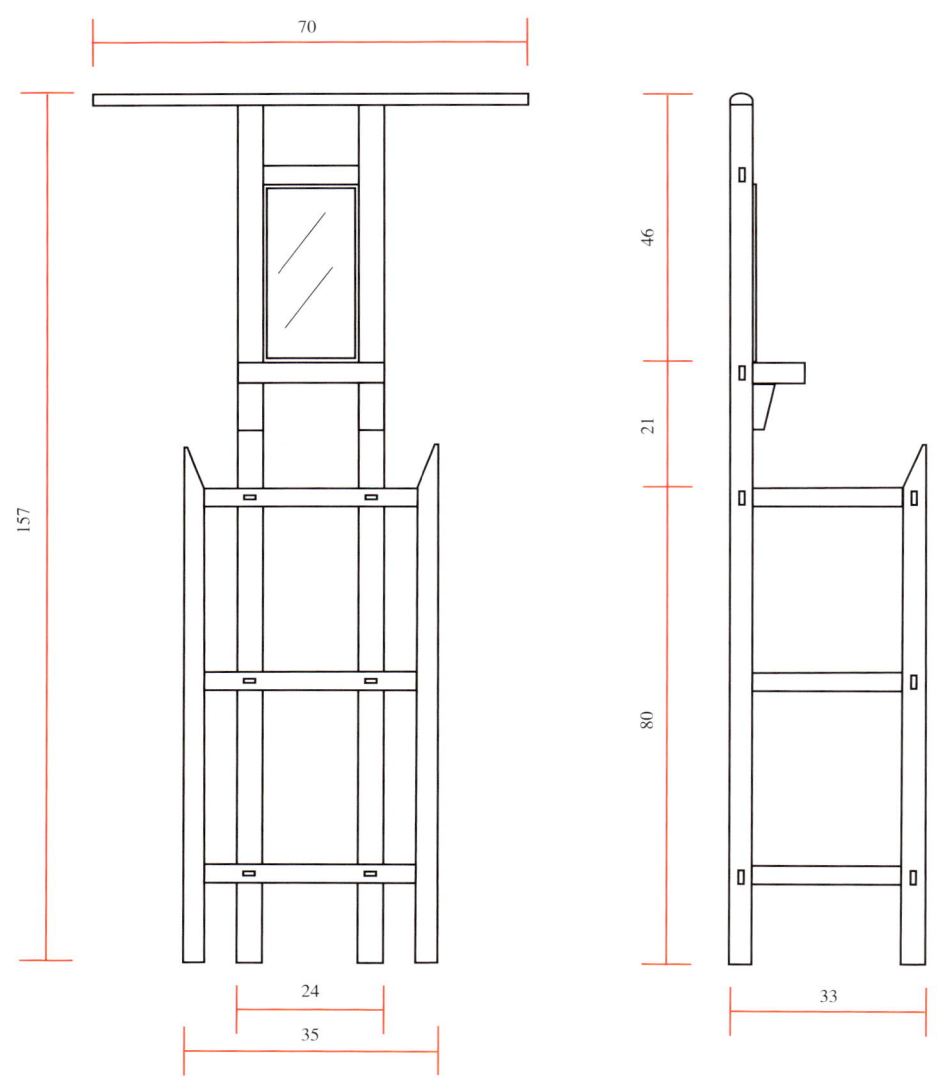

图二　羌族挂巾脸盆架尺寸图（单位：cm）

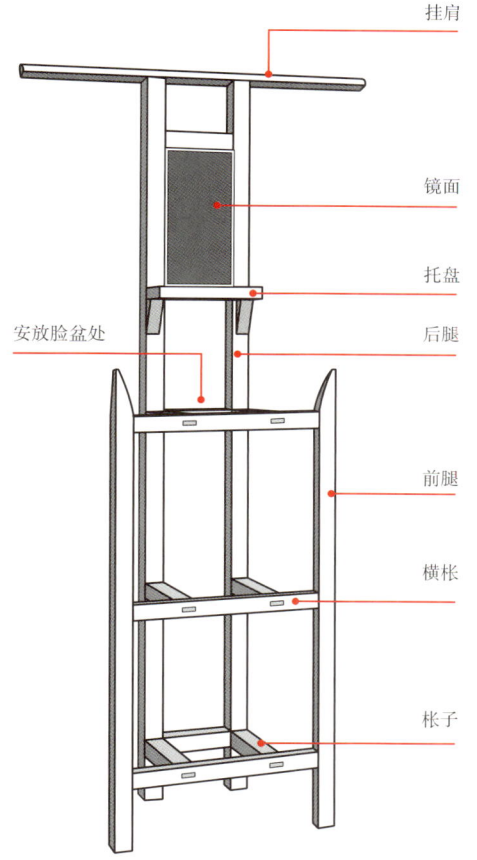

图三 羌族挂巾脸盆架结构名称图

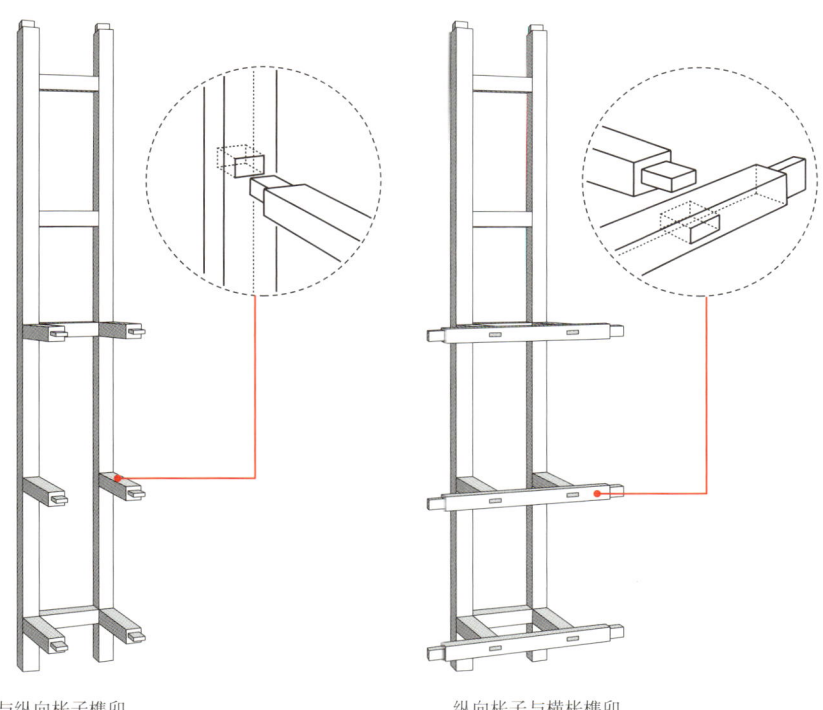

后腿与纵向枨子榫卯　　　　　纵向枨子与横枨榫卯

图四 羌族挂巾脸盆架安装示意图1

第四章 羌族传统生活用具

261

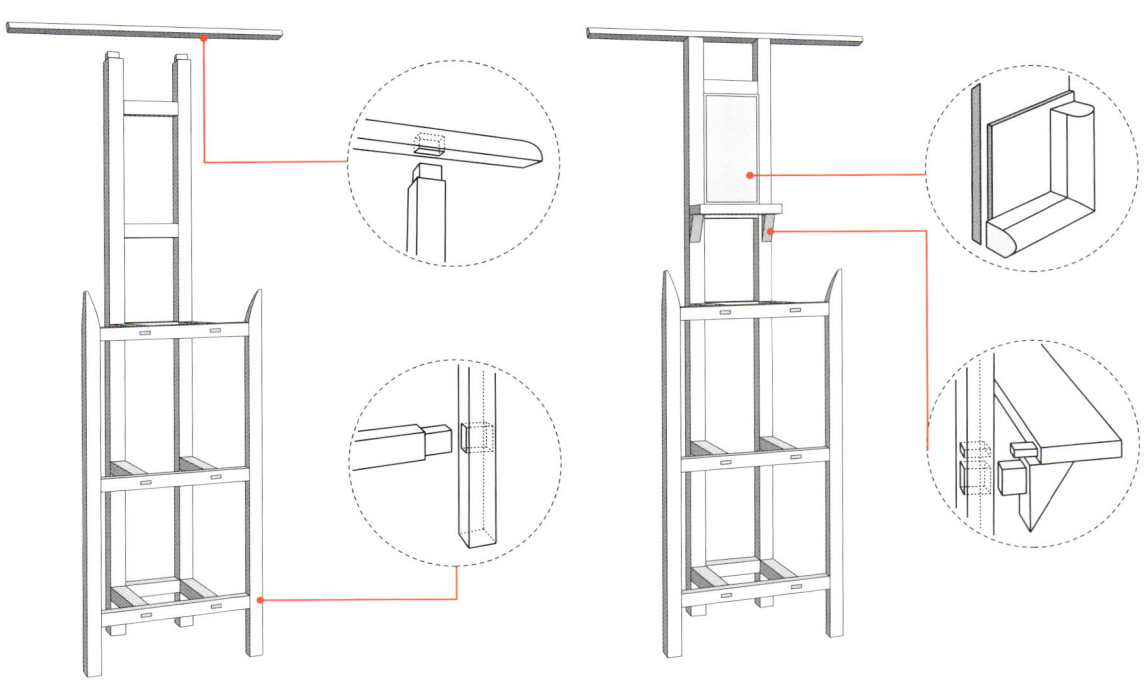

图五　羌族挂巾脸盆架安装示意图2　　　　　图六　羌族挂巾脸盆架安装示意图3

图七　不同形制的羌族挂巾脸盆架

羌族婴儿床

图一 羌族婴儿床主图

本案例为木制榫卯结构的婴儿床，长75厘米，宽51厘米，高116厘米。婴儿床由两个部分组成，下半部分为床及围合的床栏，高47厘米；上半部分为遮阳棚，高69厘米，遮阳棚前高后低，并设有檐额及垂花装饰。这种传统的木制婴儿床在理县的羌族村寨很普遍。当地人认为这种婴儿床有几大特点，第一是床栏较高，便于不同阶段的婴儿使用，初生婴儿作为床用，在床栏中可垫上厚厚的经脱粒打软的青稞秆，再铺上婴儿的被褥，柔软舒适；垫上薄薄的青稞秆和布床单，适合稍大的婴儿坐着或站着玩耍。第二是婴儿床的遮阳棚可遮阳挡风，根据日照和风向适当调整角度就可以了。第三是全木制榫卯结构的婴儿椅，结实稳固，任婴儿如何活动也不会歪倒，而且可以供很多代人使用。第四是婴儿床的遮阳檐额与垂花的装饰与羌族建筑的门楼装饰相似，体现了羌族文化的特点，有的还雕刻一些花草纹样，是一件实用的工艺品。

木制婴儿床采用了传统的榫卯结构，立柱与横枨全使用直方榫连接，栏板的拼接和栏板与枨柱的结合都使用方槽龙凤榫，构造方法并不复杂，只是垂直相交的两根横枨与立柱连接的榫头卯眼为一上一下的交错结构。有趣的是婴儿床的遮阳设计，在婴儿床三分之一多的部位增加一对立柱，顶端四面加横枨并与床的后立柱连接，上面盖板，前边加上垂花挑檐并盖檐板，形成前高后低酷似坡屋顶的遮阳棚，遮阳棚的前立柱之间有内檐，使遮阳棚不仅实用而且美观。

羌族的婴儿床除了木作的以外，还有用竹编的。竹编婴儿床也有床身和遮阳棚，但竹编婴儿床比木制床稳定性差一些，只适合小婴儿睡觉，不适宜较大婴儿活动。

图片来源
图一至图三　罗力　摄影、制图
图四　米静　摄影

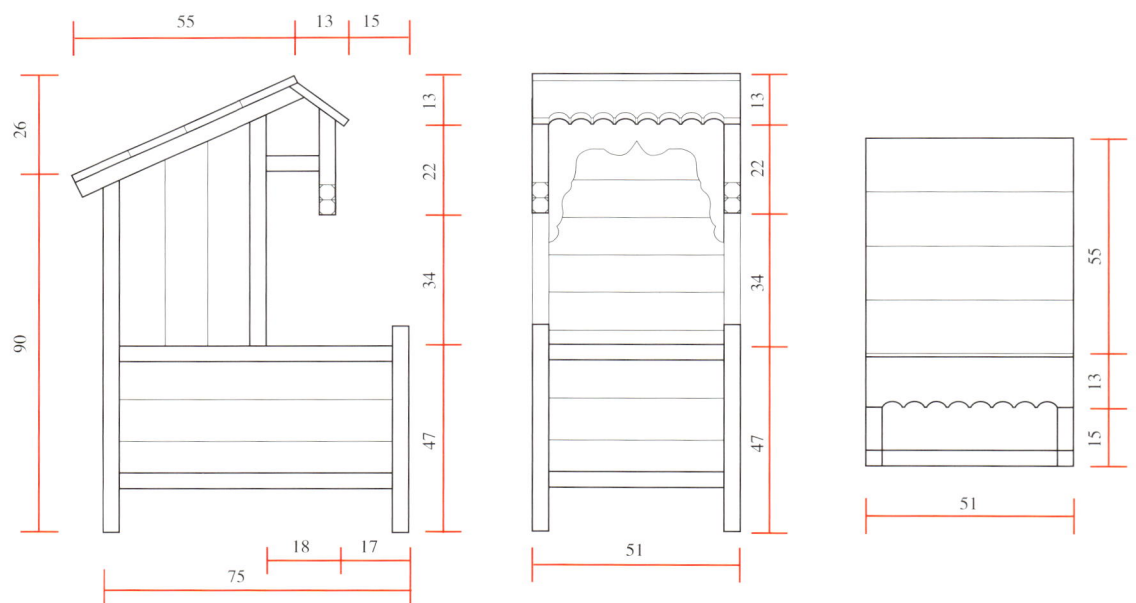

图二　羌族婴儿床三视、尺寸图（单位：cm）

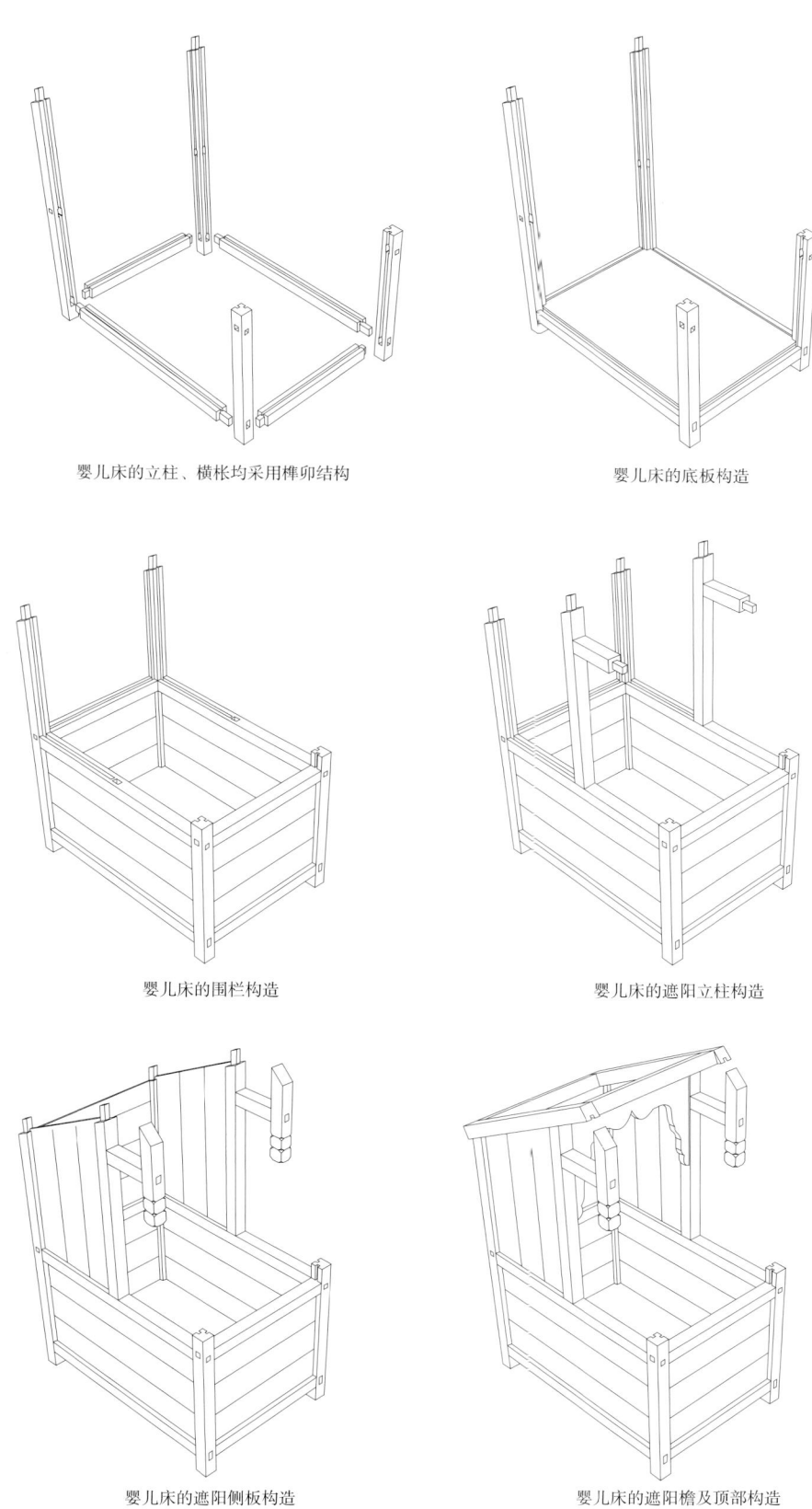

婴儿床的立柱、横枨均采用榫卯结构　　　　婴儿床的底板构造

婴儿床的围栏构造　　　　婴儿床的遮阳立柱构造

婴儿床的遮阳侧板构造　　　　婴儿床的遮阳檐及顶部构造

图三　羌族婴儿床制作流程图

图四　羌族竹编婴儿床

羌族灯具

图一　羌族灯具主图

羌族灯具中有一种十分特别的灯具，理县桃坪羌寨王家收藏着这种灯具，灯具的主要构件是一块高32厘米、宽26厘米、厚1.5厘米、类似三角形的石片，石片上方凿出一个小孔用于系挂绳索，石片下方凿有三个小孔用于穿插油竹，点燃油竹即可照明，并可根据所需亮度使用1～3根油竹。这是悬挂在民居大门外的石砌墙上为路人照明的灯具。羌片石、油竹都是羌族地区随处可见的材料，羌片石便于加工，油竹晾干后易点燃且燃烧持久，羌族人用最简单而巧妙的方法将两种材料制作成灯具，充分体现了因地制宜、就地取材的智慧。

桃坪羌寨王家还收藏了很多匠心独具的羌族传统灯具，如主要用于民居室内的传统挂式灯具，以铁条打制灯架，在灯架托盘上放置陶制的灯盏，灯盏中心凸起部分从下向上穿过灯芯，灯盏内装灯油（菜油或酥油），灯架上方装似瓦片的羌片石烟挡，以避免点灯时火苗烧着木梁。羌族传统的陶壶油灯也是可悬挂的灯具，陶壶油灯有一个壶嘴的和三个壶嘴的，壶内装灯油，浸泡在灯油中的灯芯从壶嘴穿出，点燃灯芯即可照明，三个壶嘴的灯芯同时点燃的照明效果最好。刻花土陶台式油灯是主要放在桌上或矮柜上的灯具，台式油灯的上方托盘为装灯油、灯芯的灯盏，中间较细的部分为灯握，灯握上刻的图案不仅是为了装饰，更为了手握时不易滑落，下面的实心圆台为非常稳定的灯座。

图片来源

图一　沈鸿雁　摄影
图二　罗力　制图
图三　柳冰蕊　摄影
图四　冯灿　制图
图五　颜瑗　摄影
图六　罗力　摄影

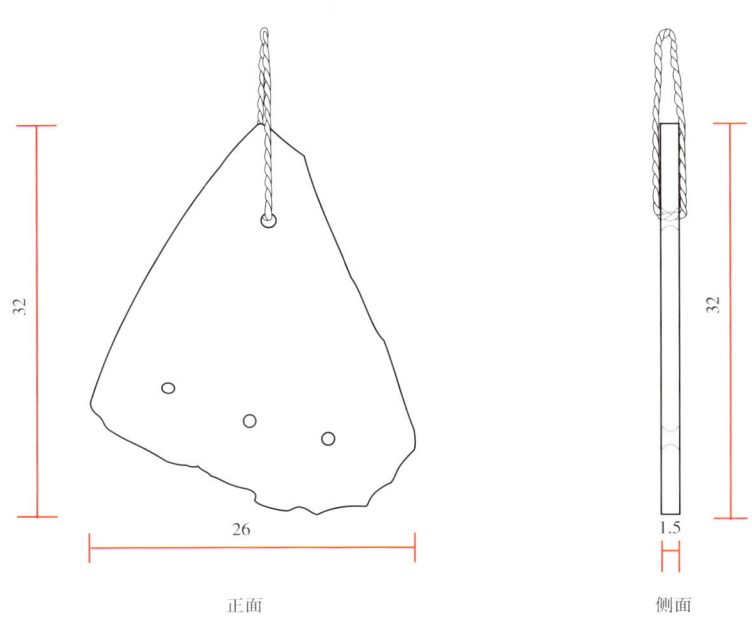

图二　羌族灯具尺寸图（单位：cm）

将油竹穿过石片，点燃油竹照明

图三　羌族灯具操作示意图

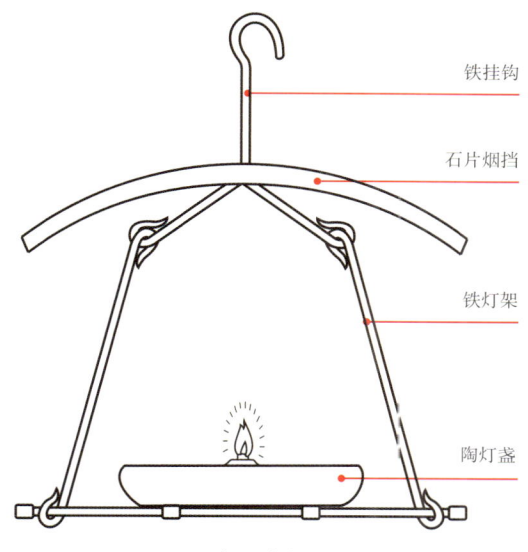

图四 羌族挂式油灯

单嘴陶壶油灯　　　　　　　　　　三嘴陶壶油灯

图五 羌族陶壶油灯

图五 羌族刻花土陶台式油灯

羌族烟具

图一　羌族烟具主图

羌族传统生活中有抽兰花烟的习俗,抽兰花烟得配烟具。羌族的传统烟具形式多样,多用铜制成,制作精致并辅以配饰。烟具为传统羌族男子随身携带的用具及饰物。

理县桃坪羌寨杨家收藏了多件羌族传统烟具,制作最为讲究的是铜制带配饰的传统烟杆,烟杆长34厘米、最宽处直径2厘米,烟斗高4.9厘米、直径3.2厘米,烟杆由烟嘴、烟斗、2个连接管和1个中接环构成,烟嘴、烟斗和中接环上均有浮雕纹饰,另配有挂链、铜铃、铜钱和实用小工具。另外,杨家收藏的传统烟具中还有造型别致的铜管银饰烟杆、装饰华丽的铜杆镶玛瑙珠的烟杆、长短各异的铜制暗纹装饰烟杆,以及川西汉族地区传入的铜制水烟壶等。

图片来源

图一　罗力　摄影
图二至图四　李昕彤　制图
图五　沈鸿雁、罗力　摄影

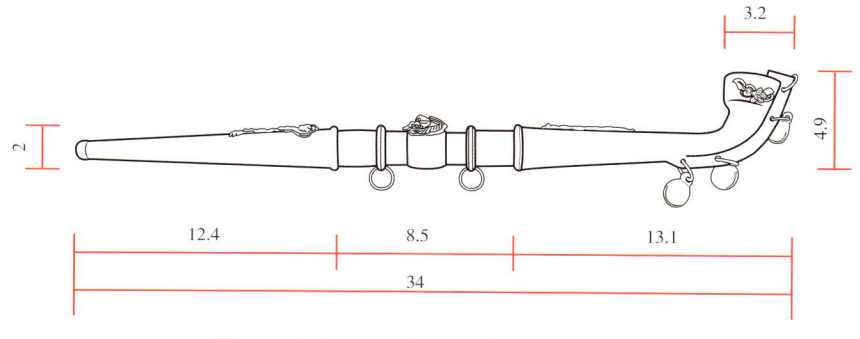

图二　羌族烟具尺寸图(单位:cm)

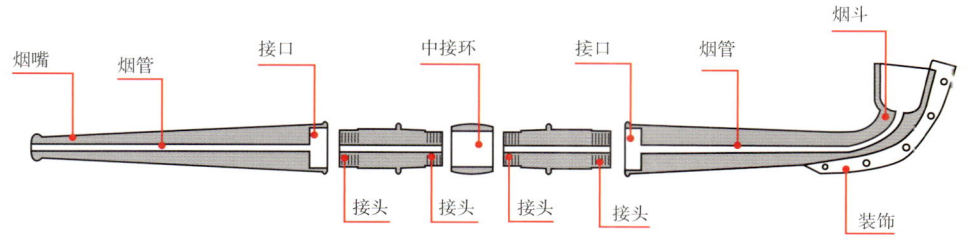

图三 羌族烟具结构分解图

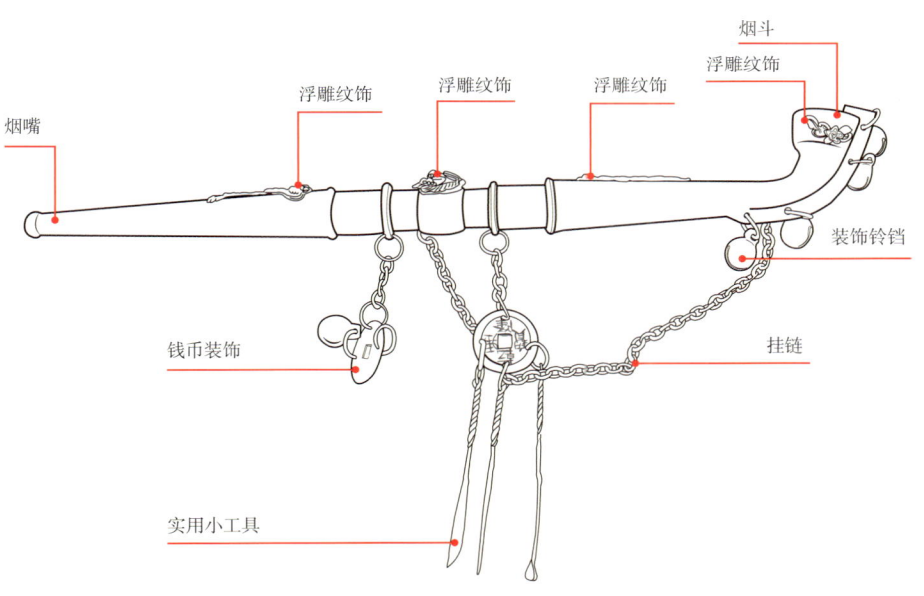

图四 羌族烟具装饰示意图

铜管银饰烟杆

水烟壶　　　　　　　　铜暗纹烟杆

铜玛瑙装饰烟杆

铜暗纹长烟杆

图五　不同的羌族烟具

羌笛

图一　羌笛主图

羌笛，羌语称其为"其篥""士布里"或"帮"，是羌族最古老的吹奏乐器，已有两千多年的历史，至今仍流行于岷江和涪江上游一带的羌族聚居地。据历史传说，最早的羌笛是秦汉时期游牧在西北高原的古羌人用鹰腿骨或羊腿骨制成，羌人入川陕地区后，才普遍用当地的竹子制作羌笛，并不断改良为如今的羌笛。在我国历史上有许多描述羌笛的记载，东汉马融的《长笛赋》有"近世双笛从羌起，羌人伐竹未及已。龙吟水中不见已，截竹吹之声相似"。唐代的边塞诗中有王之涣《凉州词》中的"黄河远上白云间，一片孤城万仞山。羌笛何须怨杨柳，春风不度玉门关"。高适《塞上闻笛》中有"雪净胡天牧马还，月明羌笛戍楼间。借问梅花何处落，风吹一夜满吴山"。王昌龄《从军行》中有"烽火城西百尺楼，黄昏独坐海风秋。更吹羌笛关山月，无那金闺万里愁"。还有李颀的《古意》中有"今为羌笛出塞声，使我三军泪如雨"。范仲淹的《渔家傲》有"羌管悠悠霜满地，人不寐，将军白发征夫泪"。

羌笛由两只笛管组成，一般长15～20厘米，笛管直径1～1.5厘米，笛管上有6对音孔，笛管上端装有细竹管做的吹嘴和簧片，笛管下端有系装饰物的小孔。本案例长22.8厘米，宽2厘米，厚1厘米，其中笛管长18.4厘米，吹嘴长4.4厘米，双管两端用羊皮筋缠绕固定，笛管下端系有装饰彩穗。

羌笛的制作从选材到工艺都非常讲究，

技艺要求也很高。首先是准备材料，要在深秋时节选择三千米以上高山阳坡的油竹（箭竹），砍回的竹子要去头去尾，保留竹节长、竹竿挺直、粗细均匀的部分。然后放在火塘上方烟熏一至两年，使竹子慢慢干透并可防虫蛀。竹子烘干后，将干竹子切成长约22厘米的笛管，放入菜油里浸泡半年到一年，增强笛管的韧性和硬度。制作羌笛大致有五个步骤：第一是去皮，做笛管的竹子四边都要去皮，将圆筒笛管削成内圆外方的形态，以便双管相并；第二是合并双管，将两只笛管对齐，并在上端及下端3～4厘米处用丝线缠绕固定，然后在下端预留部分削刻成对称的梭形，以备系挂装饰物；第三是打孔，打孔要根据笛管的长短、厚薄及圆筒大小精确设定音孔的孔距，每管有六个音孔，孔距相等，双管左右音孔要对称，音孔边缘要干净；第四是制作双管的吹嘴，选择两段略细于笛管的油竹，保留一端的竹节，在竹节端约3厘米处切口并削出薄薄的簧片，羌笛的音调、音质、音色、音韵皆取决于吹嘴簧片的质量；第五是安装吹嘴，将吹嘴插入笛管的部分削至与管孔吻合并缠上细线。现在做的羌笛一般还要刷上一层清漆，羌笛的演奏者还可根据个人喜好在笛管下方的梭形端系有特色的彩穗等装饰物。

演奏羌笛时竖着吹，口含吹嘴簧片，用两手的食指、中指和无名指按住双管的音孔，通常左手在上，右手在下，管音作5，依次开孔可得6、7、1、2、3、4诸音。吹奏的方法为"鼓腮换气法"，鼓起的双腮实际上就是吹奏羌笛的气流储仓，可以使一首乐曲一气呵成，吹奏时还可使用喉部颤音、手指在音孔间滑动等多种技巧，声音十分悦耳动听，清脆悠远、高亢而略带悲凉感。羌笛多用于独奏，经典曲目主要有《折柳词》《思恋曲》《莎朗曲》《打枪放狗调》《羌山恋》《丰收乐》《迎宾调》等。

图片来源
图一　罗力　摄影
图二至图六　颜瑗　摄影、制图

参考文献
贾银忠.中国羌族非物质文化遗产概论.北京：民族出版社，2010.

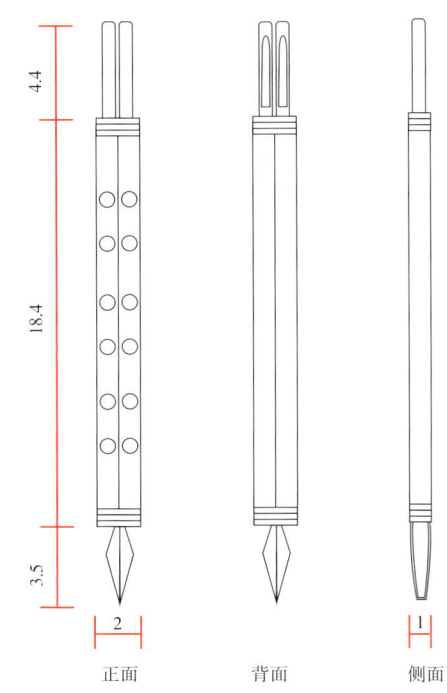

图二　羌笛尺寸图（单位：cm）

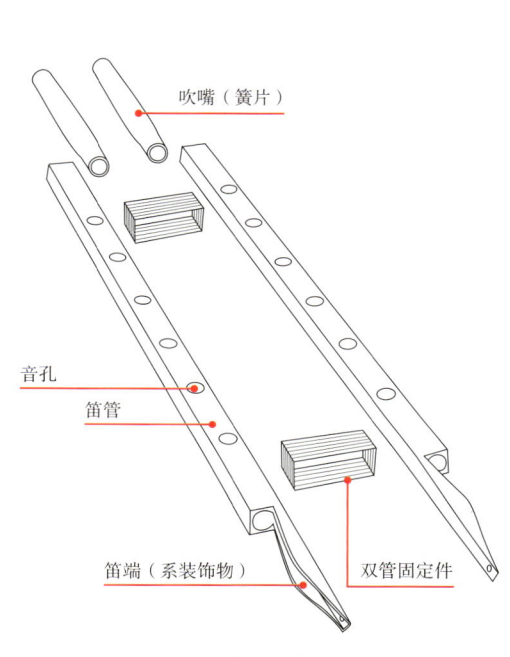

图三　羌笛结构示意图

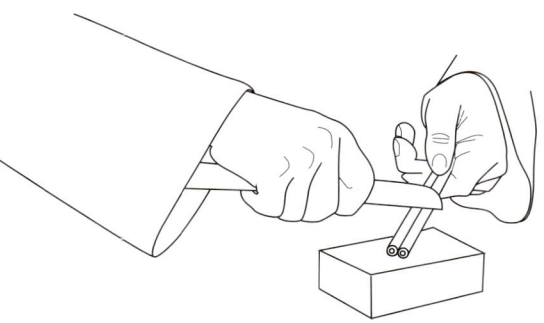

1.竹子去皮制作笛管

2.确定音孔的标准间距

3.打出大小一致的音孔

图四　羌笛制作流程图

图五　羌笛操作示意图

鹰骨羌笛

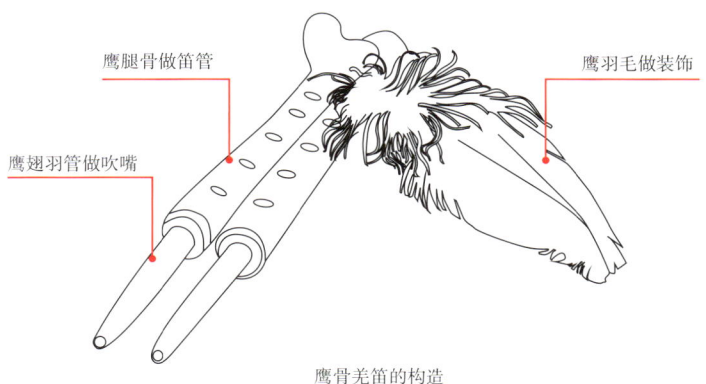

鹰腿骨做笛管　　　　　鹰羽毛做装饰

鹰翅羽管做吹嘴

鹰骨羌笛的构造

图六　鹰骨羌笛

羌族口弦

图一 羌族口弦主图

口弦是流传至今的传统羌族乐器。羌族口弦以竹制成,由口弦簧片、口弦竹筒套、挂绳、吹奏扯绳等组成,本案例长14.2厘米、宽1.4厘米、厚0.2~0.6厘米,其中簧片长10.8厘米、厚约0.13厘米,口弦两端系绳索,系挂绳的一端长2.2厘米,系吹奏扯绳的一端长1.2厘米。存放口弦的竹筒套长17厘米,直径为2.3厘米,竹筒刻有纹样并上大漆。

制作羌族口弦首先要选好竹子,最好的材料为泛黄的金竹,金竹的竹青厚而韧性好,但现在当地的金竹已不多见,竹青较厚、弹性较好的楠竹也是很好的选择。制作口弦的工艺比较简单,先将半干的竹筒劈成约1.5厘米宽的竹片,将竹黄一面削成圆弧形;在0.6~0.8厘米厚的弧形竹黄面画出三段,中间段长约10厘米的部分为簧舌,两端分别为长约2.5厘米系挂绳的前端和长约1.5厘米系吹奏扯绳的后端;将制作簧舌的一段稍削平整后,画出簧舌的舌片、宽窄转换节、舌尖三部分,从中往后端为舌片,从中向前端约0.5厘米处为转换节,其余部分为舌尖;将制作簧舌片和舌尖的部分削薄至0.3厘米左右,转换节不需削薄;再画出宽约0.8厘米的簧舌片、与舌片等宽的转换节以及宽约0.3厘米的舌尖,形成一宽一窄似酒瓶的簧舌形状；然后细心地削刻簧舌，簧舌的舌片后端与系吹奏扯线的后端连接，其余三边需镂空0.1厘米左右间隙，削刻簧舌的三边需垂直下刀，簧舌侧边的竹片需斜着刻削，簧舌的舌片须刳薄至0.15厘米左右，舌尖部分厚0.2厘米左右，簧舌的长短、宽窄和薄厚决定了口弦吹奏声音的高低；做好簧舌之后，在口弦两端钻孔，在前端系上挂绳，在后端系上长30厘米的吹奏扯绳即可。羌族口弦还有种更简单的做法，把竹片整个削平为0.2厘米左右，再削出约0.15厘米厚的簧舌，舌片与舌尖的宽窄转换处没有转换节而采用斜肩过渡，也使细细的簧舌尖不易折断。

存放和保护口弦的筒套是必备的，传统中有用羊腿骨做的筒套，现在多用竹筒。口弦的竹筒套选用直径2~2.5厘米的经火塘烘干的老竹子为宜，竹筒要保留一个竹节，竹筒长度为装入口弦后留有1~2厘米的空间为宜。在竹筒的竹节处钻一个小孔，将口弦的挂绳穿过小孔，拉动挂绳即将口弦收入竹筒之中，吹奏时从竹筒中拉出口弦，挂绳系在腰间时竹筒自然滑落并罩住口弦。口弦的竹筒套有多种样式，仅用于存放和保护口弦的一般为打磨光滑的素筒，但作为羌族妇女腰间饰物的口弦筒套上却有局部雕刻或满刻的装饰纹样，也有一些使用彩绘的装饰。

吹奏羌族口弦时，用左手大拇指和食指捏住口弦前端，用无名指、小指挽住挂绳，横侧贴腮靠近微微张开的嘴唇，以气鼓簧片；将口弦后端扯绳的线端穿过右手食指和无名指之下、中指之上，拇指挽线缓缓牵动，鼓顿有度，其簧闪颤成声。口弦的音域不足一个8度，音量细小，但音色优美，并可根据牵动扯绳的力度和口腔形状、气息大小和唇舌位置的改变，形成音阶和旋律。用羌族口弦吹奏的传统乐曲有表达姑娘出嫁时悲喜交加情感的《出嫁歌》，表达怀念已逝亲人的《悲歌》，表达旧时媳妇受公婆虐待辛劳而不得温饱的《苦歌》，表现劳动、狩猎欢快场景的《呔羊歌》《薅草歌》《打山放狗歌》等。羌族有关于口弦的美丽爱情传说，因此在羌族传统中男女青年恋爱时，小伙子都要做一个口弦送给姑娘作为信物，即使现在羌族口弦也主要由妇女吹奏。

图片来源
图一　罗力　摄影
图二、图四　罗力、颜瑗　制图
图三、图五　颜瑗　制图

参考文献
贾银忠.中国羌族非物质文化遗产概论.北京：民族出版社，2010.

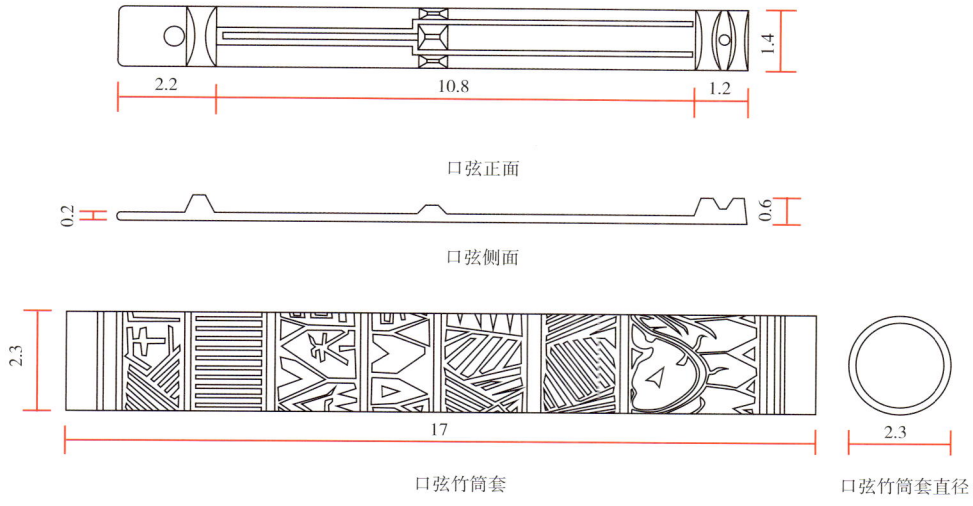

图二 羌族口弦尺寸图（单位：cm）

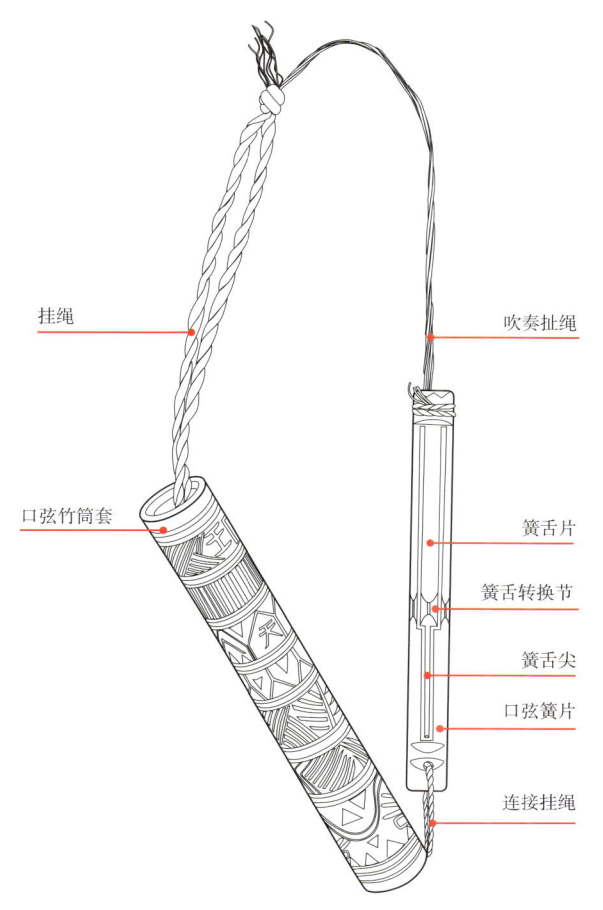

图三 羌族口弦结构名称图

第四章 羌族传统生活用具

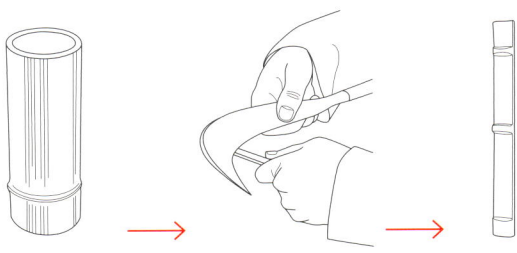

1.用较厚的青竹剖削成做口弦的竹片

2.在竹片上用尖刀削出口弦的簧片

图四　羌族口弦制作流程图

图五　羌族口弦操作示意图

羌族木锁

图一　羌族木锁主图

羌族木锁是与建筑融为一体的门锁，其寿命可与羌族石砌建筑相比，可达百年乃至千年，因此被誉为"千年木锁"。羌族木锁为全木结构，没有金属部件，设计巧妙，结构合理，其工作原理与现代金属制成的"弹子锁"十分相似。

理县桃坪羌寨是保留百年以上羌族木锁最多的村寨，本案例为桃坪王家收藏的一件尚未安装的用柏木做成的木锁，主要由锁墩（锁靴）、锁芯（门闩）、钥匙组成，锁墩长49厘米、宽13厘米、高15.5厘米，锁芯长34厘米、宽5.8厘米、高7厘米，钥匙板长27厘米、宽4厘米、厚1.5厘米，开锁木钉高1.7厘米。

羌族制作木锁首选质地坚硬的柏木、椴木、铁杉木等，木锁的各部件均以原木雕成。羌族木锁设计巧妙，锁墩是木锁的主体，在建房之初即固定在墙体的锁洞中。锁墩为一块矩形木方，一边靠门枋，一边在墙体的锁洞之中，锁墩的两头为斜边，以利于牢固地嵌入墙体，锁墩靠门枋内侧下方凿有用于抽插锁芯的通槽，相对应的上方凿有装木锁钮的方槽，方槽内的木钮孔与锁芯槽相通，方槽上为插入木钮盖的楔形槽，可盖上木盖以防泥沙落入木钮槽。木钮是木锁的关键部件，一个木锁一般可装2~3个木钮，木钮落入锁芯对应的孔即关锁，木钮退出锁芯即开锁。锁芯实际上起门闩的作用，锁芯是一块穿过锁墩和门枋能别住房门的小木方，大小与锁墩下方的通槽相吻合，不宜太紧也不宜太松，锁芯两头有高于通槽的木挡，使锁芯滑动时不会滑出锁墩，锁芯下方有用于插入钥匙的半截空槽，空槽顶部有木钮孔并与锁墩的木钮孔相对应，锁芯底面两边缘贴有光滑的竹条，竹条耐磨且滑动时的摩擦力小，锁芯向前滑动别住房门时即被锁住。为提高保险系数，一般还在锁芯上紧靠锁墩的位置设有插入木锁楔的方孔，人回家歇息时可插上木锁楔以增加安全保障。木钥匙是开启木锁的工具，为能插入锁芯半截槽的小木板，木板上装有与锁芯中木钮对应的小木钉，插入钥匙，用木钉将木锁钮顶出锁芯从而使锁芯移出门闩。另有一种钥匙是没有小木钉的，是将钥匙板的前端做成左右齿状的形态，同时将插入钥匙的口改为窄口，也改变了锁芯的半截空槽的形状，开锁时将钥匙转为侧面插入锁芯，插到位时旋转钥匙以水平对齐木锁钮，然后向上敲打木钮，当木钮跳起的同时滑动锁芯开启门闩，这种开锁方式需要一定技巧，也提高了木锁的安全系数。锁洞是建筑房门一侧为安装木锁预留的空洞，一般长、宽为25厘米，贯穿墙体，但碉楼墙体特别厚，贯穿墙体的直洞太深，不便操作，因此将锁洞做成"L"形，门外为直洞，屋内在墙体端头开洞与直洞相通。石砌建筑的锁洞一般在洞的上下架装平整的木板或石板，夯土建筑的锁洞一般需做四方或圆筒状的木盒子并嵌入墙体。

图片来源
图一　罗力　摄影
图二、图四　米静　制图
图三、图五　罗力　制图

参考文献
马宁，周毓华.羌族非物质文化遗产——"千年木锁"的保护研究.阿坝师范高等专科学校学报，2007，24（4）.

张犇.羌族门锁的造物特征与文化成因分析.艺术百家，2008（7）.

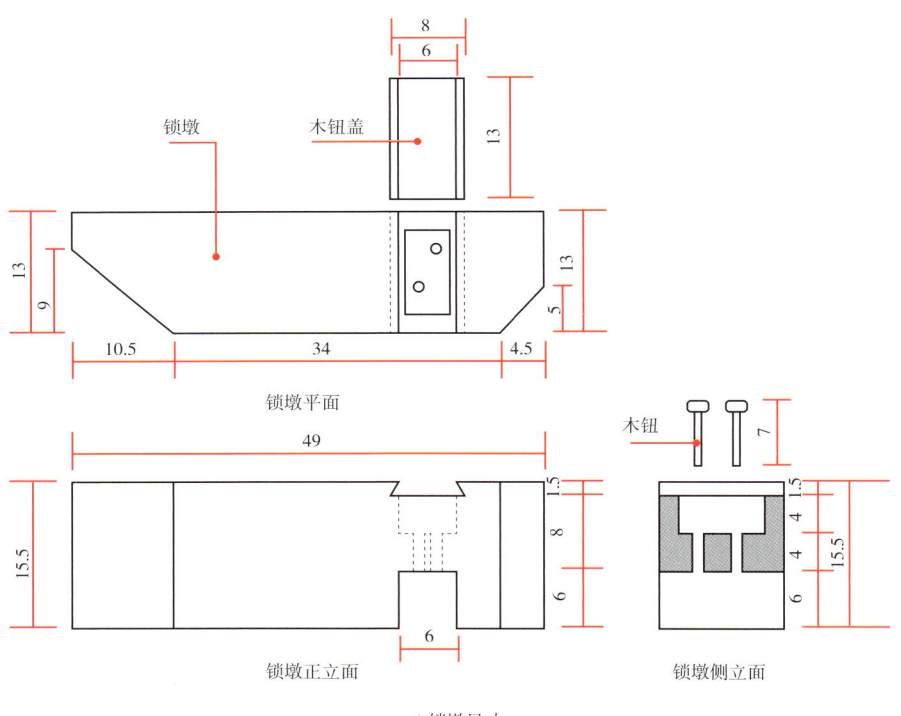

1.锁墩尺寸

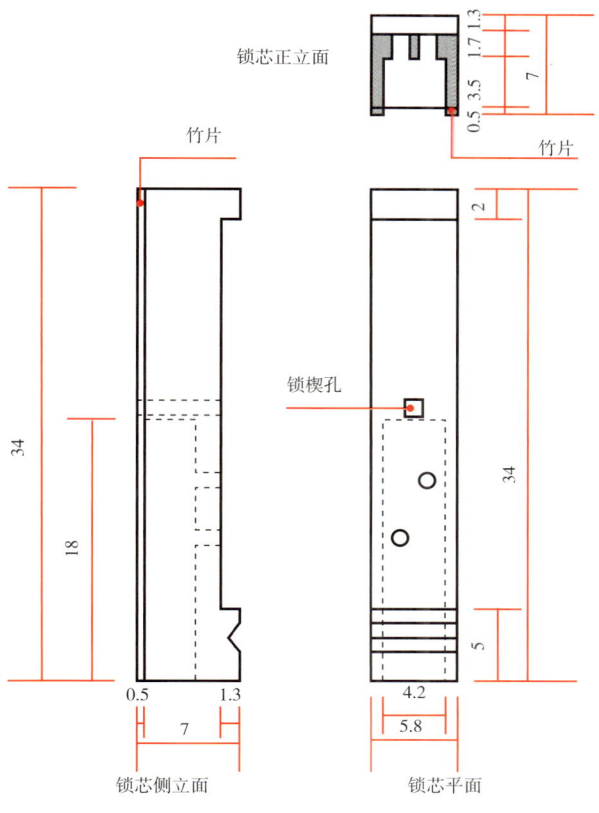

2.锁芯尺寸

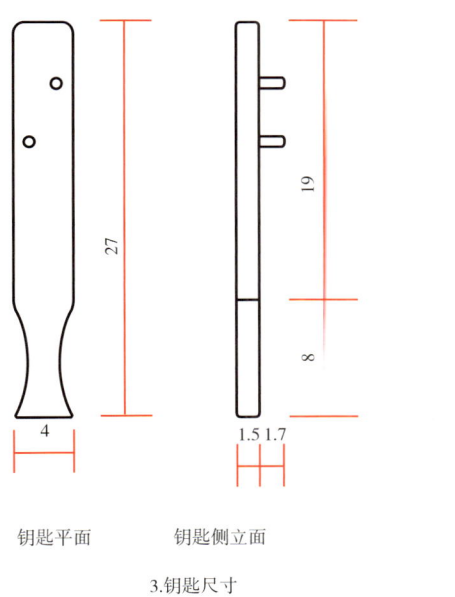

3.钥匙尺寸

图二 羌族木锁结构、尺寸图（单位：cm）

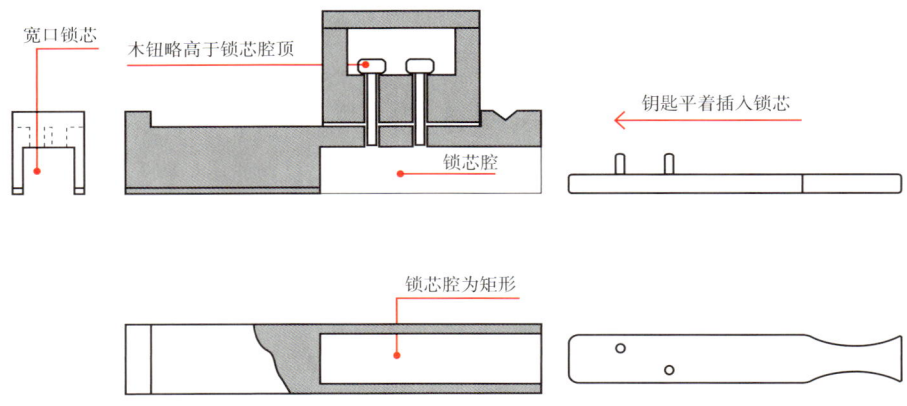

1.宽口锁芯及木钉钥匙

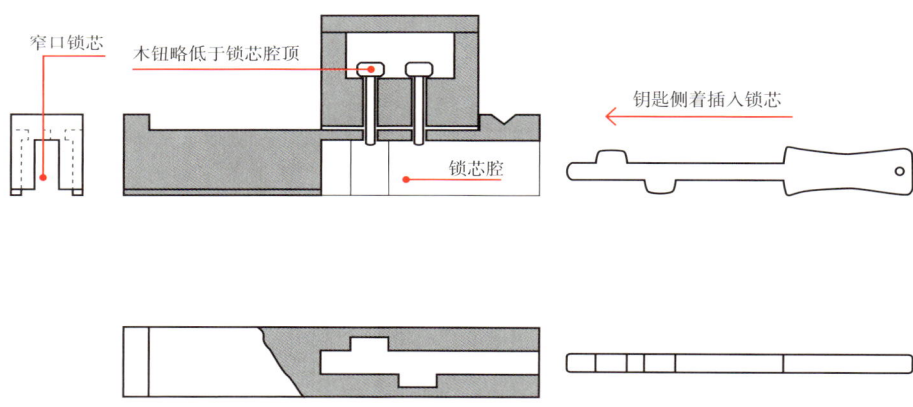

2.窄口锁芯及齿状钥匙

图三 不同的羌族木锁

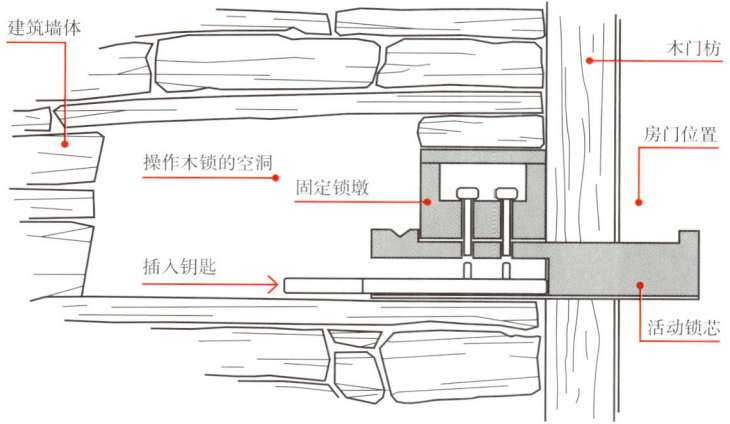

1.锁闭状态木钮落入锁芯孔中，须插入钥匙开门

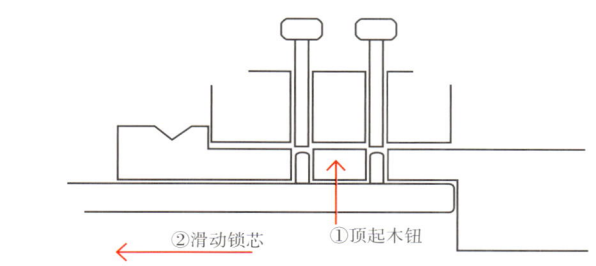

2.钥匙插入锁芯并向上顶起木钮，锁芯即可滑动

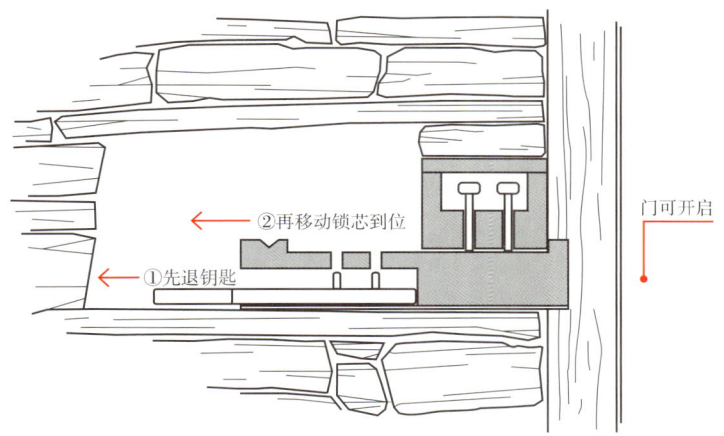

3.木钮升起后退出锁芯，即可开门

图四　宽口锁芯的木锁操作示意图

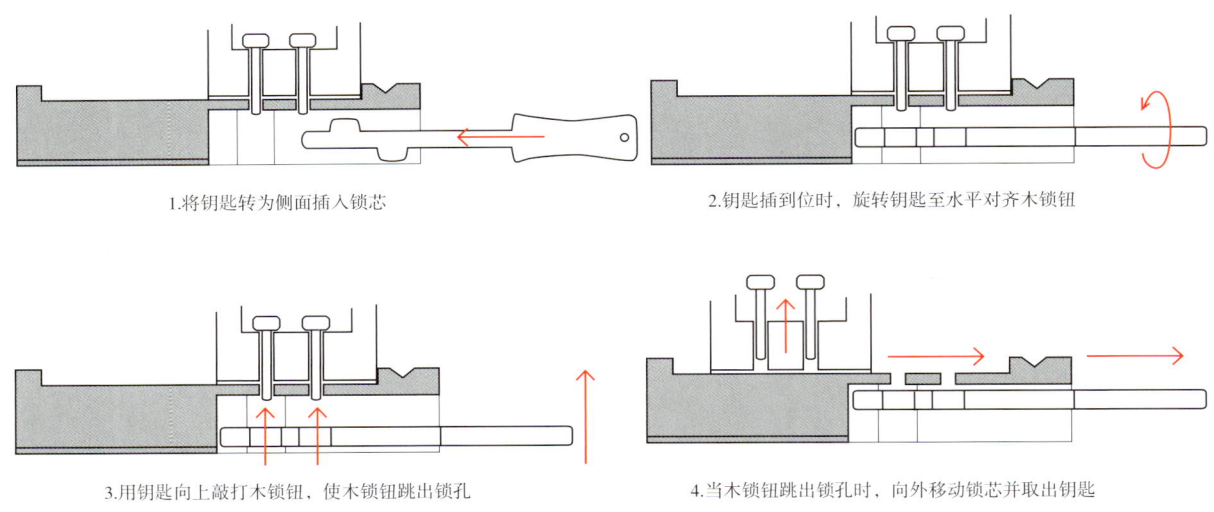

图五　窄口锁芯的木锁操作示意图

第五章 羌族传统生产工具

羌族传统耕犁·二牛抬杠

图一 羌族传统耕犁·二牛抬杠主图

　　羌族用二牛耦耕，犁辕很长，犁刃只用一条尖木。犁辕前端系于一横木上。横木为轭，不加于牛项而加于两牛的额上，缚于两角，使二牛以头顶推挽着犁前进。这种耕犁方法，是其他民族没有的，唯独羌族才用，并且保持到现代。这种传统耕犁方式被羌族人形象地叫作二牛抬杠。本案例的二牛抬杠耕地现场是2012年在汶川县龙溪乡阿尔村田野调查时拍摄的，当地仍保留着这种传统耕犁方式。在一些偏僻的羌族村寨，二牛抬杠还是主要的耕作方式，只是杠（轭）早已不架在牛的额上，而架在牛的颈肩之间，犁头上也装配了铁铧。在茂县三龙乡合心坝村和理县桃坪乡桃坪村也能见到二牛抬杠的直辕犁，但已成为文物了。

　　理县桃坪村二牛抬杠的直辕犁，犁辕长222厘米、宽7～12厘米，犁梢高94厘米，犁梢上端耕犁人手握的木柄长85厘米，架在牛颈的杠长186厘米。二牛抬杠犁头装配的铁铧主要有尖刃和宽刃两种，俗称鸡嘴铧、鸭嘴铧。鸡嘴铧尖而短，重3～5千克，多用于石块多或土质板结的耕地，耕深10～15厘米；鸭嘴铧宽而长，重7～10千克，多用于土质厚而松软的耕地，耕深15～20厘米。羌族二牛抬杠的牛，主要是牦牛与黄牛杂交的犏牛，犏牛具备牦牛耐高寒和力气大的特点，也具备黄牛驯顺的特性。

羌族二牛抬杠的特点不仅在于耕犁的方法，也在于对犁的设计。羌族聚居地区耕地主要是坡度较大的山地，耕作十分艰难，需二牛的合力才能胜任。采用长犁辕正是为了将两头牛的合力通过杠从两牛之间传递到犁头，犁辕的前端还设有几个间隔的木栓，可以根据耕地的坡度调节力臂，既可保证牛的安全也可实现犁地的效果；宽臂木柄更有利于控制长犁辕的平衡；犁头的弯折角度也是根据耕地的深浅、难易而设计的。

图片来源
图一、图五、图六 沈鸿雁 摄影
图二 罗力 摄影
图三、图四 米静 制图

参考文献
任乃强.羌族源流探索.重庆：重庆出版社，1984.

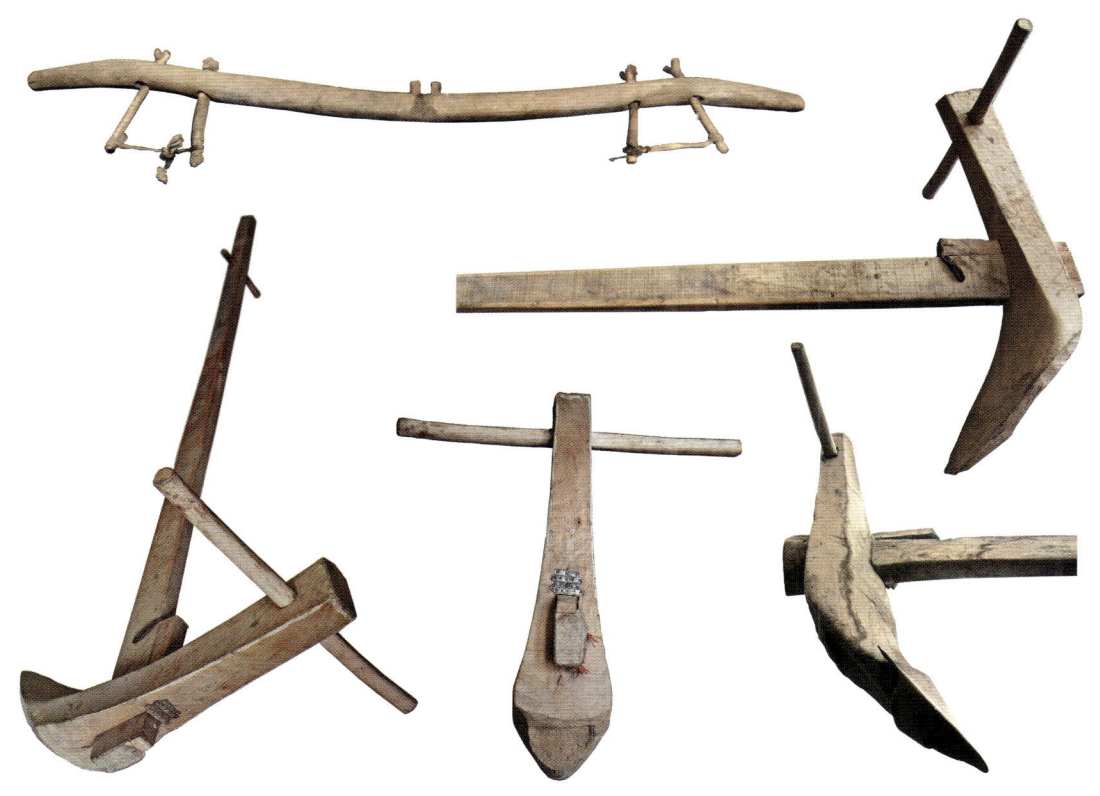

图二 羌族二牛抬杠的杠与犁

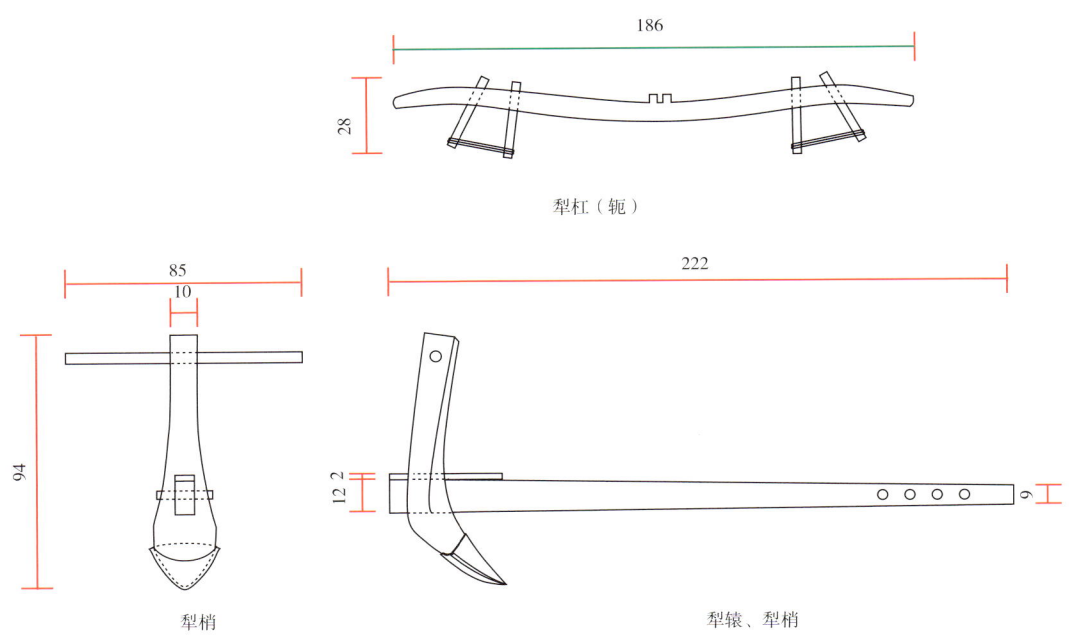

图三 羌族二牛抬杠的杠与犁尺寸图（单位：cm）

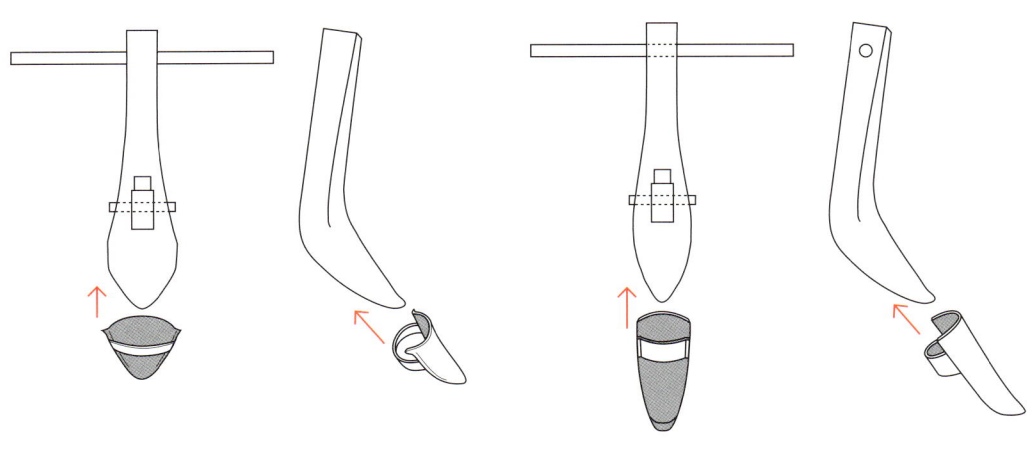

粗壮的犁头配尖刃铁铧　　　　　　　扁长的犁头配宽刃铁铧

图四 羌族二牛抬杠的犁头结构示意图

犁杠架装在二牛的颈肩

犁辕架装在犁杠的中间

图五　羌族二牛抬杠操作示意图

河谷地带的单牛木犁　　　　　　　　　木制犁梢的单牛铁犁

图六　不同的羌族耕犁

羌族传统农具·锄、耙

图一　羌族传统农具——锄

图二　羌族传统农具——耙

羌族的传统农具中有各式各样的锄、耙，不同造型和尺寸的锄、耙有不同的用处，分工十分明确。过去，农具是羌族人家置办的重要家产，农具多而新，代表一户人家勤劳且富裕。羌族最常用的锄、耙有尖尖锄、扁锄、黄瓜米锄、钩钩锄、刨锄、二爪锄、四齿钉耙等，锄、耙均为铁匠打制，锄、耙的木耙和上锄把的木卡子及木楔子由使用者自备。锄把有长短之分，一般短把长约70厘米，使用起来更准，长把长120～140厘米，用起来比较省力。上锄把的方式也有两种，需要使劲的、较重的锄头，需用硬杂木砍制的木卡子和木楔子将锄把固定在锄把套中，而重量较轻的、不需要太使劲的刨锄、钉耙等，锄把套为一段圆形的铁把，直接将木耙插上并用铁钉固定即可。

尖尖锄：锄身长28厘米，最宽处6厘米，呈锐角三角形，锄面厚0.5～2厘米，尖薄根厚，锄把套最厚处5厘米，重约1.5千克。羌族聚居地区多为山地，土质较硬，碎石较多，因此，尖尖锄是羌族人家开山、挖地、整地等使用最多的一种锄头。

扁锄：锄身长26厘米，呈长条形，前端圆且带尖，从前端到后端宽6~7厘米，锄面厚0.6厘米且平整，锄把套最厚处5厘米，重约1.2千克。一般用于在泡水以后的田地翻土，多用于河坝地带较松软的田地。

黄瓜米锄：锄身长25厘米，呈三角形，最宽处为14厘米，锄面厚0.4厘米，锄把套最厚处5厘米，重约1千克。一般用于在下种时挖窝子、除草，秋收时挖土豆等。

钩钩锄：锄身长13厘米，宽5厘米，重约0.3千克。钩钩锄与黄瓜米锄形状相似，但体积小很多，上锄把的方式也不相同。一般用于锄青稞地里的杂草，小巧的钩钩锄非常方便。

刨锄：锄身长19厘米，宽20厘米，呈方形，锄面厚0.3厘米，锄把套为一小段圆筒形铁把，重约1千克。一般用于薅草、平土，施肥时可将肥料翻到土下面。

二爪锄：锄身长26厘米，宽12厘米，二爪为直径2厘米的铁条弯折成，二爪前端尖锐，锄把套最厚处厚4厘米，重约1.5千克。一般用于下种时挖小窝子、耙地松土或秋季挖土豆等。二爪锄在碎石较多的地里挖得较深，用于挖土豆也不容易伤到土豆。

钉耙：长23厘米，宽20厘米，由两对铁条弯折成四个耙钉，耙钉宽2厘米、厚1.5厘米，锄把套为一小段圆筒形铁把，铁把末端卷包住钉头的铁条，重约1.3千克。一般用于开荒或整田地时打土堤、耙地、薅草，翻地时耙出上一季庄稼的残根，也用于在牲畜圈里捞肥积肥等。

这些传统农具均是针对羌族聚居地区特殊的土壤和作物耕作方式而设计的。值得一提的还有上锄把的卡子，它完全不同于周边汉族人使用的小铁卡子，而是一个用硬杂木砍出的又宽又大的木卡子，使楔子的附着面更大，楔子在锄把之间塞得更紧。

图片来源
图一、图二　沈鸿雁　摄影
图三、图五、图六、图八　沈鸿雁/摄影　柳冰蕊、罗力/制图
图四　罗力　摄影、制图
图七　颜瑗/摄影　柳冰蕊、罗力/制图

参考文献
卢丁，工藤元男.羌族社会历史文化研究.成都：四川人民出版社，2000.

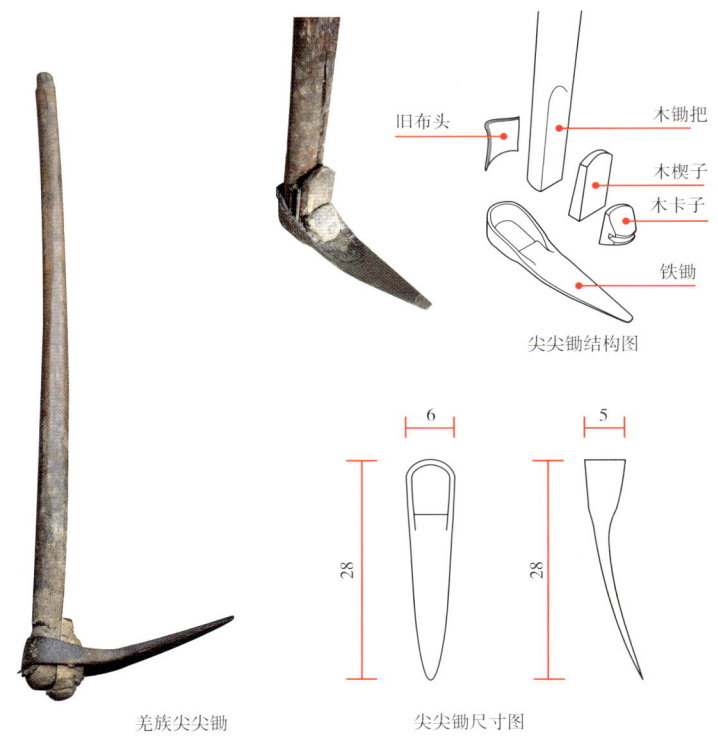

图三　羌族尖尖锄（单位：cm）

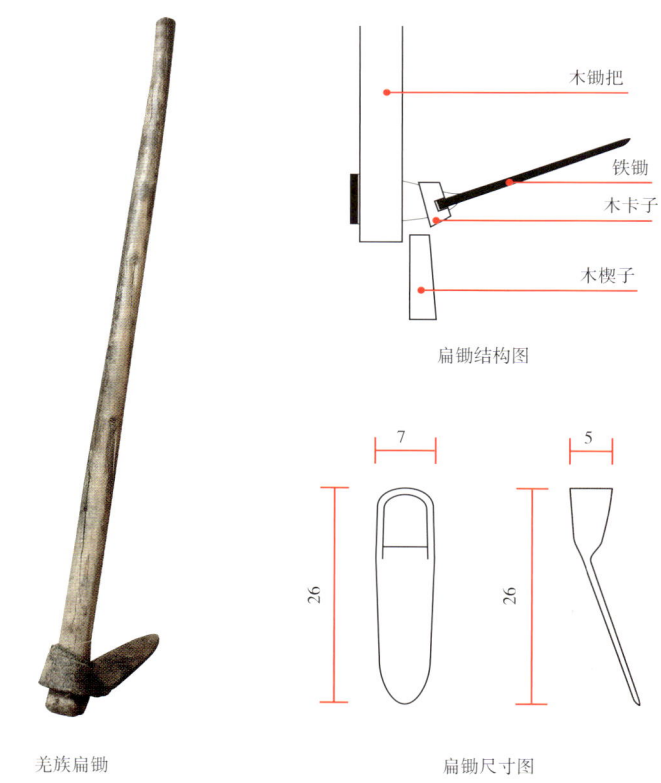

图四　羌族扁锄（单位：cm）

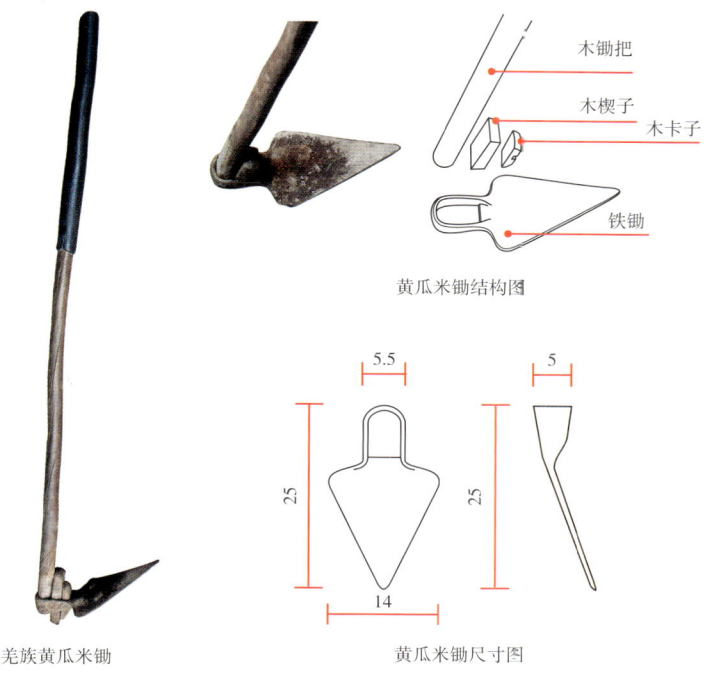

图五　羌族黄瓜米锄（单位：cm）

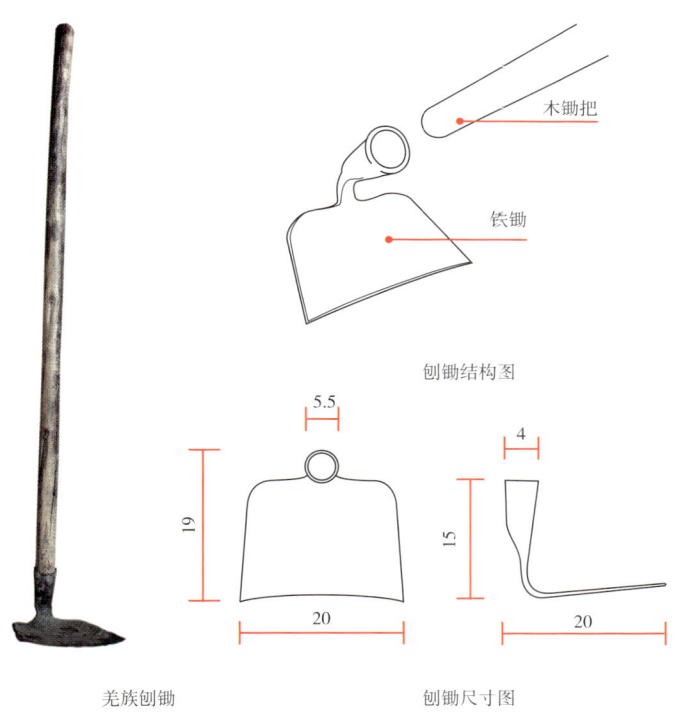

图六　羌族刨锄（单位：cm）

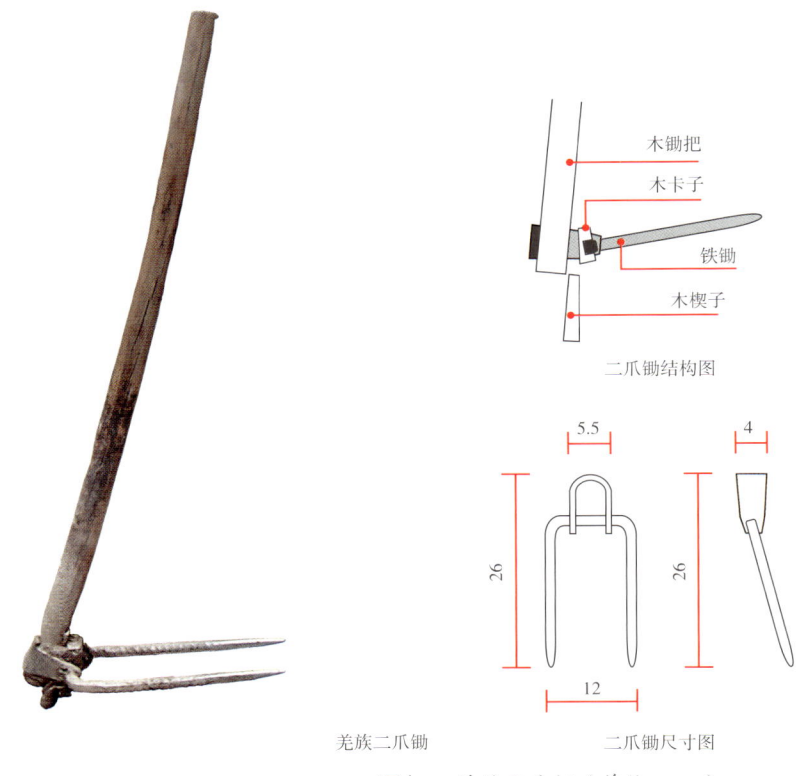

图七　羌族二爪锄（单位：cm）

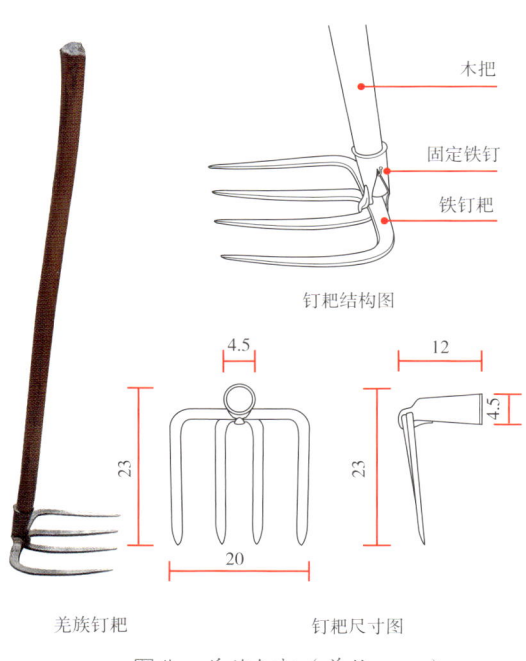

图八　羌族钉耙（单位：cm）

羌族传统农具·刀具

图一　羌族传统农具——弯刀

图二　羌族传统农具——镰刀

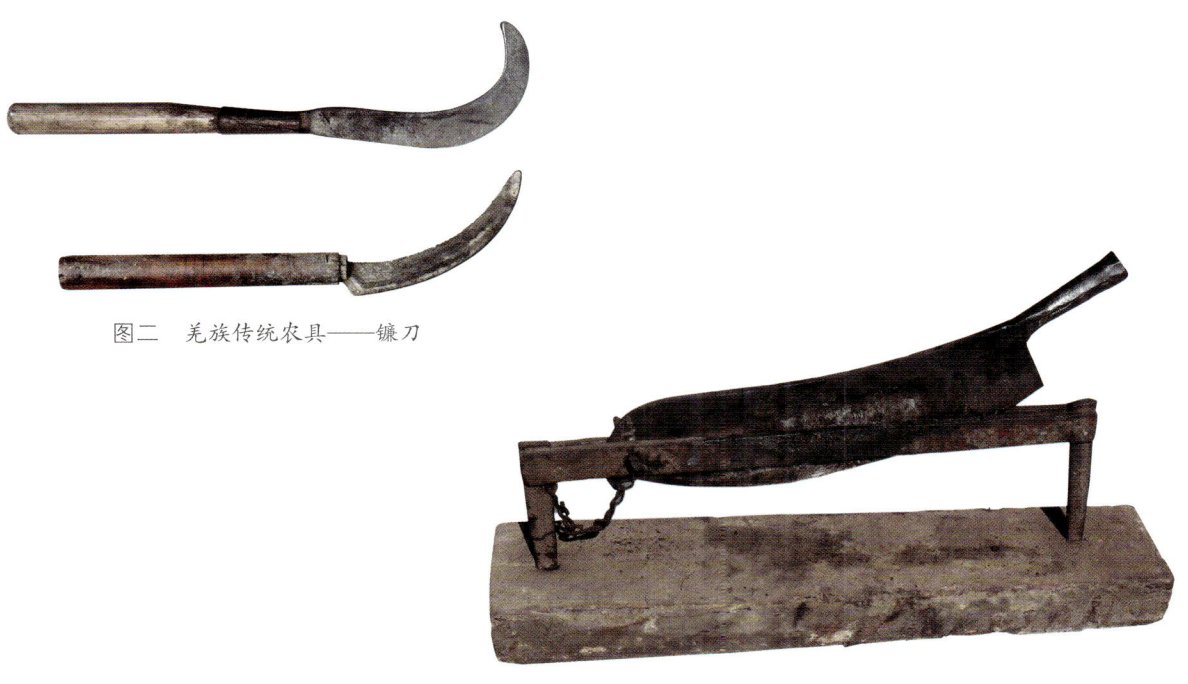

图三　羌族传统农具——铡刀

羌族传统农具中的刀具主要有弯刀、镰刀、铡刀等，不同的刀具有不同的功能。

弯刀，也叫砍刀、劈刀，主要用于上山砍柴、劈竹子和做竹编活等，不同用处的弯刀的大小略有区别，本案例中较大的一把弯刀长54厘米，其中刀身部分长36.2厘米、宽11厘米，木刀把长17.8厘米、直径3.2厘米。弯刀较重，刀刃锋利，耐用，一般上山干活的人需要在腰间系上木做的刀挎子，既便于携带也更安全。

镰刀，呈月牙状，主要用于收割庄稼及割草等。羌族的镰刀有两种，一种为刀刃锋利的刃口镰刀，一种是刀刃呈锯齿状的锯口镰刀。刃口镰刀长50厘米，其中刀面部分长30厘米、宽12.5厘米，木刀柄长20厘米、直径3厘米，刃口镰刀主要用于割青草等，整体较长，可以使弯腰的幅度小一些，也更省力。锯口镰刀长45.8厘米，其中刀面部分长19厘米、宽17厘米，木刀柄长26.8厘米、直径3厘米，锯口镰刀主要用于收割青稞、麦子等，收割玉米、苎麻等更能显示锯口镰刀的优势。

铡刀，一种较大型的刀具，由刀面、刀架和木墩刀座组成，一般刀面长82厘米、宽16厘米，木刀把长23厘米、直径4厘米，刀架长85厘米、高21厘米，刀架的扁铁宽4~6厘米，木墩长110厘米、宽25厘米、厚10厘米，刀面前端插孔与刀架连接，成为开合铡刀的轴心，刀架的上方有凹齿，以防待铡物滑落。铡刀主要用于铡喂养牲口的草料，也用于将收割的苎麻铡成长短一致的小段，以便加工。羌族家庭中还有一种较小的铡刀，专门用于将熏得又干又硬的老腊肉铡成小段。

图片来源
图一、图三　沈鸿雁　摄影
图二　罗力　摄影
图四至图十　颜瑗　制图

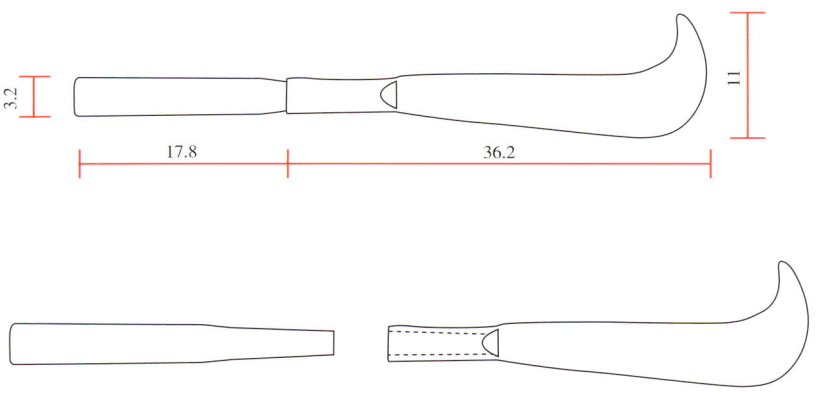

图四　羌族弯刀尺寸、结构图（单位：cm）

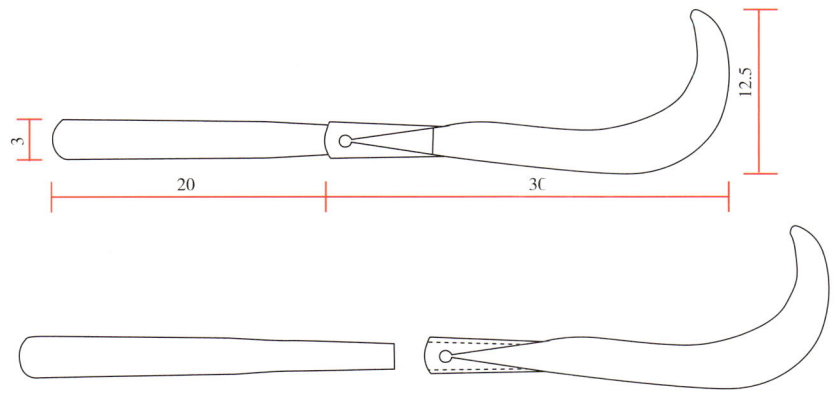

图五　羌族刃口镰刀尺寸、结构图（单位：cm）

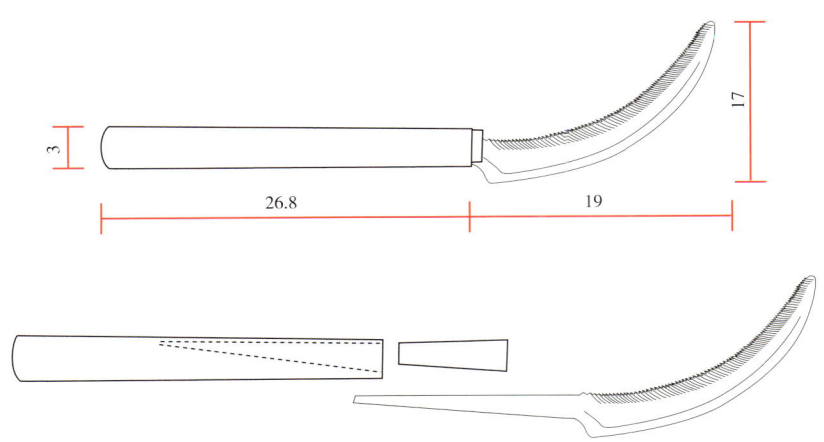

图六　羌族锯口镰刀尺寸、结构图（单位：cm）

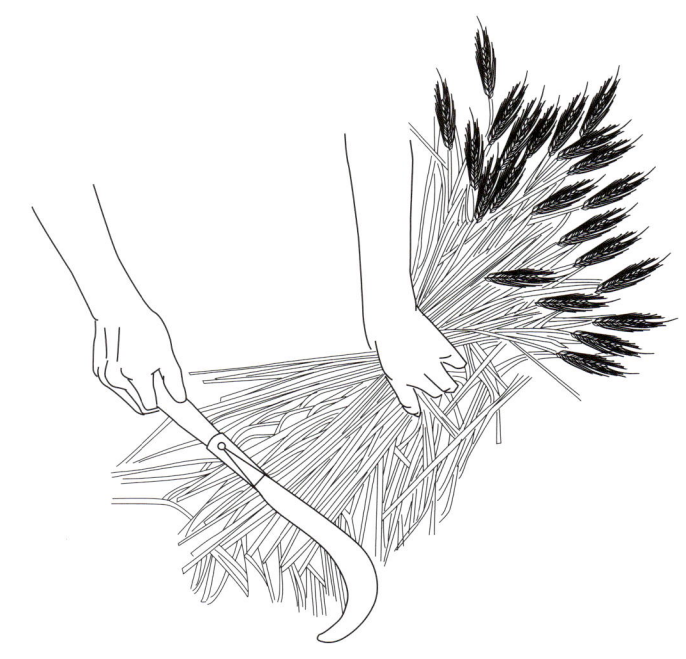

图七 羌族镰刀操作示意图

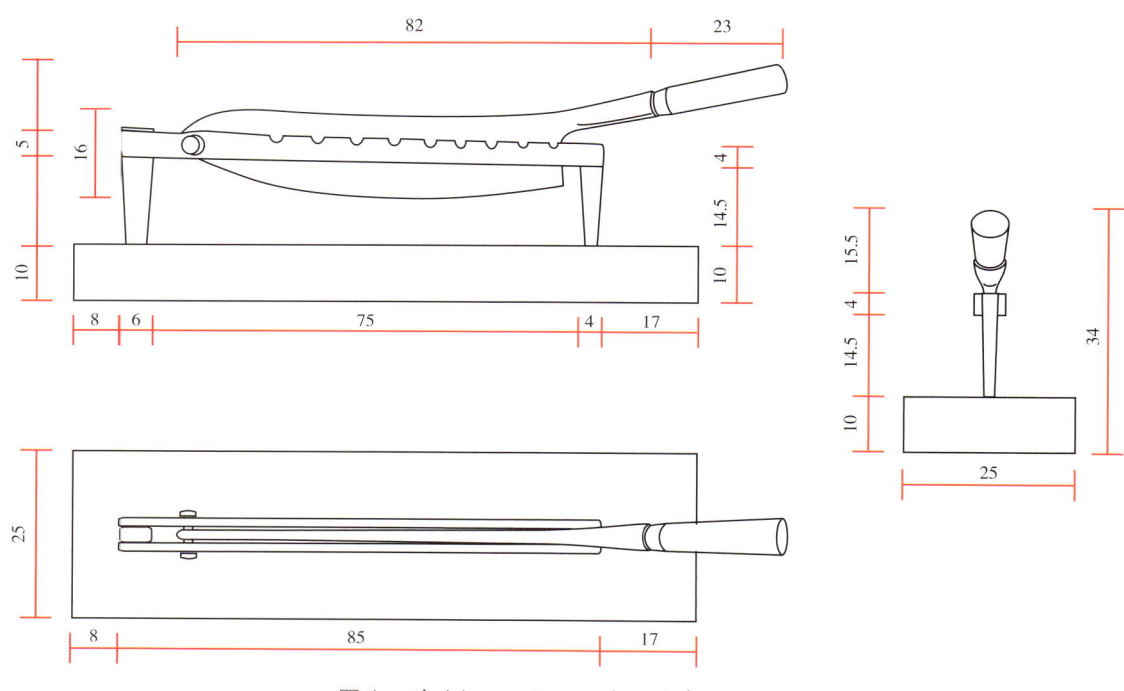

图八 羌族铡刀三视、尺寸图（单位：cm）

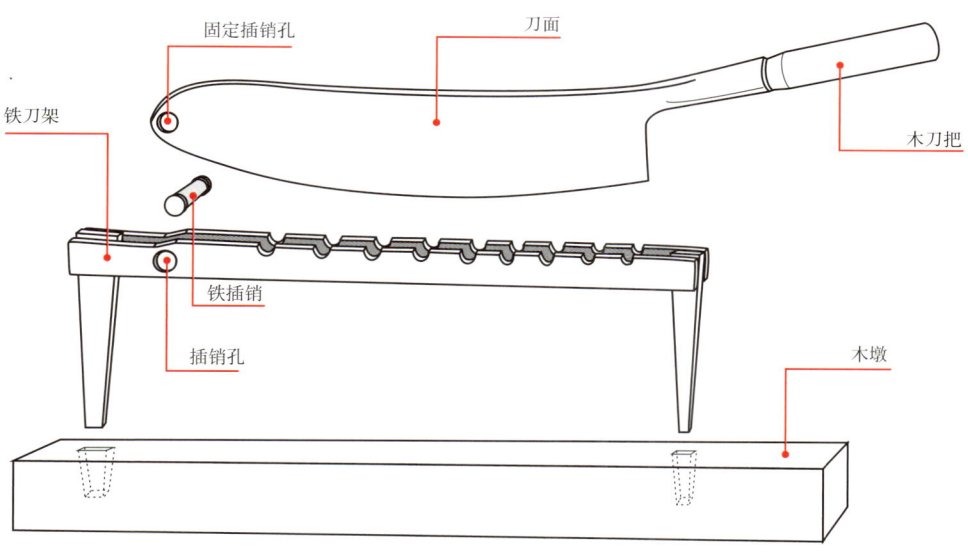

图九　羌族铡刀结构名称图

图十　羌族铡刀使用情境图

羌族粮食晒储工具

图一　羌族粮食晒储工具——储粮柜

图二　羌族粮食晒储工具——连枷

图三　羌族粮食晒储工具——扬叉

图四　羌族粮食晒储工具——木铲　　图五　羌族粮食晒储工具——木推　　图六　羌族粮食晒储工具——竹簸箕

羌族每到粮食收获季节，打粮食（麦子等脱粒）、晒粮食、储存粮食会用到各式各样的晒储粮食的传统工具，这些工具从功能到形态与川西大部分农村的工具都很相似，但羌族多用木制，在制作方法上也有特别之处，而川西地区却以竹制工具为主。

茂县三龙乡合心坝村杨家屋顶晒场的罩楼里的木制储粮柜就是一件设计巧妙的工具。储粮柜体积较大，但可拆卸、可组装、可叠加，储存粮食多，严实稳固，并可轻松搬移。储粮柜长250厘米，宽110厘米，每层高30厘米，为板式结构，木板厚约3厘米，每层由五块木板组成，前后横向为两块长木板，纵向为等距分布的三块短木板，采用可灵活装卸的榫卯结构，短木板的榫头穿过长木板的卯眼，并在穿出的榫头上凿孔，插入木楔以锁定纵横向的木板，纵向中间的短木板增加了横向长木板的强度；上下层采用内外边槽方式扣合，下层的上边为内槽，上层的下边为外槽，非常合理，哪怕有微小缝隙也不会漏出粮食。

理县桃坪羌寨贾家的连枷（当地叫"连盖"）和扬叉也很有特点。连枷的摆杆（手把）长1:0厘米、直径3.5～5厘米，摆杆头正好是非常坚硬的树结，凿孔穿过连枷的转轴，非常结实耐磨；"丁"字形的转轴为硬度和韧性都很好的木头做成，长18厘米，丁头直径约4厘米，转轴直径约2厘米；敲板为韧性很好的灌木枝条用羊皮为绳捆扎而成，长78厘米，上窄下宽，上端用羊皮绳捆扎成棍状，下端用羊皮绳编结成较宽的板状。连枷主要用于反复敲打青稞、麦子以使之脱粒。贾家的扬叉长217厘米，其中把长152厘米，叉长65厘米，是用完整的天然树枝略施加工而成，制作时选择基本形态适合的树枝，待半干后火烤成形并用绳子固定，再放在火塘上的挂火炕上慢慢烤干就永久定形了。

在羌族村寨的粮食晒场里还有许多简单而巧妙的小工具，如整木做成的木铲，利用自然弯曲的树干做成的木推，用羊皮包缝边沿的竹编簸箕等。晒场里也有一些与汉族工具基本一样的风谷机（当地叫"风簸箕"），以及竹筛、竹席、竹筐等。

图片来源
图一至图三、图五　罗力　摄影
图四、图六　沈鸿雁　摄影
图七至图九　米静　制图

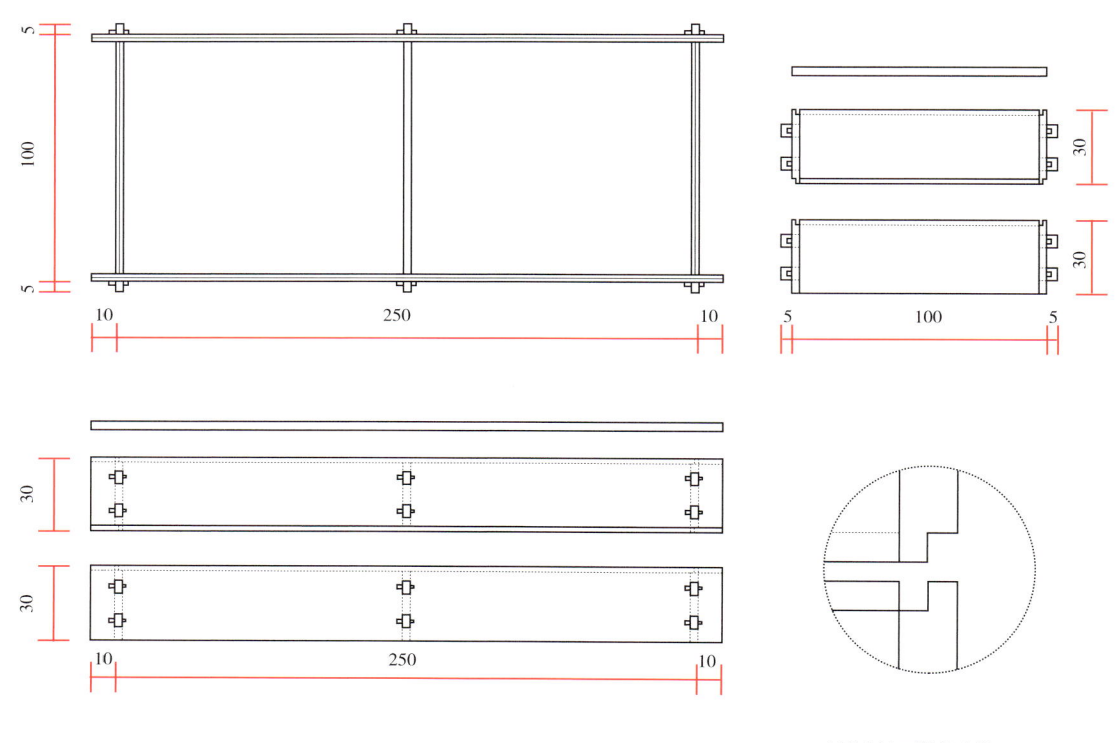

储粮柜上下结构大样

图七　羌族储粮柜尺寸、结构图（单位：cm）

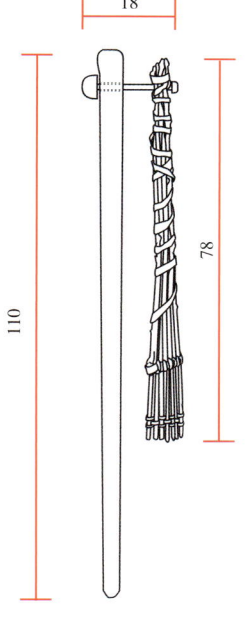

图八　羌族连枷尺寸图（单位：cm）

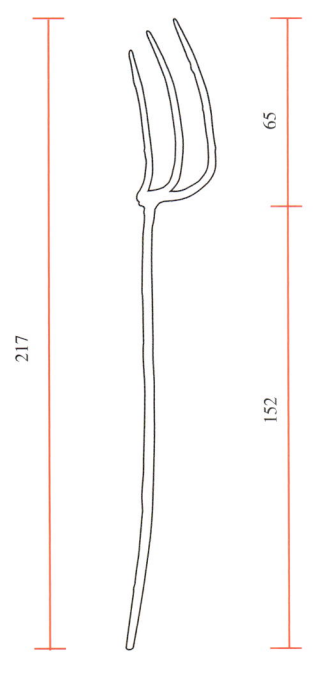

图九　羌族扬叉尺寸图（单位：cm）

羌族石臼

图一　羌族石臼主图

在羌族传统生活中，石臼是非常普遍的食物加工工具。理县桃坪羌寨王家的石米臼是一种较大型的木支架脚踩式的粮食脱壳工具，主要用于舂小米等，由石臼、石杵、碓身（杆）、舂米的操作支撑架组成，石臼直径约84厘米，大半部分埋在地下，碓身长332厘米，操作支架底座长150厘米，支架高95厘米，操作手把长180厘米，碓身和操作支架均用不同粗细的圆木做成，制作碓身使用的圆木直而长，在圆木碓头两侧夹上两块木板以安装石杵及转轴，在圆木碓尾削出一块脚踩的平面，碓肚的平衡点略前移并架在支撑架的横杆上，使用者站在碓尾并两手扶住支架的操作把手，用脚踩碓尾，碓头即翘起，松脚碓头的石杵即舂下去，重复这几个动作便可以舂米。这种舂米的石臼利用了杠杆原理，使用起来比手杵舂米省力多了。

石臼的制作材料为石头和圆木。羌族居于高山峡谷，石、木资源丰富而应用广泛，但制作石臼的坚硬石头只在高山及峡谷的河床中才能找到。据汶川萝卜寨的羌族老人讲，他们做石臼的石头就是到山上找的，看到形状合适的石头便把它推下山，如果石头翻滚下山后没有碎裂，就适合做石臼，然后请石匠就地凿出凹形的臼坑并修掉外边多余的石头，尽量减轻重量以便抬回家。

羌族的石臼还有很多种，有舂粗盐、舂洋芋糍粑、舂辣椒、舂花椒粉及舂中草药等不同的用处。功能不同，形状也不同，有外形保留了天然石头形态而雕琢极少的，有雕琢精细并有装饰纹样的，还有多个臼窝凿在一块石头上的。大小不一，叫法也不一样，大的一般叫石臼，能放到厨房案板上的小石臼一般叫碓窝。

图片来源
图一、图三、图五2　罗力　摄影
图二、图四　米静　制图
图五1、图五3　沈鸿雁　摄影

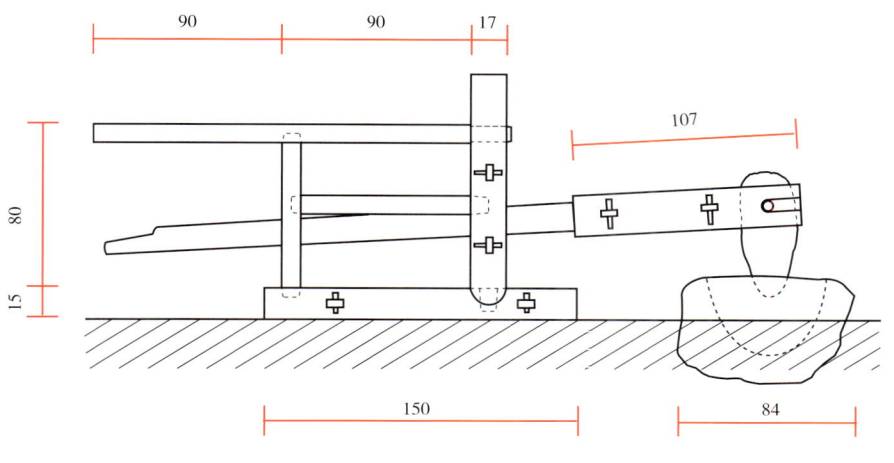
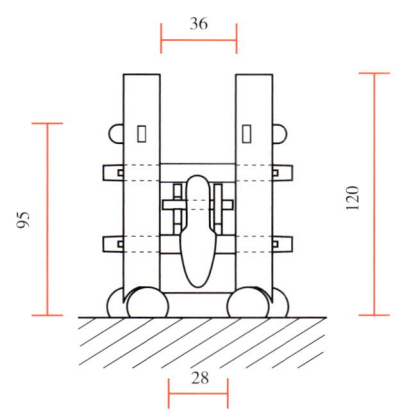
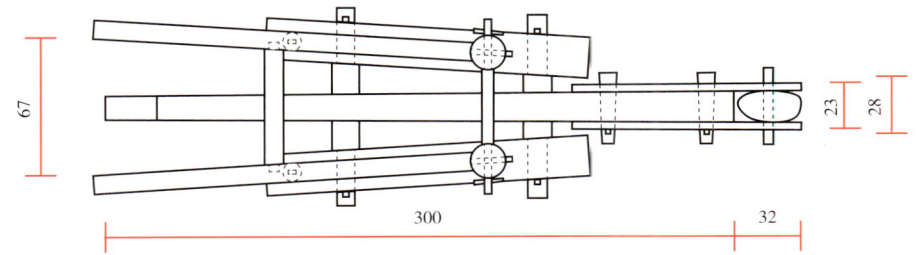

图二　羌族石臼尺寸图（单位：cm）

石臼、石杵、碓身

碓的支撑横杆与操作架

碓头安装石杵转轴

图三　羌族石臼局部分析图

1. 天然形态的石臼

2. 有纹样的石臼

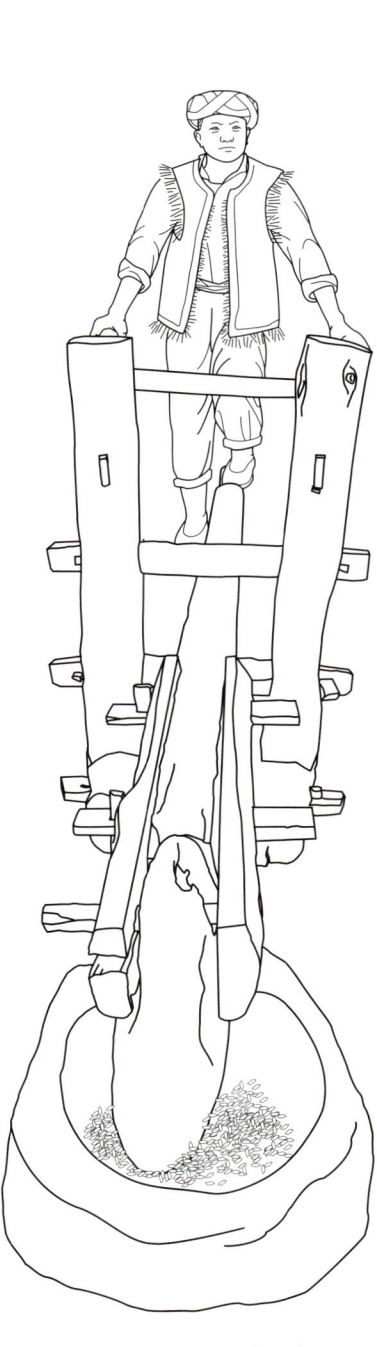

图四　羌族石臼操作示意图

3. 多个臼窝的石臼

图五　不同的羌族石臼

第五章　羌族传统生产工具

羌族石磨

图一　羌族石磨主图

　　石磨是羌族传统的粮食加工工具，主要用于将青稞、麦子及玉米磨成粉，各村各寨都有大石磨，家家户户都有小石磨，村寨的大石磨一般依靠山溪大落差为动力或者牲畜拉磨，家里的小石磨均为人力推磨。

　　理县桃坪羌寨王家的石磨被称为人力腰磨，顾名思义是利用腰部的力推磨。石磨由磨台、磨盘和上下磨扇组成，磨台长宽均为73厘米，高67厘米，以圆木作腿，为上下横枨结构；磨盘直径为122厘米，厚约6厘米，用整块羌片石做成；上下磨扇均为直径64厘米，高11厘米，以细腻坚硬的青石做成。石磨制作的特点在于：磨台的腿柱之上有四块3厘米厚的木板，可使木板尽可能长一些，以保证羌片石磨盘受力均匀和稳固；磨盘的轴心凿有一半深的方槽，下磨扇中心为方孔，上磨扇中心为较深的圆槽，下方上圆的硬木磨心转轴将磨盘和下磨扇固定在一起，使下磨扇更稳固而上磨扇转动更流畅；上磨扇的两个对角边缘从上至侧面开有通槽并系有套推杆的粗麻绳，既可以一人推磨，也可以两人同时推磨，使用时将推杆的一端穿过上磨扇边缘的套绳，另一端靠在腰部并用力向前走就可推磨了。在羌族传统中多为妇女推磨，利用腰部推磨空闲了双手，妇女们就一边推磨，一边捻麻线，两人推磨还能聊天，也不那么单调枯燥了。

在羌族聚居地区，还有石砌的磨台，如果没有大块的羌片石也可用木板做成磨盘。另外，一般磨扇的磨面齿槽分为8个扇区，并为直齿槽，而羌族石磨有分为7个扇区的，并且每个扇区均为弧线齿槽，据说是为了使被磨的粮食颗粒在石磨里向外移动的时间久一些，使磨出来的面粉更细。这些也是羌族石磨的特点。

图片来源

图一、图五1　罗力　摄影

图二、图四　颜瑗　制图

图三　罗力　制图

图五2　沈鸿雁　摄影

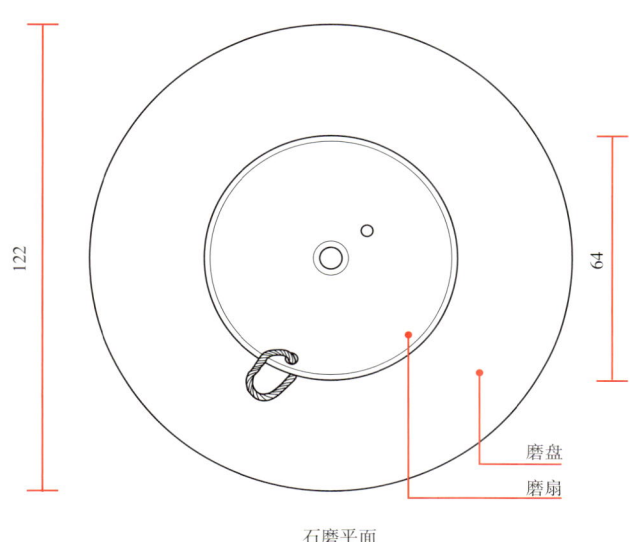

石磨平面

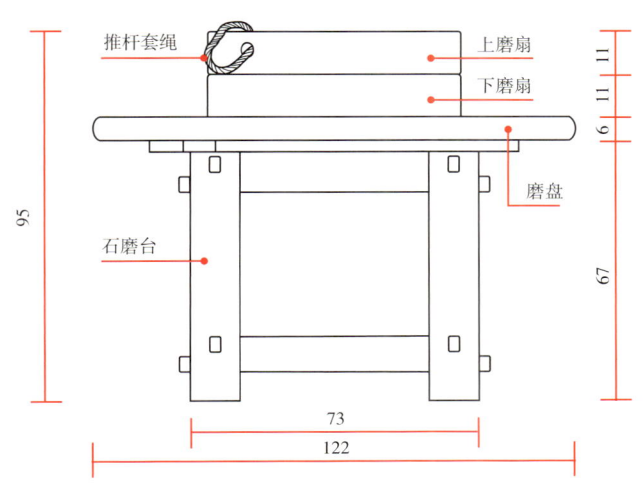

石磨立面

图二　羌族石磨尺寸图（单位：cm）

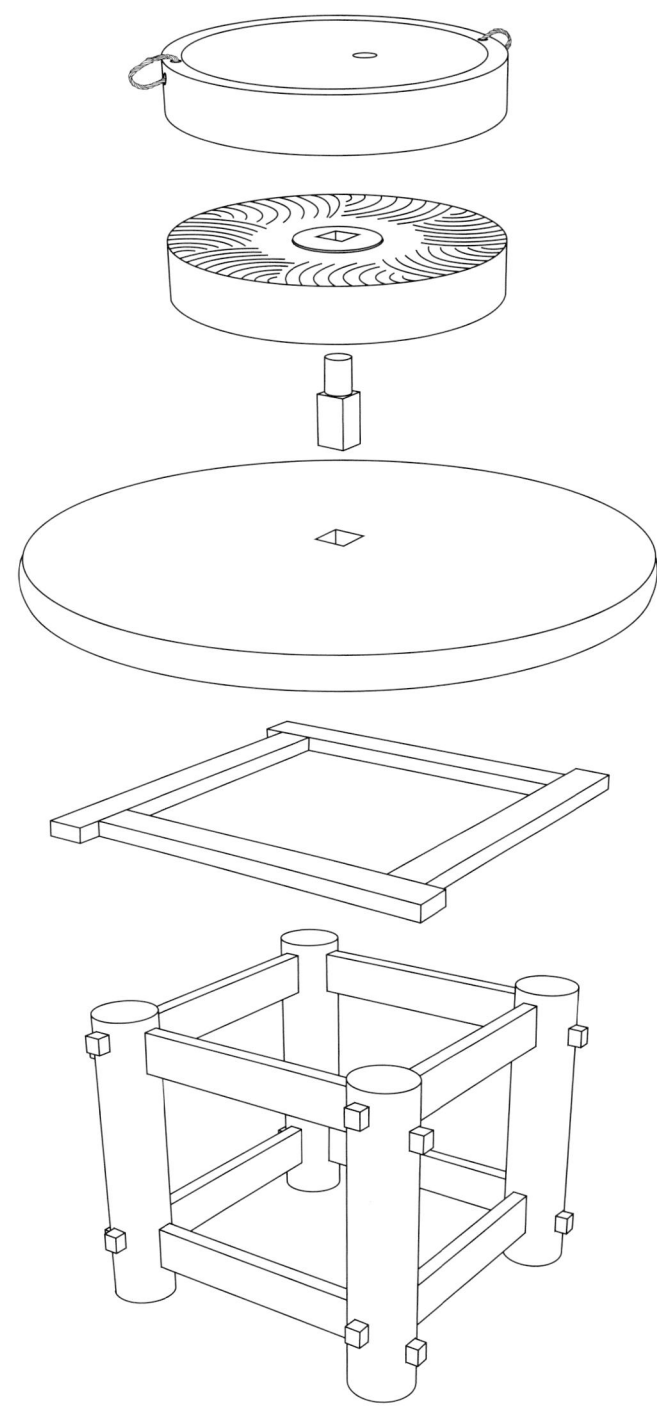

图三　羌族石磨结构分解图

图四 羌族石磨操作示意图

1.木磨台的石磨

2.石砌磨台的石磨

图五 不同的羌族石磨

羌族纺织工具

图一　羌族纺织工具主图

羌族的纺织已有三千多年的历史。经学者考证，羌族是古代最早把野羊改良成绵羊的民族，还用石英制成的玉刀割下柔软的羊毛，搓拧成毛线，用以织布，并把这种布作为商品输入汉族地区，被汉族人称为褐。近代羌族聚居地区手工纺织麻、羊毛织品也十分普遍，是当地的一项重要手工业。源远流长的羌族传统纺织，现在已被列入羌族非物质文化遗产。

羌族的传统纺织方法，可分为吊线、理线（织布前的准备）、织布（用踞织机）三部分。吊线的主要工具为纺锤，纺锤由纺坠和纺轮（麻砣）组成，纺坠为木杆或竹竿，长30~40厘米，木杆的顶部装有小钩，竹竿的顶部削出"J"形作钩，纺轮为直径3~5厘米、厚度1~2厘米的圆轮，以较重的木头或陶、石头做成，将纺轮中心的圆孔套在纺坠的下端，吊线时转动纺锤，即可将麻丝或羊毛纺成线。羌族妇女吊线的方法是将麻束缠在左手上，用牙齿将麻撕成丝，并用唇舌将一段段麻丝续接起来，用右手拇指、食指和中指捻动纺锤，使其顺时针旋转，松散的麻丝就纺成了线。纺到1米长左右，将其缠绕到纺坠上再继续，缠满一杆麻线就再换一根纺坠继续。纺羊毛线时需要用羊毛筼筜装羊毛，羊毛筼筜为竹编的圆锥形带把的小筇，高约27厘米，底边直径约12厘米，侧面和底面有装羊毛和出羊毛的开口。吊线时左手拿羊毛筇筇，右手捻转纺锤，同时左右手还要撕扯羊毛续成单线，而不需要用嘴撕毛续毛了。

纺成的麻线、毛线不能直接牵线织布，还需要绾线、丢线等理线的工序。绾线的工具是"工"字形的木线把，长47厘米，宽36厘米，厚2.5厘米。绾线的方法是将7~10杆纺坠的线绾绕到线把上，并用活扣将线连接成一根长线，然后把线把取下扎好。待麻线绾到4~5把后，放进大锅里并用柴灶灰加水搅拌烧煮，麻线煮得发白即取出并用水冲洗，冲洗时要用线锤打、用脚踩，清除灰迹和污水后晒干，麻线即漂白，称为熟线。纺布前还需要丢线，丢线的工具是绾线车，绾线车的立架用三叉原木做成，立架高40~60厘米，顶部平整且中心有转轴，转轴上装有两条长约1.5米、宽约8厘米的十字交叉的木条长臂，木条的四端插有木楔，把从线把取下的线解开就可套在绾线车长臂的木楔上，然后理出线头就可将线在木棒上绾成球形的线团，抽掉木棒即可。

羌族传统织布主要用踞织机，即腰机，人的腰部成了织机的一部分，起到绷紧经线及调节经线张弛的作用。织布的工具包括：皮腰带，围在织布人的后腰，两端套在卷布轴上；卷布轴，即系在织布人腹部的木棍，用织好的布裹起来；梭子，用木或竹做成，用于织布时在上下经线之间引纬线穿梭编织；打纬刀，约15厘米宽、1.5厘米厚，用硬杂木做成，刀口嵌有铁的钝口刀，用于织布时打紧纬线。织布的轴件有：经轴，是一根非常结实的横木棍，用于牵引经线；定经杆，为木杆，将经线依次绕在杆上以固定经线；织布梳，像梳子一样有均匀的齿槽，将经线穿过齿槽以理顺经线；分经杆，是将经线分成面经、底经两层的木棍；提线，多为竹竿，将经线间隔系在提线杆上，以便梭子穿梭于上下层经线间，一道提线织出的是平纹布，三道提线织出的是斜纹布，提线之间穿插有约5厘米宽、1厘米厚的两头及四边倒角的木板，羌语叫作达缥，根据提线的多少使用1~3条板；布夹，约6厘米宽的薄木板，上下两块，用于把织好的布夹紧，以保持前方经线的平整。织布的幅宽与轴件的长短有关，织布、绑腿和腰带的轴件有所不同。

织布的方法，首先是牵引经线，经线的长度一般为10米左右，经线的两端设横木棍即经轴，用木桩或石挡固定经轴，然后由一人牵引经线绕在两端经轴上，一人用定经杆固定经线，一般牵120对经线，最宽为180对；牵好经线后即安装各种轴件，织布梳要高于经线平面，使经线依次通过齿槽形成斜面；经线太长时还需在中段两侧架设叉杆并搭上横杆，以免经线坠地；织布人坐矮凳或席地而坐，捆上腰带并套上卷布轴，两脚伸直，地上打有木桩，脚跟蹬住木桩，通过两腿的伸缩控制经线的张弛；织布时通过提线在经线的面经和底经之间交错插入达缥并转动，使两层经线形成间距，插入打纬刀并转动，形成可穿梭子的织口，用梭子穿引纬线后，用打纬刀打紧纬线，反复此动作即编织成麻布、毛布、绑腿、腰带等，还可通过调整提线的数量及线组的规律，织出人字、斜纹、回纹等不同纹理和密度的布，也可织出丰富的织花图案。

纺成的羊毛布要做成毡子，还需要搓毡子的工序。羌族搓毡子的传统工具叫作毡盆。毡盆约90厘米长、50厘米宽、20厘米厚，用整木挖凿而成，盆内凿有起摩擦作用的埂，有的是错落的直埂，有的埂具有很强的装饰效果。搓毪子时，将织好的毛布和很细的羊绒放在毪盆中，加清水后使劲反复搓揉，让羊绒钻入羊毛布经纬线的缝隙并缠绕在经纬线上，以增强布的密度与厚度，因而毪子的保暖性比毛布好。

羌族纺锤织线、腰机织布和搓毪子等传统纺织工艺的文化价值在于，其一，延续了自河姆渡文化时期已出现的原始纺织方法，成为我国古老纺织技术的活化石；其二，其纺织工具、材料就地取材，织造过程无毒无害，体现了朴素的生态纺织理念；其三，以古老而简单的纺织技术，纺织出高品质的麻、毛织品，体现了羌族妇女的勤劳和智慧；其四，羌族传统纺织作为非物质文化遗产，凸显羌族传统文化的特色，对羌族聚居地区民族文化旅游观光项目的开发具有重要的价值。

图片来源
图一　汶川绵虒镇政府
图二、图四　沈鸿雁、罗力　摄影
图三、图六、图九　颜瑗　制图
图五、图七、图八　罗力　摄影

1.木杆纺锤　　2.竹竿纺锤　　3.羊毛筇筇
图二　羌族传统纺线工具

图三 羌族传统绩线方法

1.缩线车

2.工字形线把　　　3.绕在线把上的纺线

图四 羌族传统理线工具

第五章 羌族传统生产工具

317

图五 羌族传统织布工具

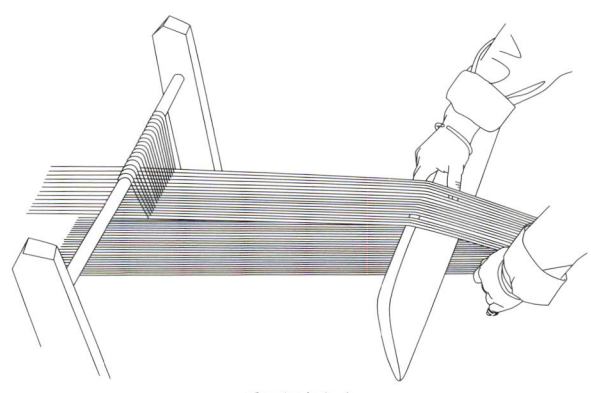

1.手工织布方式

2.用打纬刀敲紧纬线

图六 羌族传统织布方法

图七 羌族传统方式纺织的麻线及麻布

1.错落直埂毡盆　　　　　2.装饰纹样埂毡盆

图八 羌族搓毡子工具

图九 羌族搓毡子情境图

第五章 羌族传统生产工具

羌族皮作工具

1.羊皮铲

2.羊皮铲

3.羊毛抓

4.拉皮工具

5.制皮用的猪油

图一　羌族皮作工具主图——制皮工具

1. 古老的缝皮衣骨针

2. 缝制皮衣的扁铁针

3. 在皮上画线的铅块

4. 缝制皮衣的羊皮线

5. 木直尺及铁皮尺

图二　羌族皮作工具主图——缝制工具

第五章　羌族传统生产工具

羌族有用牛、羊皮做成皮褂褂、皮坐垫、皮绳等皮制用品的传统，而且传统的制皮工具与方法一直沿用至今。羌族制皮的工具主要有多种羊皮铲、羊毛抓、拉皮和刮皮的工具，最古老的缝制皮衣的工具为骨针，现在用扁铁针，还有在羊皮上画线剪裁的铅块、直尺、剪刀以及缝制用的羊皮线。理县桃坪羌寨皮匠的羊皮铲长35厘米、宽35厘米，铲刀宽24厘米，由一块矩形的刀面、固定刀面的三条铁支架和弧形的木把组成。有的羊皮铲为三角形刀面，不同的刀面有不同的用途。

羌族皮作的方法，据桃坪羌寨老皮匠讲，第一，做皮褂褂的人家将羊皮绷好晒干后切下来，将生皮送到皮匠那里加工。第二，皮匠收到送来的生羊皮，要先发皮子即沤皮，用草木灰调水搅均匀，抹在皮子那面，不能弄到有毛的一面，然后包叠起来，用石磨等重物压紧，要发（沤）一天一夜。发皮子是利用草木灰的碱性去油，使皮上残留的油渣、肉渣便于清除。第三是铲皮子，用羊皮铲铲掉皮子上不平整的残渣腐肉，铲皮子要半干半湿时才能铲得干净，铲皮子的刀不能太锋利，不然会伤到皮子。第四是上油，把猪油或酥油抹在皮子上，抹油时要不断扯皮子、绷皮子才能使油浸入皮子。抹油的目的是使皮子韧性更好。第五是晒皮子，抹了油的皮子要放到太阳下晒，皮子晒烫了，油才能渗入，但切忌暴晒。第六是踩皮子，待皮子基本干了，把皮子裹起来，用脚踩住反复搓揉，要挤干皮子中的水分。搓揉了再晒，晒了再揉，要反复2～3次，一直要搓揉到皮面发白，皮子要干透。踩好的皮子很柔软，但还要用羊皮铲清理皮子表面的脏东西（渗出物），使皮面干净平整，硝皮子的工序才算完。接下来就是用铅块在皮子上画线裁剪了，最后才是缝制皮褂褂。

羌族传统皮作工具与方法虽然原始而简单，但成本低，也更环保，硝皮过程不会造成环境污染，而且制作的皮褂褂结实耐用，一般能供几代人穿。

图片来源
图一、图二、图四　罗力　摄影
图三　颜瑗　制图
图五　颜瑗　制图

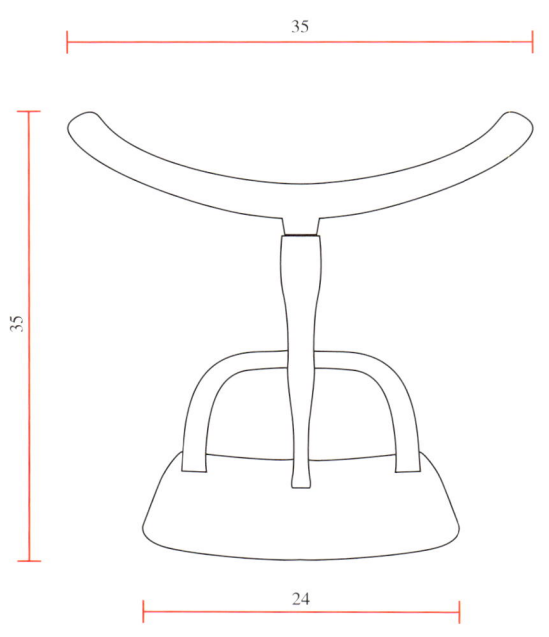

图三　羌族皮作工具——羊皮铲尺寸图（单位：cm）

1.用草木灰沤泡生皮

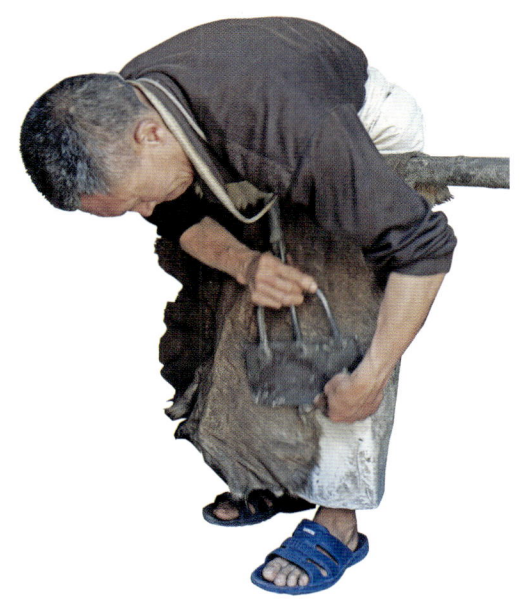

2.用铲刀铲皮

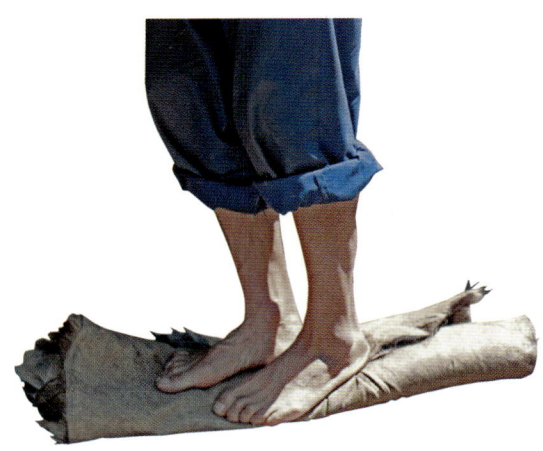

3.用脚踩揉皮

图四　羌族制皮情境图

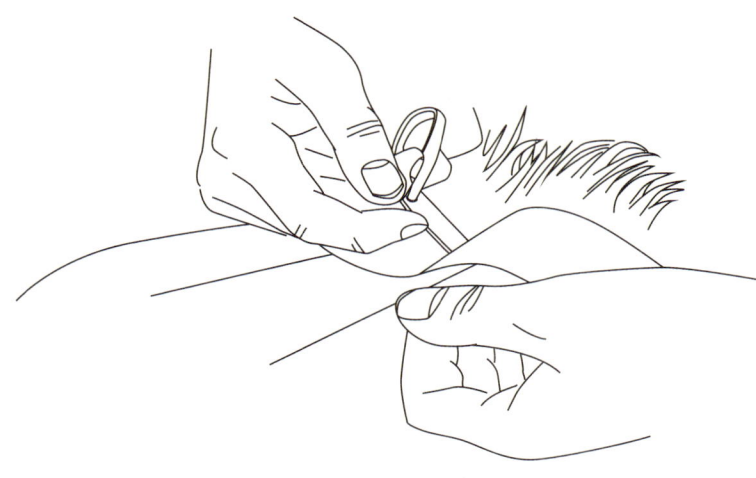

图五　羌族缝皮衣情境图

第五章　羌族传统生产工具

323

羌族锻造工具

图一 羌族锻造工具主图

羌族传统锻造之事被称为打铁，打铁的人叫铁匠，打铁的场所叫铁匠铺，打铁的炉子叫铁匠炉。以前羌族地区很多乡镇都有铁匠铺，铁匠铺以锻造农具为主业，直到现在少数乡镇仍保留有铁匠铺。

理县的桃坪羌寨留存了一座很有特点的铁匠炉，铁匠炉有炉台、炉膛、烟囱三层，总长180厘米，宽90厘米，高250厘米；下层为炉台，长180厘米，宽90厘米，高62厘米；中间为炉膛，长98厘米，宽66厘米，高68厘米；上面为烟囱，长48厘米，宽46厘米，高120厘米。铁匠炉用当地的羌片石砌成，在炉台右边装有木制的风箱，并设通向炉膛送风的管道，炉膛用于煅烧制作农具的铁坯，炉膛的后端上方为烟囱，烟囱直通屋顶的侧墙出烟口。

理县通化乡保留着一间狭小杂乱的铁匠铺，除简陋的铁匠炉以外，主要还有打铁的墩子、铁锤、铁钳、铁錾等工具和锻造成的铁锄、铁耙等农具。打铁的墩子有十字铁墩、锥形铁墩和柱形铁墩，铁墩的主体部分大小接近但形状各异，铁墩固定在一个大木桩上以便操作；铁锤有大锤、小锤之分，大锤的形态基本一样，但小锤较多样，大锤适合锻打雏形，小锤用于锻打细节；铁钳有鸭嘴钳、尖嘴钳和方头钳等，用于煅烧或打铁时夹住不同大小、形状或重量的铁件。锻打农具的主要工序包括煅烧铁坯、锻打雏形、锻打结构、锻打钢刃、錾子整形、冷砸定形、淬火、开刃等，一般锻打农具的雏形需两人配合，师傅用小锤打哪里，徒弟就抡大锤打哪里，一人打一下，非常有节奏，实际上师傅的小锤主要起到指挥的作用，锻打农具的细节、部件、加锋钢等也要用不同的小锤，锻打不同的农具都有严格的工序和方法。

图片来源

图一　沈鸿雁　摄影

图二、图四　冯灿　制图

图三、图五至图七　罗力　摄影

图八　柳冰蕊　摄影

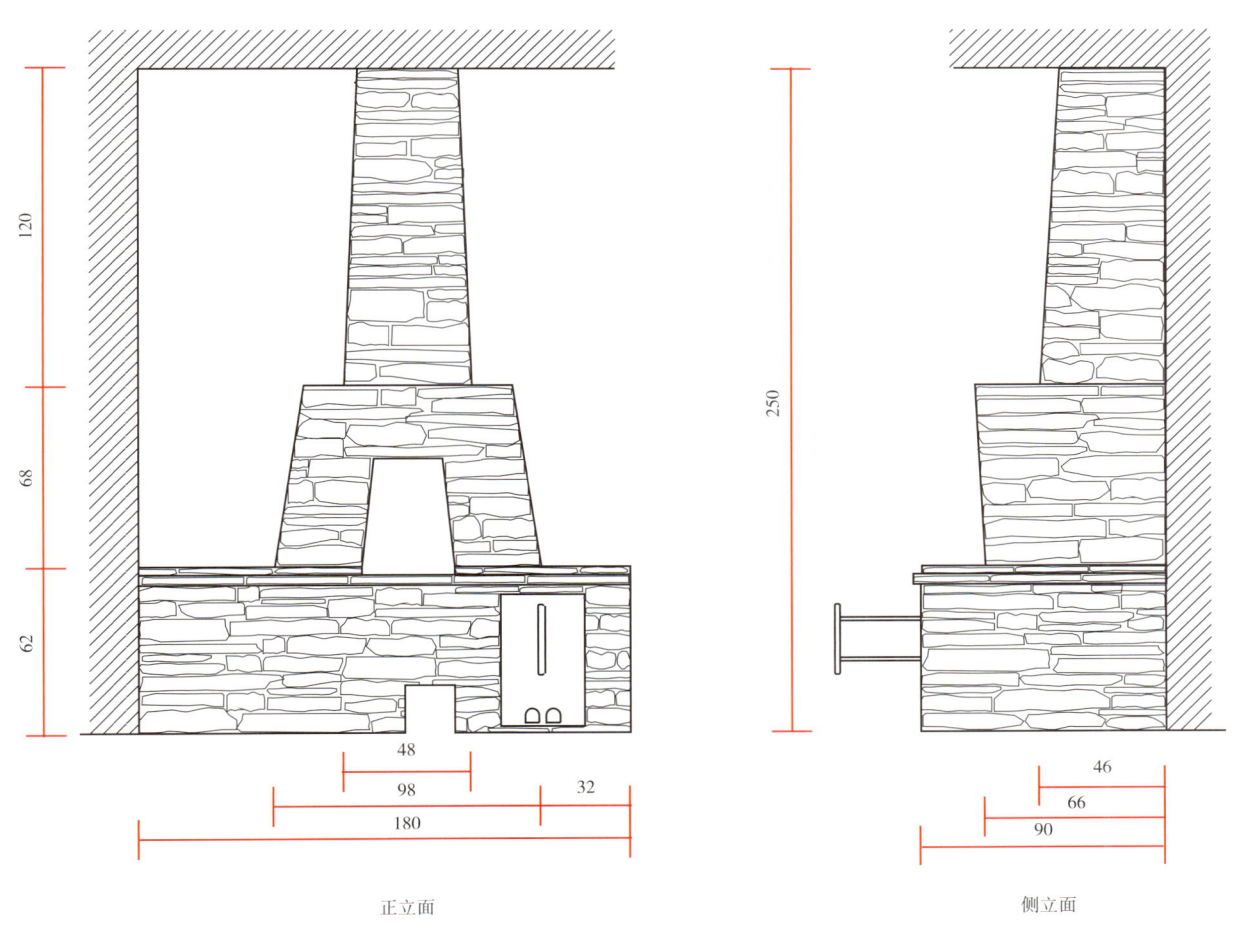

图二　羌族锻造工具——铁匠炉尺寸图（单位：cm）

十字铁墩

锥形铁墩

柱形铁墩

图三　羌族锻造工具——打铁墩子

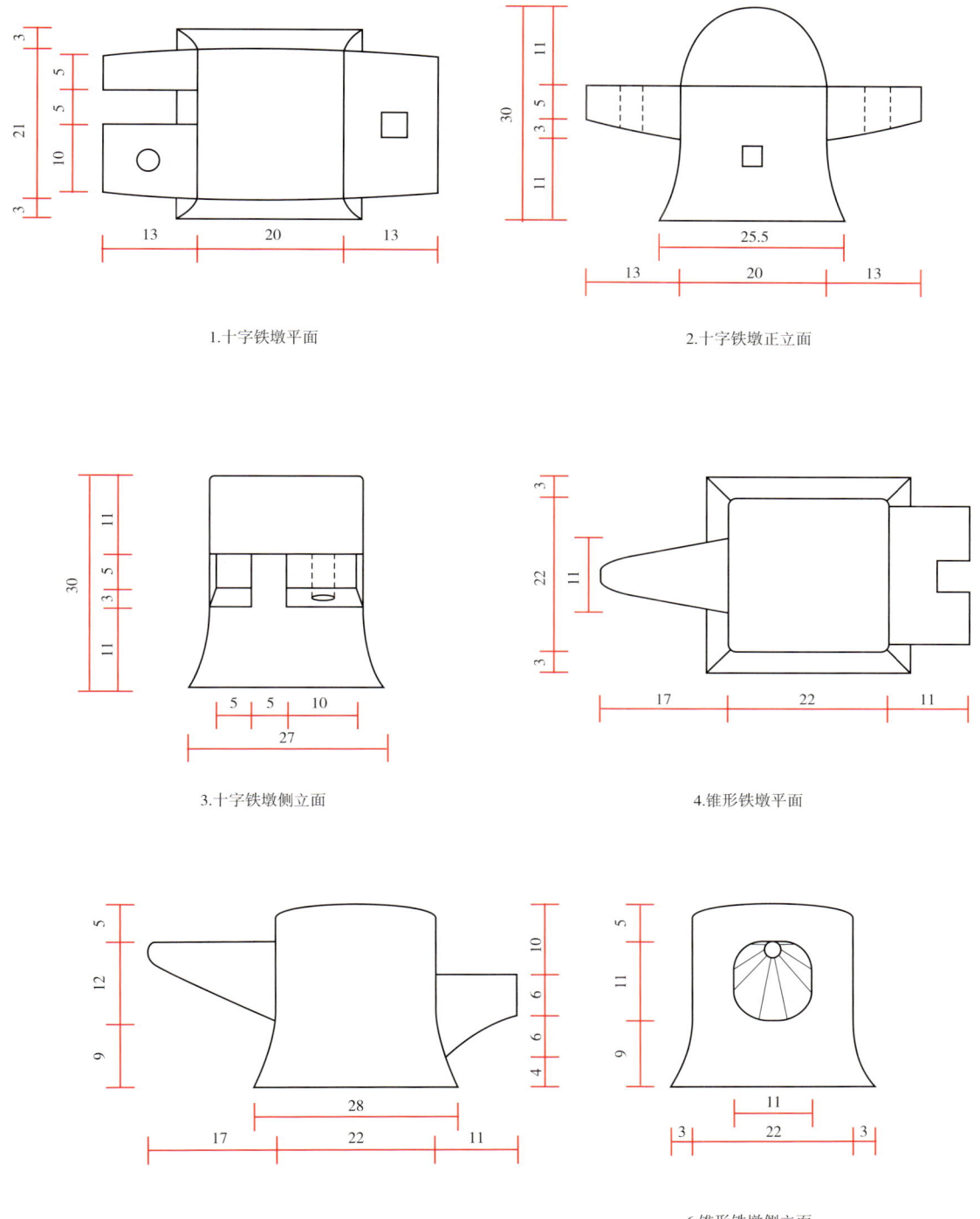

图四 羌族锻造工具——打铁墩子尺寸图（单位：cm）

图五　羌族锻造工具——打铁锤

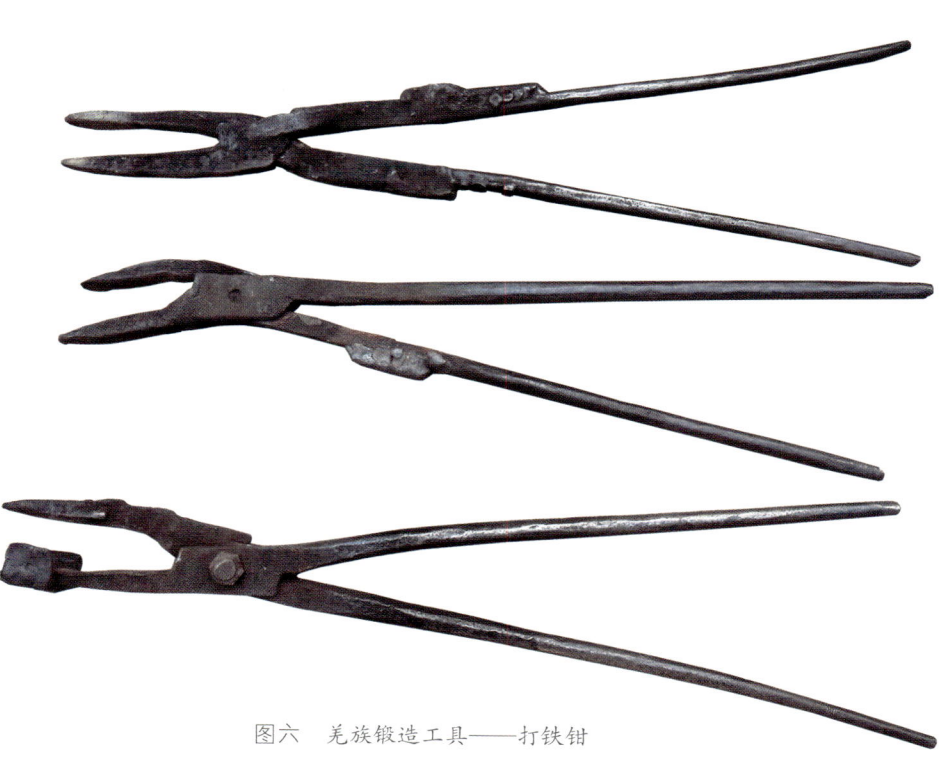

图六　羌族锻造工具——打铁钳

图七 羌族铁匠铺锻造的农具

图八 羌族锻造情境图

羌族白石墨斗

图一　羌族白石墨斗主图

木工墨斗是传统木匠必备的工具，主要用于画线定位。木工墨斗一般由墨仓、墨线轮、转轴、把手几部分组成。各地木匠各显其能，创造了许多造型别致、制作精细的墨斗，形成各自的特点。羌族木工墨斗在形式和做工上并不起眼，但却是以白石做成线轮。

此白石墨斗长24厘米、高6.5厘米、宽约6厘米，其中线轮直径约5.5厘米，墨仓长7.6厘米、宽6厘米、高5.5厘米，把手长8.4厘米、高6.5厘米、宽6厘米。墨斗的前端为墨仓，墨仓内装填吸水、储水性能好的储墨棉，墨仓的前后均开有线槽，墨线穿过线槽，一端至绕线轮，一端至墨斗外，使用时用竹制的墨笔将墨线压在墨仓的储墨棉中即可浸满墨水，收回墨线时将墨线挑出线槽；墨斗的中间是绕线轮，绕线轮用白石做成，十余米的墨线缠绕在线轮上，线轮中心为绕线的转轴及绕线手柄；墨斗的后端为把手，使用时单手握住把手并用竹笔控制线轮的张弛。

图片来源
图一、图五　罗力　摄影
图二至图四　米静　制图

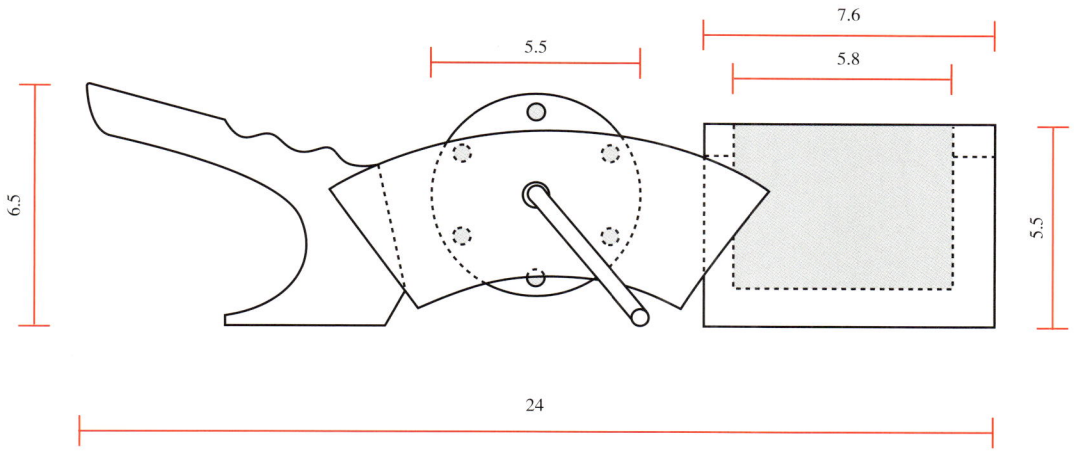

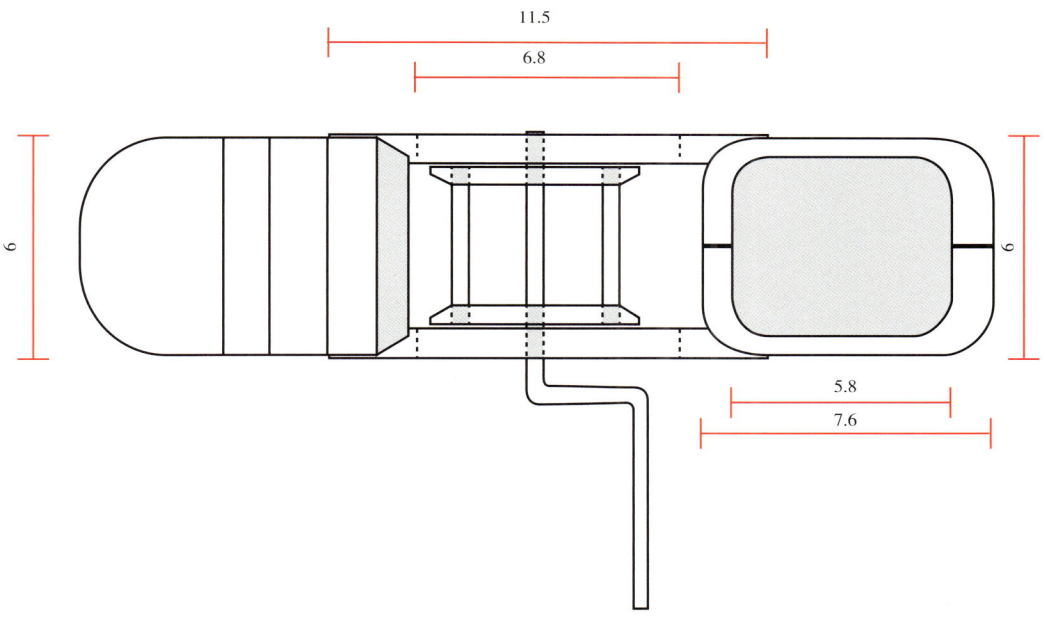

图二　羌族白石墨斗尺寸图（单位：cm）

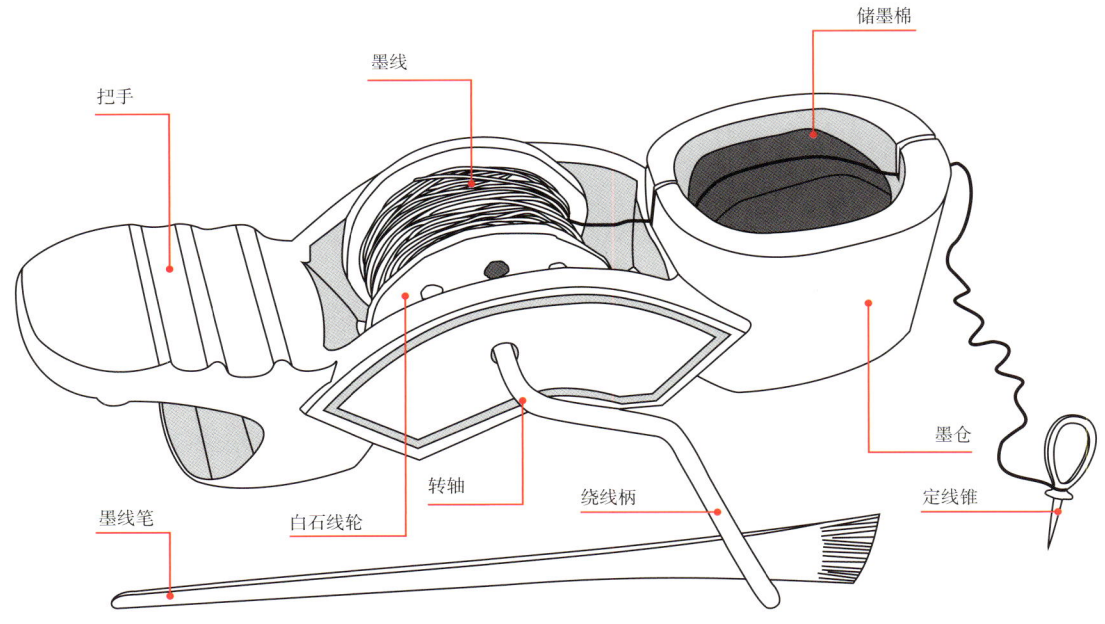

图三　羌族白石墨斗结构名称图

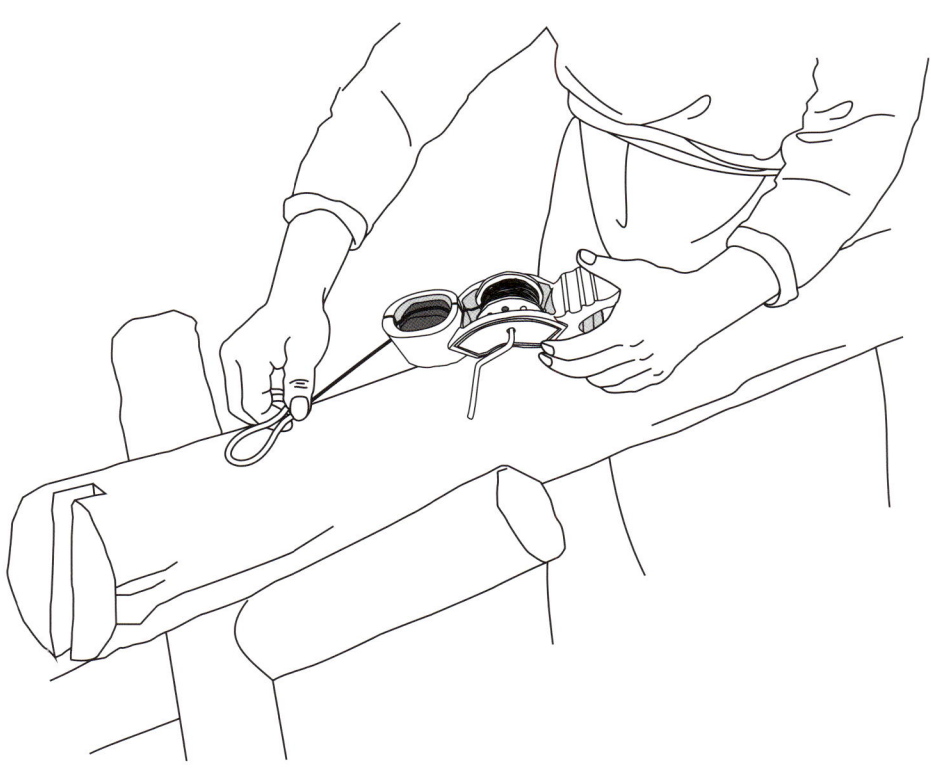

图四　羌族白石墨斗操作示意图

木转轮的墨斗

白石转轮的墨斗

图五　不同的羌族木工墨斗

羌族整木用具制作工具

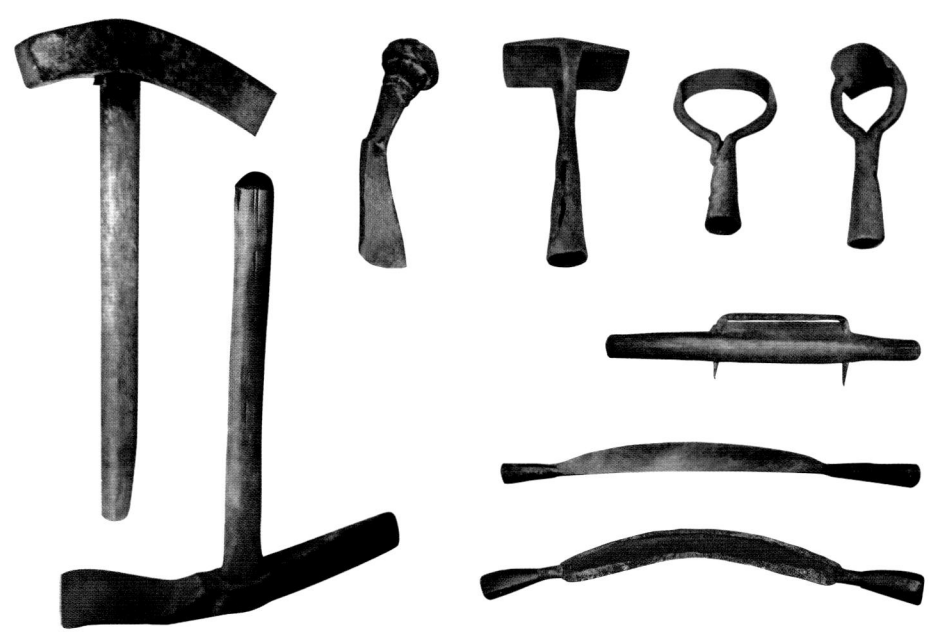

图一 羌族整木用具制作工具主图

羌族传统的生活用具很多是用整木挖制而成，如粮桶、和面盆、各种瓢以及毡盆等。用整木制作各种用具有专用的工具，包括斧子、挖刀、凿刀、各种刮刀、一字刨等，还有制作时固定器物的木桩、卡子及马凳。

理县桃坪羌寨王家收藏了全套羌族整木用具制作工具，其中斧子木柄长62厘米，斧头长36厘米、宽6厘米、厚约5厘米；挖刀木柄长60厘米，挖刀一头是斧子、一头像锄头，总长47厘米，斧子部分宽4厘米，像锄的部分最宽处宽7.5厘米；长刮刀长28厘米，刀面长17厘米、宽约8厘米；圆刮刀长25厘米，刀面部分长14厘米、约宽2厘米；一字刨长56厘米，刀面宽约4厘米，刀面为弧形，弧高9厘米。斧子、挖刀用于粗加工时打木坯，面对一块木头，连砍带挖就有了器物的雏形，接下来用凿刀修正大形，再用刮刀刮平凹下的器物内部空间，用一字刨处理器物凸起的圆弧形表面，一种工具一个步骤，就将一块木头做成实用的器具。

虽然现在羌族人不再砍伐树木做整木用具了，这些工具也早已进了博物馆，但这些奇奇怪怪的工具却体现了羌族工匠在实践中创造工具的智慧。

图片来源
图一　罗力　摄影
图二至图五　陶俊杉　制图

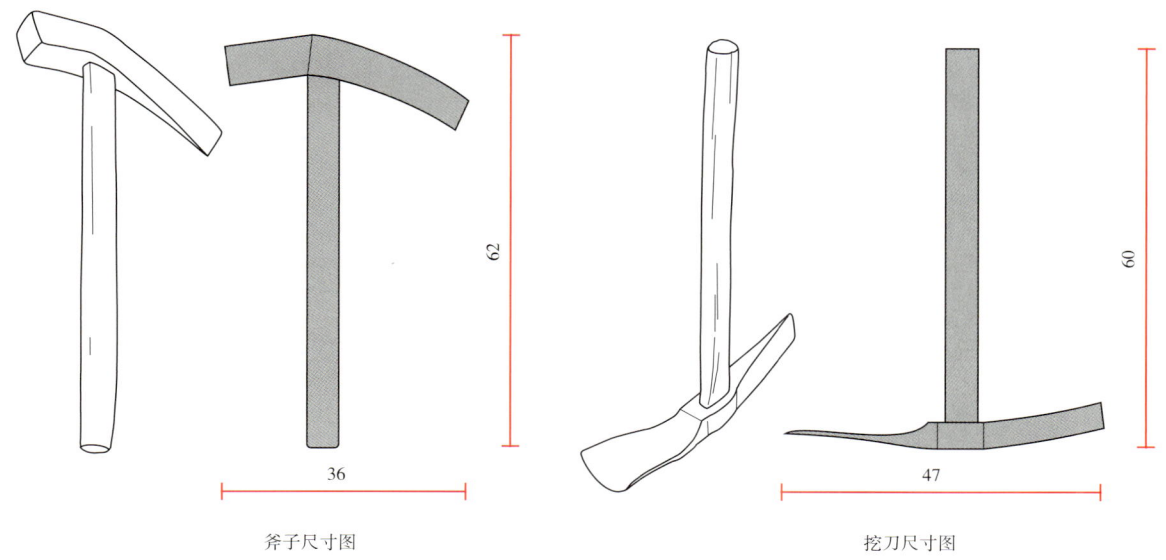

斧子尺寸图　　　　　　　　　挖刀尺寸图

图二　羌族斧子、挖刀尺寸图（单位：cm）

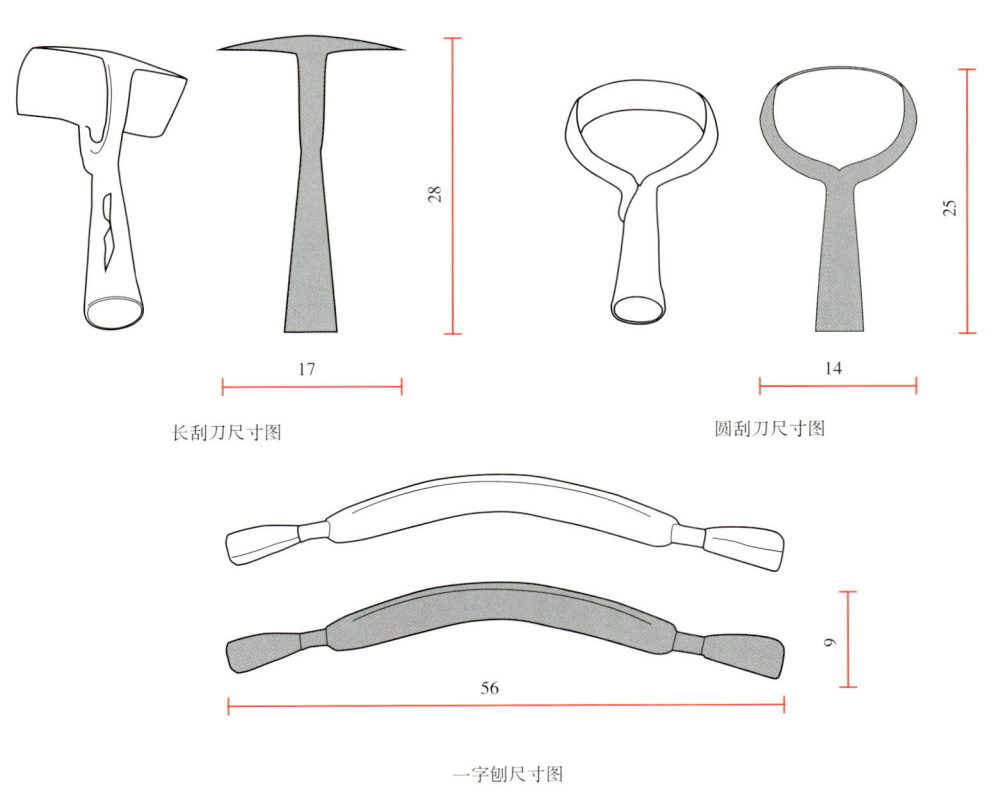

长刮刀尺寸图　　　　　　　　圆刮刀尺寸图

一字刨尺寸图

图三　羌族刮刀、一字刨尺寸图（单位：cm）

第五章　羌族传统生产工具

335

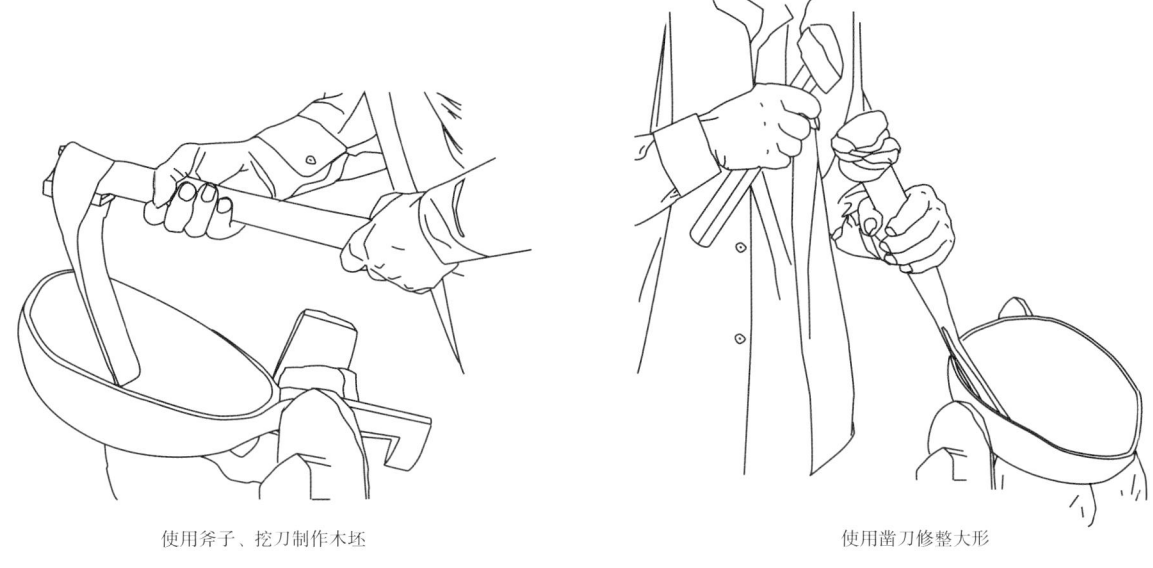

使用斧子、挖刀制作木坯　　　　　　　　使用凿刀修整大形

图四　羌族整木粗加工工具操作示意图

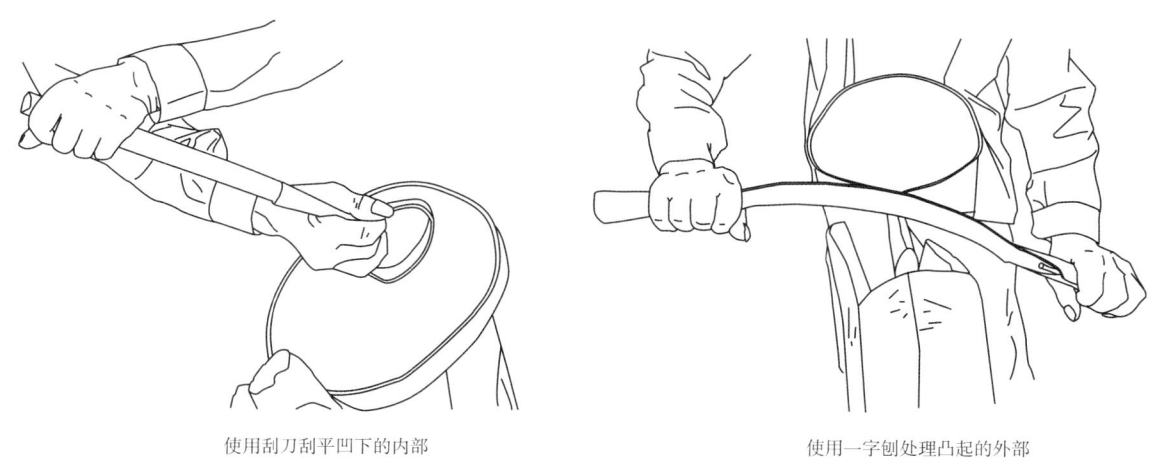

使用刮刀刮平凹下的内部　　　　　　　　使用一字刨处理凸起的外部

图五　羌族整木细加工工具操作示意图

羌族背架

图一　羌族背架主图

背架是羌族传统的长途搬运货物的主要工具。羌族居于高山峡谷，历史上交通极为不便，与外界的物资交流一靠马帮二靠人力，山区坡高路陡，主要靠人背运，俗称"背背子"，也叫"背脚子"。人背运货物，短途一般用竹编的背篼装或绳索捆扎，长途得用背架。人背运，重量一般在50~60公斤，个别达到90公斤，日行15~25公里。到2000年，专门从事运输的人力背运已不多见。

本案例为茂县中国羌族博物馆的羌族传统背架，像木梯，总高110厘米，可分为三段，下段为足，最宽处30厘米，中段为草绳编结的靠背，上段略微向前弯曲，最窄处宽15厘米。制作背架需选用韧性较好的木料，两条主杆约3厘米宽、5厘米厚，还需5根宽3~5厘米、厚2.5厘米的横枨，靠背上下横枨的间距为42厘米；做好背架的木结构以后，在靠背的横枨间用多股麻绳做成3组经线，然后用草绳做纬线编成结实而舒服的背垫，最后系上牛羊皮做的双肩背带。使用时将货物固定在背架的横枨上，货物多的时候随背架上段的弯曲将重心前移，背起来省力一些。另外随背架都会有一根"丁"字形的"打杵"，既是下雨路滑或上坡下坎的手杖，也是歇脚时支撑背架重物的托架。

羌族还有一种非常简易但制作很巧的背架，伐木时选一段枝干粗细适当、与主干约成90度的圆木，保留一截枝干，并将圆木锯成一块木板，系上背带就是一个天然的背架，枝干作为承重货物的托架，与背架为一体，比任何榫卯结构都牢固。

图片来源
图一、图四、图五　罗力　摄影
图二、图三　冯灿　制图

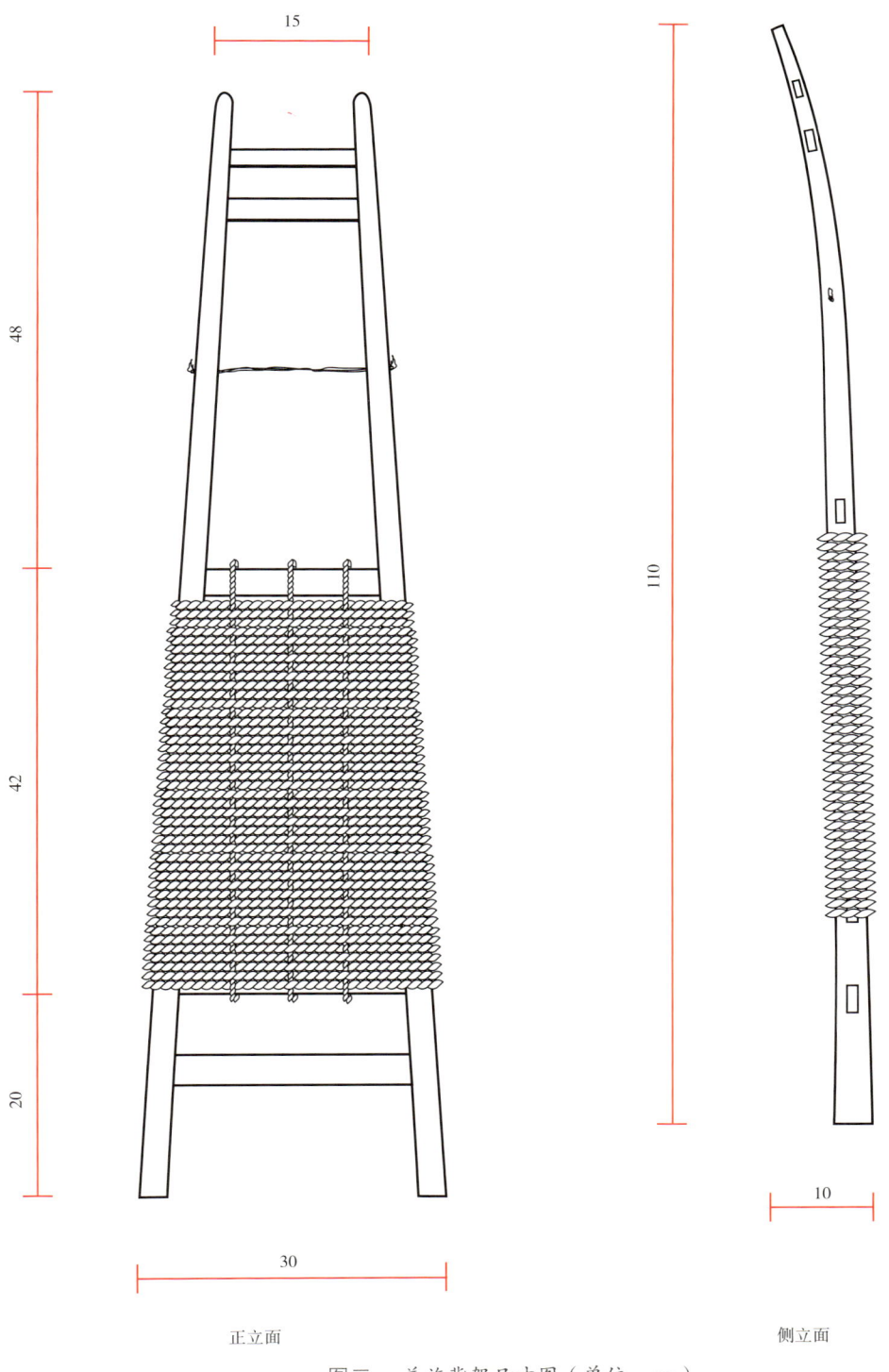

图二 羌族背架尺寸图（单位：cm）

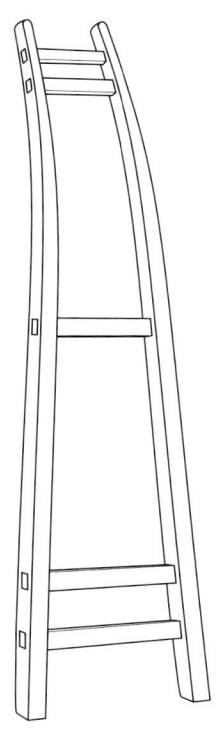

1.做好背架木结构

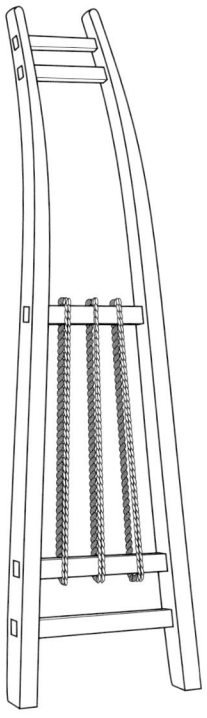

2.用草绳架好经线

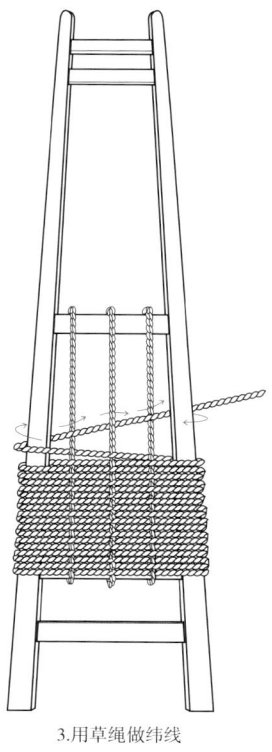

3.用草绳做纬线

图三　羌族背架制作流程图

1.背架使用正面　　　　　　　　　　　　2.背架使用侧面

3.背架使用动作

图四　羌族背架使用情境图

1.牛皮背带木板背架

2.麻绳背带木板背架　　　　　　　3.羊皮绳背带木板背架

图五　不同的羌族背架

羌族猎枪

图一　羌族猎枪主图

狩猎是羌族传统生产活动中的一项重要内容。在高山羌寨，每年正月十七都要举行打"苏月"，即用麦面做成各种飞禽走兽并进行射击比赛，击中目标者，当年狩猎会有好收成。羌寨的猎人被称为"吊路子"，他们不仅枪法好，还会做绳子、安刀弩、安毛狗弹，做千斤闸和豹圈。传说有的老"吊路子"还会做法事捕猎物，叫"黑山"。

茂县三龙乡合心坝村民杨家的猎枪长154厘米，枪膛、枪管长106厘米，木枪托长130厘米、宽9厘米，猎枪引火的装置像一只鸟头，造型非常别致。羌族传统的猎枪都是当地铁匠所做，猎人们用牦牛皮、豹皮、羊皮、熊皮等到川西换回打制火药枪管的生铁块，交给手艺好的老铁匠，老铁匠经锤炼制成枪管、枪膛、引火和扳机，再安装上木制的枪托。猎枪的火药也是自己制作，当地火药配置的口诀是"一硝二磺三烰渣儿"，即1斤硝、2两硫黄、3两烰炭混合，加上适量的水，慢慢地舂成细浆，然后放在罩楼里阴干，快干时用手将其搓成细粉，这种火药当地叫"黑火药"。

现在羌族聚居地区的野生动物已得到保护，猎枪已成了羌族村民家中的文物，但这些羌族铁匠手工打制的猎枪，其制作工艺、造型特点以及引火设计的装饰效果却印证了羌族传统技艺的精湛。

图片来源
图一、图五　罗力　摄影
图二至图四　米静　制图

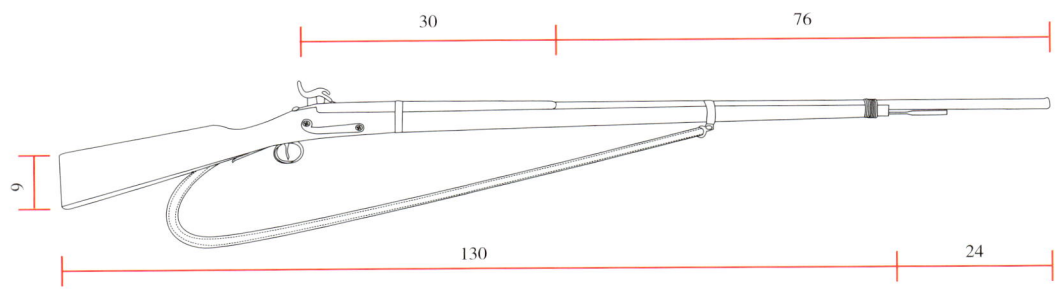

图二 羌族猎枪尺寸图 （单位：cm）

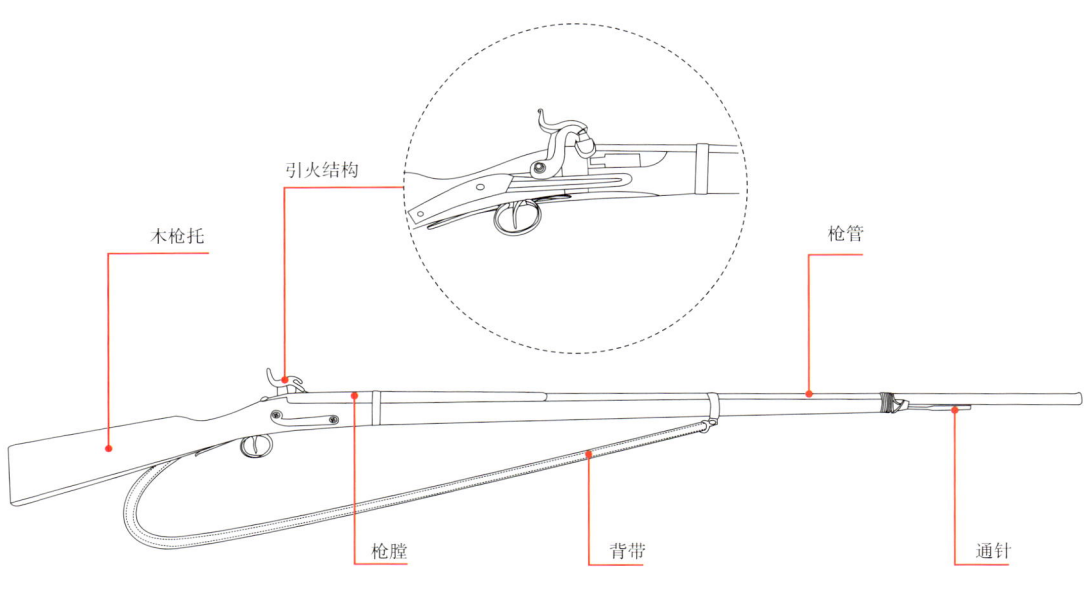

图三 羌族猎枪结构名称图

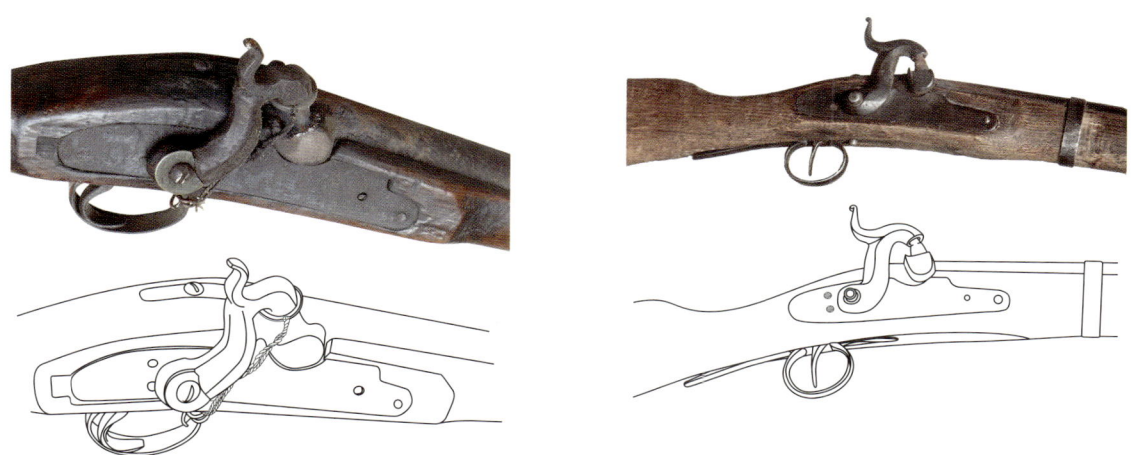

图四 羌族猎枪引火局部分析图

汶川阿尔村村民的猎枪

茂县合心坝村民的猎枪

图五 不同的羌族猎枪

羌族绣花绷架

图一　羌族绣花绷架主图

　　羌族绣花绷架，也叫羌绣花绷，由上下左右四根木支架组成，是羌族妇女用于绣较大的绣面时绷紧绣布使绣面平整而便于刺绣的工具。本案例长80厘米、宽60厘米、厚4厘米，其中上下支架长80厘米、宽4厘米、厚4厘米，左右支架长60厘米、宽4厘米、厚3厘米；上下支架两头为方形，四面均有插入左右支架的榫眼，中间为圆柱形，其中一面凿有0.8厘米宽的凹槽；左右支架的一端为5厘米长的插入上下支架的榫头，另一端约38厘米长，为插入上下支架的移动轨，并排着两排锁定用的小圆孔。

　　绣花绷子的使用方法：首先将绣布两端约2厘米处与上下支架上的凹槽对齐，用准备好的小木条（竹条、铁条均可）将布压入凹槽并卷布裹紧；然后将左右支架的移动轨的一端插入上支架，再将左右支架的榫头一端插入下支架，试试绣布展开的长度，如果太长，可在下支架上多卷几圈再装左右支架；上下支架与左右支架装好以后，移动上支架将绣布绷紧，并从上支架的榫眼将木钉（竹钉、铁钉均可）插入左右支架的小圆孔中固定上支架，绣布绷紧了即可开始刺绣。如果绣布展开的幅面较大，可在绣布的左右边缘用线以约2厘米长的针脚来回缝两遍，再将绣布边缘用线绑在左右支架上，这样可使绣面更加紧绷和平整。

　　羌族绣花绷架制作简单，设计上的巧妙之处在于：其一，上下支架的四面都有榫眼，为卷紧绣布可从各个角度插入左右支架的榫头；其二，左右支架上锁定用的小圆孔非常密集，但分成了错位的两排，可保证绷紧后的绣布微移，也可保证左右支架牢固；其三，绷架的四根支架稳固地组合在一起，充分利用了绷布的拉力，而不需要其他加固的方法。

图片来源
图一　罗力　摄影
图二、图三、图五　罗力　制图
图四　柳冰蕊　制图

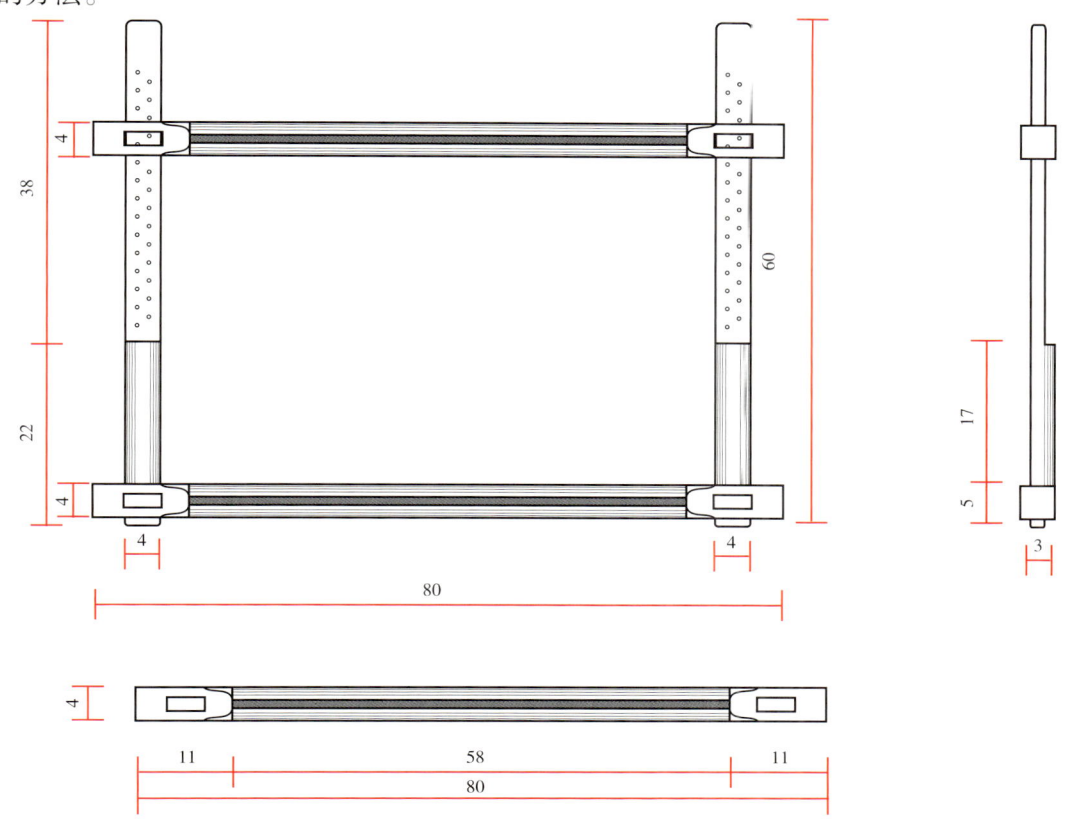

图二　羌族绣花绷架尺寸图（单位：cm）

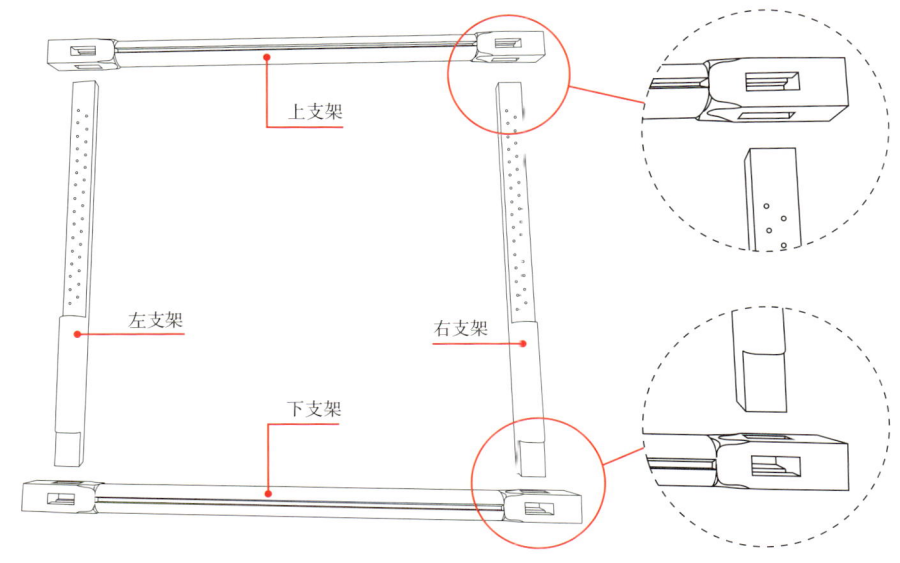

图三　羌族绣花绷架结构示意图

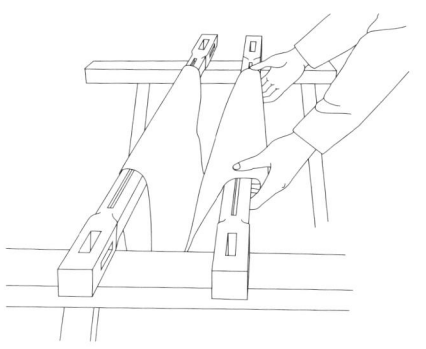
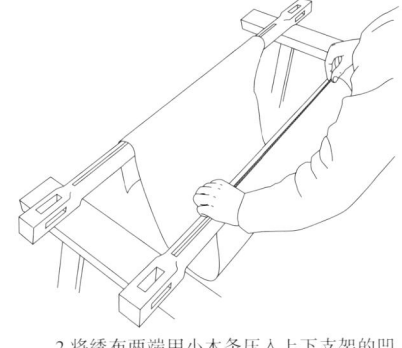

1.绣布两端留出约2厘米，与上下支架的凹槽对齐

2.将绣布两端用小木条压入上下支架的凹槽并卷紧

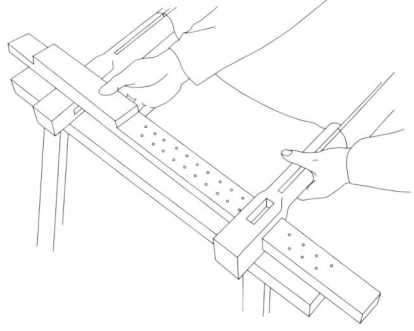
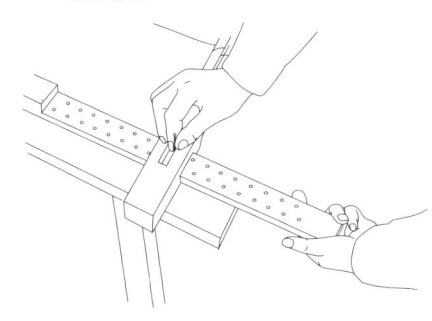

3.将左右支架插入上下支架的榫眼并移动以绷紧绣布

4.绣布绷紧后，插入钉子固定绷架

图四　羌族绣花绷架操作示意图

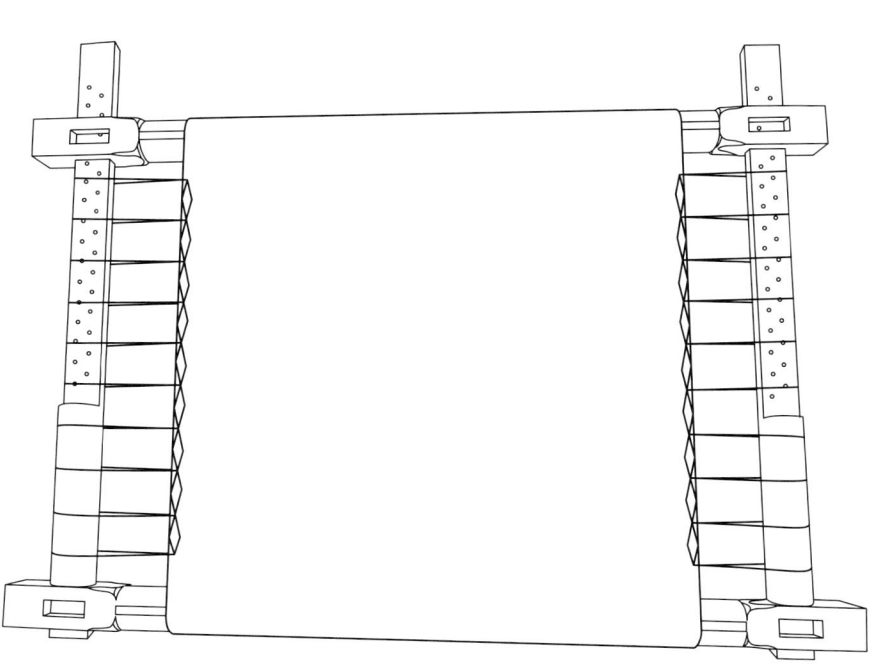

图五　羌族绣花绷架使用效果图

第六章 羌族传统手工艺

羌族刺绣工艺

图一　羌族刺绣工艺主图

羌族刺绣是羌族最有代表性的传统文化符号之一，被世人誉为特色鲜明的"羌绣"，也是我国非物质文化遗产保护的重要项目。羌族刺绣广泛应用于羌族服饰中，羌族的长衫、坎肩、围腰、飘带、裹肚、头帕、鞋子等均有刺绣作装饰。羌族刺绣的题材非常广泛，有古羌文化符号，也有大自然中的花草鱼虫及生活中的牛羊、瓜果等，羊角纹、羊角花（杜鹃花）更是羌族最喜爱的刺绣题材。羌族刺绣技法中最有代表性的包括十字绣、平针绣、锁扣绣、结边绣、压针绣、参针绣、补花绣、盘长绣等。

十字绣：十字绣又名挑花、架花、数纱绣花。羌族十字绣品类多。十字绣是依据面料经纬线的根数作交叉刺绣，即行针方向一般为水平方向或者垂直方向，绣线正面形成斜线，并相互交叉形成"×"形，背面始终保持平行，其针脚显出独特的美。十字绣工艺性很强，并且具有强烈的装饰性特点。要将自然花形变成十字绣，必须将对象提炼成垂直和水平方向的直线或者斜线，以此形成简洁硬朗的外轮廓。

平针绣：平针绣又称齐针绣，是我国一种传统的针法。羌族妇女称平针绣为"扎花"，主要用于绣花飘带、头帕、鞋面以及服装襟边。羌族刺绣中，平针绣工艺精致、针法娴熟、针脚整齐、线条排列均匀，边缘光洁圆顺，因此，绣出的纹样具有平整光亮的效果。其绣法有两种，第一种是从纹样两侧边缘来回运针刺绣，另一种是先以长针疏缝垫底，再用短针在两侧边缘来回运针，使之盖住之前的长针绣线，绣出的纹样微微凸起。

锁扣绣：锁扣绣又称套针绣、链子扣绣、辫绣。其针法采用绣线环圈索套而成，即线线成环、针针套扣，落针在起针旁，最后绣成的纹路效果如锁链结构，因此得名锁扣绣。起始于三千多年前的锁扣绣针法现在仅在羌族、苗族、彝族等中还有传承。锁扣绣分为开口和闭口两种，闭口锁扣绣起针时挑起约3毫米长的面料，落针时将绣线绕圈，然后在线圈中间起第二针并拉紧线圈，即成一扣，再将绣线绕圈，针又自第二起针处落针，即起针点与落针点在同一个点上，从而形成闭合锁链。羌族刺绣围腰上的花叶轮廓以及枝干便用此针法。开口锁绣，羌族妇女称为"串花""勾花"或"刨针绣"，它与闭口锁绣不同之处在于起针点与落针点不在同一点，落针时要用针尖刨开线圈，从另一点将针插入，当地民间称之为"刨针绣"。由于针距短而密，起针和落针有一定的距离，因此，在两侧边缘中间形成排列紧密的平行线。

结边绣：其针法与锁扣绣比较接近，均有整齐的短横线排列，但边缘更为厚实紧密，在羌绣中常用于绣品边缘处理。其具体针法为：针由绣边的反面戳向正面，挑起面料，线由针鼻绕道针尖下，形成一环，再抽拉线。连续的短横线既可整齐排列成平行线，也可排列成齿状的牙边。

压针绣：在平针绣的基础上，羌族妇女创造了压针绣的针法，她们又称之为"撇花"。在大面积使用同一色线且绣线较长的刺绣中，平针绣容易挂丝，因此，羌族妇女在绣一针长线后，要用一针短线压在原长线上，并确保每绣一针长线后均在同一位置压上短线，如编篱笆一般，纹样边缘整齐，纹样内的绣线交错有序，产生富有变化的视觉效果。以绣花瓣为例，压针绣具体针法为：先从花心出针，从花瓣外轮廓进针，形成一长针绣线。第二针退至长绣线的右侧中部出针，再至长绣线的左侧进针，形成一短针绣线，该短针绣线压在第一条长针绣线上，两者形成一个交叉点，使有光泽的平针既多了变化，也解决了长针绣线容易挂丝的问题。

另外，编针绣的绣线相互交错、重叠，但排列、交织匀称，交错的绣线如同网。缉针绣也称为"倒钩针"，是用回针法运针，即针脚头尾相接，针脚长短均匀整齐，绣纹自然流畅，素雅大方，与其他针法一起运用会显得丰富多彩、粗中有细。补花绣是将装饰纹样的布片补绣在需装饰的部位，并多采用缉针绣的方法，补花绣主要应用于云云鞋、坎肩的装饰。参针绣又称"套针绣"，是在平绣的基础上，采用两种颜色的绣线相互交错的方法，形成自然过渡的色彩渐变，层次丰富而有立体感。盘长绣是古老的传统绣法，主要用于绣领口、袖边的万字纹、回纹等，是将绣布折成宽窄均匀的细长布条，在装饰部位边修边将布条折成纹样的线条。

图片来源
图一　罗力　摄影
图二、图四至图六　罗力/摄影　米静/制图
图三1、图三2　沈鸿雁、罗力　摄影
图三3　米静　制图
图七　沈鸿雁、罗力、颜瑗　摄影

参考文献
钟茂兰,范欣,范朴.羌族服饰与羌族刺绣.北京:中国纺织出版社,2012.

1.羌族十字绣围腰

2.十字绣细节图

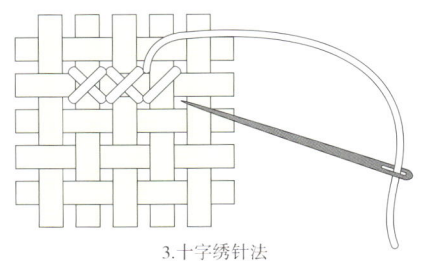

3.十字绣针法

图二　羌族刺绣工艺——十字绣

1.羌族平针绣通带

2.平针绣细节图

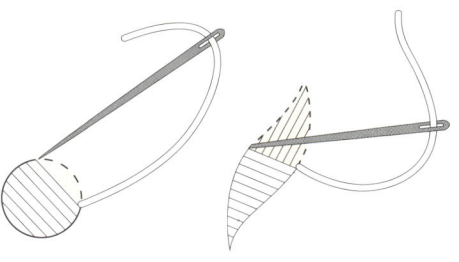

3.平针绣针法

图三　羌族刺绣工艺——平针绣

2.锁扣绣细节图

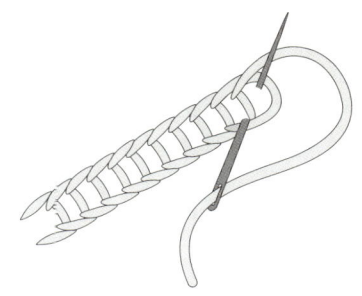

1.羌族锁扣绣的满襟围腰

3.锁扣绣针法

图四　羌族刺绣工艺——锁扣绣

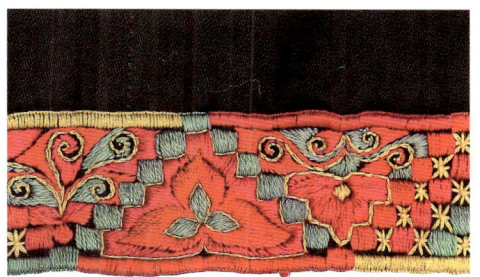

2.结边绣细节图

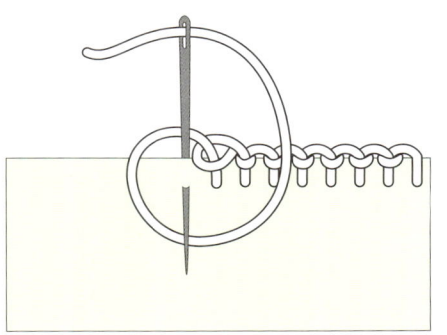

1.羌族结边绣的围腰

3.结边绣针法

图五　羌族刺绣工艺——结边绣

第六章　羌族传统手工艺

1.羌族压针绣围腰角花

2.压针绣细节图

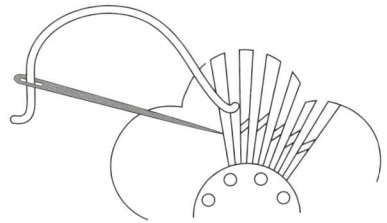

3.压针绣针法

图六　羌族刺绣工艺——压针绣

编针绣

缉针绣

参针绣

盘长绣

图七　羌族其他刺绣针法

羌族刺绣图案

图一 羌族刺绣图案主图

羌族刺绣之所以被誉为特色鲜明的"羌绣",除了精美的绣工以外,更在于变化丰富、造型考究、富有想象力的刺绣图案。

羌绣图案结构完整,形象突出,组合形式多样,不论团花、角花或花边,自然纹样或几何纹样,都富于变化,疏密有致,节奏自然,装饰性很强。特别是装饰与实用相结合,如围腰上另缝缀满绣花的布做荷包,围腰系带上的两方连续纹样,服装的领口、袖口以及鞋帮、枕巾、手帕等绣上随形变化的各种图案,不仅美观,而且增强了物件的耐磨性。羌绣图案的题材,多为生动活泼的自然景物,如花草、鱼虫、飞禽、家畜等,寓意吉祥如意。羌绣图案与刺绣针法密切相关,如挑花图案精巧,纤花、纳花图案清秀明丽,链子扣的图案却刚健淳朴、粗犷豪放。羌绣图案的色彩以黑白对比居多,也有用少许色彩配置出对比强烈、绚烂夺目的图案。

本案例为研究羌绣图案的前辈20世纪60年代手绘整理的部分羌绣图案。从这些图案中,我们可以看到羌绣图案的成熟、完整和设计的规律性,这是羌绣艺术的结晶,体现了羌族人民丰富的想象力和卓越的艺术创造才能。

图片来源
图一至图十　罗次冰、廖正芬　制图

1.硕果累累

2.彩蝶满园

图二　羌族围腰十字绣图案

1.羊角花

2.八猫护财

图三　羌族手帕十字绣图案

1.年年有余

2.飞蝶报春

图四　羌族刺绣团花图案

1.多子多福

2.百花齐放

3.牡丹彩蝶

图五　羌族满襟围腰上部锁扣绣图案

1.链子扣裹肚

2.锁扣绣裹肚

3.彩线平绣裹肚

图六　羌族裹肚刺绣图案

第六章　羌族传统手工艺

| 纳纱绣及十字绣 | 彩线十字绣 | 纳纱绣 | 参针绣 | 平针绣 | 十字绣 |

图七　羌族飘带刺绣图案

图八　羌族绣花鞋图案

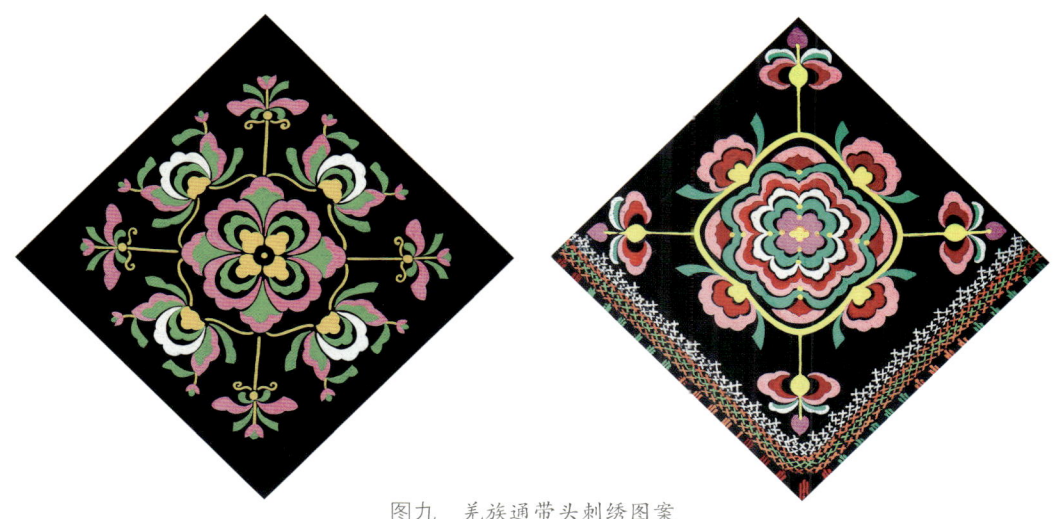

图九　羌族通带头刺绣图案

图十　羌族女裤足边刺绣图案

羌族竹编工艺

图一　羌族竹编工艺主图——尖底背篓

羌族最早以木、石、牛羊皮制作生活生产用具，之后才掌握竹编工艺。据羌族老人讲，羌族的竹编是在与川西汉人的交流中向汉族学习的，根据羌族生活生产的实际并经过长期的摸索，逐渐形成羌族竹编的特点。

羌族的竹编中最有特点的是尖底背篓。茂县三龙乡合心坝杨家的尖底背篓高65厘米，上口长58厘米、宽32厘米，下底长15厘米、宽12厘米，用两根直径约2厘米的荆条弯折为骨架，编结的竹篾宽约0.5厘米，用3～4根竹篾为一组做经条，单根竹篾做纬条，一层一圈编结而成，每编结25层左右，便有3～4层用篾条上下交错编结的锁住经条的锁扣层，最上层是用多根竹篾交错编结的锁口。背篓的背绳是用羊皮做成的。尖底背篓的中心偏高，适合背重物走山路，也方便倾倒背负的粮食、石头或肥料，是羌族聚居地区最普遍的一种背篓。

羌族传统竹编的工具非常简单，主要工具为一把劈竹篾的弯刀和拉竹篾时用的羊皮护腿，主要的材料是生长在当地海拔2000～2800米高山的箭竹，箭竹竿小、挺直、壁光滑、韧性好，编结的背篓等竹器结实耐用，而且竹编器物的造型多样，因此，竹编在羌族地区得到较好发展，羌族竹编用具的品种也越来越多。

虽然羌族的竹编工艺源于川西汉族，但羌族人能很好地吸收外来技术，并利用本地资源，发展了竹、木结合的竹编工艺，创造了许多适合生活生产需求、结实耐用、具有独特审美特点的竹编用具。

图片来源

图一、图五　罗力　摄影
图二、图四　李昕彤　制图
图三　沈鸿雁、罗力　摄影
图六　米静、罗力　摄影

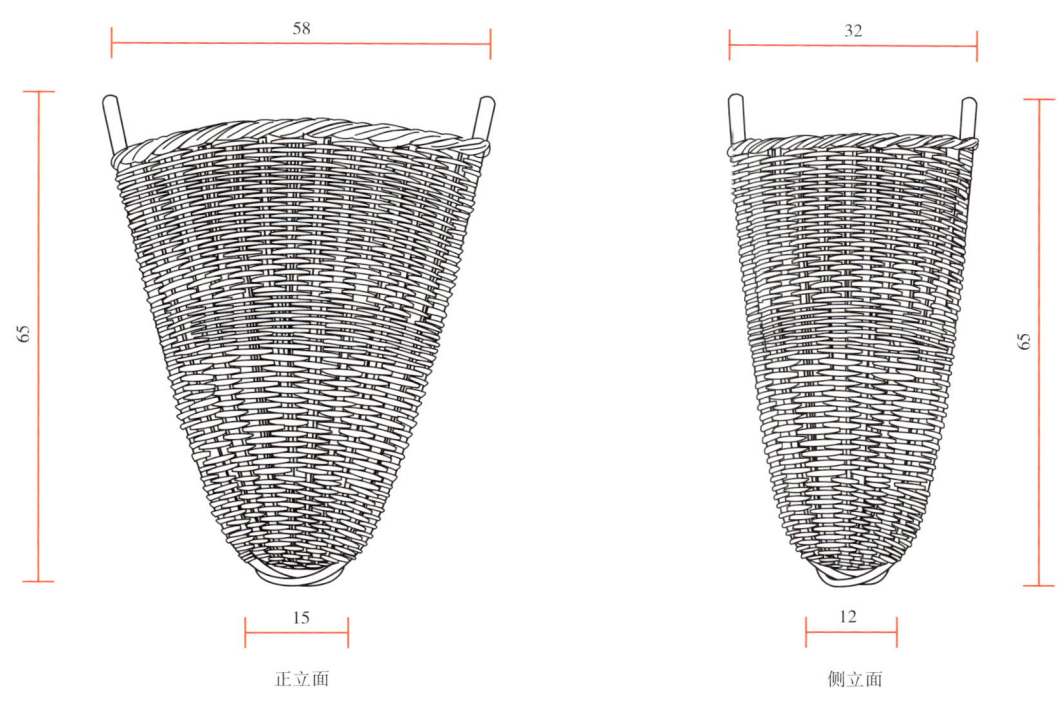

图二　羌族尖底背篓尺寸图（单位：cm）

1.劈竹篾的弯刀　　2.羊皮做的护腿　　3.当地的箭竹　　4.劈好的竹篾

图三　羌族竹编工具与材料

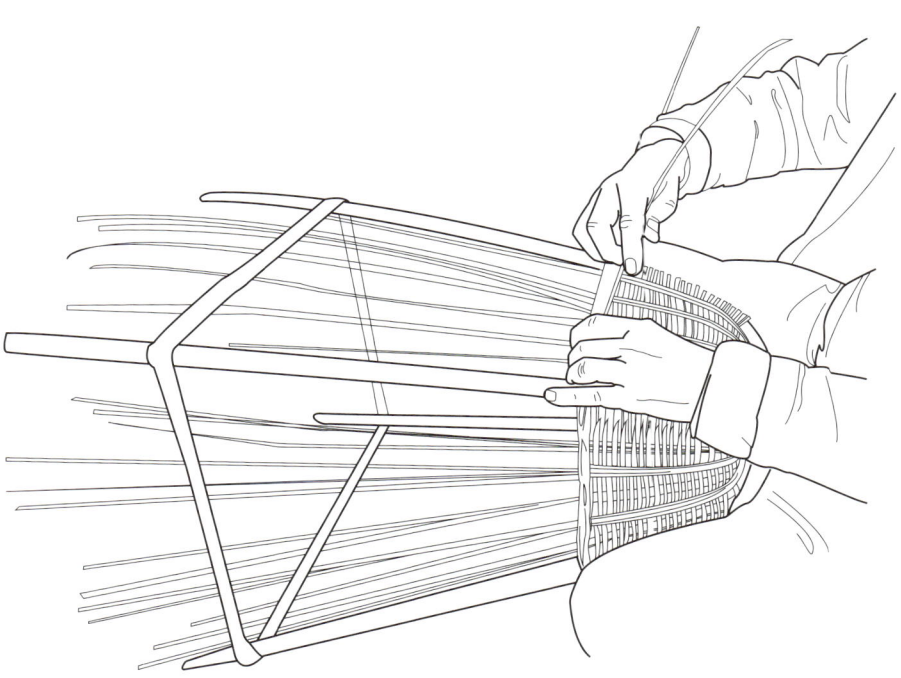

图四　羌族尖底背篼制作情境图

1.圆口方底直腰背篓　　　　　　　　　2.圆口方底高腰背篓

图五　羌族竹编背篓

1.圈口空花竹筐　　　2.绞编收口竹簸箕　　　3.绞编收口木把竹篮

图六　羌族的其他竹编用具

羌族木雕工艺

图一　羌族传统木雕工艺主图——麒麟望日

图二　羌族传统木雕工艺主图——飞马过江

图三　羌族传统木雕工艺主图——鲤鱼龙门

羌族聚居在岷江上游林木茂盛的山区，木材成为羌族传统生活中主要的材料，因此，羌族的传统木工艺历史悠久。羌族的木工艺特点是以最简单的方式和质朴的设计实现实用功能，而其木雕工艺主要应用于具有重要精神功能的建筑和家具，如民居的门楼和家中的神龛、供桌、春凳、太师椅等多以木雕纹饰象征特别的意义。

理县桃坪羌寨王家收藏的三件羌族传统供桌抽屉面板的木雕长23厘米、高13厘米，木雕题材分别为麒麟望日、飞马过江、鲤鱼龙门，构图、造型和雕刻上均有鲜明特色，据专家分析属清代羌族民间木雕。麒麟望日中麒麟并非独角，也非鹿角造型，而似牛角，这无疑与羌族农耕文化的牛崇拜有关，麒麟作为象征祥瑞的神兽，造型威武而不凶猛，围绕麒麟的祥云瑞气表现简洁，麒麟回望的太阳造型与祥云非常统一，只通过圈圈光芒加以区别；飞马过江中马的造型体现了勇往直前、无所畏惧的神马形象，马身上出现的鳞片造型也是羌族对神马独有的理解；鲤鱼龙门中所表现的并非鲤鱼跳龙门，而是鲤鱼过龙门，这也是羌族木雕中独有的一种表现形式。木雕的雕刻工艺简洁明了，刀法单纯，充分体现了羌族民间传统木雕工艺的质朴。在茂县中国羌族博物馆收藏的一件清代供桌上的雕花形式及工艺与此三件木雕的风格也十分相似。随着羌、汉文化的交流，羌族传统家具陈设中的木雕也出现造型更为繁复、结构更为流畅、工艺更细腻的趋势。

羌族建筑中的木雕最常见的是门楼的装饰木雕。在羌族石砌建筑中多设有门楼，并多运用木雕工艺进行装饰。当代羌族民居中大面积的木雕装饰虽然不多了，但局部的木雕装饰对羌族民居还是十分重要的，特别是在高山林区羌寨的木结构民居中木雕垂花装饰随处可见。

图片来源
图一至图八　罗力　摄影、制图

1.麒麟望日木雕图案

2.飞马过江木雕图案

3.鲤鱼龙门木雕图案

图四　羌族供桌木雕尺寸图（单位：cm）

图五　中国羌族博物馆供桌木雕图案

图六　羌族传统家具的木雕图案

1.理县桃坪羌寨村公所木雕门楼

2.理县桃坪羌寨民居雕花木门

图七　羌族传统建筑的门楼木雕

1.羌族建筑的木雕垂花

2.羌族木雕垂花的制作

3.松潘大尔边村羌族建筑的垂花

图八　羌族当代建筑的木雕垂花

羌族石刻工艺

图一 羌族石刻工艺主图

羌族居于高山多石的地区，石头与羌族人的生活有着紧密的关系。羌族石刻工艺主要体现在家家户户门前的石敢当，建筑中的石刻构件，家里供奉的石刻吉祥神物，石水缸、石磨的装饰以及寺庙中的石刻造像等中。石刻的题材除装饰性石刻的花鸟鱼虫外，多与羌族信奉的神灵有关。石刻技法主要有浅浮雕、高浮雕、圆雕等。

本案例为羌族传统的羌片石浅浮雕石刻建筑装饰构件，长53厘米、宽41厘米、厚7厘米，其中石刻浮雕纹样长44厘米、宽31厘米，雕刻的题材及纹样结构与羌族的木雕、刺绣类似。浮雕利用羌片石的自然岩层结构凿成凹凸两个层次，在凸起的纹样上以线刻表现叶脉和花瓣，造型简洁生动，工艺单纯细腻。这种表现方式在羌片石浮雕石刻中非常普遍。但羌片石也有材质上的差异，质地较细的石材能够有更多细节的刻画，如做水缸就一般选用质地细密的石材。

在汶川萝卜寨古寺庙遗址留有两尊麒麟造像的石刻圆雕，采用圆雕与线刻结合的技法，根据石料进行了变形处理，造型浑厚，形象憨态可掬，装饰性强。虽然萝卜寨的古寺庙早已不复存在，但这对麒麟却被羌族村民视为神灵，香火延续至今且非常旺。茂县中国羌族博物馆门前的两尊传统石刻圆雕石狮，虽然出自不同年代和不同村寨，但从夸张的形象变形、简洁的雕刻技法、浑厚的整体造型可以看出石刻的风格与技艺同出一辙。桃坪羌寨村民家中护门的神虎、供奉的家神像，以及大量羌族民间的石牛、石羊、石猪、石狗等吉祥神物石刻也具备简略、整体、夸张等共同的特点。羌族寺庙建筑中的石刻，有许多表现戏曲或民间传说的高浮雕，虽然多了人物刻画的细节，雕工也更加工整细腻，但在人物表现上仍然保持夸张的变形、圆浑的造型、单纯的技法等特点。

图片来源
图一、图五至图七　罗力　摄影
图二、图四　颜瑷　制图
图八、图九　沈鸿雁　摄影
图三、图十　沈鸿雁、罗力　摄影

图二　羌片石建筑构件石刻尺寸图（单位：cm）

建筑装饰构件石刻浮雕

建筑装饰构件石刻浮雕

石水缸的装饰石刻浮雕

图三　羌片石浮雕

图四　羌族石刻制作情境图

图五　汶川萝卜羌寨的石刻麒麟

图六　茂县中国羌族博物馆的石刻狮子

图七 理县桃坪羌寨民居的石刻神虎

石牛　　　　　　　　　　石羊

石狮　　　　　　　　　　石猪

图八 羌族民间石刻的吉祥神物

图九 羌族建筑石刻中的戏曲故事

石缸上的民间故事

石磨的装饰　　　　　供奉的家神

图十 羌族其他石刻物件

羌族银饰制作工艺

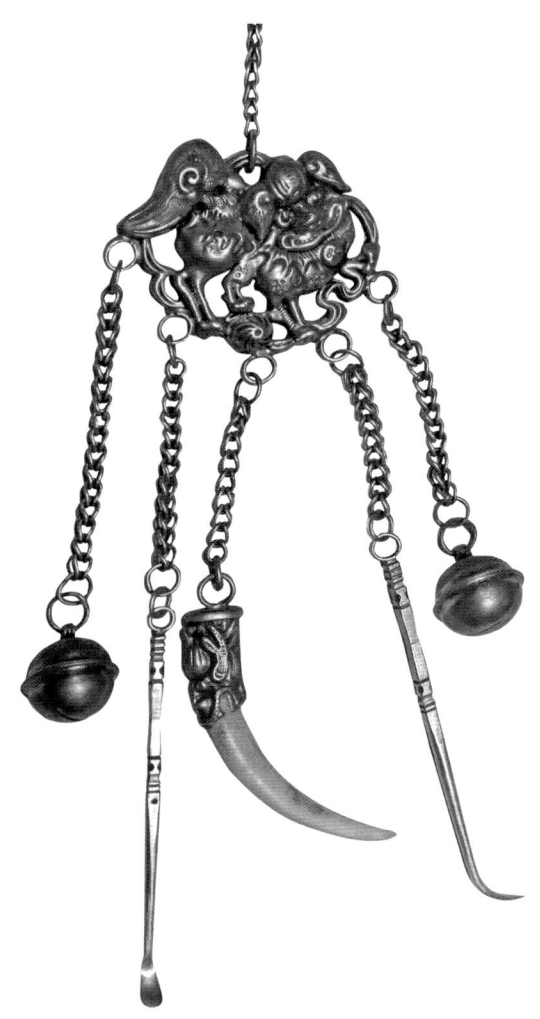

图一 羌族银饰制作工艺主图

羌族的银饰大约从唐初开始流行，题材不仅具有羌族特色，还大量吸收了汉族和其他民族的题材，成为羌族传统文化中一种很具特色的工艺。羌族银饰包括妇女的头饰、项饰、胸牌、胸挂、针线盒及衣饰等，男子的兰花烟盒、烟杆、火镰、吊刀等，小孩的银锁、虎头帽上的银龙和银虎等，银饰用具有银壶、银盘、银"孝顺"、银挖耳、银牙签等，银饰在羌族的生活中是非常重要的。

羌族银饰的题材非常丰富，有延续古羌人习俗的题材，如古羌人有在手腕上佩戴藤条为饰的习俗，羌族就有藤条样式的银手镯；羌族喜爱的羊角纹、杜鹃花（羊角花）等花鸟鱼虫以及羌族地区古陶上的几何纹样都源自羌族传统文化。也有许多来自汉、藏等民族文化的题材，如福禄寿喜、喜鹊登梅、金玉满堂、连年有余、松鹤延年以及牡丹、芙蓉、孔雀、麒麟、蝙蝠、蟾蜍等，有藏式的万字纹、如意盘结以及绞花、镶嵌石器等。

羌族银饰制作的工具主要有坩埚、数十种花錾、锡做的敲银饰的工作底模、烧焊用的油灯和吹管，以及大小锤子、剪子、镊子、夹钳等一般工具。羌族银饰的制作工序有：炼银，将银料放入坩埚中，用木炭炉熔化，然后倒入石槽铸造成银锭或银条；锻打，将银锭、银条锻打成银板；剪板，将银板剪成要做的银饰品的基本形状，或剪成编结用的细丝；拉丝，把剪下的银丝夹在有小孔的铁件中，拉成粗细均匀的银丝；绞丝，类似搓麻线，用木砣将银丝绞成螺纹状；錾花，有平刻和鼓花，平刻是从银饰的正面錾刻出凹陷的纹样，鼓花是从银饰的背面錾刻，使正面呈凸起的纹样造型；焊接，用油灯烧焊连接银饰的各个配件；打磨，打磨掉制作过程中留下的"毛刺"；清洗，放入白矾水中煮数分钟以去掉污垢，再用软布擦至发亮即完成。

羌族传统银饰的制作工具与方法都很简单，但羌族银饰工匠就是用这些简单的工具和方法，制造了形式多样、题材丰富的银饰工艺品，成就了羌族银饰工艺这朵绚丽的奇葩。

图片来源
图一、图三、图六　罗力　摄影
图二　颜瑗、米静　摄影
图四　颜瑗　摄影
图五　颜瑗　制图

各类錾子和锤子

银饰制作工具盒

图二　羌族银饰制作工具

制作银饰的银锭

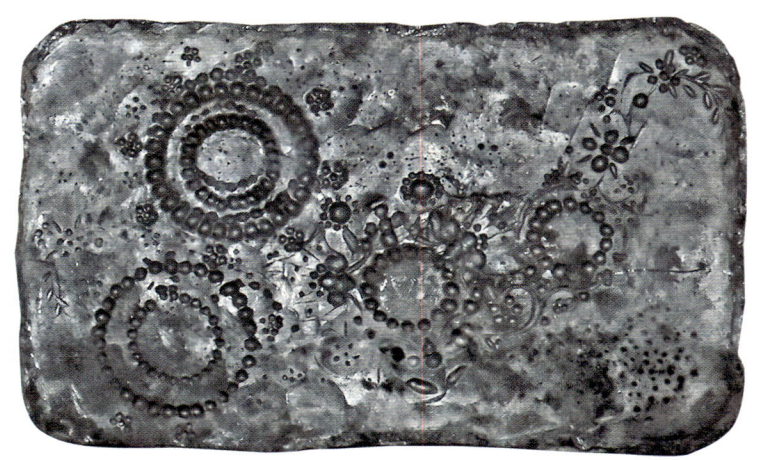

锻打银饰的工作底模

图三 羌族银饰制作材料及工作模具

图四 羌族银饰制作工作台

图五 羌族银饰制作情境图

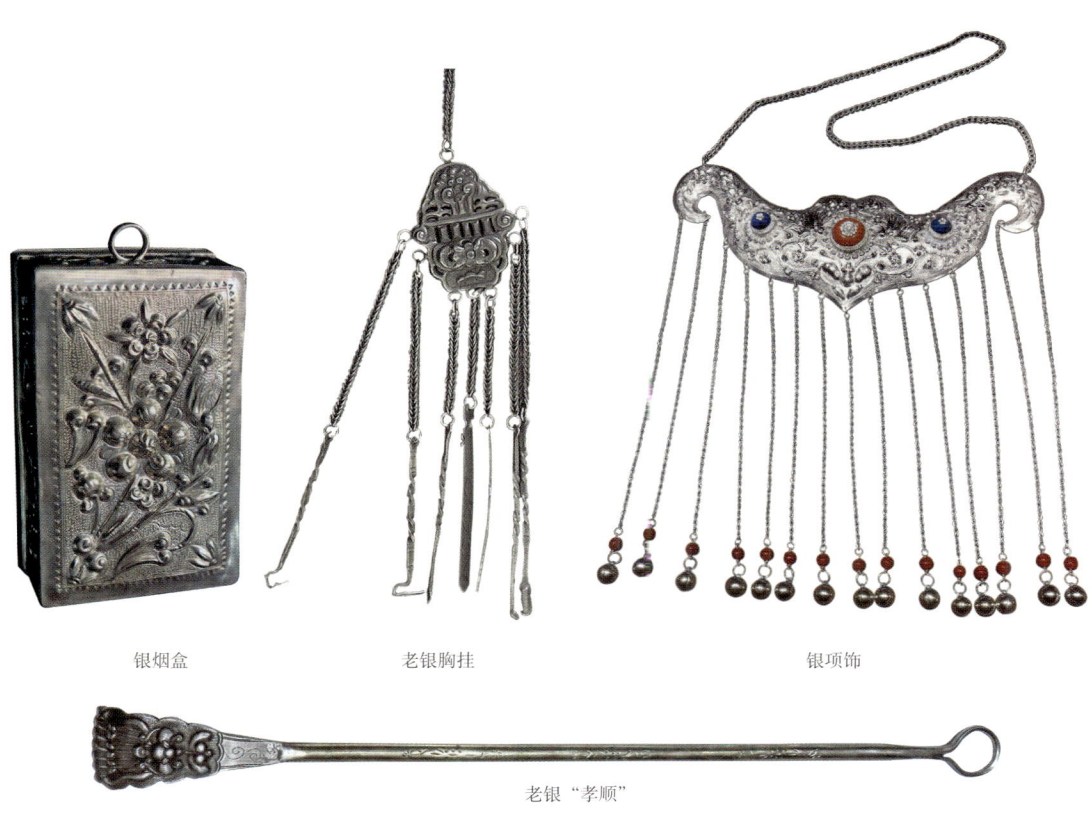

银烟盒　　　　老银胸挂　　　　银项饰

老银"孝顺"

图六 不同的羌族银饰

羌族制陶工艺

图一　羌族制陶工艺主图——羊头尊

在茂县营盘山新石器时期文化遗址及战国至西汉的石棺葬中，先后发掘了大批陶器，证实了羌族已有数千年的制陶历史。石棺葬出土的陶器有一款羊角纹装饰的黑陶双耳罐，与羌族羊崇拜的传统文化相吻合，被羌族人称为羊头尊，被誉为羌族制陶史上的代表作。

茂县中国羌族博物馆的羊头尊双耳罐，高20.5厘米，双耳宽17.4厘米，罐口宽12厘米，罐底宽8.1厘米，其造型体现了模制陶器的特点。羌族人把这种模制陶器的方法视为祖先留下的传统，并一直沿用至现代。

羌族传统的模制陶器工艺为：首先用泥做一个坛子（或其他器形）的模子并阴干，然后制陶泥，取较纯净的黄土用水浸泡，泡透以后，用两个木拍子轮流拍泥土，一直拍到有"筋丝"（有韧性）。把拍好的黄泥均匀地糊在阴干的模子上，保持厚薄适当、表面平整。之后让黄泥慢慢阴干、收缩。干透以后，用一根小木棒将黄泥里的模子一点点敲碎取出，坛子就做好了。再用光滑的鹅卵石将坛子的表面打磨光。最后在平地或较缓的山坡上挖一个直径两米的地洞作窑，洞口可过一个人，洞内有一个土台，上面放置做好的坛子等的土陶坯，陶坯与土台之间用细河沙隔开。在土台下面靠近窑门一侧架柴烧火。洞内窑门的相对方向有一个通向地面的烟囱。点好火后在洞口的上缘撒一些干黄土，烧一天一夜，待洞口的黄土呈红色就停止加柴，然后封窑门闭窑。等窑内温度慢慢降下来后，陶器即烧制完成。

羌族的制陶历史中，除了模制，也有轮制的方法，营盘山出土陶器中的高腰双耳罐、绳纹陶钵有轮制的痕迹。

图片来源

图一、图五、图六　罗力　摄影
图二、图三　苏佳琪　制图
图四　颜瑗　制图

参考文献

卢丁，工藤元男.羌族社会历史文化研究，成都：四川人民出版社，2000.

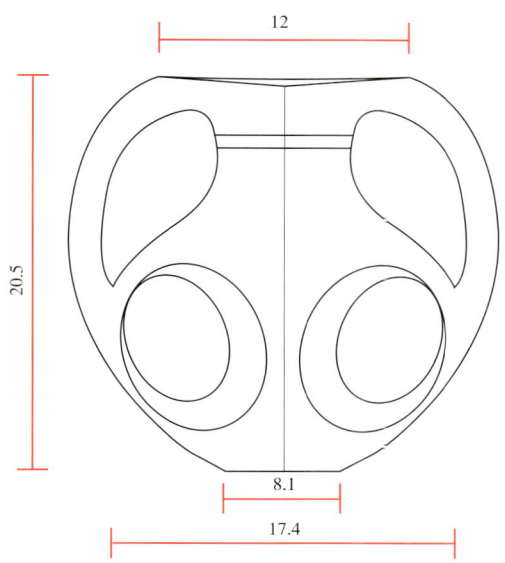

图二　羌族羊头尊双耳罐尺寸图（单位：cm）

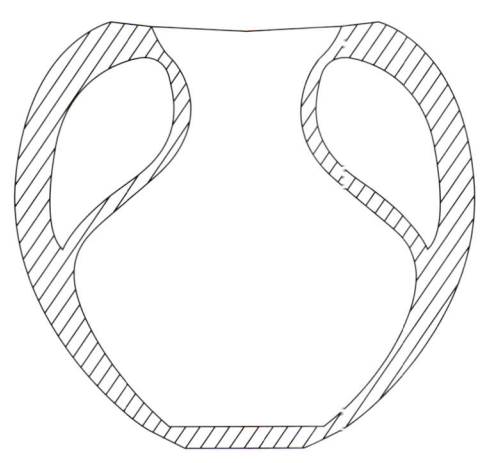

图三　羌族羊头尊双耳罐剖面图

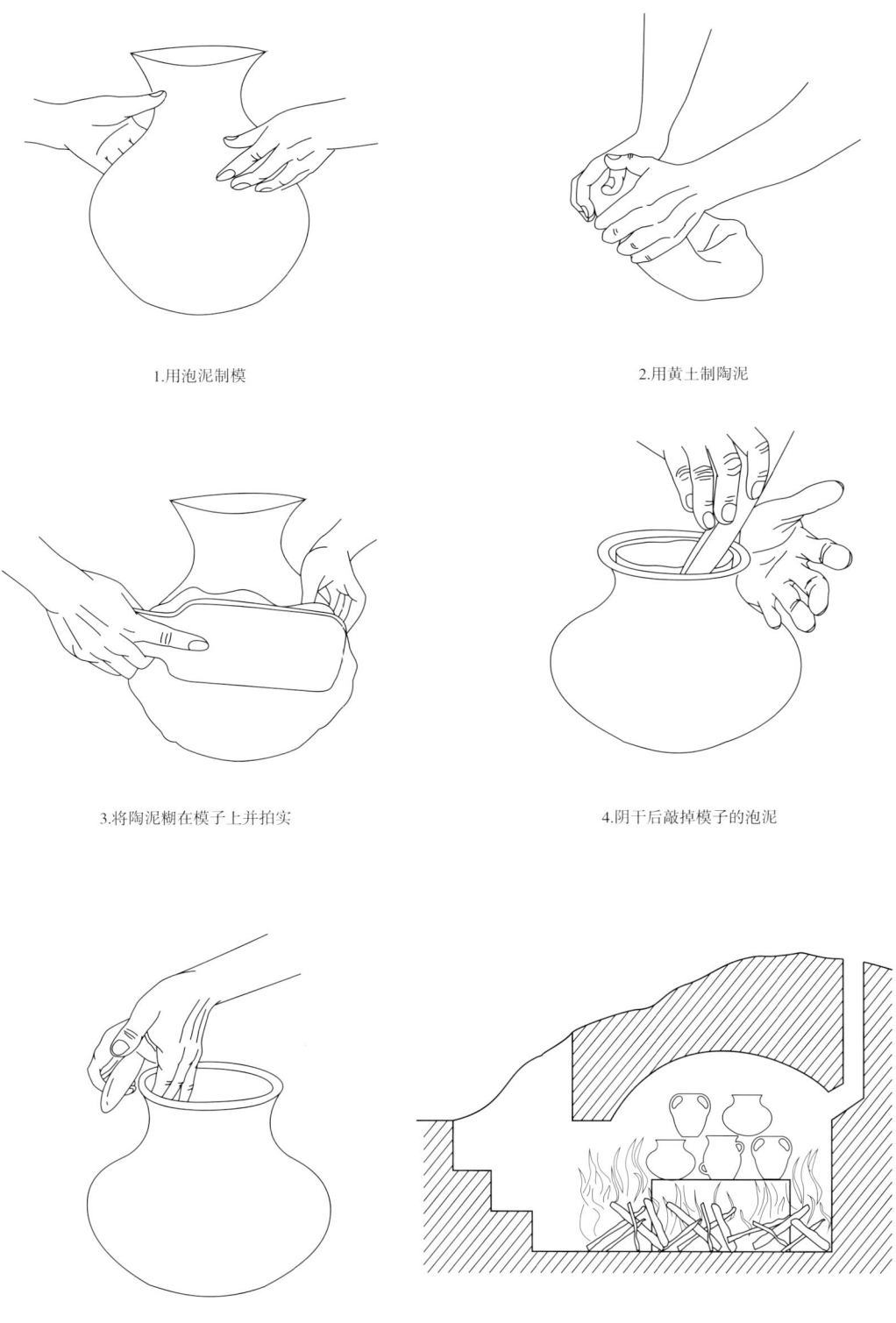

图四 羌族模制陶器流程图

高腰双耳罐

绳纹陶钵

图五 茂县营盘山出土的羌族陶罐

高低耳黑陶罐

平口双耳土陶罐

双耳陶豆

图六 羌族聚居地区出土的其他陶器

第七章 羌族传统民俗和宗教造像

羌历年

图一　羌族羌历年

羌历年在每年的十月初一举行，过去也叫"牛王会"，当地人称之为"小年"，是羌族人家人好友相聚一堂庆祝农牧丰收、祈祷来年丰收的节日。

十月初一之后，羌族地区的农活基本结束。羌族的传统是羌历年这天不能上山打猎、砍柴，也不能下地耕种。早晨，羌族各寨各家要给为丰收而辛勤劳作的牛马最好的饲料作为犒赏，然后是杀羊祭祀。祭祀活动是羌历年最重要的活动，寨上村民都要盛装参加，放下所有劳动或其他事情去参加活动。羌历年的祭祀礼仪各县各乡有所不同，在茂县白溪乡白溪村的羌历年祭祀活动中，村里德高望重的老人带领村民到祭祀广场举行祭祀仪式，首先是杀羊祭天神，然后是咂酒开坛祭祖先，将咂酒洒向四方祭诸神。祭祀之后，再用咂酒敬村中长辈和远道而来的客人，以保佑长辈和客人新年平安、幸福安康。先请村寨中最有威望的老人喝咂酒，接着是远道而来的客人，村民按辈分排序喝咂酒，喝咂酒要唱祝酒歌，在欢乐的歌声中开始隆重的庆祝活动。庆祝活动也在祭祀广场举行，广场中心搭架生火烤羊，全村的男女老少围着火堆跳锅庄，唱歌，非常热闹。待烤羊熟了，村民们一起分享。集体活动结束后，便是各家亲朋好友相聚的年饭。羌族的年饭，无论哪家都会摆上肥而不腻、香滑可口的猪膘肉、洋芋糍粑、玉米搅团等特色菜肴与大家分享和招待客人，给客人敬酒还要唱劝酒歌。唱劝酒歌是羌族人的习俗，给客人敬酒时，同桌的羌人会一起唱劝酒歌，让客人们盛情难却。

每年的农历十月初一羌族地区的县乡政府都会举办庆祝活动，各乡各寨的男女老少都会穿着盛装参加活动，尤其是羌族姑娘及妇女们。盛大的羌历年活动中，祭祀活动是不可缺少的环节，在理县的羌历年祭祀活动中，是抬着黑山羊去祭祀；茂县的祭祀活动却是牵着白山羊，带着太阳馍馍、月亮馍馍，同时以咂酒开坛祭祀。除了传统的祭祀仪式外，羌历年庆祝活动也是羌族各地特色舞蹈节目的大舞台，各乡镇都会组织精彩的节目，参加的村民身着本地特色的盛装，从着装上就知道来自哪个乡镇或村寨。精彩的节目中有依据"羌戈大战"的历史故事编排的节目，有源于羌族传统生活及劳作方式的表演。羌族妇女们欢快的舞蹈与歌声是羌历年活动的高潮。在庆祝活动结束以后，政府还会为参加活动的村民准备简单而有特色的羌族火锅团年饭。羌历年羌族聚居地区放假五天。这期间各乡镇、村寨和羌族家庭，还会陆续进行庆祝节日的活动。

图片来源
图一、图三至图四　罗力　摄影
图二、图五　米静　摄影、制图
图六　罗力、颜瑗　摄影
图七　沈鸿雁、颜瑗　摄影

参考文献
季富政.中国羌族建筑.成都：西南交通大学出版社，2000.

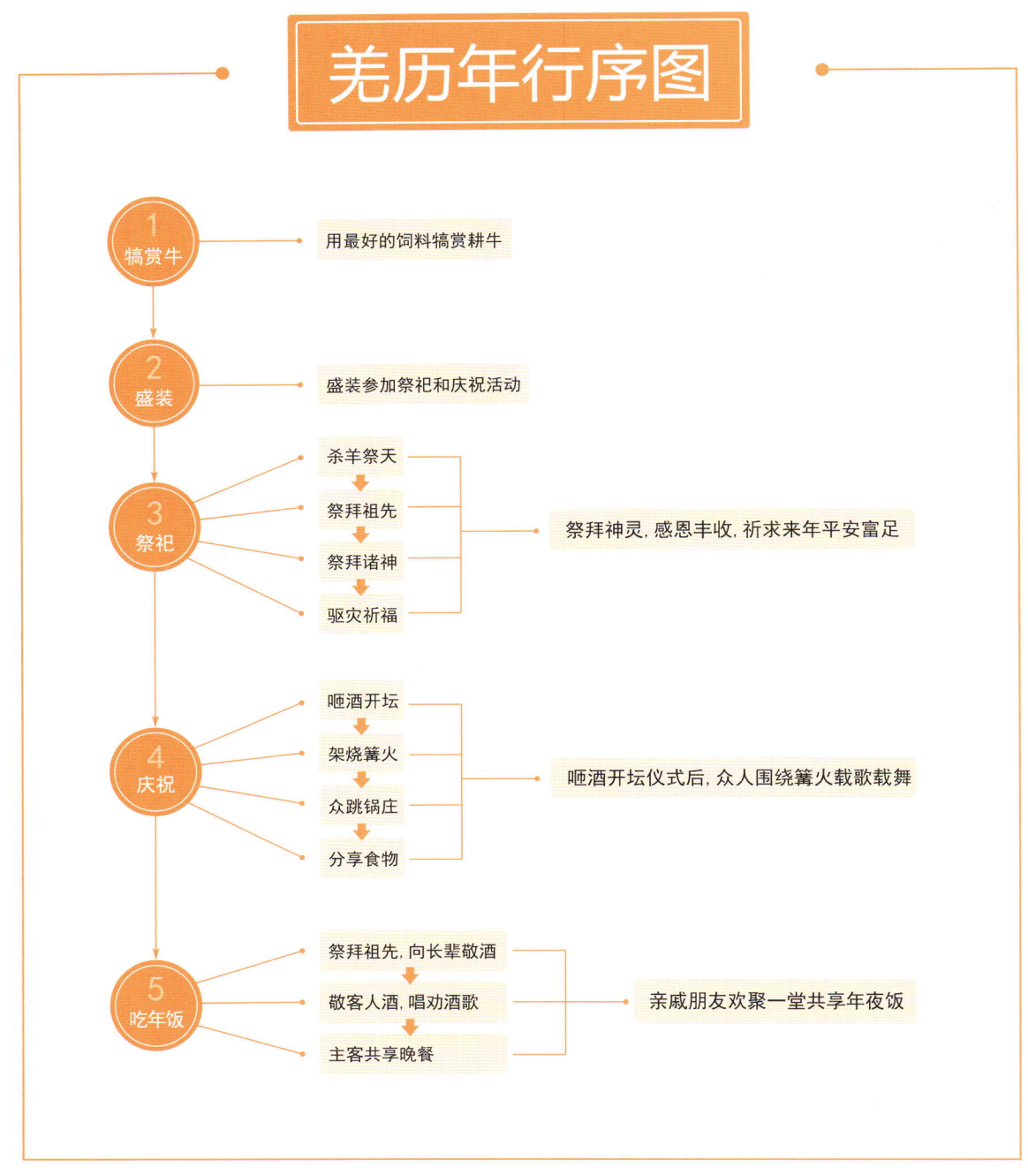

图二　羌历年行序图

羌族小孩的节日盛装　　　　羌历年活动中的羌族姑娘

羌历年活动中盛装的羌族妇女

图三　羌历年的盛装

羌族妇女穿着节日盛装的舞蹈

羌族妇女的飘带随之起舞

图四　理县羌历年的舞蹈

喜庆的着装，欢乐的舞蹈

快乐的舞蹈不分老少

图五　茂县羌历年的舞蹈

理县羌历年抬黑山羊祭祀神灵

茂县上杜村村民一起喝咂酒

图六　羌历年的祭祀活动

茂县白溪乡上杜村寨团年饭

茂县羌历年的团年饭

图七　羌历年的团年饭

羌族传统婚俗

图一　羌族传统婚俗主图

羌族传统的婚姻由父母包办，择婚时必须"门当户对"，主张"一碗米打一碗米"的亲家，还有"女不外嫁、男不外娶"的说法。从相亲到结婚的程序有许口酒、吃小酒、吃大酒、送彩礼、报婚期、做酒（正式成亲）、回门。成亲仪式是婚姻中必不可少的重要内容，一般在农历十月初一以后到春节以前的农闲时期举行，包括开笼、花夜、正席、谢客、谢厨等环节，一共5天。

羌族传统婚姻中，男方如果看上某家女子，就托"红爷"去女家说亲，如果女家收下了"红爷"带去的"手情"即表示有意成亲，"红爷"便通知男方家长到女方家喝许口酒，商议吃小酒事宜。半月之后，男方家带上5斤酒、5斤腊肉、挂面等礼物，由"红爷"带领男方家父母和儿子及其兄弟姊妹去女方家吃小酒，表示确定两家结为亲家。之后直到双方认为儿女到了该结婚的年龄才办吃大酒，到了农历的八月十五，由男方带着办酒席的酒、肉等食物和"手情"送到女方家，八月十六在女方家办宴席，女方家邀请所有亲戚吃大酒。次年正月初十后，男方家带着几匹布、10斤猪膘、10斤酒、送女方的银首饰等和送女方亲戚的"手情"到女方家送彩礼，并索要女方的生辰八字，以便测算成婚吉日。男方家把结婚男女双方的生辰八字交给释比或"年月先生"择定结婚日期及仪式的吉时，婚期吉时选定后，"红爷"把男女双方的生辰八字和结婚日期用红纸写好，由男方带两瓶酒、两份"手情"送至女方家报婚期，婚期一般在农历十月初一后的农闲季节。

到了结婚的日子要做酒，即婚宴和婚礼仪式，一般为5天。第一天为"开笼"，男家邀请寨子里的亲朋好友帮忙操办婚礼并吃"开笼酒"，安排迎亲、接客、宴席、仪式等婚礼环节的分工，年龄稍长的在家里或家门口跳"喜事锅庄"，营造喜庆的气氛。第二天叫"花夜"，男方家派人去女方家接亲，女方家要办宴席待客，晚上全寨的姑娘们聚到女方家闹"花夜"，也叫"姊妹会"，一起唱歌跳舞直至深夜；这天男方的亲朋好友到男方家送贺礼，长辈要给新郎"挂红"，晚上男方家也要办"花夜"，邀寨子里的人一起喝酒、唱歌、跳锅庄。第三天是"正席"，天未亮新娘、伴娘就要梳妆打扮，新娘穿上自己亲手缝制的绣花鞋、云肩，戴花冠及全套首饰；一早女方姊娘要给新娘煮一碗醪糟蛋，送亲队伍吹着唢呐到女方家接新娘上花轿或骑马，送亲队伍带着陪嫁（嫁妆）热热闹闹去男方家，当花轿路过村寨遇到亲友时，要停下花轿给亲友分吃醪糟蛋，以示感谢；男方亲戚要在村口迎亲，当送亲队伍到村口时要给送亲的人敬"拦门酒"、给伴娘"过门钱"；新娘到男方家后，进门之前要"叫礼"，进门后要将女方带来的太阳馍馍、月亮馍馍敬供在男方家神龛上，然后祭拜祖先、拜天地（父母）、新人对拜，羌族有新人拜礼时双生人（孕妇）应回避的习俗；拜礼之后是入洞房，新娘、新郎要争先跨过新房门槛，传统习俗认为谁先进房间这家以后就是谁说了算。第四天为"谢客"，男家设宴答谢远道而来参加婚礼的客人。第五天为"谢厨"，男家办宴席答谢五天婚礼中操劳的厨师、所有执事人员和"红爷"。婚礼结束后三天内，新娘要带新郎回娘家，叫回门；女方家要办回门酒宴请亲友和新人；羌族有"当天回门不能歇（留宿），过三天回门要半月"的习俗，婚礼结束三天后才回门，新郎可在女方家待三天再返回自家，但新娘就要在娘家住半个月才回新家。

随着社会的进步，羌族传统婚礼习俗被选择性地传承下来，父母之命、媒妁之言等封建习俗逐渐被抛弃。

图片来源

图一、图四、图六、图七　罗力　摄影
图二　米静　制图
图三　罗力、颜瑷　制图
图五　任辉、颜瑷　制图

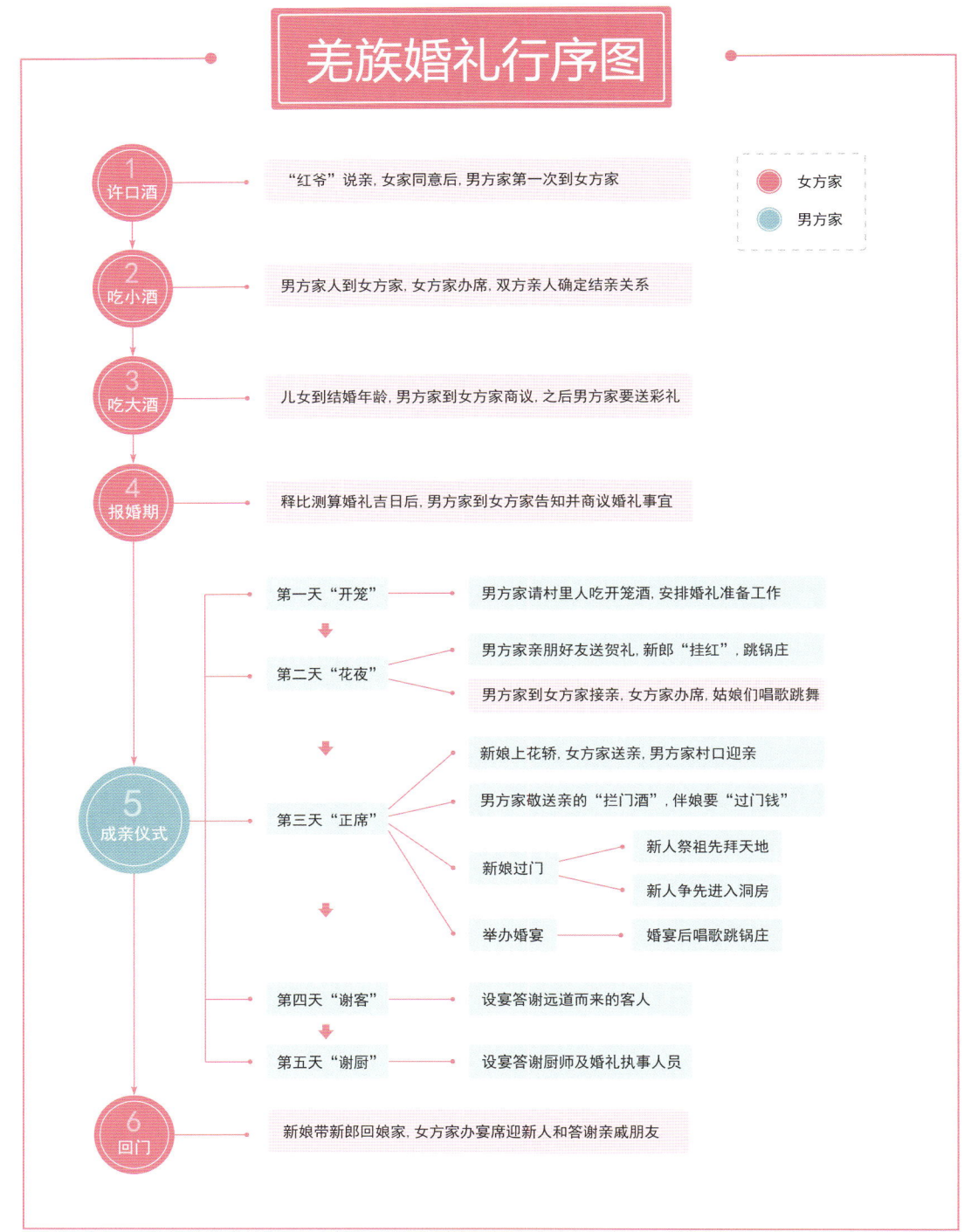

图二 羌族婚礼行序图

穿戴绣花云肩的羌族新娘

头戴羊毛花冠的羌族新娘

图三　羌族新娘

图四　羌族新娘的花轿

第七章　羌族传统民俗和宗教造像

吹着唢呐从新娘家出发

带着嫁妆的送亲队伍

图五　羌族新娘家的送亲队伍

村口迎亲的拦门酒

新郎家门前的拦门酒

图六 羌族新郎家的拦门酒

图七　羌族新人的拜堂仪式

羌族祭山会

图一　羌族祭山会

羌族祭山会，羌语叫"苏布士"，意为祭山或转山，因此也称转山会。祭山会和羌历年是羌族最隆重的传统习俗活动，分别于春秋两季举行，春季祈祷风调雨顺，秋后则答谢天神所赐五谷丰登。举行祭山会的时间并不统一，有正月、四月、五月之分，每年举行一次或两至三次。祭山会一般以村寨为单位，由全寨的成年男丁参加，寨中满12岁的男孩要带祭品和礼物参加并行冠礼，祭祀仪式禁止女性在场。祭山所献牺牲，因各地的传说不同、图腾不同而有差异，大致分为"神羊祭山""神牛祭山"和"吊狗祭山"三种。祭山仪式多在树林间的一块空坝上举行。一些地方祭山后，还要祭路三天，禁止上山砍柴、割草、挖药、狩猎等。

羌族各村寨祭山会的仪式均有差异，不过都大致可分为人员准备、物品准备、牺牲祭祀、祈福还愿、释比做法、分享食物、转山活动等环节。人员准备：祭山仪式由释比主持，活动的统筹协调由全村寨各户每年轮流担任的会首负责。物品准备：会首组织村民提前准备祭山会物品，包括香、烛、食物、咂酒、祭祀的牺牲等，祭山会当天上午将物品带到现场并按规矩摆放好。牺牲祭祀：祭祀仪式要宰杀牺牲祭祀神灵，释比念诵祭词，唢呐锣鼓齐鸣。祈福还愿：村民每

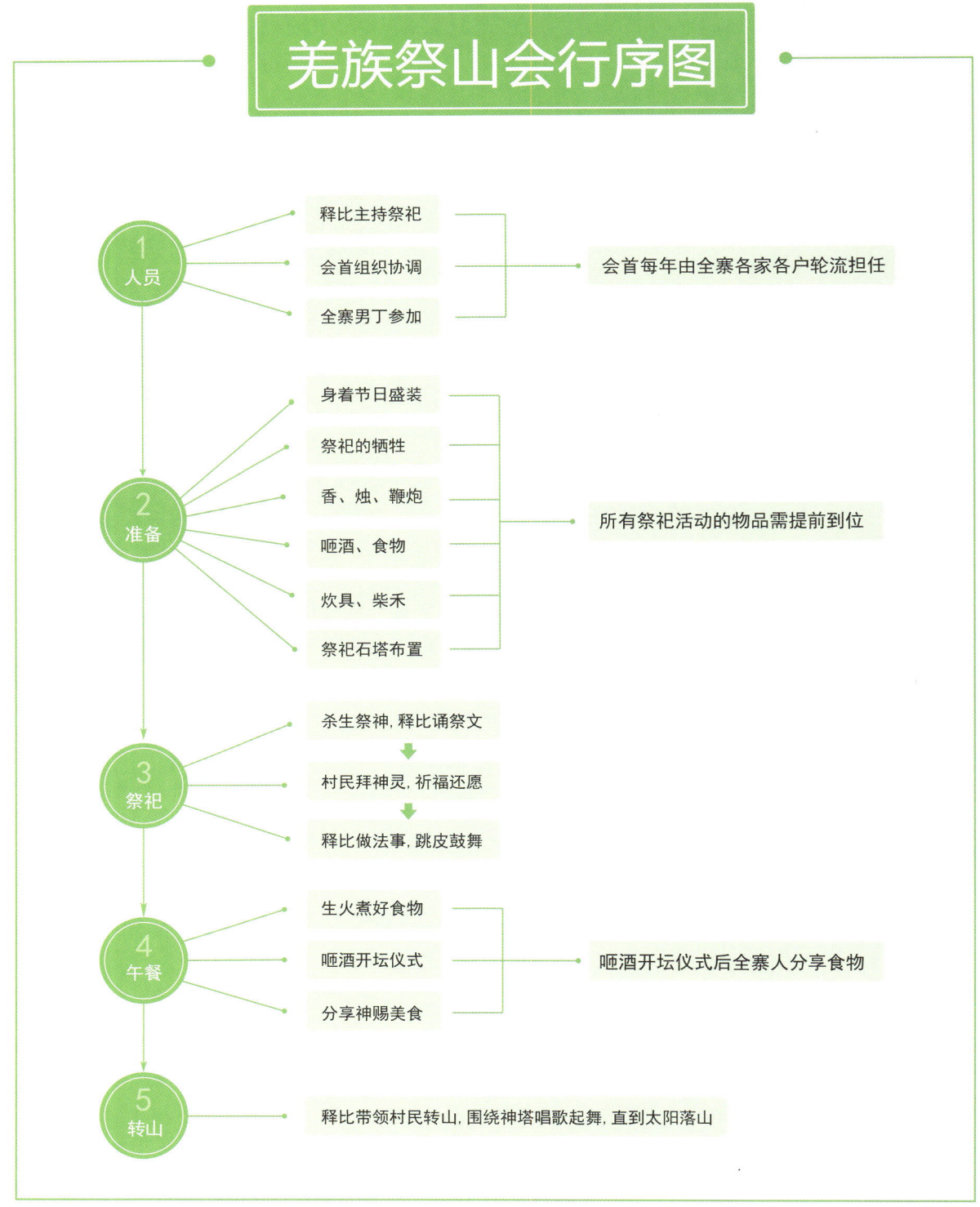

图二　羌族祭山会行序图

人点燃香火到祭台前祈祷，感恩神灵，祈求福祉。释比做法：释比边诵经边跳羊皮鼓舞，祈求神灵驱灾施福，还要口诉历史、颂扬英雄等。分享食物：祭祀结束后，村民分享带来的食物，共进午餐，喝咂酒（有开坛仪式）。转山活动：下午释比带领村民转山或围绕祭祀神塔唱歌跳舞，直到太阳快落山才结束。

图片来源

图一　米静、罗力　摄影
图二　米静　制图
图三至图六　任辉　制图

参考文献

贾银忠.中国羌族非物质文化遗产概论.北京：民族出版社，2010.

释比与村民去祭祀现场

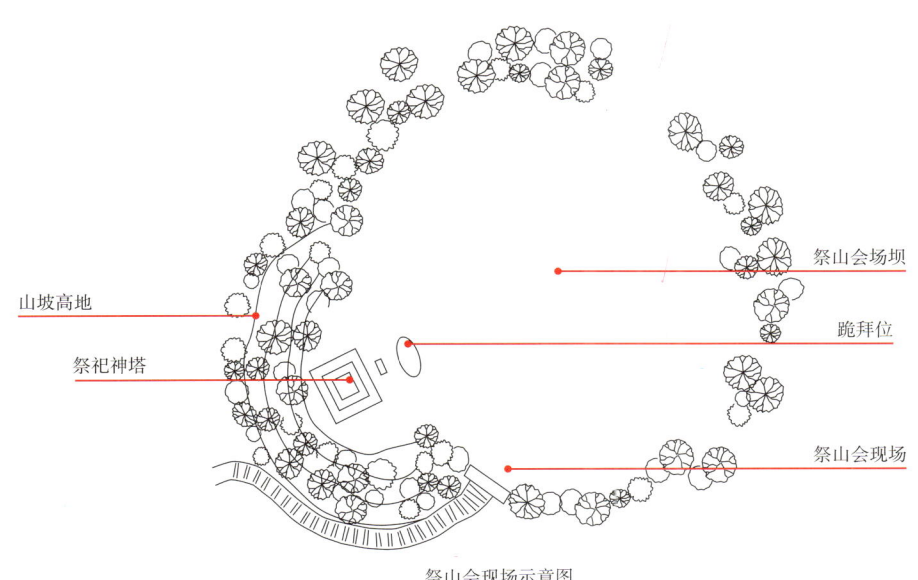

祭山会现场示意图

图三　羌族祭山会——准备

图四　羌族祭山会——祈福

图五　羌族祭山会——祭神还愿

图六　羌族祭山会——皮鼓舞

羌族羊皮鼓

图一　羌族羊皮鼓主图

羊皮鼓是羌族传统祭祀活动中释比用的敲打法器，也是羌族传统的打击乐器。释比诵经念咒时随着羊皮鼓的鼓点，有很强的节奏感，而且增添了威慑力和神秘感。在节日活动中，释比的羊皮鼓舞也非常有特色，现已被编排为传统题材的现代舞蹈搬上舞台。可以说羊皮鼓是羌族传统礼俗活动中不可或缺的用器。

本案例直径为40厘米、高15厘米，内撑的手握木柄长约38厘米，鼓内支撑的木圆环直径约为28厘米。羊皮鼓单面绷皮，鼓边上留有羊毛，一方面可以起到装饰作用，另一方面还能配合祭祀产生一定的律动感，这是羊皮鼓的一大特点。鼓框由木材制成，约1厘米厚，内撑一木棍起支撑的作用。羊皮鼓用3根麻绳与一根木内环绷羊皮。一根麻绳用穿针引线的方式将羊皮固定在木制鼓框上，第二根麻绳在羊皮下面串联羊皮、拉扯羊皮，第三根麻绳在鼓内与前两根麻绳和已固定在鼓内的木棍上的木内环相缠，第三根绳拉得越紧，羊皮就绷得越紧。为了方便在羊皮鼓鼓框上穿麻绳，要在离绷羊皮一侧约11厘米处打孔，一圈约10个孔。在现代，羌族羊皮鼓也有用竹子来做外框的，竹子较木材来说韧性更强，更容易成形。内环也有采用铁丝的，比起传统的木制内环要方便得多。

图片来源

图一、图三、图四　罗力　摄影

图二　米静　制图

图五　米静　摄影

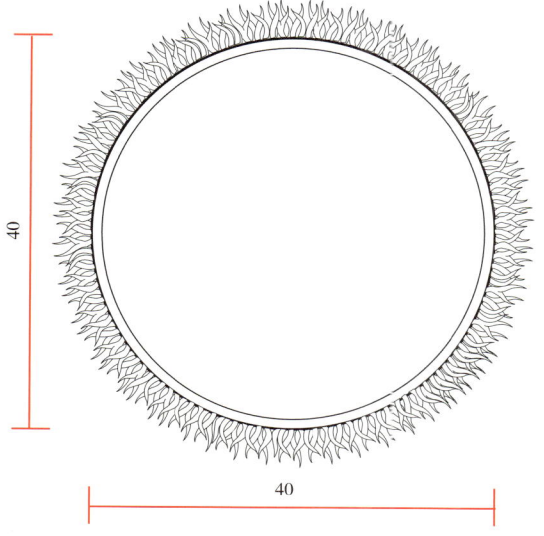

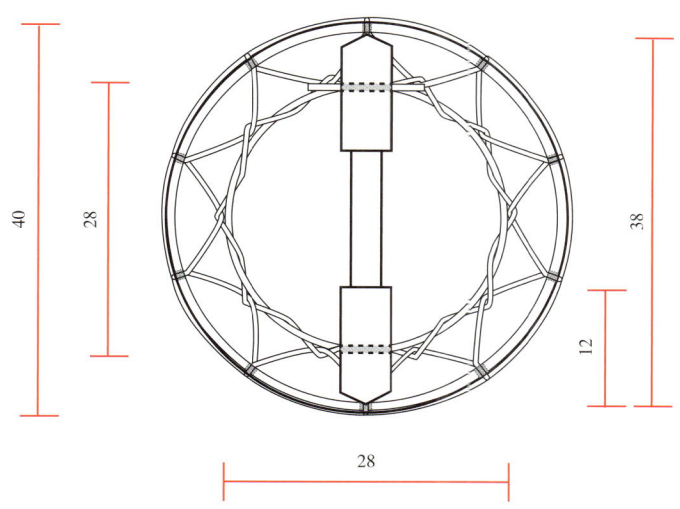

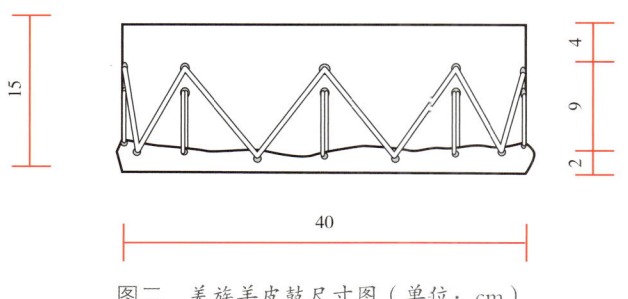

图二 羌族羊皮鼓尺寸图（单位：cm）

图三 羌族羊皮鼓局部分析图

图四 羌族释比羊皮鼓舞

图五 现代的羌族羊皮鼓舞蹈

羌族白石崇拜

图一　羌族白石崇拜主图

羌族宗教的基本形式是在万物有灵观念基础上形成的多神崇拜，最具代表性的物化形式就是白石崇拜。白石在羌族称为"阿渥尔"。在羌族人心中，天神为主神，白石既是天神和祖先神的象征，也是羌族人心中所有神灵的象征。白石是羌寨和羌族个人的保护神，在传统社会中发挥了很大作用。

羌族供奉白石随处可见。羌族在建筑顶部供奉白石以示白石的崇高地位，认为这样可直接通向神灵。羌族建筑上供奉白石的位置，一般有罩楼的设在罩楼后墙的正中和前檐的两角上，没有罩楼的平屋顶就供奉在屋顶的四角；摆放白石的大小、多少并无定制，有供奉一块大的白石的，也有好几块白石叠放在一起的。羌族祭祀的神坛是必供白石的，一般在最高位置的白石代表天神、山神，四面八方供奉的白石代表诸神。有的村寨在民居的墙面、窗檐、门额等处都供奉白石，有的还用白石在墙面拼成图案，既供奉了神灵又装饰了建筑。

图片来源

图一、图三至图五　罗力　摄影
图二　米静　制图

参考文献

张犇.羌族造物艺术研究.北京：清华大学出版社，2013.

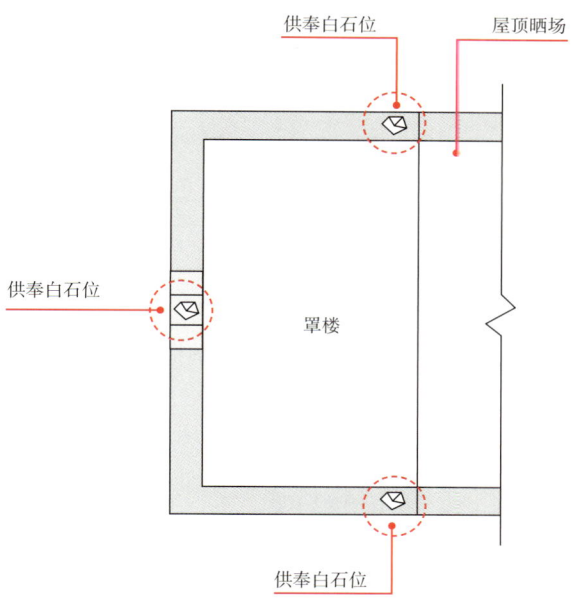

1.罩楼白石供奉方位图

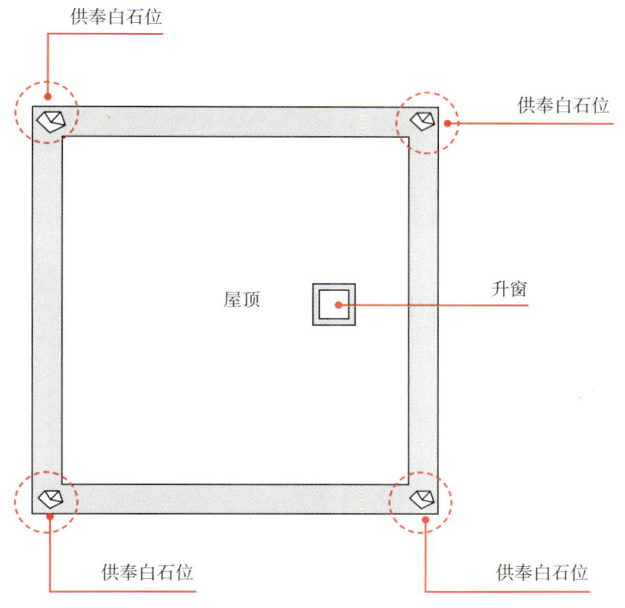

2.平屋顶白石供奉方位图

图二　羌族白石供奉位置图

图三　羌族民居上供奉的白石

图四　羌族祭山神坛上的白石

1.墙面上的白石装饰

2.窗檐上的白石装饰

图五　羌族民居上装饰的白石

羌族释比

图一 羌族释比主图

　　释比是羌语对羌族民间经师的称呼。所谓释比，就是羌族社会里一种集社会祭司、求神驱魔、占卜求事（算卦）、定规祭日、治病禳灾、民间说唱、歌舞吹奏乃至戏剧表演为一体的，且知晓天文地理、草药秘方、人体生理结构，精通各种历法，有一定气功功底的，无书而播的、不脱产的、有妻室儿女的民间经师。因此，羌人把释比当成有学识、懂天文地理、知人神鬼、能去妖魔的人加以崇拜。

　　羌族释比有专门的服饰，在做法事或主持仪式时会穿戴不同的服饰，羌族各地的释比在服饰上也有所区别，其中最有特点的是金丝猴皮制作的帽子，称为猴头帽。猴头帽顶有似"山"字的三个凸起的角，象征雪山的纯净和力量，从左到右分别代表黑白分明、天、地。释比有三十多种法器，主要法器有：羊皮鼓，广泛用于祭祀、驱魔等法事，祭祀时鼓声平缓，配合唱诵祭文，营造特殊的氛围，驱魔时鼓声强烈，震慑人心。神杖，象征释比的权威，驱魔法事中猛戳地板以震慑邪魔，平时是释比拄路防身的器具。法铃，一般为铜的，拳头大小，雌雄一对，多用于还大愿、招牛财及地财等法事。法刀，专门用于宰杀牺牲、裁符（纸）、削竹做法旗、扎茅草人等。法印，青铜材质，阳文汉篆，为一句体现法力的咒语，释比做法事后盖在神符上，以示效力。符板，木刻的篆文汉字和图案，一般有两种，分别用于治病和招畜财。独角，一种动物的角，用于消除因动土不当引起的肩背腰腿疼痛。响盘，即小铜钹，用于送鬼、驱山妖精怪。算簿，释比的工具书，用于择日、占卜凶吉等。还有许多法器是在做法事的现场制作的，如剪纸、茅草人、面塑、树藤编织的动物等。

释比的法器多为当地工匠和释比自己动手制作，释比的一些法器在某种程度上也代表羌族民间工艺。

图片来源
图一　罗力　摄影
图二　周秋航　制图
图三至图五　沈鸿雁　摄影
图六　沈鸿雁、罗力　摄影

释比的猴头帽

猴头帽的前、后、侧视图

猴头帽上的铜牌雕饰

图二 羌族释比猴头帽

第七章 羌族传统民俗和宗教造像

牛皮刻制的释比发冠

羊皮绘制的释比发冠

图三　羌族释比发冠

法铃、羚羊角等法器

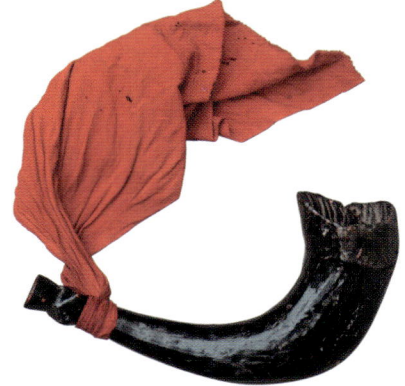
牛角号

图四　羌族释比法器1

| 法刀、符板 | 法铃 | 牛、羊角做的法器 |

图五　羌族释比法器2

| 精美羌绣做成的法器 | 篆刻的印符 |

图六　羌族释比法器3

羌族释比图经

图一　羌族释比图经主图

羌族释比图经，羌语称"刷勒日"，是由释比绘制的"图画经典"。茂县赤不苏地区释比流传下来的孤本《刷勒日》，是羌族地区最完整的一部释比经典，用麻织品作底，为折叠式的两面绘画，长176厘米，宽16厘米，共108图，以看图诵经的方法对羌族宗教中的所有经典、部类进行了诠释，是羌族释比的百科全书，更是羌族历史、文化传承的典籍，被羌族视为"圣书"。

羌族是一个历史悠久的民族，有自己的语言却无文字，羌族丰富绚烂的传统文化，都是以口传心授的方式代代相传。世代释比唱诵的经典在羌族文化传承中具有至关重要的意义。释比图经是唯一用有形介质和视觉的方式记载并传承释比经典的媒介。释比图经中用动物、人物、器物、景物作为基本视觉符号，并通过这些符号的不同组合来描述故事，并以此记载信息和传播信息，将释比经典以图经的方式代代相传。释比图经描绘的形象简练、生动，通过人物、动物的动作和表情传达细节信息，并通过色彩来表现正、邪、善、恶、凶、吉等，内容非常丰富，从羌族迁徙的历史、羌戈大战、生活劳作、生产技术到祭祀活动、乾坤、八卦、阴阳、命运、夫妻八字、神灵鬼怪，应有尽有。但要准确解读所有的信息，还需结合释比唱诵的经典。

图片来源
图一　罗力　摄影
图二至图六　柳冰蕊　摄影
图七　米静　摄影

图二　羌族释比图经——十二生肖

图三　羌族释比图经——十二生肖相生相克

图四　羌族释比图经——人物

图五　羌族释比图经——鬼神

图六　羌族释比图经——战争

图七　建筑墙上作为装饰的释比图经

羌族神龛

图一 羌族神龛主图

神龛是羌族人家必备的供奉家神的神位。家神是羌族家庭的保护神,具有镇邪、保平安的意义。羌族的家神叫"角角神",源于羌族神话英雄人物,后来人们为祭祖先,在火塘对角轴线上即屋角的位置立神位以祭拜。羌族的"角角神"无具体造像,一般在宅内进门对墙的右墙角端放白石,或挂羊头、牛角、红布等对羌人具有特殊意义的物件。不同的房屋空间设有祖先神、男神、女神、管孩子神、平安神、灶神、仓神等。在羌族住宅主要空间(堂屋)中最重要的神位是祖先神位,羌族人仿效汉族的神龛,结合香案、木柜和庙宇建筑的形式,将祖先神位做成神龛,但神龛仍安放在火塘对角位置，也统称为"角角神"。羌族安放神龛之处有许多禁忌，如不得在神龛前吐痰、杀牲、劈柴、讲不吉利的话语，若在神龛前搭铺睡觉脚不能朝神龛等等，体现了神龛在羌族人家的神圣地位。

茂县羌族博物馆收藏的羌族神龛是一座较大的木制神龛，神龛长234厘米、宽35厘米、总高320厘米，基座为香案，高156厘米，上部为龛，高164厘米。神龛的造型与工艺具有鲜明的羌族特点，神龛高大而紧贴墙面，在羌族民宅中的空间位置与"角角神"非常一致，神圣而不显耀。香案腰高腿长，更显高大；腰部为上三下二错落的五个小巧精致的雕花面板抽屉，主要存放祭祀用的香、蜡烛之类的物品；前面的案腿为木雕的龙尾凤羽造型，末端为莲花座托起的"禧"字；连接两腿的牙条为卷草纹与云水纹结合的线刻装饰纹样，连接台面的木刻角花也简洁而丰满，木作的榫卯结构也很讲究；后面的案腿为直腿，无装饰，其他三面也无装饰。上部的龛为庙宇的大门造型，圆柱、飞檐、门额、门框的角花以及门前两侧"八"字布局的木栅栏样样俱全，十分气派；最有特点的是木板做成的飞檐造型，完全不同于道教或佛教寺庙建筑的飞檐，中间最高的飞檐为山形和太阳，两边的两层飞檐似山形、似羊角，也像飞鹰，整个飞檐具有一种升腾感，没有庙宇屋顶的庄重之感，正体现了羌族的所有神灵都是亲民的，是为羌族人的幸福引路和保驾护航的，羌族的家神更是如此。在羌族建筑的屋脊上也常可见到白石垒砌的山形，羌族将祭祀的馍馍做成太阳、月亮和山的造型与飞檐的造型也有某种关联。神龛的中心用红纸写着祭拜的神灵，中间为"天地君亲师"，左边为家族祖先，右边为有关诸神，神龛的横额和左右两旁写着祈福的楹联，这也是羌族神龛神位布置的一种规范。

许多羌族人家仍保留着传统、做工精细的老神龛，如茂县三龙乡合心坝羌族人家的神龛木雕工艺十分细腻；理县桃坪村某羌族人家的老神龛在高耸的香台下不仅设有抽屉，还有双开门的柜子。羌人有一些新的神龛在形式上变化较大，如汶川萝卜寨有将家中的神龛设在堂屋至内屋的门额上方的；理县桃坪羌寨某家在日用家具的长柜中专门留出一段作为神龛香台，使神龛与家具成为一体；还有用砖和水泥做成的神龛，以及直接在墙上贴上红纸写上神位并搭一木板放香钵、烛台的神龛。

图片来源
图一、图四至图六　罗力　摄影、制图
图二、图三　李昕彤、罗力　制图
图七　罗力、沈鸿雁　摄影

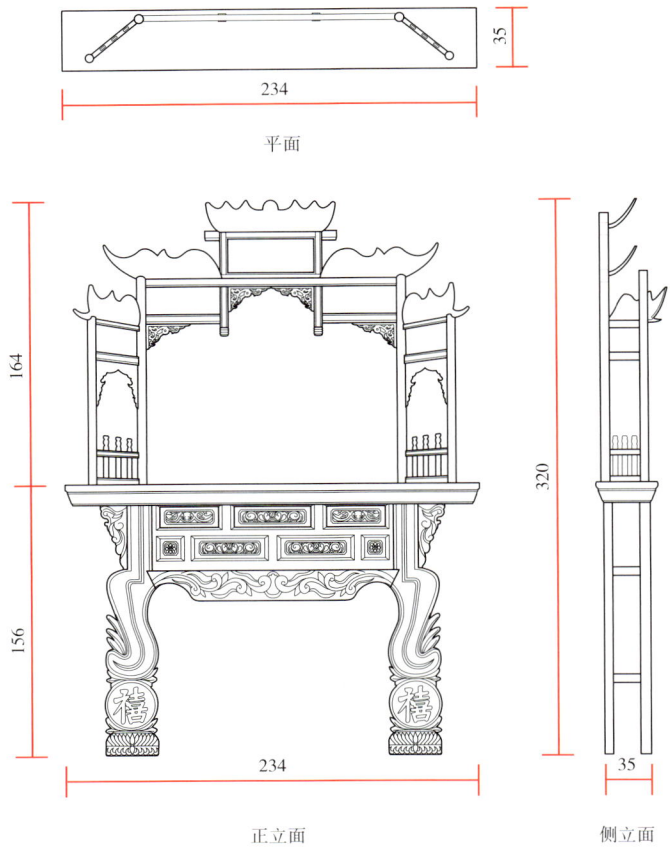

图二 羌族神龛尺寸图（单位：cm）

图三 羌族神龛结构示意图

图四 羌族神龛香案结构分解图

神龛安放效果图

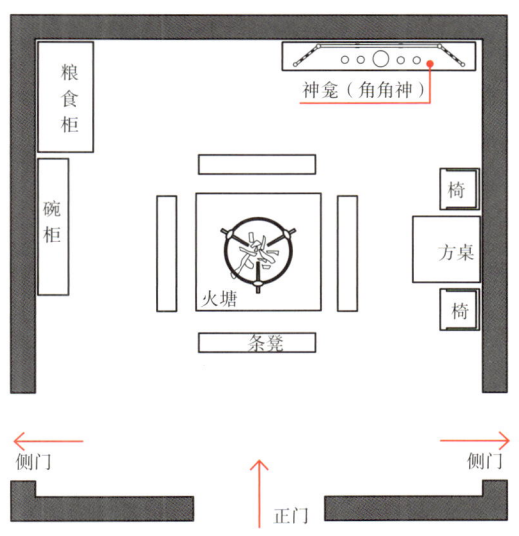

神龛安放位置平面图

图五 羌族神龛安放位置示意图

茂县合心坝老神龛

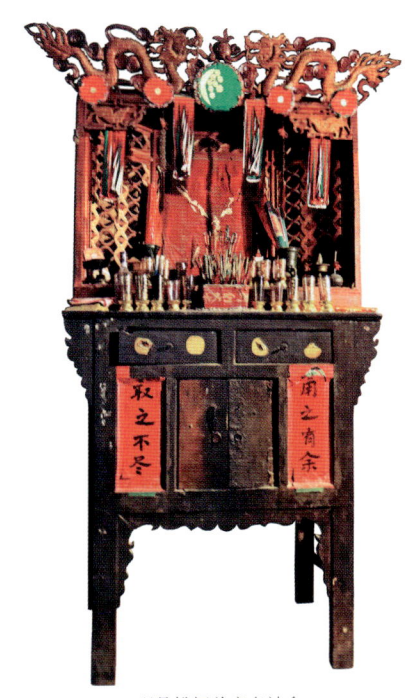
理县桃坪羌寨老神龛

图六　羌族传统神龛

汶川萝卜寨与建筑相结合的神龛

理县桃坪羌寨与家具相结合的神龛

图七　羌族其他形式的神龛

声　明

　　本书编写时收入的个别图片，因条件所限，未能同相关著作权人取得联系，获得授权，敬请谅解。请相关著作权人及时与编者联系，以便奉上稿酬。谢谢！